Studien zum Mitteleuropäischen Adel

Herausgegeben von:
Alessandro Catalano, Zdeněk Bezecný,
Ivo Cerman, William D. Godsey Jr.,
Milan Hlavačka, Lothar Höbelt,
Milena Lenderová, Josef Matzerath,
Miloš Řezník, Tatjana Tönsmeyer,
Luboš Velek

Band 1

Ivo Cerman,
Luboš Velek (Hg.)

Adelige Ausbildung

Die Herausforderung der Aufklärung
und die Folgen

Martin Meidenbauer »

Ivo Cerman, M.A. (geb. 1976) promoviert im Graduierten-Kolleg „Ars und Scientia im späten Mittelalter und früher Neuzeit" an der Eberhard-Karls Universität Tübingen. Sein Forschungsschwerpunkt ist die Gesellschafts- und Wissenschaftsgeschichte im 18. Jahrhundert.

Dr. Luboš Velek (geb. 1974) wirkt im Institut für Geschichte Tschechiens der Philosophischen Fakultät der Karls-Universität in Prag. Er beschäftigt sich mit der Geschichte der Habsburgermonarchie im 19. Jahrhundert.

Der Druck dieses Buches wurde von der Grantová agentura České republiky im Rahmen des Projektes „Transformace společenských elit v procesu modernizace. Šlechta v českých zemích 1749-1948", GAČR No. 404/04/0233 gefördert.

Abkürzungen deutscher Zeitschriften richten sich nach der Historischen Zeitschrift. Deutsche Übersetzung des Beitrags S. 95-115: Wolf B. Oerter.

Die Deutsche Bibliothek verzeichnet diese Publikation in der Deutschen Nationalbibliografie; detaillierte bibliografische Daten sind im Internet über http://dnb.ddb.de abrufbar.

© 2006 Martin Meidenbauer
Verlagsbuchhandlung, München

Umschlagabbildung:
Reproduktion des Ölgemäldes von Franz Anton Maulbertsch: Allegorie der Erziehung eines Adligen (vor 1755); Národní galerie v Praze, NG – SSU, inv. č. O 13897

Alle Rechte vorbehalten. Dieses Werk einschließlich aller seiner Teile ist urheberrechtlich geschützt. Jede Verwertung außerhalb der Grenzen des Urhebergesetzes ohne schriftliche Zustimmung des Verlages ist unzulässig und strafbar. Das gilt insbesondere für Nachdruck, auch auszugsweise, Reproduktion, Vervielfältigung, Übersetzung, Mikroverfilmung sowie Digitalisierung oder Einspeicherung und Verarbeitung auf Tonträgern und in elektronischen Systemen aller Art.

Printed in Germany

Gedruckt auf
chlorfrei gebleichtem, säurefreiem und alterungsbeständigem Papier (ISO 9706)

ISBN 3-89975-057-8

Verlagsverzeichnis schickt gern:
Martin Meidenbauer Verlagsbuchhandlung
Erhardtstr. 8
D-80469 München

www.m-verlag.net

INHALTSVERZEICHNIS

Luboš VELEK, Einleitung: Forschungsgruppe „Adel in den böhmischen Ländern 1749–1948" — 7

Ivo CERMAN, Die aufklärerische Herausforderung? Zum Geleit — 9

IDEEN – Der aufgeklärte Diskurs über den Mensch und seine Erziehung

Veit ELM, Wissenschaft und Literatur in Rousseaus frühen Erziehungsschriften, dem ersten ‚Discours' und im ‚Émile ou de l'éducation' — 17

Tereza DIEWOKOVÁ, La lecture rousseauiste dans les pays tchèques à la fin du 18e et au début du 19e siècle — 45

Milena LENDEROVÁ, Instruction d'une fille noble: objectifs, réflections, autoréflections — 59

ADELIGE BILDUNGSSTÄTTEN

Stefan SEILER, Schwesternhochschulen oder Konkurrenzanstalten? Die Hohe Karlsschule und die Universität Tübingen 1770–1794 — 71

Josef MATZERATH, Was bildet den Adel? (Gruppentypische Ausbildungswege und Bindekräfte) — 83

Olga KHAVANOVA, Official Policies and Parental Strategies of Educating Hungarian Noblemen in the Age of Maria Theresa — 95

Ingrid ŠTIBRANÁ, Die blauen Damen. Konvikt für adelige Mädchen beim Orden Notre Dame in Bratislava und Porträts dessen Absolventinnen aus der zweiten Hälfte des 18. Jahrhunderts — 117

Ivo CERMAN, Habsburgischer Adel und Theresianum: Wissensvermittlung, Sozialisierung und Berufswege — 143

Zdeněk BEZECNÝ, Die Akademie des Grafen Straka in Prag — 169

BILDUNGSPRAXIS

Jakub MACHAČKA, Der Geist der Erziehung eines Prinzen: Ein Erziehungstraktat aus der Zeit der Aufklärung 177

Jan KAHUDA, Bildungsweg des Staatskanzlers Metternich 193

Alena KIEHLBORN, Die adelige Erziehung der Söhne Carls I. von Schwarzenberg 199

Milan HLAVAČKA, Kindheit, Adoleszenz und Familienstrategie in den Briefen der Lobkowicz-Kinder an ihren Vater Fürst Georg Christian 213

ADELIGE GELEHRSAMKEIT

Claire MADL, La bibliothèque aristocratique comme bien de famille, source de savoirs et instrument de représentation 227

Miloš ŘEZNÍK, Das romantische Wissenschafts- und Erkenntniskonzept von Georg von Buquoy 241

Johannes BRONISCH, Adel und Aufklärung: Die Korrespondenz Ernst Christoph Graf von Manteuffels mit Christian Wolff 1738–1748 257

Martina GREČENKOVÁ, Windischgrätz et Condorcet: Une collaboration et une correspondance sur les projets des Lumières 279

AUTORENVERZEICHNIS 299

ABKÜRZUNGSVERZEICHNIS 301

PERSONENREGISTER 303

SACHREGISTER 305

Einleitung: Forschungsgruppe „Adel in den böhmischen Ländern 1749–1948"

LUBOŠ VELEK

Die Problematik des mitteleuropäischen Adels in der neueren Geschichte gehörte nicht und gehört nicht zu den häufigsten Themenbereichen der Historiografie. Schuld daran sind nicht nur die ideologischen Beschränkungen und die Voreingenommenheit der totalitären Regime, aber auch die mangelnde „gesellschaftliche Nachfrage", die für das ideelle Umfeld der Zwischen- und Nachkriegsdemokratien charakteristisch ist. Der Meinungs- und Wertemaßstab der angeführten Epochen schob somit die Problematik des Adels als traditionelle Elite und „Relikt aus dem Mittelalter" an den Rand des Interesses der Historiker und in gewissem Maße auch der Gesellschaft. Der unbefriedigende Forschungsstand der Geschichte des Adels und der traditionellen Elite in der modernen Zeit kontrastiert dabei offensichtlich mit deren direkt bzw. indirekt bezeugtem Einfluss, sowie mit dem unermesslichen Reichtum des Archivmaterials, dessen Häufigkeit, Weitläufigkeit und Aussagewert mit kaum einer anderen sozialpolitischen Schicht vergleichbar ist. Die ideelle und mentale Distanz des adeligen Umfelds zur heutigen Welt, die relativ schwierige Verflechtung der zeitgeschichtlichen Realien und selbstverständlich auch der Anspruch auf Vollständigkeit einer ähnlichen Forschung hält dieses Thema auch weiterhin abseits der Hauptströmungen der Geschichtsforschung. Dabei kann man sich heute nicht über ein Desinteresse der breiteren Laienöffentlichkeit beschweren, das allerdings zumeist den illusorischen Vorstellungen über die Welt der Privilegierten entspringt und gleichzeitig in einigen mitteleuropäischen Ländern mit der Wirtschaft (stattfindende Restitutionen), aber in einer Reihe von Fällen auch mit der politischen Rückkehr zahlreicher Repräsentanten des ehemaligen Adels im Zusammenhang steht.

Die bisherige Unberührtheit des reizvollen Themenbereichs und die ständig unterschätzte Qualität und Quantität der erhalten gebliebenen Quellen sind und bleiben eher eine Herausforderung für die mitteleuropäischen Historiker. Die thematischen und methodologischen Möglichkeiten der Erfüllung ähnlicher Herausforderungen in den letzten Jahrzehnten zeigt insbesondere die deutsche Historiografie, die in den Arbeiten von H. Gollwitzer, H. Reif, R. Melvill, E. Conze u. a. eine nicht geringe Anzahl an „weißen Flecken" auf der Karte unserer Erkenntnisse hinsichtlich der Entwicklung des Adels und der traditionellen Eliten ausfüllte.

Aus den angeführten Beweggründen entstand vor drei Jahren in Prag eine elfköpfige „Arbeitsgruppe", überwiegend tschechischer Historiker, die unter aktiver Kooperation mit österreichischen, deutschen, polnischen und ungarischen Kollegen versucht, eine Forschungsgrundlage für den Beginn einer intensiven und vielseitigen Erforschung des mitteleuropäischen Adels in der modernen Zeit zu schaffen. Im Vordergrund ihrer Interessen – die praktischen und theoretischen Seiten der Forschungen verbindend – stehen soziale, politische, wirtschaftliche, mentale und kulturelle Aspekte des Lebens und der Entwicklung des Adels im Prozess der Modernisierung, also im Umfeld der Kollision neuer und alter Werte, der Änderung der Durchsetzungsstrategien in der sich verändernden Gesellschaft, der Kompensierung des Verlustes der bisherigen Positionen und der Anpassung an die neuen Verhältnisse. Mittels einer breiten Archivforschung, dem Vergleich mit den Ergebnissen aus anderen Gebieten Europas und gleichzeitig aufgrund des Austauschs von Erkenntnissen und Meinungen auf dem Boden von thematisch eindeutig abgegrenzten Workshops lassen sich diese Ziele hoffentlich erfüllen. Erster Schritt zur Umsetzung der angeführten Vorsätze war die Konzipierung des Projektes „Verwandlungen der gesellschaftlichen Eliten im Prozess der Modernisierung. Der Adel in den böhmischen Ländern 1749–1948", das für den Zeitraum der Jahre 2004 bis 2006 großzügig die „Grantová agentura České republiky" (Tschechische Wissenschaftsstiftung) unterstützte.

Im Rahmen des angeführten Projektes gelang es – neben der eigentlichen Forschung dessen unmittelbarer Teilnehmer – im November 2004 den ersten geplanten thematischen Workshop, unter der Bezeichnung „Ausbildung im Adel" abzuhalten. Wir erlauben uns nunmehr, die Ergebnisse dieser Tagung in Form eines Konferenzsammelbandes vorzulegen, dessen Inhalt auch einige andere Kollegen und Kolleginnen nachträglich erweiterten.

Im Namen der angeführten „Arbeitsgruppe" möchte ich an dieser Stelle vor allem der „Grantová agentura České republiky" (Tschechische Wissenschaftsstiftung) für deren finanzielle Unterstützung des angeführten Projektes danken; weiter auch allen Teilnehmern des erwähnten Workshops für deren aktive Teilnahme und insbesondere auch allen Mitautoren dieses Bandes. Daneben muss ich mich noch bei einigen Personen herzlich bedanken, die uns bei der Herausgabe des Tagungsbandes sehr geholfen haben. Claire Madl (Cefres Prag) hat freundlicherweise die französischen Texte durchgesehen und korrigiert, Lothar Höbelt (Universität Wien) hat die Korrektur der meisten deutschsprachigen Texte übernommen. Nicht zuletzt gehört mein Dank auch Ivo Cerman, der sich bereitwillig der inhaltlichen und formalen Vorbereitung des ersten Workshops und dieses Sammelbandes annahm.

Die aufklärerische Herausforderung? Zum Geleit

IVO CERMAN

Der vorliegende Band dokumentiert den Workshop „Ausbildung im Adel. Die aufklärerische Herausforderung und die Folgen", der auf Anregung der Forschungsgruppe „Adel in den böhmischen Ländern 1749–1948" in Prag stattfand. Im Zentrum unseres Interesses stand die Rolle der aufgeklärten Erziehungskonzepte bei der Umwandlung der „Adeligkeit" im Anfang der Moderne. Der sorgfaltige Leser wird bald entdecken, dass die Aufsätze mit unterschiedlichen Auffassungen von Aufklärung arbeiten, sogar die adelige Identität wird bei verschiedenen AutorInnen sehr unterschiedlich dargestellt. Autoren aus verschiedenen Ländern, verschiedenen Forschungstraditionen und verschiedenen Fachbereichen haben sich auf unser Thema eingelassen und dies mag der Grund für diese Differenziertheit sein.

Die Entscheidung, uns auf die Ausbildung des Adels in diesem für die europäische Kulturgeschichte so wichtigen Zeitraum zu konzentrieren, geht auf die Überlegung zurück, dass die Ausbildung eine unersetzliche Rolle bei der Vermittlung von „Adeligkeit" spielte. Wie wurden die jungen Damen und Kavaliere im Zeitalter der aufgeklärten Pädagogik erzogen? Wie waren sie auf ihre berufliche Welt fachlich vorbereitet? Die Konzepte der Aufklärung bildeten hier eine wichtige Neuerung, aber sie entwickelten sich nicht zwangsläufig zu einer Bedrohung für die adelige Identität. Aufklärung soll hier als auf der diskursiven Ebene unternommener Versuch der moralischen Verbesserung des Menschen und der menschlichen Gesellschaft verstanden werden. Es fragt sich, ob es irgendeinen gemeinsamen Nenner für die diversen Antworten auf diese Fragen gab. Die zwei Ziele der aufgeklärten Anthropologie waren die Glückseligkeit und die Nützlichkeit für die menschliche Gemeinschaft (d. h. eudämonische und utilitaristische Ethik). Diese zwei Ziele konnte man auf verschiedenen Wegen erreichen. Das Spezifikum der Aufklärungsphilosophie liegt darin, dass die ethischen Konzepte von der Verfasstheit des Menschen bzw. der menschlichen Gesellschaft abgeleitet wurden, und damit eine Art Autonomie von der Religion erlangten. Der Begriff „Säkularisierung" als ein gemeinsamer Nenner der aufgeklärten Moralphilosophie wäre jedoch zu weit gegriffen. Im Bezug auf diese langfristige Diskussion lassen sich in der Vielfalt von Ansichten vier Paradigmen ausmachen: Der überlebende Dualismus aristotelischer Prägung, die auf die Stoa zurückgehende Maxime der Natur und das Prinzip der allgemeinen Wohlfahrt, das auf das 13. Jahrhundert zurückgeht. Der Sensualismus des frühen 18. Jahrhunderts, der in Helvétius materialistischer Ethik gipfelte, ließe sich als eine entartete Fassung des Dualismus bezeichnen, da er den Menschen auf die „*passions*" der unteren Seele reduzierte. Es gab wohl auch die auf physikalischen Gesetzen gegründeten Versuche um eine „naturwissenschaftliche Ethik" (d'Holbach, Mirabeau). In der Tat waren diese Prinzipien nicht neu. Neu waren die „säkularisierte" Verankerung und die kritische Anwendung auf den Menschen und auf die bestehenden sozialen Verhältnisse. Relativ neu war auch die damit einhergehende Überwendung des traditionellen Misogynismus, der die weibliche Emanzipation vorbereitete. Der Mensch an sich, und nicht der Mensch als Angehöriger einer sozialen Klasse stand im Brennpunkt der aufklärerischen Diskussionen.

Aus diesem Grunde wäre es falsch, wollte man die aufgeklärte Ethik als antiadelig charakterisieren. Es gab wohl Kritik an der feudalen Ordnung oder am übertriebenen Ahnenstolz – der Adel und seine Ideale wurden jedoch nicht verworfen. Da diese Diskussion ähnlichen Wurzeln entwuchs wie die in der frühen Neuzeit entwickelte adelige Ethik, hatten aufklärerische Menschenkunde und adelige Ethik vieles gemeinsam. Viele von den moralphilosophischen Entwürfen waren für den Adel bestimmt, viele wurden sogar von Adeligen vorgelegt. Auf der anderen Seite verbarg sich in dem aufklärerischen Denken über den Menschen auch ein gewisses Konfliktpotential. Die „naturgemäße Ethik" kritisierte die Entartung des gesellschaftlichen Menschen und damit auch das weltliche Leben des Hochadels; der Rationalismus forderte zur Selbstdisziplinierung auf und kritisierte das Leben bloß für das Vergnügen. Diese Ansatzpunkte betrafen menschliche Schwächen im Allgemeinen, spezifisch antiadelig mag die utilitaristische Frage nach der Nützlichkeit des Adels im Staate sein. Diese unter dem Blickwinkel der allgemeinen Wohlfahrt formulierte Fragestellung, thematisierte auch das Unwesen der Günstlingswirtschaft an den Höfen, oder die verschwenderische Haushaltsführung von Adeligen. Darf der Adel Handel treiben? Soll der „nützliche" Bürger handwerklich arbeiten? Hinter diesen Fragen verbargen sich die veränderte wirtschaftliche Lage der adeligen Grundherren, die gesteigerten Ansprüche an Staatsdiener oder Militärs. Die utilitaristische Perspektive neigte dazu, den Adel als Kriegerstand zu sehen und ihm diese Rolle wieder aufzuzwingen. Zumindest in der Habsburgermonarchie, oder in Preußen war das der Fall und hier entstanden auch Erziehungskonzepte, die den Adel für den Militärdienst vorbereiteten (F. J. Kinsky, H. Breymann). So lag es nicht nur an der adeligen Ethik, dass der Adel seinen Lebensstil und seine Ausbildung änderte.

Wir haben den Workshop so aufgefasst, dass er eine logisch verbundene Reihe von Ursachen und Wirkungen erkennen lässt.

I. Ideen

In diesem Abschnitt widmeten wir uns den Gedanken über den Menschen und seine Erziehung, die im aufgeklärten Europa kursierten. Im Bereich der Erziehungslehre ergab sich das größte Dilemma zwischen der Frage der öffentlichen Erziehung für den Staat und der individualisierten Erziehung für die eigene Glückseligkeit. Dieses von Rousseau entworfene Dilemma von der Erziehung des Bürgers und der des Menschen wurde mehrmals theoretisch überwunden, häufig sogar abgelehnt, aber in der Erziehungspraxis musste man immer wieder seine Wahl treffen. Im Adel der Habsburgermonarchie scheinen die Konzepte der individuellen Erziehung und egalitären Sozialisation zu überwiegen, obwohl diese Frage noch nicht genügend erforscht worden ist. Unsere Beiträge konzentrieren sich auf Konzepte der individuellen Erziehung, die eine Umwandlung der adeligen Erziehung in Gang setzten.

Veit Elm (Potsdam) zeigt in seinem Beitrag, welche Rolle die Künste und Wissenschaften in Rousseaus Erziehungskonzept spielten. Der Beitrag deckt auf, dass der antikulturelle Denker den Wissenschaften doch eine große Bedeutung beimaß. Tereza Diewoková (Budweis/Paris) zeigt, wie Rousseaus Ideen vom böhmischen Adel rezipiert wurden. Sie widmet ihre Aufmerksamkeit auch der Umsetzung dieser Ideen in die Praxis und fragt nach den geschlechtsspezifischen Aspekten der adeligen Reformpädagogik. Dieses Problem bildet auch das Leitthema des Beitrags von Milena Lenderová (Budweis/Pardubitz), die sich auf die Konzepte der weiblichen Erziehung und Ausbildung konzentriert. Die beiden Beiträge gehen aus dem Seminar von Frau Lenderová hervor, wo mehrere Untersuchungen zur adeligen Erziehung an der Wende vom 18. zum 19. Jahrhundert durchgeführt worden sind.

In den Erbländern gab es auch zahlreiche Ordensleute, weltliche Lehrer und adelige Beamten und Offiziere, die wichtige Beiträge zu diesem Problem lieferten. Erwähnen wir nur den Benediktiner Oliver Legipont, den Jesuiten Anton Boll, den Piaristen János Cörver, den Universitätsprofessor Josef von Sonnenfels und schließlich Johann Nepomuk Graf von Mittrowsky oder andere adelige Schriftsteller. Ihre Werke sollten in der künftigen Forschung näher untersucht werden.

II. Adelige Bildungsstätten

In der Mitte des 18. Jahrhunderts versuchten der Staat und die kirchlichen Institutionen die adelige Ausbildung durch neue „Akademien" für den Adel zu lenken. Diese Neuerungen machten sich vorwiegend in der Knabenziehung bemerkbar, die weibliche Ausbildung war nach wie vor mehr traditionellen Modellen verpflichtet. Für die Knaben wurden neue Lehranstalten in Wien und seiner Umgebung gegründet (Theresianum, Savoysche Akademie, Löwenburgisches Konvikt, Militär-Akademie in der Wiener Neustadt), die in Konkurrenz mit den Universitäten traten. Für die Mädchen waren immer noch die Klöster der Ursulinen, der englischen Fräulein und der Congregation des filles de Notre Dame („Welschnonnen") ausschlaggebend. Eine Neuerung stellen die Damenstifte dar, die nach 1755 gegründet worden sind: Prag, (1755), Innsbruck (1765) und andere. Allerdings sie knüpften an die ältere Tradition der mittelalterlichen Kanonissenstiften an. Sie wurden als Versorgungsanstalten aufgefasst, aber sie spielten auch für die moralische Erziehung und Ausbildung eine Rolle. Die Bedeutung dieser neuen Anstalten für den Wandel der adeligen Ausbildung ist mehrmals in der Historiographie diskutiert worden. Unsere Beiträge werfen ein neues Licht auf manche spektakuläre Fälle.

Stefan Seiler (Tübingen) zeigt, wie die berühmte Hohe Karls-Schule in Württemberg mit der Landesuniversität Tübingen um adelige Zöglinge rang. Da diese Lehranstalt einen großen Einfluss auf das ganze Reich und die Habsburgermonarchie ausübte, hat sie auch für unsere Fragestellung große Bedeutung. Josef Matzerath (Dresden) zeigt, wie das spezifisch adelige Studium an der Universität Leipzig an der Wende vom 18. zum 19. Jahrhundert verlief. Hier muss man erwähnen, dass diese sächsische Universität auch gern vom erbländischen Adel besucht wurde und eine Vorbildrolle bei der österreichischen Reform spielte. Olga Khavanova (Moskau) stellte uns die Ergebnisse ihrer Forschungen zu adeligen Akademien in Ungarn vor. Die Ritterakademien in Ungarn sind in der Forschung weitgehend unbekannt und die Forschungen von Frau Kahavanova ergänzen das eintönige Bild der österreichischen Bildungsreform um wichtige Aspekte. Dem ungarischen Königreich widmet sich auch Ingrid Štibraná (Bratislava), die das Konvikt der Congrengation Notre Dame in Pressburg seit mehreren Jahren intensiv untersucht. Als Kunsthistorikerin lenkt sie ihre Aufmerksamkeit vorwiegend auf die einmaligen Porträts der Absolventinnen, aber in diesem Beitrag untersucht sie auch den Alltag und die Bildungspraxis der Damen in diesem vergessenen Bildungsinstitut. Ivo Cerman (Tübingen) befasst sich in seinem Beitrag mit der Sozialisation und Wissensvermittlung am Theresianum in Wien. In diesem Beitrag wird die Frage nach der Beziehung zur Universitätsreform neu gestellt und der Versuch einer Charakterisierung des wissenschaftlichen Profils des Theresianums unternommen. Zdeněk Bezecný (Budweis) schließlich zeichnet die seltsame Geschichte der Straka'schen Akademie in Prag, deren Gründung auf aufgeklärte Konzepte zurückgeht, obwohl die Lehranstalt erst im Ausgang des 19. Jahrhunderts gegründet wurde. Die Diskussionen um ihre Aufgabe enthüllen tief greifende Veränderungen in der Stellung des Adels im Verlauf des 18. und 19. Jahrhunderts.

III. Bildungspraxis

Dieser Abschnitt stellt konkrete Fälle der Erziehung in bestimmten Familien vor. Es war unser Anliegen den adeligen Bildungsgang zu veranschaulichen und seine Verbindung mit Familienstrategien und staatlichen Konzepten zu thematisieren. Die versammelten Beiträge präsentieren vorwiegend Fälle aus dem frühen 19. Jahrhundert, obwohl das aufgeklärte Umdenken schon früher einsetzte. Bereits in den 1720er Jahren lässt sich von der Hinwendung zu neuen Wissenschaften sprechen, die bestimmt waren, den Adel für den Staatsdienst zu ertüchtigen. Konzepte der moralischen Verbesserung ließen sich ab den 1770er Jahren in der adeligen Bildungspraxis erkennen. Diese frühen Veränderungen sind freilich in Aufsätzen und Büchern dargestellt, die der Leser anderswo suchen muss.

In unserem Tagungsband stellt Jakub Machačka (Prag) ein einmaliges Dokument zur Erziehung des Fürsten Josef Maximilian von Lobkowicz vor. Es geht um ein moralisches Traktat seines Erziehers, des Abbé Tranx, der hier seine Vorstellung von dem tüchtigen Fürsten ans Licht brachte. Jan Kahuda (Prag) zeigt, was für Bildungsmodell dem Staatskanzler Metternich vermittelt wurde. Seine knappe Abhandlung basiert auf dem schriftlichen Nachlass im Nationalarchiv in Prag, der noch viel für die künftige Forschung verspricht. Alena Kiehlborn (Pardubitz) zeigt in ihrem Beitrag, wie die Kinder des berühmten Feldmarschalls Karl Philipp von Schwarzenberg erzogen wurden. Ihre auf Archivquellen basierende Arbeit stellt eine wichtige Ergänzung zu den bekannten Studien von Hannes Stekl dar. Milan Hlaváčka (Prag) untersucht in seiner Studie, wie die Kinder des Fürsten Georg Christian Lobkowicz in der zweiten Hälfte des 19. Jahrhunderts erzogen wurden. Sein Beitrag vermittelt uns einen Einblick in die Nachwirkungen der aufgeklärten Konzepte, wie sie die Familienerziehung langfristig prägten.

IV. Adelige Gelehrsamkeit

Der letzte Abschnitt unseres Workshops befasste sich mit den Aktivitäten von Adeligen in der Welt der Wissenschaften. Im 18. Jahrhundert wird der Typus des weltoffenen aufgeklärten Kavaliers geboren, der sich entweder zurückgezogen mit den Wissenschaften auseinandersetzt oder aber in schriftlichen Kontakt mit der übernationalen Gelehrtenrepublik tritt. Kurzum, es entsteht der Typus eines Adeligen, der sich einer „säkularisierten" Version von „vita contemplativa" widmet, ohne auf die „vita activa" im Staatswesen zu verzichten. Claire Madl (Paris/Prag) liefert uns einen wichtigen Beitrag zur Geschichte der adeligen Bibliotheken. Sie fragt nach den Innovationen in der Funktion und Struktur der adeligen Bibliotheken und zeigt die Kontinuität mit den Modellen des vorhergehenden Jahrhunderts auf.

Johannes Bronisch (Leipzig) untersucht die Rolle des Reichsgrafen Ernst von Manteuffel in der deutschen Gelehrtenrepublik. Seine Studie thematisiert die Wechselbeziehung zwischen dem Adeligen und dem Philosophen Christian Wolff und präsentiert uns den Reichsgraf als einen bedeutenden Vermittler der wolffianischen Philosophie. Eine ähnliche Themenstellung verfolgt in ihrem Beitrag auch Martina Grečenková (Prag). Sie untersucht die brieflichen Kontakte zwischen Graf Josef Nikolaus von Windischgrätz und dem französischen Philosophen Jean Antoine Nicolas-Caritat Marquis de Condorcet. Ihre auf die politische Arithmetik ausgerichtete Diskussion zielte darauf ab, eine zuverlässige Formel für eine weitgehende Gesellschaftsreform zu erfinden. Windischgrätz stellt den Typus des Privatgelehrten dar und seine Bemühungen auf diesem Gebiet sind in den Erbländern absolut einmalig. Einen anderen adeligen Wissenschaftler des frühen 19. Jahrhunderts stellt Miloš Řezník (Chemnitz) vor. In seiner Studie werden die naturwissenschaftlichen Konzepte des Grafen Georg von Buquoy vorgestellt. Sein facettenreiches Gedankensystem umfasste alle nur möglichen Bereiche des menschlichen Wissens, aber die Grundlage stellte die Mathematik dar. Sein Werk geriet später in Vergessenheit, obwohl er wichtige Entdeckungen in der Experimentalphysik machte.

IDEEN

Der aufgeklärte Diskurs über den Mensch und seine Erziehung

Wissenschaft und Literatur in Rousseaus frühen Erziehungsschriften, dem ersten ‚Discours' und ‚Émile ou de l'éducation'

VEIT ELM

Fragestellung und Methode

Im politischen System der europäischen Staaten des 18. Jahrhunderts spielte die Konfession eine wichtige Rolle. Einer der Grundpfeiler des konfessionellen Staates war die Aufsicht von Kirche und Staat über die Erziehung. Diese Aufsicht war von ihrem Anspruch her allumfassend und zielte darauf ab, die höhere Erziehung zum Instrument der Vermittlung einer im Zeichen von Renaissance, Reformation und wissenschaftlicher Revolution immer wieder neu definierten Synthese von Humanismus, Naturwissenschaften und Konfession zu machen. Die Aufklärung hat das auf die Konfessionalität gegründete politische System und mit ihm die konfessionell-humanistische Erziehung zum Gegenstand radikaler Kritik gemacht. Einer der Orientierungspunkte der Kritik an der Konfessionalität waren die neuen Naturwissenschaften. Aufklärer in ganz Europa erklärten sie zum Modell verbindlichen Wissens von Mensch und Gesellschaft und setzten sich zum Ziel, die Wissenschaft zur Grundlage einer nicht mehr konfessionellen, sondern wissenschaftlichen Zivilisation zu machen. Neben der Neuausrichtung von Literatur, Philosophie und Theologie am Modell der Naturwissenschaft sahen nicht wenige Aufklärer in der Ablösung der konfessionellen durch eine an der Wissenschaft ausgerichtete Erziehung ein Mittel, den Wandel von der konfessionellen zur wissenschaftlichen Gesellschaft voranzutreiben.[1]

Rousseau unterscheidet sich, was seine Kritik am konfessionellen Staat und der konfessionell-humanistischen Erziehung anbelangt, nicht von anderen französischen Aufklärern. Die Sonderrolle, die er für sich selbst reklamierte und die ihm Zeitgenossen und Nachwelt einmütig zuschrieben, rührt daher, dass er nicht nur die konfessionelle, sondern auch die von den Aufklärern angestrebte, auf Wissenschaft gegründete Gesellschaft kritisier-

---

[1] Einen Überblick über die Erziehungsprogramme der französischen Aufklärung geben: Roland MORTIER, Les « Philosophes » français et l'éducation publique. In: Ders., Clartés et ombres du siècle des Lumières. Genf 1969, 104–113; Dominique JULIA, Une réforme impossible: le changement des cursus dans la France du XVIIIe siècle. In: Actes de la recherche en sciences sociales 47/48 (1983) 53–76.

te.² Während Voltaire und die „Partei der Philosophen" den Triumph der Aufklärung über den konfessionellen Staat zu keinem Zeitpunkt für eine ausgemachte Sache hielten, sah Rousseau in der französischen Gesellschaft des 18. Jahrhunderts eine Zivilisation, in der Wissenschaft und „lettres" bereits uneingeschränkt dominierten. Der Maßstab, an dem Rousseau das aufgeklärte, seiner Auffassung nach nicht mehr von der Konfession, sondern von Wissenschaft und Literatur geprägte Frankreich der zweiten Jahrhunderthälfte maß, war ein hypothetischer Naturzustand, in dem der Mensch nicht reflektierte oder gar spekulierte, sondern in der spontanen Befriedigung seiner natürlichen Bedürfnisse sein Glück fand.

Rousseau hat sich nicht darauf beschränkt, in zwei zivilisationskritischen ‚Discours' aufzuzeigen, wie die Entwicklung von „lettres", „arts" und Wissenschaften die natürlichen Anlagen des Menschen entstellt und sein Glücksbedürfnis frustriert hat. In dem auf die beiden ‚Discours' folgenden Teil des Werkes zeigt er, wie die Fehlentwicklung, die die wissenschaftliche Zivilisation darstellt, korrigiert werden könnte. Die vorliegende Untersuchung vertritt die These, dass Rousseau, der sich mit dem ersten ‚Discours' in den Augen von Zeitgenossen und Nachwelt als radikaler Kritiker von Aufklärung und wissenschaftlich-technischer Zivilisation profiliert hat, mit dem ‚Émile' ein Projekt zur wissenschaftlich-technischen Neuausrichtung der Erziehung konzipiert hat.³

Obwohl die Kritik an der von „sciences" und „lettres" geprägten Zivilisation, die Rousseau in den beiden ‚Discours' vorträgt, einen kategorischen Gegensatz zwischen Wissenschaften und Literatur auf der einen und Natur und Glück auf der anderen Seite behauptet, weist Rousseau Wissenschaft und Literatur in seinen Projekten für einen Neuanfang eine wichtige Rolle

---

² Die Betonung der Sonderstellung Rousseaus im Verhältnis zu den anderen Vertretern der französischen Lumières ist in der deutschen Rezeption besonders ausgeprägt: Claus SÜSSENBERGER, Rousseau im Urteil der deutschen Publizistik bis zum Ende der Französischen Revolution. Ein Beitrag zur Rezeptionsgeschichte. Bern/Frankfurt a. M. 1974; Jacques MOUNIER, La fortune des écrits de J.-J. Rousseau dans les pays de langue allemande de 1782 à 1813. Paris 1980; Wilhelm VOSSKAMP, « Un livre paradoxal. » J.-J. Rousseaus ‚Émile' in der deutschen Diskussion um 1800. In: Herbert Jaumann (Hg.), Rousseau in Deutschland. Neue Beiträge zur Erforschung seiner Rezeption. Berlin/New York 1995, 101–115.

³ Rousseaus Kritik, die sich nicht weniger gegen Wissenschaft und „lettres" als gegen die unkritische Haltung der Aufklärung gegenüber Wissenschaft und „lettres" richtete, wurde insbesondere von konservativen Gegnern von Aufklärung und Revolution aufgegriffen: Raymond TROUSSON, Jean-Jacques Rousseau jugé par ses contemporains. Du Discours sur les sciences et les arts aux Confession. Paris 2000.

zu.⁴ ‚La Nouvelle Héloïse' veranschaulicht, wie der Rückzug an den Rand der Zivilisation und eine Literatur, die das Leid an der Zivilisation zum Thema macht, dieses Leid mindern kann.⁵ In seinen politischen Schriften entwickelt Rousseau verschiedene Optionen für einen politischen Neuanfang. Ziel dieser in unterschiedlichem Masse wissenschafts- und literaturfeindlichen Projekte ist gleichermaßen eine Gesellschaft, die nicht Wissenschaft und Kunst, sondern den moralischen Anlagen des Menschen den Vorrang einräumt.⁶ Das Projekt einer naturgemäßen Erziehung, das Rousseau in ‚Émile ou de l'éducation' konzipiert, ist an einen ausgewählten Kreis aufgeklärter, aber nicht von der Zivilisation korrumpierter Mütter und Väter gerichtet. Ihnen soll ermöglicht werden, ihre Kinder fern von der wissenschaftlichen Zivilisation zu einem naturgemäßen Leben zu erziehen.

Rousseau bezieht sich in allen Projekten zu einem Neuanfang auf seine Deutung der Zivilisation als naturwidrigem Abweg. Die Rolle, die Rousseau den Wissenschaften und den „lettres" in diesen Projekten zuweist, hängt auch davon ab, wie Rousseau in ihnen auf die in den beiden ‚Discours' entwickelte Zivilisationskritik zurückgreift. Um den Zusammenhang zwischen Rousseaus Kritik an Wissenschaften und Literatur in den zivilisationskritischen ‚Discours' und deren Rolle im Erziehungsprojekt des ‚Émile' zu verstehen, muss daher geklärt werden, in welchem Verhältnis das 1762 erschienene pädagogische Hauptwerk zu den ‚Discours' von 1750 bzw. 1754 steht. Rousseau hat sich im ersten ‚Discours sur les arts et les sciences' von 1750 nicht zum ersten Mal zu Fragen der Erziehung geäußert. Er war von April 1740 bis April 1741 selbst als Erzieher tätig und hat in diesem Zusammenhang zwei Abhandlungen verfasst, in denen er ein ei-

---

⁴ Zur jüngeren Forschung zu Rousseaus Auffassung von der Lektüre: Tanguy L'AMIOT (Hg.), Jean-Jacques Rousseau et la lecture. Ouvrage collectif réalisé par l'Equipe Rousseau dirigé par Tanguy L'Aminot. Oxford 1999.
⁵ Colette Piau-Gillot behandelt neben der Rolle, die die Literatur in der Erziehung Julies durch Saint Preux spielt, auch die, die Julie der Literatur bei der Erziehung ihrer eigenen Kinder zuweist. Colette PIAU-GILLOT, La bibliothèque de Julie. In: Tanguy L'Amiot (Hg.), Jean-Jacques Rousseau et la lecture. Ouvrage collectif réalisé par l'Equipe Rousseau dirigé par Tanguy L'Aminot. Oxford 1999, 77–92.
⁶ Neben 'Du contrat social' und dem Artikel 'Sur L'Économie politique' sind in diesem Zusammenhang die 'Considérations sur le gouvernement de Pologne' von besonderem Interesse. Rousseau entwirft hier ein vollständiges Kurrikulum für das öffentliche Unterrichtswesen: Jean-Jacques ROUSSEAU, Considérations sur le gouvernement de Pologne, Œuvres complètes Bd. 3. Paris 1964, 966–970. Zur Rolle der Erziehung in 'Du Contrat social': Barbara de NEGRONI, Éducation privée et éducation publique: la politique du précepteur et la pédagogie du législateur. In: Robert Thiery (Hg.), Rousseau, l'Émile et la Révolution, Actes du colloque international de Montmorency, 27 septembre – 4 octobre 1989. Paris 1992, 119–135.

genes Erziehungsprojekt entwickelt und sich ausführlich mit der zeitgenössischen Erziehungspraxis auseinandersetzt.

Was diese frühen Texte mit dem ersten ‚Discours' und dem pädagogischen Hauptwerk verbindet, ist, dass auch sie die Frage nach dem erzieherischen Wert von Wissenschaften und „lettres" ins Zentrum stellen. Die vorliegende Untersuchung wird zu klären versuchen, wie Rousseau den pädagogischen Wert von Wissenschaften und Literatur vor der Wende zur Zivilisationskritik einschätzt und inwieweit sich diese Einschätzung im ersten ‚Discours' und dem pädagogischen Hauptwerk verändert. Sie wird zu zeigen versuchen, dass Rousseau in seinem ersten Erziehungsentwurf „sciences" und „lettres" gleichermaßen zum wichtigsten Erziehungsinhalt erklärt, sie im ersten ‚Discours' gleichermaßen für die Perversion der Sitten verantwortlich macht, im ‚Émile' hingegen die „lettres" als Quelle der Perversion von der Erziehung ausschließt, Naturwissenschaft und Technik hingegen zum zentralen Inhalt der Erziehung macht.

Die Methode der Untersuchung ergibt sich daraus, dass die beiden frühen Erziehungspläne wie auch der erste ‚Discours' und das pädagogische Hauptwerk im Modus der Erzählung argumentieren. Die Entwicklung der Gesellschaft und die Rolle des Einzelnen in ihr werden im Medium der Erzählung analysiert. Im Fall des ersten ‚Discours' handelt es sich um die Erzählung davon, wie Wissenschaft und Literatur zum Aufstieg und Fall von Zivilisationen beitragen. Im Fall der pädagogischen Schriften geht es um die Erzählung von der guten Erziehung. Die narrative Argumentationsform schlägt sich darin nieder, dass Größen wie die Wissenschaften, die „lettres" oder die Sitten zu Protagonisten werden und nach einem bestimmten Verlaufsmuster in den Plot der Erzählung von der guten Erziehung bzw. dem vom Aufstieg und Fall von Zivilisationen eingebunden werden. Um die Rollen, die Rousseau Wissenschaft und „lettres" in den frühen Erziehungsschriften, dem ersten ‚Discours' und dem pädagogischem Hauptwerk zuweist, bestimmen und vergleichen zu können, ist es erforderlich, die Einbindung dieser Protagonisten in die Protagonistenstruktur und Handlungsmuster der jeweiligen Erzählungen aufzuzeigen.

„Sciences" und „lettres" im ‚Mémoire présenté à Monsieur de Mably' und im ‚Projet pour l'éducation de Monsieur de Sainte-Marie'

Rousseau war zwischen April 1740 und April 1741 im Haus von Jean Bonnot de Mably als Erzieher angestellt. Das ‚Mémoire présenté à Monsieur de Mably sur l'éducation de Monsieur son fils' und das ‚Projet pour l'éducation de Monsieur de Sainte-Marie' sind in diesem Zusammenhang entstanden. Beide Texte sind an die Eltern gerichtet und enthalten einen Erziehungsplan für deren fünf- bzw. sechsjährigen Söhne Jean-Antoine de Condillac und François-Paul-Marie de Sainte-Marie. Das ‚Mémoire' kann auf Ende 1740 datiert werden. Bei dem ‚Projet' handelt es sich um eine wenig später entstandene Überarbeitung.[7]

Die Metapher, die Rousseau in beiden Texten für die Erzählung von der guten Erziehung wählt, ist die der Reise. Der Zögling wird vom „gouverneur" geführt. Die Eltern bestimmen im Austausch mit dem „gouverneur" das Ziel des Weges. Um dieses Ziel zu erreichen, müssen bestimmte Wegstrecken durchlaufen, Hindernisse überwunden und Abwege gemieden werden. Das ‚Mémoire' beginnt damit, einige der Protagonisten der Erzählung von der richtigen Erziehung genauer zu beschreiben. Der Vater wird als ein zartfühlender und aufgeklärter Mann eingeführt, der die „schönen Eigenschaften" seiner Söhne gut kennt. Ihm obliegt es, das Ziel der Erziehung zu bestimmen und über die Eignung des Erziehers zu befinden. Der „gouverneur" ist kein „précepteur ordinaire", er wird gut dotiert und nicht wie ein gewöhnlicher Angestellter behandelt.[8] Rousseau begründet seine Eignung zu diesem Amt mit einer umfangreichen Darstellung seiner Person.

Rousseau beschreibt sich selbst als jemand, dessen Belesenheit über die aller seiner Zeitgenossen seines Alters hinausgeht. Wenn diese Belesenheit in Gesellschaft nicht zum Ausdruck komme, liege das daran, dass er nie in Gesellschaft gelebt habe und daher nicht über die Form des Gedächtnisses verfüge, die sich nur in Gesellschaft ausbilden ließe. Trotz dieses Mangels an Gedächtnis seien ihm die „pensées générales" der Autoren aber präsent.[9] Die persönlichen Eigenschaften, die ihn auszeichnen, seien neben einem extremen Pflichtbewusstsein große Schüchternheit, Unbekümmertheit über das Urteil anderer und eine ihm selbst nicht erklärliche Melancholie. Obwohl diese Eigenschaften auf den ersten Blick nicht dafür sprächen, ihn mit der Einführung der Söhne in die Gesellschaft zu betrauen, sei er entgegen dem Anschein bestens für diese Aufgabe geeignet. Er sei nämlich kein Misanthrop, sondern ein Menschenfreund und wie geschaffen für den Umgang mit „honnêtes gens". Wäre er selbst früh in die Gesellschaft eingeführt worden, hätte er die erwähnten schlechten Eigenschaften nicht angenommen?[10] Ein weiterer wichtiger Protagonist ist der Erziehungsplan. Er

---

[7] John Stephenson SPINK, Les premières expériences pédagogiques de Rousseau. In: AJJR 1962 (35) 93–112.
[8] Jean-Jacques ROUSSEAU, Mémoire présenté à Mr de Mably sur l'éducation de M. son fils. In: Œuvres complètes, Bd. 4. Paris 1969, 3–4.
[9] Ebd., 31.
[10] Ebd., 10, 21–22

wird zunächst durch sein Verhältnis zu einem anderen Plan charakterisiert. Dieser andere Plan ist das Resultat intensiven Nachdenkens, das zu dem Ergebnis geführt hat, dass die etablierte Erziehungspraxis falsch ist. Anders als dieser Plan folgt der vorliegende Plan aus Respekt vor der Tradition und Skepsis gegenüber den eigenen Einsichten der herrschenden Praxis, versucht aber, deren schlimmste Fehler zu vermeiden.[11] Das hier verwendete Muster von Weg und Abweg ist konstitutiv für die Handlungsstruktur der Erzählung von der guten bzw. der schlechten Erziehung, als die sich der Erziehungsplan darstellt. Die erste Episode dieser Erzählung behandelt die herrschende Praxis: Strenge Lehrer vermitteln den Kindern möglichst früh möglichst viele Kenntnisse in den Wissenschaften, der Theologie und den alten Sprachen.

Dieser Weg wird in verschiedenen Handlungsvarianten als Abweg ausgewiesen. Die Zöglinge leiden zunächst klaglos unter der Strenge, wenden sich dann aber in einem Akt der Rebellion von der auf Dogma und Katechismus reduzierten Religion ab und den niedrigsten Vergnügungen zu. Wenn sie die gekostet haben, sind sie vom Leben angeekelt, ohne dessen eigentliche Genüsse je kennen gelernt zu haben. Ein weiterer Erzählstrang beschreibt die Einführung der so ausgebildeten jungen Männer in die als „monde" bezeichnete höhere Gesellschaft. Hier erweisen sich die „petits savants" als „sots", deren „sottise" die der Ignoranten noch übertrifft. In einer anderen Episode heißt es, dass sie die Autoren der französischen Klassik nur oberflächlich und große Zeitgenossen wie Voltaire gar nicht kennten.[12] Rousseau beschließt diesen Erzählstrang, indem er die Erzählung von der herrschenden Erziehungspraxis in eine Geschichte der Menschheit einbindet. Hier heißt es, dass das traurige Schicksal der Menschen sich daraus ergibt, dass Eltern ihre Kinder Generation um Generation so erziehen, dass diese ihre Erzieher mit Recht verfluchen.[13] Nach dem Ausblick auf die Menschheitsgeschichte wird mit dem richtigen Erziehungsziel einer der wichtigsten Protagonisten zum Thema. Die Auswahl des Zieles wird mit einer Reihe von Handlungsvarianten begründet. Das Ziel müsse so gewählt werden, dass der Zögling am Ende nicht Vater und Lehrer verflucht. Wenn das Glück zum Ziel gemacht werde, habe er dazu keinen Grund. Die Erziehung zum Glück sei Garant für die Moral, weil der Glückliche keinen Grund habe, das Böse zu tun. Das Glück des Zöglings, das damit als Erziehungsziel festgesetzt wird, bestimmt die Auswahl weiterer Protagonisten. Diese Protagonisten werden in verschiedenen Handlungsvarianten vorgestellt. Ein Weg zum Glück bestehe in der Befriedi-

---

[11] Ebd., 9.
[12] Ebd., 8–9, 13, 17.
[13] Ebd., 13.

gung aller Verlangen, ein zweiter in der Hingabe an große Leidenschaften, ein dritter im Seelenfrieden, der sich aus der Unterordnung von Leidenschaft und „désir" unter die Vernunft ergebe. Da die Befriedigung aller Verlangen in der Jugend im Alter nostalgisch mache und große Leidenschaften zur Überschätzung ihrer Gegenstände führten, sei der dritte Weg der richtige.[14]

Im Fortgang der Handlung wird keine der drei Optionen aufgegriffen. Die Erzählung setzt vielmehr neu an. Die Menschen, die in der guten Gesellschaft verkehren, führten das glücklichste Leben. Das Leben in der Welt biete viele Genüsse. Quelle der Genüsse seien Literatur und Kunst. Die Genüsse, die sie böten, seien raffiniert und unabhängig vom Alter unbegrenzt vervielfältigbar. Die Vielfalt der Genüsse, die das Leben in der Welt offen hält, erlaube, immer an der Oberfläche zu bleiben. Ziel der Erziehung müsse daher das Leben in der guten Gesellschaft sein. Die Protagonisten der sich hieran anschließenden Episode vom Leben in der guten Gesellschaft sind neben den raffinierten Freuden des Genusses von Wissenschaft, Literatur und Kunst die Frauen, die Rechtschaffenheit und, nicht zuletzt, der guter Geschmack. Der gute Geschmack zeichnet die gute Gesellschaft aus und garantiert die Rechtschaffenheit der in ihr versammelten „honnêtes hommes". Er wird durch die Beschäftigung mit der Literatur ausgebildet und befähigt zum Genuss von „plaisirs raffinés". Quelle dieser Genüsse sind Wissenschaften und „lettres".[15]

Die Grundstruktur der sich anschließenden Erzählung von der Einführung des Zöglings in die gute Gesellschaft ist die Gegenüberstellung von Weg und Abweg. Wer in der Welt leben will, muss früh in sie eingeführt werden. Eine Form der Führung ist die durch eine Frau, die zweite die durch einen Lehrer. Das Ziel wird verfehlt, wenn der Lehrer den Zögling ausschließlich auf die Schwächen der Menschen von Welt hinweist. Auf diese Weise werde das Kind zum Satiriker. Der richtige Weg besteht darin, Schwächen und Stärken der Menschen aufzuzeigen. Der Lehrer tue gut daran, hierbei auf Molière und La Bruyère zurückzugreifen. Diese Autoren dürften nicht ohne Kommentar gelesen werden. Dort, wo sie die Menschen zu schlecht darstellen, müssten sie vom „gouverneur" korrigiert werden, da andernfalls drohe, dass der Zögling über der Lektüre zum Satiriker werde. Die beste Art, den guten Geschmack zu bilden, bestehe darin, die großen Autoren des vergangenen und des gegenwärtigen Jahrhunderts zu kommentieren. Der Hinweis auf ihre Schwächen dürfe aber nicht dazu führen, dass der Zögling den Respekt vor ihrer Größe verliere.[16]

---

[14] Ebd., 12–15, 17–18, 23.
[15] Ebd., 6, 18.
[16] Ebd., 18–21, 23, 24–25.

Mit diesen Ausführungen hat die Erzählung von der guten Erziehung ihr Ende erreicht. Das Studium der französischen Klassiker bildet den Geschmack, die kommentierende Lektüre Molières und La Bruyères dient der Vermittlung von Menschenkenntnis. Der Geschmack berechtigt zur Aufnahme in die gute Gesellschaft und ebnet den Weg zu „honnêteté" und Glück, das im Genuss von Kunst, Literatur und Wissenschaften besteht. Die Darstellung des Erziehungsplans ist damit aber noch nicht abgeschlossen. Rousseau wendet sich an diesem Punkt dem Anfang des Erziehungsgangs zu und stellt ein Kurrikulum für den im engeren Sinne schulischen Unterricht vom sechsten bis zum neunten Lebensjahr vor. Die Tatsache, dass Rousseau noch einmal neu ansetzt, um zu begründen, warum das Durchlaufen dieses Kurrikulums erforderlich ist, legt neben anderen Indizien nahe, dass die bisherigen Ausführungen dem Plan entsprechen, der mit der Erziehungstradition bricht, und es sich im Folgenden um den Teil des Erziehungsprojektes handelt, der an die überkommene Praxis anschließt.

Die „études", die im Kurrikulum vorgestellt werden, sind Gegenstand des Unterrichts vom sechsten bis zum neunten Lebensjahr. Die Alternative zu den „études" bestünde darin, sich ganz auf die körperliche Ertüchtigung des Zöglings zu konzentrieren und ihn im richtigen Alter in die Gesellschaft einzuführen. Die Wünschbarkeit von „études" wird in diesem Neuansatz mit folgenden Argumenten und Handlungsvarianten begründet. Da das Leben in der höheren Gesellschaft auch Gefahren birgt, darf der Zögling nicht zu früh in die Welt eingeführt werden. Die „études" bilden den „esprit". Wissen ist schön und nützlich. Der wahre Wissenschaftler ist kein Pedant, da er die Grenzen allen Wissens kennt.[17]

Der Unterricht, den das Kurrikulum schildert, dient dazu, im Lauf von drei Jahren Kenntnisse verschiedener Naturwissenschaften, der lateinischen Sprache und Literatur, der modernen Geschichte, des Völkerrechts und der natürlichen Theologie zu vermitteln. Der Unterricht in den Naturwissenschaften ist einer der Schwerpunkte des Kurrikulums. Gegenstand sind die Anfangsgründe der Kosmologie, die Geographie, Mathematik, Physik und Naturgeschichte. Die Mathematik wird gelehrt, weil ohne sie die Physik nicht verständlich wäre. Gegenstand des physikalischen Unterrichts sind die Systeme Descartes und Newtons. Das Ziel des Unterrichtes besteht darin, die Fragwürdigkeit der beiden Systeme aufzuzeigen und den Zögling zu befähigen, zwischen wissenschaftlichen Beobachtungen und bloßen Argumenten zu unterscheiden. Weiterer Gegenstand ist die Naturgeschichte. Sie wird als die interessanteste Wissenschaft bezeichnet. Ein Grund für diese

---

[17] Ebd., 25.

Bevorzugung besteht darin, dass sie sich besonders gut als Ausgangspunkt für theologische Überlegungen eigne.[18]

Ein weiterer Schwerpunkt des Unterrichts ist das Studium der lateinischen Literatur. Während die Vermittlung von naturwissenschaftlichen Kenntnissen keiner Begründung bedarf, wird dieser Teil des Kurrikulums ausführlich kommentiert. In diesen Kommentaren wird deutlich, dass der Zögling anders als seine Altersgenossen nicht über Jahre in lateinischer Grammatik, Versifikation und Rhetorik gedrillt werden soll. Die Vermittlung der Sprache soll sich auf Lesekenntnisse beschränken. Das Ziel des Lateinunterrichts besteht darin, durch die kommentierende Lektüre den Geschmack an Autoren der goldenen Latinität zu schulen.[19]

Wichtiger noch als Naturwissenschaft und lateinische Literatur ist die Geschichte. Sie wird als die Wissenschaft bezeichnet, in der alle anderen Wissenschaften zusammenfließen. Am Anfang der historischen Unterweisung steht nicht die Geschichte des Altertums, sondern die Frankreichs. Den Höhepunkt bildet das Studium der Gründe für Aufstieg und Fall der Nationen. Die Theologie soll nicht im Unterricht, sondern bei Gelegenheit der täglichen Spaziergänge zum Thema werden. Am Beispiel von Phänomenen wie der Arbeitsteilung, die es jedem erlaube, sich für die anderen nützlich zu machen, soll die göttliche Vorsehung aufgezeigt werden. Den Abschluss der Ausbildung bilden die politische Theorie und das moderne Völkerrecht. Weil die Beschäftigung mit den „lettres" ein Vergnügen ist, wird sie nicht mit dem als „études" qualifizierten Unterricht gleichgestellt. Die „lettres" sind dementsprechend nicht Teil der „études", sondern begleiten sie als „face riante" des Studiums in Form der kommentierenden Lektüre der modernen Autoren. Ziel der Beschäftigung mit den „lettres" ist die Ausbildung des Geschmacks und die Heranführung an das ernste Studium von Latein, Geschichte und Naturwissenschaft.[20]

Die Dauer des Unterrichts wird nicht genau festgelegt. Die drei Jahre vom sechsten bis zum neunten Lebensjahr, die Rousseau erwähnt, werden als aproximative Größe bezeichnet. In der Konzeption des Erziehungsganges sind die „études" jedoch bloß Vorbereitung. Die Unterweisung in den Wissenschaften von der Natur und der Gesellschaft, als die die Geschichte und die politische Theorie hier fungieren, dient der Ausbildung des „esprit". Das schon hier einsetzende und im weiteren Verlauf intensivierte Studium der „lettres" dient der Ausbildung des Geschmacks. Beide sind Voraussetzungen dafür, dass der Zögling von der guten Gesellschaft akzeptiert

---

[18] Ebd., 28–31.
[19] Ebd., 28–30.
[20] Ebd., 31, 11, 31–32.

wird und an deren Austausch über Literatur und Wissenschaft teilhaben kann. Obwohl das ‚Projet pour l'éducation de Monsieur de Sainte-Marie' kurz nach dem ‚Mémoire' entstanden ist, unterscheidet sich diese überarbeitete Version ganz erheblich von der ersten Vorlage. Bei der Kritik der hergebrachten Erziehung und der Konzeption des Kurrikulums bestehen kaum Unterschiede. Entscheidend ist, dass Rousseau das Ziel der Erziehung anders bestimmt und damit auch die Rollen aller Protagonisten neu konzipiert. Ziel der Erziehung ist nicht mehr das Glück. Das Ziel besteht vielmehr darin, Schaden vom Zögling und von der Gesellschaft fernzuhalten. Der Protagonist, der das garantiert, ist die moralische Urteilsfähigkeit. Der erste Schritt richtiger Erziehung besteht in der Ausbildung der richtigen Empfindung. Wenn das Herz richtig empfinde, habe der Zögling auch das richtige moralische Urteil.[21]

Wie schon im ‚Mémoire' dient der wissenschaftliche Unterricht auch hier der Ausbildung des „esprit". Während „esprit" und Geschmack im ‚Mémoire' als Quelle des Glücks fungieren und das Glück die Rechtschaffenheit garantiert, ist die „force de l'esprit", die durch den wissenschaftlichen Unterricht gestärkt wird, in dieser Erzählung eine potentielle Gefahr für die Gesellschaft. Damit die „force de l'esprit" nicht zur Gefahr wird, muss die Ausbildung der moralischen Urteilsfähigkeit dem wissenschaftlichen Unterricht vorausgehen. Nur wenn die moralische Erziehung erfolgreich ist, dürfen die Wissenschaften gelehrt werden. Ist sie das nicht, sollte der wissenschaftliche Unterricht zum Schutz der Gesellschaft unterbleiben.[22]

Die Einführung in die gute Gesellschaft ist auch im ‚Projet' Bestandteil der Erziehung, ist aber nicht mehr deren letztes Ziel. Neben die Erziehung für die gute Gesellschaft tritt die für den Beruf. „Le monde" ist auch nicht mehr Ort von Genuss und Glück, sondern Gegenstand von moralischer Unterweisung und Ort moralischer Bewährung. Die Unterweisung besteht darin, dass der Vater den Sohn in gesellschaftlichen Angelegenheiten konsultiert, in denen das richtige Verhalten auch für ein Kind einfach zu ermitteln ist. Der „gouverneur" habe die Aufgabe, den Zögling daran zu gewöhnen,

---

[21] Jean-Jacques ROUSSEAU, Projet pour l'éducation de Monsieur de Sainte-Marie. In: Œuvres complètes, Bd. 4. Paris 1969, 9–51. Ein ganz wesentlicher Unterschied besteht darin, dass die Erörterungen über das Glück als Ziel der Erziehung und die höhere Gesellschaft als Ort des Glücks im ‚Projet' wegfallen. Die Bemerkungen zur Gefahr, die wissenschaftliche Ausbildung ohne moralische Kompetenz darstellt, finden sich bereits im ‚Mémoire'. Durch den Wegfall der Erörterungen zum Glück gewinnen die im Duktus ähnlichen Ausführungen im ‚Projet' an Prominenz. ROUSSEAU, Mémoire, 11; DERS., Projet, 41.
[22] Ebd., 41, 43–44.

die Konsequenzen seines Tuns für sich und die anderen zu bedenken und ihm die Menschenkenntnis zu vermitteln, deren er bedarf, um andere für seine Zwecke einzusetzen.[23]

Die „lettres" spielen im ‚Projet' bei der Vermittlung von Menschenkenntnis keine Rolle mehr und werden auch bei der Ausbildung der Urteilsfähigkeit nicht hinzugezogen. Wie im ‚Mémoire' dient das Studium der „lettres" der Ausbildung des Geschmacks und dem Vergnügen. Geschmack wird aber nicht mehr als das verstanden, was die gute Gesellschaft auszeichnet und die Redlichkeit ihrer Mitglieder garantiert. Der Geschmack für die hier als „Belles-Lettres" bezeichnete Literatur und das Vergnügen an ihr kommt im ‚Projet' lediglich in einer marginalen Episode zum Tragen. Das Vergnügen am Studium der „Belles-Lettres" dient als „face riante des études" dazu, den Zögling an ernste Studien zu gewöhnen.[24]

Zwischenergebnis

Die Neubestimmung des Erziehungszieles im ‚Projet' verändert den Plot der Erzählung von der guten Erziehung in umfassender Weise. Wenn man die Betrachtung auf die Protagonisten „lettres" und „sciences" konzentriert, zeichnen sich folgende Veränderungen ab. Im ‚Mémoire' sind „lettres" und „sciences" gleichermaßen auf Geschmack, Genuss, Glück und Redlichkeit bezogen. Der Protagonist, der diesen Bezug herstellt, ist die als „le monde" bezeichnete gute Gesellschaft. Die Moral ist auch hier Protagonist, ist aber insofern untergeordnet, als sie dem Glück, das der Genuss von Wissenschaften und „lettres" herbeiführt, als „abhängiger Begleiter" beigeordnet ist.

Anders als im ‚Mémoire' sind Wissenschaften, „lettres" und Moral im ‚Projet' nicht mehr assoziiert. Die Wissenschaften sind sowohl in der Episode vom richtigen Weg, als auch in der vom Abweg Protagonist. Ihre Rolle besteht darin, entweder die Gefahr des Abwegs, oder den Nutzen moralischen Handelns zu verstärken. Ob sie Zögling und Gesellschaft zu Nutzen oder Schaden gereichen, entscheidet die moralische Urteilsfähigkeit. Die „lettres" rücken im ‚Projet' sowohl im Verhältnis zur Moral, als auch zur Wissenschaft in den Hintergrund. Sie spielen bei der Ausbildung der moralischen Urteilsfähigkeit keine Rolle und sind, anders als die Wissenschaften, für die Potenzierung von persönlichem und gesellschaftlichem Nutzen irrelevant.

---

[23] Ebd., 44–45.
[24] Ebd., 51.

Der ‚Discours sur les sciences et les arts'

Mit der Antwort auf die Frage „Si le rétablissement des sciences et des arts a contribué à épurer les mœurs" betritt Rousseau, der bis dahin als Dramatiker, Opernkomponist und Musiktheoretiker aufgetreten war, das Feld der Geschichtsschreibung. Liest man den ‚Discours' vor dem Hintergrund der frühen Abhandlungen zur Erziehung, wird deutlich, dass die Beschäftigung mit dem Einfluss von Wissenschaft und „lettres" auf die Sitten nicht gänzlich neu war. Der ‚Discours' ist in zwei Teile aufgeteilt. Der Gegenstand des ersten Teils wird als „induction historique" bezeichnet.[25] Der zweite Teil argumentiert, dieser Passage zufolge, mit der Natur der Sache.[26] Unbeschadet dieser Unterscheidung wird in beiden Teilen ein Ensemble von Erzählungen entwickelt, die „arts", „lettres", „sciences" und „mœurs" in unterschiedlicher Weise zu Protagonisten machen.

Betrachtet man diese Erzählungen und die der frühen Abhandlungen von der guten Erziehung im Zusammenhang, wird erkennbar, dass beide nicht nur in der Unterordnung der Argumentation unter die Narration, sondern auch in der Anlage ihrer Plots aufeinander bezogen sind. „Sciences", „arts", „goût", „monde", „politesse", „talents", „plaisirs", „raffinement" und, nicht zuletzt, eine im Katechismus erstarrte Religion, sind sowohl in den frühen Erziehungsschriften als auch im ersten ‚Discours' als Protagonisten präsent. Bei den Protagonisten, die der ‚Discours' neu einführt, handelt es sich um Größen wie „force", „rusticité", „sincérité", „liberté" und „nature", die als Protagonisten denen der Erzählung von „le monde" entgegengestellt werden. Neu sind auch Protagonisten wie die Akademien, der Buchdruck oder die „opinion", die die historische Rolle der „lettres" und „sciences" konkretisieren, sowie der Luxus und das „gouvernement policé", mit denen Wirtschaft und Politik als Akteure in der Erzählung Aufnahme finden. Neu ist zudem, dass der Schwerpunkt im Ensemble der Erzählungen von Erziehung und Zivilisationsgeschichte nicht auf der Erzählung von der Erziehung, sondern auf der von der Zivilisation liegt.

Die Interaktionen zwischen den bereits in den frühen Erziehungsschriften präsenten und den im ‚Discours' neu eingeführten Protagonisten werden in einer Reihe von aufeinander bezogenen Erzählungen spezifiziert. Die erste Erzählung präsentiert die Geschichte Europas seit dem 15. Jahrhundert als die des Übergangs von der Herrschaft der „scholastischen Pseudowissenschaft" zur Herrschaft von „lettres" und wahrer Wissen-

---

[25] Jean-Jacques ROUSSEAU, Discours sur les sciences et les arts. In: Œuvres complètes, Bd. 3. Paris 1964, 16.
[26] Ebd., 16.

schaft.[27] Der Protagonist, der der Herrschaft der scholastischen Theologie ein Ende bereitet, ist die Literatur der Antike, die byzantinische Gelehrte auf der Flucht vor den „dummen" Mohammedanern nach Italien brachten, von wo sie bald nach Frankreich und in die anderen Teile Europas gelangte.

Die Episode, die die Ablösung der Herrschaft der Theologie durch die der „lettres" beschreibt, macht die Kunst des Schreibens, die Kunst des Denkens und eine neue Form der Geselligkeit zu Protagonisten. Sie sind folgendermaßen aufeinander bezogen: Mit der Kenntnis der antiken Literatur entwickelte sich die Kunst des Schreibens. Aus dieser ging die Kunst des Denkens hervor. Sie ebnete den Weg zur Wissenschaft. Mit Literatur und Wissenschaften entstand eine neue Form der Geselligkeit. Man kam zusammen, um literarische und wissenschaftliche Werke zu beurteilen. Die Menschen, die an diesem „commerce des muses" teilhatten, entwickelten auserlesenen Geschmack und Höflichkeit im Umgang. Dort, wo sich diese Form der Geselligkeit etablierte, änderte sich auch die Politik. Die Regierungen garantierten die Sicherheit der Bürger. Wissenschaft, Literatur und Künste sorgten für den Genuss.[28]

Diese Episode übernimmt sowohl die Protagonisten, als auch das Verlaufsmodell der Erzählung von Wissenschaft, Literatur, Geschmack und guter Gesellschaft, die Rousseau im ‚Mémoire' konzipiert hat. Neu ist, dass die Geschichte von der Erziehung für die ‚bonne société', die die Tradition der konfessionellen Erziehung ablöst, zur Geschichte der europäischen Neuzeit ausgeweitet wird. Mit der Geschichte von der Wiederentdeckung der antiken Literatur, die die Vorherrschaft der Konfession brach und den Boden für die neuen Naturwissenschaften bereitete, sowie der Auffassung, derzufolge der von Literatur und Wissenschaft gewandelte Geschmack die Herrschaft der Wissenschaft etabliert hat, reproduziert der ‚Discours' zudem eine Selbstdeutung der Aufklärung, die u. a. Voltaire 1734 in den ‚Lettres philosophiques' mit großem Erfolg propagiert hatte.

In den folgenden Episoden der Erzählung vom Aufstieg und Fall der Zivilisationen, die dem ‚Discours' zugrunde liegt, wird der vom ‚Mémoire' übernommene Plot aber so abgeändert, dass der Weg von der Herrschaft der Konfession zu der der Wissenschaft zum Abweg wird. Die im „commerce des muses" kultivierte „politesse" verdrängte die „sincérité". Die Durchsetzung des „gouvernement policé" führte zum Ende der Freiheit. Bevor Wissenschaften und Künste den Kosmopolitismus in Mode brachten, empfand man Liebe zum Vaterland.[29] Eine Serie von Episoden, die die Ge-

---

[27] Ebd., 6.
[28] Ebd., 6–7.
[29] Ebd., 7–9.

schichte vom Aufstieg der Wissenschaft in Europa in den Kontext der Weltgeschichte stellen, bekräftigt die Umkehrung des Erzählmusters vom guten Weg in das vom Abweg. Völker, die weder Künste noch Wissenschaften kannten, gründeten Reiche. In dem Moment, in dem sie sich Wissenschaft und Kunst zuwandten, wurden sie schwach und fielen selbst Eroberern zum Opfer.[30]

Der zweite Teil des ‚Discours' argumentiert, dem Text zufolge, nicht historisch, sondern mit der Natur der Sache.[31] Der Modus der Argumentation ist aber auch hier die Erzählung. Der ersten dieser Erzählungen zufolge sind Habsucht und Aberglaube der Ursprung von Geometrie und Astronomie.[32] Eine weitere Erzählung handelt von den Gefahren der im Entstehen begriffenen Wissenschaft und dem Nutzen der etablierten Wissenschaft. Bevor die Wissenschaft den richtigen Weg eingeschlagen hat, habe sie tausende Abwege beschritten und die Gesellschaft damit den Gefahren des Irrtums ausgesetzt. Als sie den richtigen Weg fand, habe dem Publikum das Kriterium gefehlt, mit dem es den richtigen vom falschen Weg hätte unterscheiden können. Als das Publikum lernte, wissenschaftliche Erkenntnisse als solche zu erkennen, zeigte sich, dass die Wissenschaften völlig nutzlos waren.[33]

Eine weitere Erzählung führt zusätzliche Protagonisten ein und verändert den Verlauf. Bei den neuen Protagonisten handelt es sich um das Talent, den Luxus, „femmes pusilannimes" und die frivole Jugend. Die Änderung des Verlaufs besteht darin, dass der Aufstieg von Literatur und Kunst nicht nur die Moral und die Verteidigungsfähigkeit korrumpiert. In einer zweiten Phase folgt auf den Aufstieg von Literatur und Künsten notwendigerweise deren Verfall. Der Zusammenhang zwischen den Protagonisten wird hier folgendermaßen konzipiert: Wo Literatur, Kunst und Wissenschaften florieren, wird das Talent der Tugend vorgezogen. Die Bevorzugung des Talents führt zu Luxus. Mit der Ausbreitung des Luxus verliert der Familienvater die Kontrolle über seine Frau. Eine frivole Jugend wächst heran. Wenn diese Jugend im Verein mit den „femmes pusilannimes" und den neureichen Protzern den Geschmack bestimmt, verfallen Kunst und Literatur.[34]

Dieser Handlungsstrang, der als der qualifiziert wird, der alle anderen erklärt, wird in einer Reihe von Episoden spezifiziert. Eine dieser Episoden handelt von der herrschenden Erziehungspraxis, eine andere von der Philo-

---

[30] Ebd., 10–15.
[31] Ebd., 16.
[32] Ebd., 17.
[33] Ebd., 18.
[34] Ebd., 20–21.

sophie und der bildenden Kunst. Die Erzählung von der herrschenden Erziehungspraxis greift Elemente der in den frühen Abhandlungen entwickelten Plots zum selben Thema auf. Da die Jugend nur in Latein unterrichtet werde, sei sie der eigenen Sprache nicht mächtig. Anstatt ihre moralische Urteilsfähigkeit auszubilden, lehrte man sie, wie mit Hilfe von Rhetorik und Versifikation das richtige Urteil außer Kraft gesetzt werden kann.[35] Die Rolle der „lettres" wird in der Episode von der Philosophie weiter konkretisiert. Die Thesen der großen Philosophen widersprächen sich. Was sie eint, sei, dass sie Tugend und Religion untergraben. Wenn die Philosophen bloß ihre eigenen Kinder lehrten, wären sie ungefährlich. Da sie über den Buchdruck ein großes Publikum erreichten, stellten sie eine Gefahr für die Gesellschaft dar.[36]

Neben diesen die Verfallsprognose bestätigenden Erzählsträngen finden sich im ‚Discours' auch solche, die Auswege aus dem Abweg der wissenschaftlich-literarischen Zivilisation aufzeigen. Ein Ausweg besteht in der Einrichtung von Akademien, die nicht nur das Talent, sondern auch die Tugend zum Auswahlkriterium machen.[37] Ein weiterer besteht darin, dass Philosophen eine wahrhafte Geschichte des Aufstiegs von Kunst und Wissenschaft verfassen und über den Buchdruck verbreiten. Diese Geschichte würde das Publikum dazu bewegen, sich von Literatur und Wissenschaft abzuwenden.[38] Eine dritte Option macht die Herrschenden und die großen Naturwissenschaftler zu Protagonisten. Die Herrschenden sollen die großen Naturwissenschaftler zu Beratern machen. Diese sollen eine Wissenschaft entwickeln, die aufzeigt, unter welchen Bedingungen die Regierten aus eigenem Antrieb tugendhaft handeln. Eine weitere Episode macht den einfachen Mann zum Protagonist. Er kann die Gesellschaft von ihrem Abweg abbringen, indem er nicht auf Philosophie und Wissenschaft, sondern auf die Stimme des Gewissens hört und dieser Stimme gemäß handelt.[39] Die Episode, die von der etablierten Erziehungspraxis handelt, schließt mit der Bemerkung, dass weise Väter zur Überwindung der wissenschaftlich-literarischen Zivilisation beitragen können, indem sie ihren Kindern diese Erziehung ersparen.[40]

---

[35] Ebd., 24.
[36] Ebd., 27–28.
[37] Ebd., 26.
[38] Ebd., 28.
[39] Ebd., 29–30.
[40] Ebd., 24.

Zwischenergebnis

Die vorliegende Untersuchung zielt nicht darauf ab, diese Erzählungen auf ihre Konsistenz hin zu überprüfen. Ihr Anliegen ist allein, den Zusammenhang zwischen den verschiedenen Erzählungen von der guten Erziehung und der von Entstehung und Wirkung von Wissenschaft und Literatur aufzuzeigen. Was diesen Zusammenhang anbelangt, kann folgendes Zwischenergebnis festgehalten werden: Die Erzählung des ‚Discours' von der Durchsetzung der Wissenschaft in Europa übernimmt wesentliche Elemente der im ‚Mémoire' entwickelten Erzählung von der Konstitution der „guten Gesellschaft" durch den an Literatur und Wissenschaft ausgebildeten Geschmack. Der Austausch über Wissenschaften und Kunst schafft eine neue Form der Geselligkeit. Diese zeichnet sich durch Geschmack und Höflichkeit aus. Der Geschmack besteht darin, Wissenschaft und Kunst zur Quelle des Genusses zu machen. Neu ist lediglich die Spezifizierung des Verhältnisses von Literatur und Wissenschaften, wonach die Literatur als Vorreiter der Wissenschaften fungiert hat.

Ein wichtiger Protagonist der Episoden, die die Erzählung von der Verwissenschaftlichung negativ umdeuten, – die physische Kraft – ist schon im ‚Projet' präsent. Schon hier ist die Erziehung, die auf Unterricht verzichtet und allein auf körperliche Ertüchtigung setzt, die Alternative zur Unterweisung in den Wissenschaften.[41] Der ‚Discours' übernimmt das Verlaufsmuster, wonach sich körperliche Ertüchtigung und wissenschaftlicher Unterricht ausschließen, und kehrt es mit der Abwertung der Wissenschaften und der positiven Bewertung von „force" und „rusticité" um. Auch im Hinblick auf die Protagonisten Wissenschaft und Moral lassen sich Kontinuitäten feststellen. Die Dissoziation von Moral auf der einen und Wissenschaften und Literatur auf der anderen Seite findet sich ebenfalls schon im ‚Projet'. Bereits hier entscheidet ihr Verhältnis zur Moral über die positive bzw. negative Qualifizierung der Wissenschaften. Die wissenschaftliche Ausbildung, die nicht der Moral den Vorrang einräumt, ist eine Gefahr für die Gesellschaft. Wenn die Ausbildung der moralischen Urteilskraft Vorrang hat, kommt die Stärkung des „esprit" durch den Erwerb wissenschaftlicher Kenntnisse dem Einzelnen und der Gesellschaft zugute. Dieses Muster wird im ‚Discours' übernommen und ausgebaut. Wissenschaft ohne Moral ist dem ‚Discours' zufolge bestenfalls unnütz, in der Regel schädlich. Mit der Episode, derzufolge ein Ausweg aus dem Abweg der Verwissenschaftlichung darin besteht, dass Akademien die Förderung der Wissenschaftler von deren Moralität abhängig machen, greift der ‚Discours' auf die vom

---

[41] ROUSSEAU, Projet, 41.

,Projet' vorgegebene positive Verlaufsform moralisch gesteuerter Wissenschaft zurück.⁴²

Konzentriert man den Blick auf das Verhältnis von Wissenschaft und „lettres" kann man folgendes Zwischenergebnis festhalten. Im ‚Memoire' treten Wissenschaften und „lettres" gemeinsam als ein Protagonist in Erscheinung. Im ‚Projet' spielen sie völlig unterschiedliche Rollen. Die Wissenschaften bilden den „esprit". Ob sie Protagonist des richtigen Weges oder des Abwegs werden, ergibt sich aus ihrem Verhältnis zur Moral. Die „lettres" sind Quell von Vergnügen. Im zentralen, von der Moral beherrschten Erzählstrang, spielen sie keine Rolle. Als Einstimmung auf den wissenschaftlichen Unterricht haben sie im Verhältnis zu den Wissenschaften lediglich dienende Funktion. Diese Beschreibung gilt nicht für die „lettres" schlechthin. Das ‚Mémoire' unterscheidet sorgfältig zwischen der kommentierenden Vermittlung durch den „gouverneur" und der unkommentierten Lektüre. Wenn die „lettres" unkommentiert zur Vermittlung von Menschenkenntnis oder zur Ausbildung rhetorischer Fähigkeiten herangezogen werden, stellen sie eine Gefahr für die Moral des Zöglings dar.

Im ‚Discours' bilden Wissenschaften, „lettres" und Künste über weite Strecken eine Einheit. Alle drei sind Anlass des „commerce des muses", Quell des Genusses, Schule des Geschmacks, Betätigungsfeld des Talents, Ursache des Luxus. Alle drei unterminieren dadurch gleichermaßen Gesundheit, Moral und Freiheit. Die „lettres" nehmen im Verhältnis zu den Wissenschaften insofern eine Sonderstellung ein, als sie die Voraussetzung für die Entstehung von Wissenschaft geschaffen haben. Neben diesem Handlungsstrang gibt es aber auch Episoden, die Wissenschaften und „lettres" eigene Rollen zuweisen. Die Wissenschaften sind in der Entstehungsphase gefährlich, wenn sie etabliert sind, sind sie lediglich nutzlos. Unbeschadet ihrer Nutzlosigkeit gelten große Wissenschaftler als wahrhaft große Männer. Das gilt nicht für die Philosophie. Sie ist und bleibt eine Gefahr für Moral und Religion. Ihre großen Vertreter verdienen nicht den Respekt, den man ihnen zollt. Auf den Aufstieg der „lettres" folgt der Verfall. Die Wissenschaft ist vom Verfall des Geschmacks nicht betroffen. Geniale Wissenschaftler machen ihren Weg unabhängig vom Publikum. Die Berater, die in Zusammenarbeit mit den Herrschern die Wissenschaft von der moralischen Politik entwerfen sollen, sind nicht Philosophen, sondern große Wissenschaftler. Der einzige Beitrag den die „lettres" zu Überwindung der wissenschaftlich-literarischen Zivilisation leisten können, besteht darin, den negativen Einfluss von Literatur und Wissenschaft auf die Moral aufzuzeigen. Die Erziehung, die den Verfall der Sitten im Europa des 18.

---

⁴² Ebd., 41, 44.

Jahrhunderts vorantreibt, besteht nicht in der Vermittlung der Wissenschaften, sondern in der Ausbildung in Rhetorik und Versifikation.[43]

‚Émile ou de l'éducation'

Wie die frühen Abhandlungen zur Erziehung und der erste ‚Discours' setzt sich auch Rousseaus wichtigste Schrift zur Erziehung, ‚Émile ou de l'éducation' sowohl aus narrativen als auch aus diskursiven Elementen zusammen. Da die diskursiven Elemente zur Rechtfertigung bestimmter Handlungsvarianten eingesetzt werden, ist die Narration auch hier dominanter Modus der Argumentation. Die Erzählung von der guten Erziehung, die Rousseau in ‚Émile' entfaltet, setzt sich aus verschiedenen Strängen zusammen. Wichtige Erzählstränge handeln von der Erziehung Émiles, der Erziehung Sophies und der Gründung einer Familie durch beide. Nicht weniger wichtig ist die Erzählung von der Vergangenheit und Zukunft der Zivilisation in Europa bzw. von der Schöpfung der Welt durch einen guten Gott. Die Erzählung von der Erziehung Émiles und Sophies ist in diesem Ensemble von Erzählungen die Episode, in der der Erzieher Émile in den Zustand versetzt, den der Schöpfergott dem Menschen in seiner Weisheit zugedacht hat und damit der Perversion des europäischen Menschen durch die Zivilisation eine Wendung zum Guten gibt. Wie schon die frühen Abhandlungen operiert auch ‚Émile' mit der Metapher, die die Erziehung als Reise und den Erzieher als Führer darstellt, der den Zögling auf den richtigen Weg führt und von der Beschreitung von Ab- und Umwegen abhält.

Schon das ‚Mémoire' enthielt das Verlaufsmuster, demzufolge es sich bei der herrschenden Praxis um einen Abweg handelt und das eigene Erziehungsprojekt zum ersten Mal den richtigen Weg aufzeigt. Während die frühe Abhandlung dieses Projekt wegen dessen Exzeptionalität aufgibt und sich damit begnügt, die Tradition von den schlimmsten Fehlern zu reinigen, definiert ‚Émile' Weg und Abweg ohne Kompromisse mit der Tradition. Nicht nur die Erziehung, die aus Kindern weltfremde Gelehrte macht, ist demnach abwegig. Abweg ist schlechthin alles, was von der Gesellschaft an das Kind herangetragen wird. Die richtige Erziehung ist dagegen die, die sicherstellt, dass sich das Kind den eigenen Antrieben gemäß entwickelt. Der Erzieher, der den richtigen Weg bestimmt, ist die menschliche Natur bzw. Gott, der sie gut geschaffen hat. Seine Absicht kommt zum Ausdruck, wenn sich die Anlagen des Kindes im Umgang mit „den Dingen" entwi-

---

[43] ROUSSEAU, Discours sur les sciences et les arts, 18, 29–30, 27, 20–21, 28, 24.

ckeln und der „gouverneur" jeden Einfluss der widernatürlichen Zivilisation vom Kind fernhält.[44]

Die Erziehung gemäß der Natur ist, wie Rousseau betont, in erster Linie negativ. Der Erzieher lehrt nicht, sondern begleitet das Kind dabei wie es seine eigenen Kräfte entwickelt und im Umgang mit seiner unmittelbaren Umwelt zum Einsatz bringt. Die Beschreibung des Erziehungsgangs folgt dem Muster von Weg und Abweg. Der gute Weg ist der, den das Kind vorgibt. Die vielen möglichen Abwege, die in die Erzählung von der guten Erziehung eingewoben sind, lassen sich nicht ohne weiteres auf einen Nenner bringen. Der Abweg, der im ersten Entwicklungsstadium droht, besteht darin, Wünsche zu wecken, deren Befriedigung über die eigenen Möglichkeiten hinausgeht. In dem Stadium, in dem normalerweise der Unterricht einsetzt, besteht der Abweg darin, die noch vor der Verständnisfähigkeit ausgeprägte Fähigkeit zum Memorieren zur Vermittlung von Wissenschaft und Literatur zu missbrauchen.[45]

Die Radikalität, mit der die Erzählung von der guten Erziehung die Vermittlung von Wissen oder Fähigkeiten, die das Kind sich nicht selbst erarbeitet, als Abweg brandmarkt, wird darin deutlich, dass schon ein Wort, das das Kind nicht verstehen kann, oder eine Idee, die seine Auffassungsgabe übersteigt, den Erfolg der naturgemäßen Erziehung vereiteln kann. Angesichts der Konsequenz, mit der Bücherwissen vom Zögling ferngehalten wird, erstaunt es um so mehr, dass Naturwissenschaften wie die Astronomie, die Geographie und die Physik, ökonomische Wissenschaften wie die Handelsgeographie und technische Wissenschaften wie der Maschinenbau bei der naturgemäßen Erziehung eine zentrale Rolle spielen.

In der ersten Phase der kindlichen Entwicklung, die bis zum zwölften Lebensjahr dauert, steht die Entwicklung der Körper- und Sinneskräfte im Vordergrund. Der „gouverneur" regt das Kind zu spielerischen Übungen an, die die Fähigkeit zur Orientierung im Raum und zur Einschätzung von Gewichten, Bewegungen und Temperaturen ausbilden.[46] Ziel dieser Übungen ist es, dem Kind im Umgang mit den Naturphänomenen die Methode der empirischen Wissenschaft näher zu bringen.[47]

Bei einem dieser Spiele geht es um die Einschätzung von Distanzen. Die Anlage, die hierbei entwickelt wird, ist die Koordination von Gesichtssinn und Tast- und Gehörsinn. Nachdem der Zögling auf die Veränderung sei-

---

[44] Jean-Jacques ROUSSEAU, Émile ou de l'éducation. In: Œuvres complètes, Bd. 4. Paris 1969, 241–242, 245–248.
[45] Ebd., 251, 323–324, 261.
[46] Ebd., 269–272, 284–285, 388–389, 392.
[47] «...sa première étude est une sorte de physique expérimentale relative à sa propre conservation». Ebd., 370.

nes Spiegelbildes im Wasser, das Phänomen der Brechung des Lichtes durch das Wasser und die sich daraus ergebenden Folgen für die Bestimmung des Ortes von Gegenständen im Wasser aufmerksam gemacht wurde, wird er in einem weiteren Schritt zur Analyse seiner Beobachtungen und schließlich zur Formulierung der Grundgesetze der Optik angeregt.[48] Mit der Hinführung zur Mathematik verhält es sich ähnlich. Der „gouverneur" erteilt dem Zögling keine Lektionen, in denen er ihm die Axiome und Beweise der euklidischen Mathematik vermittelt. Das heißt nicht, dass Émile nicht zum Mathematiker würde. Über der Zeichnung von geometrischen Formen im Sand, der Herstellung eines Zirkels und dem Spiel mit übereinander gelegten, aus Karton geschnittenen geometrischen Formen wird Émile selber Lehrer der Mathematik.[49]

Am Ende der ersten, kindlichen Phase seiner Entwicklung verfügt Émile über ein ausgebildetes „sensorium commune", das es ihm erlaubt, verschiedene Sinneseindrücke zu sinnlichen Ideen zu kombinieren. Dass abstrakte Ideen und Bücherwissen von ihm ferngehalten wurden, heißt nicht, dass er nicht schon vor dem Eintritt in das „Alter der Intelligenz" über Grundbegriffe der Optik und der Geometrie verfügt. Das „Alter der Intelligenz" reicht vom Ende der Kindheit im Alter von zwölf Jahren bis zum Einsetzen der Pubertät. Die körperlichen Kräfte und die Auffassungsgabe sind voll ausgeprägt, die mit der Pubertät einsetzende emotionale Hinwendung zu anderen Menschen steht noch aus. Die Anlage, die in dieser Phase entwickelt wird, ist die Intelligenz. Der Gegenstand, in Auseinandersetzung mit dem die geistigen Anlagen zur Entfaltung kommen, sind die Natur und die Menschheit als ganze. Am Ende dieser Entwicklungsphase ist Émile in der Lage, seinen Ort in Natur und Menschheit zu bestimmen. Zentrale Kategorie sind dabei die eigenen Bedürfnisse. Émile befragt spontan alle Phänomene der natürlichen und der sozialen Welt daraufhin, ob und wie sie ihm nützlich werden können.[50]

Das Wissen, das es Émile ermöglicht, seinen Ort in der Natur zu bestimmten, ist die Naturwissenschaft. Das Wissen, auf dessen Grundlage er sein Verhältnis zur Menschheit bestimmt, ist neben der durch eigene Beobachtung gewonnenen Menschenkenntnis die Ökonomie und die Geschichte. Der Unterricht zeichnet sich dadurch aus, dass der „gouverneur" nicht doziert, sondern den Zögling durch die Konfrontation mit den Phänomenen dazu anregt, selbst wissenschaftliche Theorien zu entwickeln und Nützlichkeitserwägungen anzustellen. Während andere Kinder Geographie und Astronomie an Hand von Karten und Planetenmodellen erlernen, wird Émile

---

[48] Ebd., 391–392, 396.
[49] Ebd., 399–400.
[50] Ebd., 403–404, 415–416, 426–429, 444–446.

zunächst auf die Nützlichkeit der Astronomie bei der Orientierung im Raum aufmerksam gemacht. In dem Moment, in dem er die Nützlichkeit der Kenntnis der Planetenbewegungen erkannt hat, wird Émile selbst zum Astronomen.[51] Ähnlich verhält es sich im Fall der Geographie. Der „gouverneur" verwendet keine Karten, sondern regt den Zögling an, sich bei der Erkundung seiner Umwelt und in Auseinandersetzung mit Phänomenen wie dem Schattenwurf die Grundbegriffe der Kartographie selbst anzueignen.[52] Bei der Vorführung eines Scharlatans entdeckt Émile den Magnetismus und lässt dann nicht ab, bis er alle relevanten Phänomene erkundet hat. Vor die Aufgabe gestellt, guten von saurem Wein zu unterscheiden, findet er Zugang zur Chemie. Instrumente wie den Kompass oder die Luftpumpe, die er bei seinen Experimenten benötigt, konstruiert und baut er selbst.[53]

Im Fall der Astronomie beschreibt Rousseau den Grundgedanken dieser Art der Vermittlung von Naturwissenschaft genauer. Der Zögling, der nicht belehrt, sondern zur Entdeckung angeleitet wird, durchläuft selbst die Stadien der Wissenschaftsgeschichte. Bei der Beobachtung der Planetenbewegung geht er zunächst vom Augenschein aus und entwickelt eine Theorie, die die Erde zum Zentrum dieser Bewegungen macht. Erst in Anschluss daran stößt er zu einer heliozentrischen Theorie vor. Émile soll unter keinen Umständen mit Systemen wie dem Newtons oder Descartes vertraut gemacht werden. Der Fortgang der Studien soll nicht einem System, sondern allein dem Zusammenhang zwischen den Phänomenen folgen.[54] Was die Intensität und Breite der Beschäftigung mit der Naturwissenschaft anbelangt, betont Rousseau, dass es darum gehe, die Lust am wissenschaftlichen Denken zu wecken und Kenntnisse zu erwerben, die dem Zögling ermöglichen, selbst wissenschaftlich tätig zu werden. In keinem Fall dürfe der Zögling aber auf halbem Weg abbrechen. Wenn Émile auf ein Problem aufmerksam wird, gehe er ihm nach, bis er eine befriedigende Theorie entwickelt hat.[55]

Die Vermittlung des Wissens, das Émile erlaubt, sein Verhältnis zur Menschheit als ganzer zu bestimmen, verläuft nach einem ähnlichen Muster. Der Zögling wird mit einem sozialen Phänomen konfrontiert und entwickelt dann im Austausch mit dem „gouverneur" eine Theorie. Das erste soziale Phänomen, mit dem Émile im Alter der Intelligenz konfrontiert wird, ist der Unterschied zwischen Armen und Reichen. Der Maßstab, den er zur Beurteilung dieses Phänomens heranzieht, ist das Prinzip der Nütz-

---

[51] Ebd., 430–433.
[52] Ebd., 430, 434–435, 436, 448–451.
[53] Ebd., 437–440, 441–442, 451–453.
[54] Ebd., 436, 443.
[55] Ebd., 447.

lichkeit. Die Erwägung des Verhältnisses zwischen den Tafelfreuden der Reichen und der Arbeit und den Leiden der Produzenten der dort konsumierten Güter wird zum Ausgangspunkt einer Theorie des Welthandels.[56] Die Auseinandersetzung mit dem Mechanismus von Angebot und Nachfrage wird in einem weiteren Schritt zur Grundlage der eigenen Berufswahl. Bevor Émile sich wegen der wirtschaftlichen Sicherheit, die die Nachfrage nach diesem Handwerk verspricht, zum Schreiner ausbilden lässt, hat er sich die Grundlagen der Ökonomie selbst erschlossen.[57] Er hat wissenschaftliche Instrumente konstruiert und beschäftigt sich bei der Ausbildung zum Schreiner nicht nur mit dem eigenen Handwerkszeug, sondern mit Maschinen aller Art. Leitfaden ist dabei zum einen das wissenschaftliche Interesse an der Erklärung von Naturphänomenen und zum anderen die Orientierung an den eigenen Bedürfnissen.

Ein Grundzug der Erziehung Émiles ist, dass Bücherwissen, sei es naturwissenschaftlich, mathematisch oder literarisch, nicht nur in der ersten Phase, in der die Entwicklung der physischen Kräfte im Vordergrund steht, sondern auch in der zweiten Phase, in der es um die Ausbildung der Intelligenz geht, vom Zögling ferngehalten wird. Émile lernt zwar, zu lesen und zu schreiben. Er verwendet diese Techniken aber nicht zur Lektüre, sondern zur Organisation des Alltags.[58] In der Erzählung von der richtigen Erziehung spielen die „lettres" vor allem als Protagonist verschiedenster Abwege eine wichtige Rolle. Wörter oder Ideen, die nicht auf eine unmittelbare Erfahrung zurückgeführt werden können, führen die sich ausbildende Urteilsfähigkeit auf Abwege.[59] Schon die postalische Kommunikation stellt als Vermittlung von nicht selbst gemachten Erfahrungen eine Gefahr dar. Die Literatur schließlich erscheint als Inbegriff des durch Worte vermittelten Wissens von zeitlich und räumlich entfernten Gegenständen, die nicht Inhalt eigener Erfahrungen werden können. Die negativen Folgen, die von der Konfrontation mit den „lettres" ausgehen, werden am Beispiel der Fabeln La Fontaines und eines Briefes dargelegt, der das Leid eines räumlich entfernten Verwandten übermittelt.[60]

---

[56] Ebd., 463–466.
[57] Ebd., 468, 470–473.
[58] Ebd., 357–358.
[59] « C'est à la première chose qu'il apprend sur la parole d'autrui sans en voir l'utilité lui même que son jugement est perdu. » Ebd., 350.
[60] Janie Vanpée stellt Rousseaus Kritik an der postalischen Kommunikation von Gefühlen ins Zentrum ihres Beitrages zur Rolle der Lektüre im 'Émile': Janie VANPEE, Leçons de lecture dans l'Émile: de la lettre à la fable. In: Tanguy L'Aminot (Hg.), Jean-Jacques Rousseau et la lecture. Ouvrage collectif réalisé par l'Equipe Rousseau dirigé par Tanguy L'Aminot. Oxford 1999, 65–77.

Die Abwendung nicht nur von der Literatur, sondern vom Buch schlechthin könnte kaum radikaler sein. Sie ist aber insofern nicht kategorisch, als Literatur und Buchgelehrsamkeit in zwei Fällen zu Protagonisten der Erzählung von der richtigen Erziehung werden. Während andere Kinder im „age de l'enfance" die Fabeln La Fontaines lesen, liest Émile ‚Robinson Crusoe'. Da er sich selbst und seine Erfahrungen in dieser Geschichte ohne Einschränkung wieder findet, bereitet ihm die Lektüre, die seine Urteilsfähigkeit in keiner Weise gefährdet, große Freude.[61] Protagonist der zweiten Episode, in der die „lettres" eine positive Rolle in der Erzählung von der guten Erziehung spielen, ist die historische Biographie der Antike. Sie kommt zum Tragen, wenn Émile sich bereits aus eigener Anschauung ein Urteil über das Glück bzw. das Unglück gebildet hat, das das Leben in der höheren Gesellschaft bzw. unter einfachen Leuten auf dem Land zu bieten hat. Das Studium von antiken Biographen wie Plutarch soll dem Zögling vermitteln, dass der Ehrgeiz, sich in der höheren Gesellschaft auszuzeichnen, diejenigen, die dieser Passion nachgaben, schon immer unglücklich gemacht hat.[62]

Die Lektüre antiker Biographen ist der einzige Fall, in dem die „lettres" in positiver Weise zur richtigen Erziehung beitragen können. Die positive Wirkung besteht darin, dass die Theorie, die der Zögling aus eigener Anschauung vom Leben in der höheren Gesellschaft entwickelt hat, durch den Blick auf vergangene Zustände bestätigt wird. Dass die antike Biographie besser als andere literarische Gattungen geeignet ist, das Unglück des in der und für die höhere Gesellschaft lebenden Menschen zu dokumentieren, wird folgendermaßen begründet: Was dem Zögling veranschaulicht werden soll, ist nicht Diplomatie, Krieg oder Politik, sondern die Auswirkungen von Passionen auf das Glück. Da moderne Historiker weniger an der Beobachtung des Menschen, als an der Darlegung ihres jeweiligen Systems interessiert seien, könnten sie hierzu keinen Beitrag leisten. Da moderne Biographen selbst Teil der von den „lettres" geprägten Gesellschaft seien, seien auch sie nicht in der Lage, das Leben in der Gesellschaft wahrheitsgemäß darzustellen.[63]

---

[61] ROUSSEAU, 'Émile', 454–456. Neben der in ähnlicher Weise schon in 'La Nouvelle Héloïse' geführten Auseinandersetzung darüber, ob die Fabeln von La Fontaine zur Lektüre für Kinder geeignet sind, gehört das Plädoyer für 'Robinson Crusoe' zu den Passagen, auf die sich die Forschung zur Rolle der "lettres" im 'Émile' vor allem bezogen hat. Sylvain MENANT, La place de la littérature dans les idées d'Émile. In: Robert Thiery (Hg.), Rousseau, l'Émile et la Révolution, Actes du colloque international de Montmorency, 27 septembre – 4 Octobre 1989. Paris 1992, 43–51.
[62] Ebd., 525–526.
[63] Ebd., 527–535.

Émile wird als erwachsener Mann mehrere Sprachen erlernen und sich in Paris intensiv mit den „lettres" auseinandersetzen. Das Urteil, das er über die „lettres" fällt, fußt auf einer von ihm selbst, unabhängig von äußeren Einflüssen entwickelten Theorie des gesellschaftlichen Lebens. Im Ergebnis ist es eine Bestätigung der Einsicht, dass es sich beim Leben in der von der Literatur geprägten Gesellschaft um einen Abweg handelt, der die Menschen ins Unglück führt.[64] Die Rolle der „lettres" im ‚Émile' ist demnach, von einer Ausnahme, dem ‚Robinson Crusoe' abgesehen, negativ. Solange sein Urteil formbar ist, müssen sie vom Zögling ferngehalten werden. Wenn sein Urteil sicher ist und er das Leben in der höheren Gesellschaft als Abweg erkannt hat, dient die Literatur dazu, die Negativität der Lebensform, die sie hervorgebracht hat, zu bestätigen.

Zusammenfassung

Die Erzählung von der guten Erziehung, die ‚Émile' zugrunde liegt, rekurriert zum Teil auf Protagonisten und Erzählmuster, die bereits in den frühen Erziehungsschriften und dem ersten ‚Discours' eingesetzt wurden, enthält aber auch Elemente, die hier zum ersten Mal in Erscheinung treten. Das Konzept einer Erziehung, die radikal mit der etablierten Praxis bricht und damit die Geschichte der Menschheit umkehrt und zurück auf den Weg des Glücks leitet, ist bereits im ‚Mémoire' und im ersten ‚Discours' präsent. Die moralische Urteilsfähigkeit, definiert als Fähigkeit, die Konsequenzen des eigenen Handelns für das eigene Glück abzuschätzen, ist schon in den frühen Erziehungsschriften und dem ersten ‚Discours' wichtiger Protagonist. Die Kritik an der höheren Gesellschaft als Ort des Ehrgeizes, des Unglücks, der frivolen Genüsse und der moralischen Indifferenz findet sich schon im ersten ‚Discours' und ansatzweise im ‚Projet'. Das Erzählmuster, demzufolge die körperliche Ertüchtigung Vorrang vor der Ausbildung der Intelligenz hat, spielt bereits im ersten ‚Discours' eine wichtige Rolle.

Eine der in unserem Zusammenhang wichtigste Neuerung besteht darin, dass die Erzählung von Wissenschaften und „lettres" um neue Protagonisten erweitert wird. Bei diesen Protagonisten handelt es sich zum einen um die Fähigkeit zur wissenschaftlichen Entdeckung. Sowohl im Hinblick auf seine Eigenschaften als auch im Hinblick auf die Rolle, die ihm im Plot zukommt, unterscheidet sich dieser Protagonist ganz erheblich von den Wissenschaften im landläufigen Sinne. Die von Émile selbst entwickelte

---

[64] Zu den Kriterien, die der Literaturkritik Émiles zugrunde liegen: Barbara de NEGRONI, La bibliothèque d'Émile et de Sophie: la fonction des livres dans la pédagogie de Rousseau. In: Dix-huitieme siècle 19 (1987), 379–389.

Wissenschaft besteht anders als die Buchwissenschaft nicht in Systemen. Sie ist auch nicht bloß akademisch, sondern in konkreter Weise nützlich. Ihr Nutzen besteht u. a. darin, dass sie Émiles Bedürfnis nach Orientierung in Natur und Gesellschaft befriedigt. Im Fall der Naturwissenschaften besteht der Nutzen zudem darin, dass sie die Wahrnehmungs- und Urteilsfähigkeit ausbilden und das Denken Émiles am Modell der empirischen Wissenschaft ausrichten. Die Übertragung dieser Form des Denkens auf soziale Phänomene erlaubt es Émile, eine auf Beobachtung und Kalkül gegründete Theorie des Lebens in der Zivilisation zu entwerfen und ermöglicht ihm damit, seine Lebensplanung auf ein verlässliches Kalkül von wahrscheinlichem Genuss und vermeidbaren Leiden zu gründen. Während die Fähigkeit zur wissenschaftlichen Entdeckung zentraler Protagonist in der Erzählung von der guten Erziehung ist, wird die traditionelle Form der Vermittlung von Wissenschaft zum Protagonist eines Abwegs.[65]

Im Hinblick auf die „lettres" kann man folgende Differenzierung konstatieren. Die „lettres" im landläufigen Sinne werden, genau wie die Wissenschaften im landläufigen Sinne, radikal aus der Erziehung verbannt. Schon der geringste Kontakt mit dem traditionellen, humanistisch-wissenschaftlichen Bildungsgut kann den Erfolg der richtigen Erziehung gefährden. Wenn die Urteilskraft gefestigt ist, können bestimmte Autoren zur Bestätigung des negativen Urteils über die von den „lettres" geprägte Zivilisation herangezogen werden. Literatur, die wie ‚Robinson Crusoe' naturgemäße Lebensbedingungen abbildet, ist weder schädlich, noch nützlich, sondern Quell zusätzlichen Vergnügens.

Die Vorstellung, dass Wissenschaften und „lettres", was ihre pädagogische Funktion anbelangt, unterschiedlich zu bewerten sind, und die „lettres" eine möglichst geringe, die Naturwissenschaften hingegen eine möglichst prominente Rolle in der Erziehung spielen sollten, zeichnet sich zumindest ansatzweise bereits im ‚Projet' und dem ersten ‚Discours' ab. Im ‚Discours bilden Wissenschaften und „lettres" zwar über weite Strecken eine Einheit. Es finden sich aber schon hier Ansätze zu einer Differenzierung, die die Wissenschaft gegenüber der Philosophie aufwertet und zwischen den im Prinzip schädlichen „lettres" und wenigen positiv bewerteten Genres unterscheidet. In ‚Émile' erscheinen „lettres" und Wissenschaften wiederum als Protagonisten eines Abwegs. Für bestimmte Formen von Wissenschaft und Literatur gilt das jedoch nicht. Im Fall der Wissenschaft ist das Unterscheidungskriterium die Lehrmethode. Die Unterweisung in

---

[65] Zu Rousseaus Konzeption des Verhältnisses von Natur- und Humanwissenschaften: Yves Paul BARLAND, Rousseau ou le Newton malgré lui des sciences humaines. In: Tanguy L'Aminot (Hg.), Jean-Jacques Rousseau et la lecture. Ouvrage collectif réalisé par l'Equipe Rousseau dirigé par Tanguy L'Aminot. Oxford 1999, 175–217.

der Fähigkeit zur wissenschaftlichen Entdeckung und die Bindung des Entdeckungsdrangs an die Bedürfnisse entlastet die Wissenschaft vom Vorwurf der Nutzlosigkeit. Dem Vorwurf der moralischen Indifferenz ist diese Wissenschaft nicht ausgesetzt, da die Denkform der empirischen Wissenschaft zur Vorbedingung der richtigen Moral gemacht wird. Die Naturwissenschaften sind damit im Verhältnis zur Moral nicht mehr, wie noch im ‚Projet' und dem ersten ‚Discours', abhängiger Protagonist. Das Verhältnis ist umgekehrt. Die wissenschaftliche Ausbildung ist der Schlüssel zur Moral.

Die in Form von Systemen unterrichtete Naturwissenschaft wurde schon im ‚Discours' mit den „lettres" assoziiert. Dieses Handlungsmuster wird in ‚Émile' übernommen und radikalisiert. Buchwissenschaft und „lettres" gefährden nicht mehr nur die Ausbildung der moralischen Urteilsfähigkeit, sondern die Wahrnehmungs- und Denkfähigkeit schlechthin. Der Gegensatz zwischen Literatur und Buchwissenschaft auf der einen und der Fähigkeit zur wissenschaftlichen Entdeckung auf der andern Seite könnte nicht größer sein. Buchwissenschaft und „lettres" pervertieren die Erkenntnisfähigkeit, unterminieren die Moral und führen ins Unglück. Die Ausbildung zu eigener wissenschaftlicher Tätigkeit ist Vorbedingung für Erkenntnisfähigkeit, Moral und Glück.

Das Erziehungsmodell des ‚Émile' bricht mit der humanistischen Tradition. Es bricht auch mit der Tradition naturwissenschaftlicher Unterweisung. Die neue, naturgemäße Erziehung verzichtet aber nicht auf Natur- und Gesellschaftswissenschaft. Die Rolle der Naturwissenschaft ist ganz im Gegenteil zentral. Ziel der Erziehung ist es, die Methode der empirischen Wissenschaft zur Grundlage der Auseinandersetzung mit Natur und Gesellschaft zu machen. Die Wissenschaft, die ‚Émile' zur Grundlage der Weltbewältigung macht, ist nicht nur empirisch, sie ist auch nützlich. Ihr Nutzen besteht zum einen in der Umsetzung in Technik, vor allem aber darin, dass sie als Theorie von Angebot und Nachfrage dem Zögling erlaubt, Wissenschaft und Technik profitabel und glückssichernd einzusetzen.[66]

Das Erziehungsprojekt, das Rousseau in ‚Émile' entwirft, bricht radikal mit der humanistischen Tradition. Die Erziehung, die die Menschheit vom Irrweg der wissenschaftlich-literarischen Zivilisation zurück zur Natur füh-

---

[66] Giovanni Incorvati und Robert Granderoute zeigten auf, wie sich dieser Aspekt von Rousseaus Pädagogik im revolutionären Republikanismus niedergeschlagen hat: Giovanni INCORVATI, Le "droit d'être inutile" et le "devoir indispensable": Emile ou l'instauration de la république fondée sur le travail. In: Robert Thiery (Hg.), Rousseau, l'Émile et la Révolution. Actes du colloque international de Montmorency, 27 septembre – 4 Octobre 1989, Paris 1992, 385–95; Robert Granderoute, Rousseau et les projets d'éducation de 1789 à 1795. In: ebd., 325–39.

ren soll, besteht in einer besonderen Form der Vermittlung wissenschaftlich-technischer Kompetenz. Dieses Modell ist unbeschadet der Kritik an der zeitgenössischen Philosophie und Literatur alles andere als antiaufklärerisch. Es handelt sich vielmehr um eine der radikalsten Umsetzungen der aufklärerischen Forderung, die Wissenschaften von Natur und Gesellschaft zum ausschließlichen Gegenstand der Erziehung zu machen. Die Einordnung des ‚Émile' in den Zusammenhang der frühen Erziehungsschriften und des ersten ‚Discours' hat gezeigt, dass es sich bei der Erzählung von der guten Erziehung, die in ‚Émile' vorgetragen wird, um eine Version der Erzählung von der Rolle von Wissenschaften und „lettres" in der Geschichte des Menschen und der Menschheit handelt, an deren Ausgestaltung Rousseau seit seinen frühen Abhandlungen zur Erziehung arbeitet. Das Vorhaben, Brüche und Kontinuitäten bei der Ausgestaltung dieser Erzählung zu identifizieren, konnte hier nur im Ansatz verwirklicht werden. Schon diese Ansätze machen aber deutlich, dass die Rolle, die Wissenschaften und Literatur in ‚Émile' zugewiesen wird, nur im Zusammenhang eines Ensembles von Erzählungen zu verstehen ist, zu denen neben den Abhandlungen zur Erziehung und den ‚Discours' auch die Autobiographie, ‚La Nouvelle Héloïse' und die politischen Schriften gehören.

La réception des œuvres pédagogiques de Jean-Jacques Rousseau en Europe centrale

TEREZA DIEWOKOVÁ

Les années 1760–1780 sont marquées par une grande admiration et célébration des œuvres pédagogiques et romanesques de Jean-Jacques Rousseau, surtout parmi les élites françaises. Il s'agit concrètement de la « Nouvelle Héloïse » et de l' « Emile ». Ce philosophe célèbre a réussi, par son génie littéraire, à imposer une nouvelle façon de lire ses œuvres, il a réussi à faire du lecteur une partie de son œuvre et à l'opposé, de faire de son œuvre une partie de la vie de son lecteur. Je ne vais pas présenter ici les analyses précises des œuvres de Rousseau et de ses relations aux lecteurs, ce qui a été déjà brillamment fait par beaucoup d'autres (je mentionne ici au moins une excellente étude faite par Robert Darnton sur la correspondance d'un admirateur des œuvres de Rousseau, publiée dans son célèbre livre « Le grand massacre des chats ».[1]

Le centre d'intérêt de cet exposé porte sur la réception des œuvres de Rousseau dans l'espace des pays tchèques, plus précisément dans les couches aristocratiques, à la fin du XVIIIe et au début du XIXe siècle. Nous allons essayer de saisir les différentes réactions des aristocrates de Bohême face au contenu des ouvrages, qui ont provoqué une telle admiration chez les Français. En quoi consistait cette réception particulière, et quelles étaient ses raisons ? Ce sont ces questions que nous allons nous poser tout au long de cette intervention. Malgré la présence très rare des preuves directes sur l'influence des idées de Rousseau, nous pouvons constater que sa présentation de la mère idéale trouva son écho aussi en Europe centrale. Ainsi, dans la deuxième partie de notre exposé, nous parlerons des attitudes et des pratiques des jeunes mères aristocrates, inspirées sans doute par la pensée rousseauiste.

Les œuvres de Rousseau furent assez répandues dans le milieu des aristocrates tchèques. Un sondage mené dans le catalogue général des bibliothèques des châteaux nous prouve la présence abondante des écrits de Rousseau ; et surtout de ses écrits pédagogiques.[2] Car il ne faut pas oublier

---

[1] Robert DARNTON, Le courier des lecteurs de Rousseau : la construction de la sensibilité romantique. in : Le grand massacre des chats, attitudes et croyances dans l'ancienne France. Paris 1985, p. 196–225.
[2] Nous sommes bien conscient que le sondage dans le catalogue général reste limité par le fait que le catalogue contient à ce jour environ 80 % de tous les imprimés des bibliothèques des châteaux. En même temps, il ne retrace pas le mode d'acquisition des

que la partie philosophique et sociale de son œuvre n'a jamais pu être bien acceptée par les couches aristocratiques à cause de la propagation de l'égalité sociale qui attaque de manière fondamentale leur identité et leur existence. Ainsi nous pouvons trouver 28 exemplaires de différentes éditions, antérieures à l'année 1800 de « Julie ou la Nouvelle Héloïse » en français, 3 exemplaires en allemand. « Emile ou De l'éducation » présente 18 exemplaires en français, publiés avant 1800, et 6 exemplaires en allemand. Assez répandu étaient même les « Confessions » avec 10 imprimés en version originale et 3 en allemand.

Il est assez intéressant de savoir que la plupart des exemplaires que nous venons de mentionner sont des éditions des années 1760–1770 – dans le cas d'Emile, il s'agit de 14 exemplaires contre 7 publiés après 1781, l'année où Joseph II autorisa la possession des œuvres interdites par les particuliers. Ces 14 exemplaires prouvent le plus probablement une certaine inefficacité de la censure et des contrôles douaniers qui pourtant dans le temps de Marie-Thérèse avaient la réputation d'être assez sévères, par rapport la censure française.[3] La distribution et la commercialisation des livres prohibés étaient beaucoup plus tolérées à Prague. Le procès mené en 1779 contre professeur de l'Université et membre de la Commission de censure de Prague Karl Heinrich Seibt incriminé de tolérance excessive dans son travail du censeur, dévoile clairement le dysfonctionnement de la censure de Prague. Seibt fut accusé de ne pas punir suffisamment les libraires vendant les ouvrages interdits.[4]

---

exemplaires cités ; il nous prouve uniquement leur présence. Pourtant, nous avons décidé de travailler avec les résultats de cette recherche, car il n'est pas très important pour nous de savoir comment la famille a pu acquérir le document concret. (Nous laissons cette question aux spécialistes étudiant les pratiques de diffusion et de circulation des livres.) Notre but est d'avoir une idée générale sur la présence de l'œuvre sur le territoire. Car si le livre a été présent, il a pu être lu et s'il a pu être lu, il a pu inspirer. Aussi il ne faut pas oublier que même le nombre des exemplaires ne nous donne pas un nombre précis des lecteurs. En général, celui-ci était toujours plus élevé, la bibliothèque servait pour la lecture de tous les membres du foyer et en même temps, elle n'était pas la seule source de lecture. Le livre a pu être emprunté par des amis, etc.

[3] Jean-Pierre LAVANDIER, Le livre au temps de Joseph II et de Léopold II. Code des lois de censure du livre pour les pays austro-bohémiens (1780–1792). Paris/Wien 1995, p. 50. Lavandier mentionne de nombreuses plaintes contre le non-respect de l'immunité diplomatique portées par des ambassadeurs dont les bagages furent fouillés à la frontière. Les livres trouvés de Voltaire leur furent tous confisqués.

[4] Karl Heinrich Seibt fut professeur des belles sciences à la Faculté des Lettres de l'Université de Prague. Il fut connu pour ses cours donnés en allemand. En 1778, il devint le membre de la Commission de censure dont l'inefficacité fut attaquée en 1779. Parallèlement, les accusations furent portées contre les sujets des conférences que Seibt donna à l'Université. En septembre 1779, Seibt réussit à être innocenté. Toute l'affaire

En même temps, nous ne devons pas être surpris que les exemplaires en version allemande soient si peu nombreux dans les bibliothèques de Bohême. Il est très important d'avoir toujours à l'esprit que la langue la plus utilisée par les élites européennes à la fin du XVIIIe siècle était le français. Le témoignage le plus touchant nous a laissé le comte Hartig qui, dans son autobiographie manuscrite, avoue avoir appris l'allemand à l'âge adulte après son entrée au service de Marie-Thérèse.[5] Egalement les correspondances des aristocrates datant de la deuxième moitié du XVIIIe siècle sont très souvent menées en français, même si sa maîtrise parfaite, d'après les fautes d'orthographe et de grammaire fréquentes, laissait parfois encore beaucoup à désirer. Toutefois, les aristocrates étaient capables d'apprécier la beauté de la littérature française en lisant les œuvres dans leur version originale. Et ils n'hésitaient pas à le faire. D'après les inventaires des bibliothèques ou les inventaires après décès qui mentionnent les livres possédés par la personne décédée, les imprimés en français se trouvaient abondamment chez les aristocrates.[6] Il s'agissait surtout de romans, d'œuvres pédagogiques, géographiques, historiques ou diplomatiques.

A côté des œuvres de Rousseau, nous trouvons dans les bibliothèques aristocratiques fréquemment d'autres ouvrages pédagogiques de caractère semblable. Le roman d'éducation de Madame de Genlis « Adèle et Théodore »[7] est représenté dans le catalogue par 18 exemplaires. Madame Leprince de Beaumont connut aussi un grand succès en Europe centrale, surtout son manuel de civilité intitulé « Magasin des adolescentes ».[8] Nous en trouvons 24 exemplaires. Si nous lisons attentivement ces ouvrages, nous nous rendons compte, que les idéaux présentés correspondent pleinement

---

est bien décrite par Jaroslav PROKEŠ, Aféra Seibtova roku 1779 [L'affaire Seibt en 1779]. in : Českou minulostí [A travers le passé tchèque]. Prague 1929, p. 317–330.

[5] « Da ich von einem französischen Hofmeister in einem Zeitpunkt erzogen worden, so die französische Sprache beim Deutschen Adel üblicher als die Vaterländische Selbst gewesen, so bildete ich mich hauptsachlich für die Französische und andere auswärtige Sprachen, die Deutsche wurde mir erst in meinen Geschäftsjahren vollkommen eigen. » Archiv Akademie věd České republiky v Praze [Archives de l'Académie des Sciences en Prague], fonds KČSN, n° inv. 375, Cart. 79, dossier personnel de F. Hartig.

[6] Une collection de livres français des plus intéressantes fut rassemblée par le comte Joseph Colloredo-Mansfeld dans son château d'Opočno. Elle était appelée la « bibliothèque parisienne » et elle contenait environ 4000 ouvrages. Stéphane REZNIKOW, Francophilie et identité tchèque (1848–1914). Paris 2002, p. 29.

[7] Madame de GENLIS, Adèle et Théodore, ou Lettres sur l'éducation, contenant tous les principes relatifs aux trois différents plans d'éducation des princes, des jeunes personnes et des homme. Paris 1782.

[8] Jeanne Marie LEPRINCE DE BEAUMONT, Magasin des adolescentes, ou Dialogues entre une sage gouvernante et plusieurs de ses élèves de la première distinction. Francfort 1761.

aux images de la femme en tant qu'épouse et mère parfaite dont Rousseau a fait la propagation. L'attention pour ce type d'idées était immense.

La situation était tout à fait différente au moment où le livre essayait de polémiquer avec Rousseau et proposait aux femmes un autre mode de réalisation de soi-même, concentré plutôt dans le domaine des savoirs et des connaissances. Regardons par exemple l'œuvre de Madame d'Epinay. Elle-même, déçue par ses propres expériences conjugales et maternelles, conseille aux femmes de poursuivre leurs études, de trouver de l'intérêt dans différents domaines, dans la littérature, dans les sciences, dans l'art. Car les connaissances permettront à la femme de prendre conscience d'elle-même et de ne pas devenir dépendante de son époux. Ses « Conversations d'Emilie » étaient très célèbres à l'époque en France. En janvier 1783 son livre a même obtenu le prix de l'Académie française en tant qu'œuvre pédagogique la plus utile de l'année.[9] Pourtant, dans le catalogue général des bibliothèques des châteaux de Bohême nous trouvons uniquement 4 exemplaires en français et 1 en version allemande. A ce moment, nous devons impérativement nous poser la question : pourquoi un tel intérêt pour les ouvrages qui montrent un seul sens de la vie de la femme, devenir une épouse et une mère idéale ? Et au contraire, pourquoi un tel refus de ceux militant pour l'instruction des femmes ?

* * *

Nous pensons que le facteur assez important de ce refus consiste dans la position différente que tenait la femme en Europe centrale par rapport à ses contemporaines françaises. D'après les documents d'archives, je vais essayer d'esquisser la position de la femme envers son mari dans la monarchie autrichienne et souligner les différences avec du milieu français. En France, la séparation entre les époux est assez fréquente et le mariage présente généralement une affaire familiale tout au long du XVIIIe siècle (bien sûr uniquement dans les élites). Cette sécularisation dans le domaine de la loi conjugale atteint son apogée en 1790, pendant la Révolution française, où le mariage fut proclamé contrat laïque entre deux citoyens, qu'il est possible d'annuler pour différentes raisons. La demande d'annulation pouvait être présentée par les deux époux. Même si en 1804, le Code civil napoléonien limita les possibilités du divorce et instaura l'homme en tant que chef de famille, le mariage en tant que tel continua à être considéré comme une

---

[9] Elisabeth BADINTER, Emilie, Emilie, ou l'Ambition féminine au XVIIIe siècle. Paris 1983, p. 222–223.

affaire laïque, soumise à la réglementation de l'Etat et indépendante du droit canonique.[10]

Bien sûr, cela n'était pas le cas dans l'empire des Habsbourgs. Il est bien vrai que Joseph II essaya d'instaurer le pouvoir de l'Etat dans la loi conjugale par sa lettre-patente datant du 16 janvier 1783 qui promulga l'intervention de l'Etat dans le domaine familial. Mais dans sa version finale, la loi fut adaptée aux usages des différentes religions. C'est-à-dire que les catholiques restaient toujours soumis au droit canonique, et à son dogme de l'indissolubilité du mariage. Le divorce était possible uniquement dans le cas où les deux conjoints appartenaient à la confession évangélique. Joseph réfléchit sur la possibilité d'instaurer la cérémonie laïque du mariage, mais la pratique de la cérémonie religieuse ne fut jamais abandonnée. Après sa mort, une critique virulente de ses réformes permait à l'Eglise de maintenir son pouvoir dans le domaine du droit conjugal jusqu'au milieu du XIXe siècle. Dans le mariage, la femme demeurait toujours sous l'autorité de son mari qui la représentait devant la justice et devant l'administration.[11]

Effectivement, il semble que le ménage des élites de Bohême était dirigé par l'homme. Et les jeunes filles, épouses futures, furent éduquées pour admirer leur mari dans toutes les situations de la vie commune. Au moins certaines correspondances de femmes le prouvent elles. Ainsi, par exemple, les lettres d'Anne de Klebesberg à son futur mari François Hildbrandt.[12] Elle écrivait généralement en allemand, parce que François ne maîtrisait pas bien le français (d'ailleurs même les lettres françaises d'Anne sont pleines de fautes d'orthographe). Parmi ce corpus allemand, nous trouvons quelques lettres françaises. Apparemment, Anne aimait cette langue et désirait la pratiquer occasionnellement pour s'exercer dans l'art de l'écriture en français. Un jour, François lui répondit en français, le plus probablement pour lui faire plaisir (le corpus à notre disposition contient uniquement les lettres d'Anne). Mais il semble que son écriture était très maladroite et elle ne pouvait pas égaler le niveau français d'Anne, ce dont François s'excusa. La réaction d'Anne est surprenante. Elle avoue maîtriser le français mieux que son fiancé, pourtant dans aucun cas, elle ne peut pas l'égaler. Et elle

---

[10] Jiří KLABOUCH, Manželství a rodina v minulosti [Le mariage et la famille dans le passé]. Prague, 1962, p. 120.
[11] Ibid., p. 122.
[12] François de Paule de Hildprandt d'Ottenhausen (1771–1843), fils de Václav Charles de Hildprandt. En épousant Anne de Klebelsberg, François s' approcha des cercles des « éveilleurs » tchèques travaillant à la fondation du Musée National tchèque. Petr MAŠEK, Modrá krev [Le sang bleu]. Prague 2003, p. 105.

ajoute une explication simple : « ...au reste le mari ayant sans cela, dans chaque bon ménage, le devant en toute occasion. »[13]

Certainement, ces phrases peuvent ne pas indiquer la pensée réelle d'Anne, de toute façon elle nous montre comment elle souhaitait être vue par son fiancé. Une femme obéissante, admiratrice infatigable de son mari, une fille bien éduquée, qui connaît tous les règles du fonctionnement du bon ménage. Aux sens du reste de ses lettres, correspondance d'une femme amoureuse qui exprime ses sentiments de souffrance à l'occasion de chaque séparation avec son fiancé, on peut supposer que l'intention d'Anne d'être une bonne épouse à son mari était réelle.

Un exemple concret des conseils donnés aux jeunes filles entrant en mariage, nous est donné par l'impératrice Marie-Thérèse elle-même. Elle écrivit des instructions à toutes ses filles lorsqu'elle quittaient la maison familiale pour se marier, instructions pour vivre dans un mariage heureux. Les instructions les plus célèbres furent destinées à Marie-Antoinette qui épousa le roi de France.[14] Son mari occupait une des positions politiques des plus importantes en Europe. Le sort des époux voulut que les instructions et les correspondances de Marie-Thérèse avec Marie-Antoinette sont devenues les plus connues. Mais elles ne sont pas les plus intéressantes en ce qui concerne le rapport entre la femme et son mari.

Celles qui attirèrent notre attention furent dédiées à Marie-Caroline, la sœur aînée de Marie-Antoinette, qui fut mariée en 1768 à Ferdinand IV, roi de Naples et de Sicile (Ferdinand Ier comme le roi des Deux Siciles). D'après les informations, dont l'impératrice disposait sur son futur gendre, elle devinait la disproportion entre l'éducation de sa fille et celle de son futur mari. Car celui-ci ne s'intéressait qu'à la chasse et il était connu par ses manières très grossières. La lecture, l'éducation, l'instruction n'avait aucun intérêt pour lui. Ainsi, même si la femme est consciente de sa supériorité intellectuelle sur son mari, en aucun cas elle n'a droit d'adopter le comportement d'une femme indépendante. Le respect pour son mari, pour son maître, même s'il n'en est pas digne, forme une base fondamentale du mariage réussi. Car la bonne épouse doit, elle-aussi, être respectée et appréciée par son mari : « Vous savez que les femmes sont soumises à leurs maris, à leurs volontés, et même à leurs caprices, s'ils sont innocents. Il n'y a pas d'exception à cette règle, et on ne leur fait aucunement grâce sur ce point ;

---

[13] Státní oblastní archiv Třeboň (SOA) [Archives de la région de Trebon], fonds de la famille de (RA) Hildprandt de Ottenhausen, Franz Hildbrandt, III F 2c, lettres de sa femme Anne, 1793–1821, lettre du 14 avril 1794. Les mots sont soulignés par Anne de Klebelsberg.

[14] Alfred von ARNETH, Maria Theresia und Marie Antoinette. Ihr Briefwechsel. Paris/Wien 1866, p. 2–7.

elles ne sauraient donc être heureuses qu'en gagnant par la douceur la confiance et l'estime de leurs maris. Je ne saurais assez vous répéter ces moyens. »[15]

Mais déjà les débuts de ce mariage n'étaient pas très facile pour Marie-Caroline. Apparemment, elle avait du mal à accepter les polissonneries et le comportement grossier de son conjoint. En même temps, elle n'appréciait pas trop le fait que son pays était dirigé par des conseillers, et lui-même ne décidait pratiquement de rien. L'impératrice reste pourtant acharnée dans la plaidoirie de la subordination de la femme à son époux : « …pour une femme tout ce qu'elle doit faire est d'être occupée de plaire et d'être utile à son mari, par sa douceur, par sa complaisance et en l'amusant ; … »[16] Le mari doit être satisfait. S'il l'est, il va écouter son épouse qui pourra peut-être lui donner quelques conseils.

Pour comprendre vraiment clairement la différence de statut des femmes mariées en France et dans les pays des Habsbourgs, nous allons nous servir des lettres d'Adélaïde Marie Thérèse de Buquoy, née Preudhomme d'Hailly,[17] qu'elle envoya à son mari Léopold de Buquoy dans les années 1785–1788. Tous deux étaient en train de résoudre la crise de leur mariage, provoquée par les sentiments d'Adélaïde pour un autre homme, et dont son mari prit connaissance. Il envoya Adélaïde immédiatement chez ses parents dans les Pays-Bas autrichiens. Au début, elle fut accompagnée par deux de ses enfants, mais Léopold fit enlever son fils et envoya sa fille dans un couvent. Adélaïde n'arrêta pas de demander pardon à son mari. Elle le suppliait de pouvoir l'autoriser le retour chez lui en lui promettant d'être une très bonne épouse, une mère tendre. Elle n'hésitait pas à susciter la pitié chez son mari par la description de ses crises de nerfs provoquées par son attitude trop dure. Tout cela jusqu'en février 1786, moment, où elle entama un voyage à Paris. Le changement de milieu emmena certainement un grand changement dans ses idées. L'épouse obéissante et soumise devint d'un coup une femme fière, qui fut fâchée par la façon dont cet « époux

---

[15] AN de Paris, 300 AP III 97, Fonds de la Maison de France, Lettres et instructions de feue Sa Majesté l'Impératrice Marie-Thérèse, à ma chère et respectable mère, lettres et instructions de Marie-Thérèse à Marie-Caroline, récopiées par Marie-Amélie d'Orléans, née de Deux Siciles, p.146–147.

[16] Ibid., lettre du 6 juillet 1768, p. 102–103. En effet, l'impératrice protesta contre les conseils que Joseph II écrivit à sa sœur.

[17] Il s'agit le plus probablement de Marie Thérèse Adélaïde Preud'homme d'Hailly, fille cadette de Charles Florent Idesbald Preud'homme d'Haillies, comte aux services de Marie-Thérèse. En 1778, Adélaïde épousa Léopold Adalbert Buquoy (1744–1795), avec lequel elle avait trois enfants. En novembre 1786, la séparation du mariage eut lieu et les enfants furent confiés sous la tutelle de leur père. François AUBERT DE LA CHENAY-DESBOIS, Dictionnaire de la noblesse, 8. Paris 1980, p. 378.

cruel et barbare »[18] la traitait. Aux reproches continuels qu'il lui faisait, elle répondit par l'accusation de son mauvais traitement des femmes : « ...il est d'usage chez vous de traiter les femmes comme les chevaux, on croirait que vous n'en connaissez pas la différence... ».[19] Son séjour parisien l'amena à consentir à se séparer de son époux ce qui eut lieu en novembre 1786.

* * *

Certainement, les idées de Rousseau n'étaient pas si provocantes en Europe centrale, car, comme nous venons de montrer, la vie de la femme y était beaucoup plus liée à l'espace familial qu'en France. Et comme le montrent les lettres de Marie-Thérèse, certaines idées semblables furent exprimées sans un lien direct aux idées rousseauistes. Pourtant, Rousseau réussit très bien à valoriser cette position de la femme soumise à son époux. C'est-à-dire, qu'il offrit à la femme un statut utile pour toute la société et apprécié par cette société. La femme conquit ainsi une valeur. Etre mère, ce n'était plus remplir uniquement son devoir de mettre les enfants au monde ; ce n'était plus assumer la continuation de la famille. C'était aussi influencer l'éducation des futurs citoyens, des gens qui vont former la société de demain, société qui forcément doit devenir meilleure, qui doit s'améliorer. Au moins d'après les idées de tous les philosophes des Lumières qui ne cherchaient qu'à faire progresser toute l'humanité vers une société plus juste, vers l'Etat idéal. D'après eux, tout le monde participe au progrès collectif. Et d'après Rousseau, la femme, par son influence en tant que mère sur l'enfant et épouse sur le mari, sous la condition qu'elle soit une bonne mère et une bonne épouse, peut faire changer les mœurs de toute la société. Puisque le mari, qui trouvera calme, respect, repos, et paix dans son ménage, ne la quittera pas si souvent pour aller chercher la distraction ailleurs.[20] Aussi, en tant que bonne mère, la femme influencera de façon décisive l'éducation de ses propres enfants qui la respecteront et lui seront reconnaissants pour ses soins tout au long de leurs vies.

Nous pouvons trouver l'écho indirect de toutes les idées mentionnées ci-dessus dans le comportement des mères aristocrates de Bohême. Ce qui est

---

[18] SOA Třeboň, RA Buquoy, Cart. 172, n° inv. 954, Léopold Adalbert de Buquoy, lettres de sa femme, Paris, le 29 février [1786].

[19] Ibid., Paris, le 1er février [1786].

[20] « Quand la famille est vivante et animée, les soins domestiques font la plus chère occupation de la femme et le plus doux amusement du mari. Ainsi de ce seul abus corrigé résulterait bientôt une réforme générale, bientôt la nature aurait repris tous ses droits. Qu'une fois les femmes redeviennent mères, bientôt les hommes redeviennent pères et maris. » Jean-Jacques ROUSSEAU, Emile ou De l'éducation. Bordas/Paris 1992, p. 18.

un peu surprenant est que cet écho a probablement lieu avec retard. Nous ne savons pas encore si le mouvement commença dès les années 1770–1780, de toute façon, il est possible de le deviner par le sondage des bibliothèques, et aussi des remarques dans les correspondances. La période à laquelle nous pouvons faire référence et dire certainement que les idées de Rousseau furent vraiment suivies est le tournant des années 1780–1790. Pour cette époque, nous pouvons constater avec certitude que les femmes s'intéressaient énormément aux devoirs maternels. La famille devenait l'espace de leur réalisation, l'espace où elles exerçaient leur pouvoir. Elles comprenaient le rôle de la mère comme une responsabilité sociale.

Malheureusement, nous n'avons trouvé jusqu'à ce jour aucune mention directe de l'inspiration rousseauiste dans les correspondances féminines. Pourtant, certains comportements caractéristiques de ces femmes, dus parfois à la mode et restant ainsi temporaires, nous permettent de constater cette influence. De quelles pratiques s'agit-il ? Premièrement, c'était l'allaitement. Même si en Europe centrale, l'habitude d'envoyer les enfants en nourrice à la campagne ne fut jamais répandue autant qu'en France où en Italie, les femmes utilisaient les services des nourrices à domicile ; notamment dans la première moitié du XVIIIe siècle. Les lettres de Pauline de Schwarzenberg à son père[21] et d'Anne Brunschwig à sa fille Josephine Deym de Stritez[22] ne mentionnent pas seulement les sentiments de ces jeunes mamans envers leur pratique d'allaitement, mais aussi les expériences des autres. Le nombre d'autres jeunes aristocrates citées dans des situations concrètes est si grand que nous pouvons constater que la pratique de l'allaitement dans les couches aristocratiques à cette époque était très répandue.

Très répandue, mais pourtant nous avons du mal à employer le mot de courant où normal. Car certaines constatations et réactions nous permettent de douter du fait que l'allaitement des enfants aristocrates par leurs propres mères fût considéré comme normal. Ainsi en est-il du soucis des mères-nourrices concernant la santé. L'attention constante, même peut-être exagérée que Pauline de Schwarzenberg porte sur sa santé pendant la période de l'allaitement de sa fille Mathilde nous fait formuler une idée que Mathilde, sixième enfant de Pauline, fut le premier qu'elle nourrit elle-même. Ses let-

---

[21] SOA Třeboň, filiale Český Krumlov, fonds de la primogéniture de Schwarzenberg, fasc. 539, lettres à son père. Je remercie Mme Milena Lenderová de m'avoir communiqué ce corpus de lettres.
[22] SOA Třeboň, filiale Jindřichův Hradec, RA Deym de Střítež, Josephine Deym de Stritez, Cart. 19, fol. 1–233, correspondance avec sa mère. Josephine Deym de Stritez, née Brunschwik de Korompa (1781–1821) épousa en juin 1799 Jean Joseph Deym, mais celui-ci mourut déjà en 1804. En 1810, la comtesse épousa Christophe de Stackelberg. MAŠEK, Modrá krev, p. 66–67.

tres témoignent d'une surprise sincère de la façon dont allaitement peut être bon pour sa propre santé et pour la santé de l'enfant à la fois.[23] Ce qui est plus éloquent encore, c'est la réponse d'Anne de Brunschwig à sa fille : elle réagit à l'annonce de son intention d'allaiter elle-même son enfant qui naîtra bientôt. Si cela est si important dans la vie de sa fille, elle veut bien donner son accord avec une telle pratique. Mais c'est justement cette importance que sa fille donne à cette pratique qui l'étonne. Car pour Anne, les soucis de cette nature ne sont que des futilités. Dans sa jeunesse, pour nourrir ses propres enfants, elle utilisa des services de nourrices dont elle était très contente. La façon dont elle raconte ses souvenirs témoigne d'un débat d'attitudes déjà diverses dans les années de sa jeunesse.[24] D'ailleurs, c'est ce qui nous fait constater que la pratique de l'allaitement chez les aristocrates de Bohême a pu commencer dès les années 1770–1780. Anne garda encore la pratique traditionnelle dont elle était pleinement satisfaite. Sa fille décida de changer de pratique.

Les soins des jeunes mères ne s'arrêtent pas au sevrage. Au contraire, les mamans sont omniprésentes, elles surveillent de près la croissance, l'éducation et tous les petits progrès des enfants. Elles annoncent à leurs proches toutes les peines comme les premières dents, tous les plaisirs des petites gentillesses que les enfants témoignent à leur maman. Les informations de ce type prennent une partie importante dans la correspondance, à côté des informations sur les redoutes et les bals, et sur la situation économique du dominium. Nous constatons que la vie familiale est placée au centre des intérêts de ces jeunes aristocrates et de leur entourage.

Dans toutes les lettres, leurs soucis permanents sur le bien-être de leurs enfants sont mis à l'avance. La situation est très frappante surtout dans les lettres de Pauline dont la fille Mathilde était handicapée. Sa maman partit avec elle pour Paris pour lui procurer les soins des meilleurs médecins. Ecoutons l'explication qu'elle donna à son père : « Les chirurgiens français sont connus dans toute l'Europe et je me reprocherais de ne pas faire traiter

---

[23] « …je suis sûre que vous approuveriez mon état de nourrice si vous pouvez tâter combien j' en graisse et Mathilda aussi. C' est un enfant énorme, il n' y a que mon Adolphe qui ait été aussi gros... » SOA Třeboň, filiale Český Krumlov, RA de la primogéniture de Schwarzenberg, fasc. 539, lettre à son père, Vienne, le 9 juin 1804.
[24] « …pour moi, come[sic] je sois [sic] heureuse avec les nourrices, je trouve ce moyen le plus sûre [sic] ; Madame Melzer m'a dit ces jours qu'elle a voulue [sic] nourrir son enfant, et apres six semaines, elle a perdue [sic] lait et était obligée de prendre une nourrice ; ce sont des futilités ! mais il y en a partout dans la vie, et cet exemple ne doit pas vous empêcher de nourrir, si vous avez des raisons qui vous décident à cela. » SOA Třeboň, filiale Jindřichův Hradec, RA Deym de Střítež, Josephine Deym de Stritez, Cart. 19, fol. 1–233, lettre de sa mère, Bude, 15 février 1800.

mon enfant par tout ce qu'il y a de mieux. »²⁵ Mais même les enfants en bonne santé méritaient toute l'attention de leurs mères. Elles surveillaient particulièrement les progrès des enfants dans leur éducation. Et ce n'était pas seulement la personne chargée de l'instruction des jeunes princes de Schwarzenberg qui était soumise à un contrôle régulier. Ainsi tout le personnel qui avait quelque chose à voir avec les enfants : la bonne, la nourrice (lorsque les enfants n'étaient pas nourris par leur mère), la gouvernante ; tout le monde était très soigneusement choisi. Si la personne avait en plus la recommandation de quelqu'un d'importance, tout jouait en sa faveur. Après l'engagement de ce personnel, son travail et ses relations avec les enfants étaient constamment soumis à l'oeil attentif de la mère. Nous sommes bien loin des plaintes du comte Kinsky sur le comportement des aristocrates de Bohême dans les années 1770, qu'il accuse de choisir plus soigneusement un cheval en Angleterre qu'un éducateur à leurs enfants à Paris.²⁶

* * *

Les œuvres de Rousseau n'influencèrent pas seulement le comportement responsable des mères. Elles inspirèrent aussi certains auteurs pour la rédaction d'ouvrages pédagogiques traitant la question de l'éducation des femmes. Le livre le plus connu fut rédigé par François Joseph Kinsky, comte de Vchynice et Tetov, mentionné ci-dessus. En 1773, il publia son manuel d'éducation nommé « Erinnerung über einen wichtigen Gegenstand von einem Böhmen ».²⁷ Le livre fut immédiatement traduit en français. Malgré ses sentiments contre la francophonie de la noblesse de Bohême, Kinsky se laissa influencer par les œuvres de Rousseau, en reprenant particulièrement ses idées les plus importantes concernant l'éducation physique des enfants en bas âge. En même temps, il tint à approprier l'éducation et surtout l'instruction aux besoins des jeunes aristocrates. Aussi dans les questions concernant l'éducation féminine, Kinsky suivit pleinement son grand modèle. Même si le traité de Kinsky reste le livre d'éducation provenant des pays tchèques le plus important au XVIIIᵉ siècle, nous n'en trouvons que cinq exemplaires dans le catalogue des bibliothèques. Cette situa-

---

²⁵ SOA Třeboň, filiale Český Krumlov, RA de la primogéniture de Schwarzenberg, fasc. 539, lettre à son père, Paris, le 28 janvier 1807.
²⁶ « Souvent, nous appellons le précepteur de Paris à notre fils avec plus de tranquilité et moins d'attention que quand nous commandons un chêval de l'Angleterre. » cité d'après Antonín KRECAR, « Vychování kavalíra » [« L'éducation d'un cavalier »]. In : Paedagogium, 4 (1883), p. 156.
²⁷ Franz Joseph KINSKY, Erinnerung über einen wichtigen Gegenstand von einem Böhmen. Prague 1773.

tion, témoigne-t-elle de la préférence pour les livres français ? Ou du fait que Kinsky, qui n'atteignit jamais les qualités littéraires de Rousseau, ne réussit pas à écrire son ouvrage d'une façon suffisamment intéressante pour attirer ses lecteurs ? Le plus probablement les deux causes agissaient ensemble et il serait imprudent de séparer l'un de l'autre.

Mais sur le territoire des pays tchèques, il existait aussi des idées contraires à celle du Rousseau, même si, comme il nous semble, elles restèrent minoritaires. Du point de vue « théorique », nous ne devons pas oublier de mentionner les œuvres du comte François Hartig, surtout son « Essai sur les avantages que retiraient les femmes en cultivant les sciences et les beaux arts »,[28] publié pour la première fois en 1774. Contrairement au comte Kinsky, Hartig considère l'éducation et surtout l'instruction comme étant très importantes dans la vie de chaque femme. Car les connaissances embellissent la vie, donnent une indépendance à la femme. Les savoirs restent la consolation au moment de la vieillesse où la femme perd sa beauté naturelle et les hommes ne peuvent l'admirer que pour sa sagesse et ses savoirs. Hartig ne doute pas un instant du fait que les femmes possèdent suffisamment de raison pour pouvoir parvenir aux connaissances, même scientifiques. Il mentionne comme exemple la marquise du Châtelet qu'il estime considérablement. Quand les femmes seront suffisamment instruites elles pourront instruire les autres.

Cependant, comme nous l'avons montré ci-dessus, les femmes préféraient suivre plutôt la voie indiquée par Rousseau. Même si dans certaines dédicaces les auteurs célèbrent les aristocrates de Bohême et admirent le soutien qu'elles donnent au développement des sciences, il nous semble qu'il s'agit plutôt de l'expression du désir. Car tous les documents que nous avons à notre disposition jusqu'à ce jour prouvent que même si la femme le plus probablement participait aux salons, elle n'occupait pas la place des « muses » françaises. Elle restait toujours à l'ombre de l'homme. (Pour être honnête, il faut mentionner quelques exceptions, mais qui confirme plutôt la règle, comme par exemple le salon mené par Josephine Dusek à Bertramka.[29]) Les activités sociales publiques des femmes restaient généralement dans le domaine de la charité, comme nous le montre l'excellent exemple de la comtesse Marie Walburg Truchsess-Waldburg-Zeil qui fonda à la fin du XVIIIe siècle un institut éducatif pour la jeunesse des deux

---

[28] Franz HARTIG, Essai sur les aventages que retiraient les femmes en cultivant les sciences et les beaux arts. Prague 1774.
[29] Václav Jan SÝKORA, František Xaver Dušek. Život a dílo [François Xaver Dusek. Vie et œuvre]. Prague, 1958.

sexes sur son domaine de Kunin.[30] Même si cette activité est en accord avec les idées des Lumières, elle confirme de nouveau la constatation de Rousseau que les activités de la femme qui est naturellement beaucoup plus douée de sentiments et de compassion que l'homme, doivent rester limitées au domaine de la famille et de la charité, domaines où elle peut profiter de ces dons que la nature lui a confiés. Dons qui vont ainsi devenir utiles pour la société entière.

---

[30] Jiří KROUPA, Alchymie štěstí. Pozdní osvícenství a moravská společnost 1770–1810 [L'alchimie du bonheur. La fin de l'âge des lumières et la société morave de 1770–1810]. Kroměříž/Brno 1986, p. 82 et 195.

Instruction d'une fille noble: objectifs, réflexions, autoréflexions

MILENA LENDEROVÁ

Le tournant du XVIIIe et XIXe siècle avait affiné, même en Europe centrale, la distinction du public et du privé. S'étant valorisé, le privé est devenu synonyme de bonheur.[1] Cette affirmation est valable surtout pour le monde bourgeois; mais même la noblesse, s'approchant de plus en plus à la bourgeoisie, prenait le goût du privé. La maison devient l'espace privée et l'espace bien aimée à la fois. La vie familiale, élégante et confortable, l'éducation des enfants, l'amour conjugal, tout cela devient la vertu primordiale au milieu noble. L'importance de la famille, allant jusqu'au certain culte familial, devient, un peu plus tard, un des moyens de la sauvegarde de l'identité aristocratique.

Au vu des correspondances privées, il apparaît que l'enfant reste l'objet d'un très grand intérêt, mais, un phénomène nouveau, les enfants deviennent cible de l'éducation plus pratique, l'éducation répondant aux besoins de la société en train des changements. Certes, l'éducation donnée aux fils distingue-t-on vis à vis l'aînesse de l'enfant: l'aîné est destiné à hériter, cadets à la carrière des armes, à la prêtrise. Le temps des grands tours est fini, les études universitaires, surtout droit ou sciences économiques, sont achevées par le diplôme. L'éducation donnée aux filles ne cesse de suivre les objectifs de jadis: bonne épouse, bonne mère et bonne ménagère. Mais, à la fois avec la valorisation du privé, la mère devient réellement responsable de l'éducation des enfants, des filles surtout. L'intérêt féminin (celui des mères, tantes, gouvernantes...) porté sur la littérature pédagogique s'accroît: à côté de Rousseau, aussi Fénelon, Pestalozzi, Mme Genlis, Mme Braquaval, Mme de Beaumont, Campe, Christian Salzmann et d'autres auteurs figurent dans les inventaires des bibliothèques nobles.[2]

Ajoutons encore que dans la société aristocratique, le sort des filles pendant du « XIXe long » dépend toujours de la fortune de la famille et du nombre des enfants vivants. Dans la plupart des familles nobles, la fille cadette ne se marie pas. En observant les tableaux généalogiques, nous remarquons que, surtout au XVIIIe et XIXe s., presque toujours au moins une

---

[1] Pierre ARIÈS/Georges DUBY, éd., Histoire de la vie privée, Tome 4: De la Révolution à la Grande Guerre. Volume dirigé par Michelle Perrot. Paris 1987, p. 17.
[2] Státní oblastní archiv Třeboň [Archives de la région de Třeboň, abréviation SOA Třeboň], filiale Český Krumlov, Rodinný archiv [Fonds de la famille, abréviation RA] Schwarzenberg, primogéniture, F. P. b/1 Krumauer Schlossbibliothek.

des filles de la famille dotée des enfants (des filles notamment) reste célibataire. Au milieu aristocratique, ne cherchons pas les raisons dans la démographie ou bien dans l'urbanisation, il n'y s'agit pas des *redundat women*, le problème est spécifique et évident – la dot que la famille était capable d'offrir à sa quatrième, troisième ou bien, dans certains cas, à sa seconde fille; se montre insuffisant pour conclure un mariage équivalent. En tout cas, même ces filles touchent l'éducation soignée.

En abordant la question de l'éducation des filles aristocratiques, nous trouvons les traces des soins pédagogiques dans les sources diverses – ici, nous nous servons surtout (mais pas uniquement) de deux exemples: des papiers de la famille Schwarzenberg et ceux de la famille Schlik. Nous pouvons donc dépouiller:

- Livres de comptes (p. e. ceux de Pauline de Schwarzenberg, bien que nous n'en disposions que pour les années 1803–1804; il est évident que la princesse dépensait des sommes importants pour les livres destinés aux enfants, achetés surtout à Vienne et à Paris);
- Correspondance familiale ou bien les lettres écrites périodiquement par la gouvernante sur la conduite et les résultats de ses élèves;
- Journaux intimes des filles et des mères, y compris journaux de voyage;
- Notes de lecture;
- Inventaires de bibliothèque;
- Matériaux d'études: dans les papiers de la jeune Gabrielle de Schwarzenberg, nous trouvons quelques cahiers concernant l'histoire, géographie, la grammaire et la stylistique allemande ou anglaise.

Lieux de l'éducation

La première formation des petites filles se déroule à la maison. L'augmentation d'intérêt suscité par les nourrissons dans les hautes couches de la société à la fin de l'Ancien Régime a pu faire couler beaucoup d'encre, mais ici comme ailleurs il laisse plus que sceptique. Certes, la noblesse est parfaitement au courant des écrits à la mode, elle possède bien sur L'Émile, mais elle a aussi lu l'ouvrage de Philippe Hecquet, *De l'obligation aux femmes de nourrir leurs enfants* (1708), ou des brochures aux titres évocateurs comme *L'indécence aux hommes d'accoucher les femmes et l'obligation aux mères de nourrir leurs enfants* paru en 1774. Jean Jacques Rousseau nous a pourtant administré la preuve que le chemin était long de la théorie à la pratique et il semble bien que le jeune enfant soit souvent confié à des nourrices. Quant aux sentiments portés à la naissance d'un enfant, bien que le garçon soit important pour conserver le nom et les biens de la famille, la fille, quoique moins bienvenue, n'est pas pourtant moins aimée ou négligée. « Le Pce Héréditaire est un vrai soutien de Majorat », ainsi Pauline de Schwarzenberg a-t-elle caractérisé Ferdinand de Lobkowicz-nourrisson dans la lettre adressée à sa belle mère, et elle continua : « que je voudrais vous en donner un l'année prochaine, ma Chère maman, mais attendez-vous à une petite Pauline. Car elle commence à se remuer précisément au même terme qu'Eléonore s'est faite sentir. »[3]

Enlevée à la nourrice, la petite fille de 5–6 ans est remise au soins de la gouvernante, très souvent celle des pays francophones. Dans la famille de Schwarzenberg, les gouvernantes sont d'origine française ou belge, mais, au début du siècle, nous y trouvons même les femmes indigènes.[4] Chez les Schlik, l'éducation est plus modeste, pas de question de faire venir une gouvernante des pays lointains – mais il est possible de constater que même la jeune fille d'origine de Pilsner connaît le français assez bien. Depuis l'âge tendre, ses pupilles sont donc capables de se faire comprendre en français.

Les soins sont accentués à partir de l'âge de raison, au moment ou il faudra à l'enfant transmettre un savoir pour le préparer à sa vie adulte. Dans la plupart des cas, la mère surveille l'enseignement donné à la maison. Au cas des orphelins, c'est leur tante qui s'empare le rôle maternel : Eléonore Sophie de Schwarzenberg et Elise de Schlik le font avec l'ardeur incontestable. En 1810, Eléonore Sophie prend soin des 9 orphelins de Pauline de Schwarzenberg, puis, 6 ans après, elle élargit son patronage aux 12 enfants de Joseph François de Lobkowicz et Marie Caroline, née Schwarzenberg – les deux époux sont morts en 1816. Une fois les enfants adultes, Eléonore Sophie passe l'automne de sa vie chez sa nièce, mariée Windischgrätz, assistant à 'éducations des enfants de celle-là. Elise de Schlik élève quatre enfants de son frère François Henri devenu veuf en 1821. Leur lecture concernant l'éducation des enfants, notamment des jeunes filles, leur correspondance, leurs comptes et les manuels conservés affirment que les deux femmes prennent leur devoir au sérieux.

---

[3] SOA Třeboň, filiale Český Krumlov, RA Schwarzenberg, primogéniture, fasc. 539, Fürstin Pauline, Les lettres de Pauline à maman, Postelberg, 20. 10. 1797.

[4] SOA Třeboň, filiale Český Krumlov, RA Schwarzenberg, primogéniture, fasc. 539, Fürstin Pauline, Les lettrès de Pauline à maman, Postelberg, Postoloprty 20. 10. 1797; SOA Třeboň, filiale Český Krumlov, RA Schwarzenberg, prim., fasc. 505, F. P. b. Maria Carolina, Eleonore Caroline, Elisabeth, Maria Theresia, Eleonore Sophie. Töchter Joh. II., Eléonore Sophie, vers 1827; Schematismus auf das Jahr 1822, Wien 1822, p. 11; Hochfürstlich Schwarzenbergischer Schematismus auf das Jahr 1822, Wien 1822, p. 11.

Le potentiel intellectuel de la jeune fille est développé jusqu'au temps des fiançailles. Quelque fois, l'enseignement est terminé par le séjour, plus ou moins important, au couvent. D'origine belgique, Pauline d'Arenberg passe quatre mois en France, à Berlaimont près de Cambrai. Elle a souhaité la même voie pour ses filles.[5] Marie Thérèse Orsini-Rosenberg, la future comtesse Czernir, a l'age de 12 ans, a passé quelque mois de 1810 dans un couvent viennois.[6] Mais, au XIX s., de plus en plus des familles fortunées préfèrent éduquer leurs filles à domicile avec des précepteurs particuliers.

Un moyen excellent pour achever l'éducation de la manière efficace sont les voyages offerts, à part du tournant du XVIII et XIXe siècle, aux adolescents de deux sexes. Il s'agit d'un voyage comme accomplissement de l'éducation, de l'enseignement, comme un « baccalauréat » de la jeune fille... Il est très probable qu'à partir des dernières décennies du XVIIIe siècle, ce genre de voyage est de plus en plus fréquent. L'objectifs et l'itinéraire dépend de la bourse paternelle: il peut s'agir de l'accompagnement simple de la mère cherchant la santé aux stations thermale,[7] de l'occasion de participer au couronnement de François II.,[8] Ferdinand V.,[9] ou bien d'un *grand* voyage à travers l'Europe.[10]

L'objectif didactique est forcé par le devoir d'enregistrer les faits et impressions, surtout, il ne faut pas « faire ce voyage sans en tirer du fruit pour l'avenir »,[11] comme Gabrielle de Schwarzenberg a-t-elle écrit. Avec beaucoup de soins au début, elle enregistre dans son petit livret, lui offert par sa mère, la princesse Joséphine de Schwarzenberg, au début du voyage à travers l'Europe, les détails de ses occupations et de ses réflexions.

---

[5] SOA Třeboň, filiale Český Krumlov, RA Schwarzenberg, prim., fasc. 539, Fürstin Pauline, Korrespondenz; Pauline à son mari; Krumau, 17. 2. 1810.
[6] SOA Třeboň, filiale Jindřichův Hradec, RA Czenin, Jounaux de Marie Françoise Khevenhüller, 1810.
[7] SOA Třeboň, RA Schwarzenberg – Orlík, n° inv. 1328, Lettres à Charles III de Gabrielle, Cart. 215; ibid., inv. 870, II – A – 6: Lettres à Marie Anne de Gabrielle, Cart. 140.
[8] SOA Třeboň, filiale Český Krumlov, RA Schwarzenberg, fasc. 539, Fürstin Pauline, Tagebuch, p. 113–114.
[9] SOA Zámrsk, RA Schlik, n° inv. 199 – III.50; Cart. 21.
[10] SOA Třeboň, filiale Český Krumlov, RA Schwarzenberg, fasc. 539, Fürstin Pauline, Tagebuch.
[11] SOA Třeboň, RA Schwarzenberg – Orlík, Gabrielle, Journal de voyage...

Objectifs de l'éducation

La Socialisation de l'enfant – fille et garçon – s'est faite surtout par la participation à la vie de société. L'enfant commence à se mettre à table avec leurs parents, il est introduit au cercle ou au salon de sa mère, il suit les activités philanthropiques. Il participe aux bals d'enfants, appelés *Kinderbals*, voilà le moyen de socialisation bien apprécié par la jeunesse noble. Le 14 février 1810, étant à Krumau, Pauline de Schwarzenberg écrit à son mari : « Notre bal s'est fort bien passé, mon cher ami, tout le monde ne s'en porte que mieux aujourd'hui. J'ai eu de la peine à faire la fin à 10 h. et leur [aux enfants] ai promis pour les jours gras un bal et souper ou ils pourront danser jusqu'à minuit. »[12] Même la famille Schlik, visiblement mois fortunée, donne des *Kinderbals* à son manoir a Kopidlno.[13] Ces *Kinderbals* ne présentent pas seulement un excellent moyen de la socialisation des enfants, ils offrent en plus les premiers renseignements sur les éventualités des liaisons matrimoniales futures.

On prépare les enfants à leur devoir social. Les principes transmis depuis des siècles de génération en génération qui contribuent à bâtir l'identité de la famille, la foi, la vertu, le patriotisme, l'honneur, la fidélité, sont héréditaires. Suite des temps agités du début de siècle, c'est surtout le patriotisme qui, ayant remplacé le cosmopolitisme aristocratique de jadis, est omniprésent. Le noble se définit par son lignage, l'ancienneté (carnets d'Elise de Schlik), les alliances, les charges sont indispensable pour déterminer le rang nobiliaire. D'où le patriotisme de la jeune Gabrielle se souvenant, dans la galerie de Versailles, *faits et gestes* de son grand père Charles Ier.[14] Aussi la philanthropie appartient-elle aux vertus nobiliaires, elle occupe un des premiers rangs parmi les devoirs de la femme noble, comme témoignent les matériaux d'étude de Gabrielle de Schwarzenberg.[15]

Si un esprit et un comportement nobiliaires sont légués aux descendants par la force de l'exemple, la même devise est valable pour l'éducation de la jeune fille. La mère doit offrir le modèle d'un comportement désiré, comme le dit Mme Genlis. Citons des notes d'Elise Schlik : « Comment voulez-vous qu'une jeune personne prenne le goût de l'occupation et désire acquérir des talents agréables, quand elle voit sa mère passer la moitié de sa vie à

---

[12] SOA Třeboň, filiale Český Krumlov, RA Schwarzenberg, fasc. 539, Fürstin Pauline, Korrespondenz, Pauline à son mari, Krummau, le 14 février 1810.
[13] SOA Zámrsk, RA Schlik, n° inv. 561, XII 9, Lettres à F. H. Schlik, 1830–1837, Cart. 78.
[14] SOA Třeboň, RA Schwarzenberg – Orlík, Gabrielle, Journal de voyage..., p. 69.
[15] SOA Třeboň, RA Schwarzenberg, secundogéniture, n° inv. 1112, I – 2a – f.

sa toilette et aux spectacles, et l'autre à parfiler, jouer et recevoir des visites…»[16]

Parmi les papiers de Tekla de Schlik (1818–1834), fille de François Henri Schlik et Sophie d'Eltz, nous trouvons les notes prises de la lecture de l'œuvre didactique *Adèle et Théodore, ou lettres de l'éducation* (1782) de Stéphanie Félicité Genlis, dite Madame Genlis. Il est manifeste que la jeune fille commence la lecture de cette œuvre fort ennuyante, mais présente dans la plupart des bibliothèques aristocratiques, au conseil de sa tante Elise. Elise-même a achevé un livre inconnu de Mme Genlis au mai 1819 ; elle a enregistré la polémique de Madame Genlis avec l'Emile de Rousseau,[17] et elle a copié cinq chapitres.[18] Juste avant la mort de sa belle sœur, elle a commencé la lecture du Locke et du Rousseau; elle était attiré surtout par les passages concernant la nourriture et l'endurcissement au froid des jeunes enfants: « Le régime qu'on peut observer pour les enfants dès le moment de leur naissance jusqu'à l'âge de trois ans est de laver de la tête aux pieds avec l'eau a peine tiède en hiver et naturelle[ment] en été, en observant de frotter avec une éponge, coucher dans un lit assez dur… une seule couverture en hiver et un drap en été, les fenêtres de la chambre presque toujours ouvertes durant le jour excepté dans les temps humides, un feu très modéré pendant le jour et la nuit entièrement éteint… ne point se presser de faire marcher, attendre que les jambes soit [!] assez fortes pour porter le corps sans peine… dès l'instant du sevrage de l'eau pour la toute boisson, jamais de crème ni de bouillie, quelque fois du lait froid, des œufs, des légumes, de la soupe grasse, du fruit etc. Point de confiture, de bonbons, ni de pâtisserie; point de corps baleiné jusqu'à quatre ans…» – voilà ce qu'Elise Schlik a noté.[19] Nous y découvrons les notes sur la nocivité du maillot, même que celles sur l'importance des mères et des gouvernantes instruites.[20] Soulignons qu'Elise a commencé la lecture des œuvres pédagogiques juste après la naissance de sa nièce aînée ce qui prouve un certain tournant des intérêts de la comtesse célibataire.

---

[16] SOA Zámrsk, RA Schlik, n° inv. 93, II c/2, Cart. 6.
[17] Ibid.
[18] Ibid.; n° inv. 836, Catalogue de la bibliothèque de Schlik (1754–1807), Cart. 40; n° inv. 115, Catalogue de la bibliothèque à Kopidlno, Cart. 115.
[19] SOA Zámrsk, RA Schlik, n° inv. 93, II c/2; Cart. 6.
[20] Ibid.

Matières

L'éducation et l'enseignement se déroule soit en allemand, soit en français. Si la génération des femmes nées au tournant du siècle gardent, dans bien des cas, le français en tant que langue de communication et de correspondance, la situation diffère chez la génération suivante. Quatre filles de Georges de Buquoy et Gabrielle, née de Rottenhan, sont déjà germanophone, elles n'utilisent le français que dans leur correspondance, et assez rarement. Les filles de Joseph et Pauline de Schwarzenberg, enseignées au français par leur mère-même,[21] préfèrent, une fois adultes, plutôt l'allemand, tandis que Gabrielle et Anne, filles de Charles II de Schwarzenberg, favorisent le français dans la communication écrite. Au cas d'Anne, nous savons qu'elle le parle, le français est sa première langue. Dans tous les cas suivis, le français occupe une place important dans l'enseignement.[22] Tekla Schlik, dont la première langue était l'allemand, commence à s'apprendre le français à l'âge de 6–7 ans. Elle continue jusqu'à l'adolescence et progresse bien, comme le prouvent sa correspondance, ses gloses et aussi un cahier, intitulé « Französche [!] Wörter und ihre Uibersetzung ». Les mots français y sont expliqués à l'aide de l'allemand, ainsi, quant à l'expression *concubine*, Tekla a noté: « ist enenündlich zu erklären ».[23]

Dans l'éducation, la place importante appartient au catéchisme, enseigné, dans la plupart des cas, par le prêtre de la famille, plus rarement par un curé du village.[24] A côté d'une formation générale à la dominante littéraire ou les langues étrangères, l'histoire (dans la famille Schlik, c'est même l'histoire des pays tchèques)[25] et la géographie jouent un grand rôle. Même pendant son *grand* voyage, la jeune Gabrielle apprend *Histoire de France depuis Pharamond* ou bien *Histoire de la Suisse* composée de 20 leçons.

Quant aux langues vivantes, on apprend le français et l'allemand (l'emploi de temps dépend de la première langue de l'enfant) qui sont perfectionnés dans la correspondance familiale, ce qui est valable (bien que plus rarement) pour l'italien et l'anglais. Le dernier est bien estimé à partir du tournant du siècle et l'intérêt ne décline pas: «... pourquoi croyez-vous, chère maman », écrit Gabrielle de Schwarzenberg au mars 1842, « que je n'ai pas le même désir que Charles[26] d'apprendre l'anglais, cela m'attire [?]

---

[21] SOA Třeboň, Český Krumlov, RA Schwarzenberg, primogénitude, fasc. 539, Fürstin Pauline, Korrespondenz; Pauline à Stadion, Frauenberg, 30. 6. 1805.
[22] SOA Zámrsk, RA Schlik, n° inv. 561, XII 9, Cart. 78.
[23] SOA Zámrsk, RA Schlik, n° inv. 94, II C.3, Cart. 6.
[24] SOA Zámrsk, RA Schlik, n° inv. 561, XII 9, Cart. 78.
[25] SOA Zámrsk, RA Schlik, n° inv. 94, II C.3, Cart. 6.
[26] Son frère.

et je vois le besoin de bien le parler, aussi je me donne beaucoup de peine, soyez en assuré[e] ».[27] Avec cette pléthore des langues, il ne surprend pas que le « switching code » est fréquent.[28] Pour automatiser ses connaissances, on fait des rédactions sur les sujets divers, p. e. « Was trat den Römern beu der Eroberung Deutschlandshemmeind entgegen?, Das Winter und das Grechenaltar, Lichtheiten des Stadlebens ».[29]

On apprend même les sciences,[30] sans oublier l'enseignement des travaux dits *féminins*: « Comptant sur Votre indulgence cher père », écrit Tekla Schlik le 23 avril 1831 à son père François Henri, « j'ai osé Vous envoyer un ouvrage auquel j'ai travaillé avec le plaisir que me donne tout ce qui paraît me rapprocher de vous... ».[31]

Dans l'emploie de temps, nous trouvons leçons de piano, de clavecin. Quelque fois, on apprend à dessiner avec le peintre plus au moins renommé étant au service de la famille. Nous y trouvons bien des artistes, même remarquables tel quel Ferdinand Runk chez Schwarzenberg (dans cette famille, les dilettantes talentueux ne sont pas rares), Josef Bergler chez Kinsky, Josef Mánes, Antonín Novotný etc. Dans la famille des Schlik, le poste du « peintre d'honneur » appartient à Josef Hellich,[32] mais il est peu probable qu'il ait enseigné les enfants de François Henri. Bien que Tekla n'ait pas été son émoule, elle semble d'être dilettante adroit, dans ses papiers, il y a plusieurs portraits, dessins des châteaux (le romantisme était en vogue – d'où les images de Sternberg, Točník, Litice), même les esquisses des plantes et animaux témoignent une habileté, sinon le tallent. Le corpus des dessins de Tekla permet de découvrir la méthodologie de l'enseignement. On commence par faire les copies des grands maîtres (ce sont p. e. les tableaux

---

[27] SOA Třeboň, RA Schwarzenberg – Orlík, n° inv. 1104, Lettres à Josephine de Schwarzenberg de sa fille Gabrielle, Cart. 182.

[28] Radmila SLABÁKOVÁ: "Il est Höchst Zeit" aneb Jaký jazyk pro aristokracii v Čechách a na Moravě v 19. století [« Il est hoechst Zeit » ou quelle langue pour l'aristocratie en Bohème et Moravie au 19ᵉ siècle]. In: Kateřina Bláhová, ed., Komunikace a izolace v české kultuře. Sborník příspěvků z 21. plzeňského sympozia. Praha 2002, p. 102 f.

[29] SOA Třeboň, RA Schwarzenberg, secundogéniture., n° inv. 1112, I – 2a – f.

[30] SOA Třeboň, RA Schwarzenberg – Orlík, n° inv. 1104, Lettres à Josephine de Schwarzenberg de sa fille Gabrielle, Cart. 182.

[31] SOA Zámrsk, RA Schlik, n° inv. 561, XII 9, Cart. 78.

[32] Josefa Vojtěcha Hellicha záznamy autobiografické. Idyla kopidlenská. Přeložil a sestavil Alois Dyk. 1959 [Les notes autobiographiques de Josef Vojtěch Hellich. Traduit par A. Dyk], p. 33–34. Literární archiv Památníku národního písemnictví (LA PNP) [Archives littéraires du Monument de l'écriture nationale], Osobní fond Aloise Dyka [Fonds d'Alois Dyk]. Cf. Karel SKLENÁŘ, Archeolog J. V. Hellich na Libáňsku v roce 1844. [L'archéologue J. V. Hellich dans la région de Libáň]. In: Sborník Z Českého ráje a Podkrkonoší 12 (1999), 207–210.

de Paulus Potter (1625–1654) qui étaient appréciés comme modèles),[33] on continue par les dessins des natures mortes, par les travaux au plein air. L'enseignement est accompli par le portrait, considéré comme le plus difficile.

Lecture

Nous savons que Tekla Schlik a lu les *Aventures de Télémaque* de Fénelon, le livre apprécié plutôt par les enseignants que par les enseignés – il se trouve dans la plupart des bibliothèques. Tekla l'a lu avec un grand intérêt et une grande attention: « Extrait que j'ai écrit dans mon quinzième année jusqu'a la 16, » a-t-elle noté.[34] Elle a porté un intérêt vif à la poésie et aux romans sentimentaux – supposons que c'était avec consentement de sa tante indulgente, auteur d'un recueil de la poésie et musicienne à la fois. Les lettre de Pauline se Schwarzenberg prouvent une surveillance maternelle plus sévère: d'après son avis, la lecture des jeunes filles doit être basée sur les livres sérieux et didactiques. Ce n'est qu'après où vient la lecture amusante – roman, contes, poésies.[35]

Conclusion

Pour conclure, nous pouvons constater que les attitudes des jeunes filles des maisons nobles devaient être solidement encrées dans la société qui repose toujours sur les principes fermes, respectés dans le milieu viennois, où la *première société, crème de crème*, et la *deuxième société* sont deux mondes particuliers qui ne se mélangent pas. D'où le français conservé dans la correspondance, d'où les connaissances solides des langues, de la littérature, des arts, des sciences.

---

[33] SOA Zámrsk, RA Schlik, n° inv. 325, V.67, Cart. 33; SOA Třeboň, RA Schwarzenberg, primogéniture, fasc. 539, Tagebuch.
[34] SOA Zámrsk, RA Schlik, n° inv. 94, II C.3, Cart. 6.
[35] SOA Třeboň, filiale Český Krumlov, RA Schwarzenberg, primogéniture, fasc. 539, Fürstin Pauline, Pauline à son mari, Krumau, le 14 février 1810.

ADELIGE BILDUNGSSTÄTTEN

Schwesternhochschulen oder Konkurrenzanstalten?
Die Hohe Karlsschule und die Universität Tübingen 1770–1794

STEFAN SEILER

Das Verhältnis der 1770 als „Soldaten- und Stukkateurs-Pflanzschule" durch Herzog Karl Eugen (1728–1793) gegründeten Stuttgarter (später Hohen) Karlsschule zur traditionellen württembergischen Landesuniversität in Tübingen stand im Zentrum der Untersuchung zu den Besucherprofilen beider Bildungsanstalten.[1] Zur Überprüfung der These, wonach die Karlsschule – vom aufgeklärten Herzog scheinbar durchaus gewollt – schnell zu einer Konkurrenzanstalt aufstieg und zumindest bis zu ihrer Auflösung im Jahre 1794 zu einem massiven Rückgang der Immatrikulationszahlen an der ehrwürdigen Alma mater Tubingensis führte, wurde in Anlehnung an die Modellstudie Matthias Asches für die Universitäten Rostock und Bützow,[2] eine detaillierte Frequenz-, Regional- und Sozialanalyse der durch Albert Bürk und Wilhelm Wille 1953 edierten „*Matrikeln der Universität Tübingen*"[3] beziehungsweise der von Heinrich Wagner 1856/57 bearbeiteten „*National = Verzeichnisse*"[4] der Stuttgarter Karlsschule für den Zeitraum von der Gründung der Karlsschule 1770 bis zu ihrer Schließung 1793/94 durchgeführt, deren Ergebnisse nun für die Studenten adeliger Herkunft im Rahmen des vorliegenden Artikels präsentiert werden sollen.

---

[1] Die Untersuchung war unter der Ägide von HD Dr. Matthias Asche an der Eberhardina im Rahmen einer Magisterarbeit durchgeführt. Vgl. Stefan SEILER, Schwesternhochschulen oder Konkurrenzanstalten? Das Verhältnis der Stuttgarter (Hohen) Karlsschule zur Tübinger Eberhardina in den Jahren zwischen 1770 und 1794 im Spiegel ihrer Besucherprofile. Magisterarbeit, Eberhard-Karls Universität Tübingen 2005.
[2] Matthias ASCHE, Von der reichen hansischen Bürgeruniversität zur armen mecklenburgischen Landeshochschule. Das regionale und soziale Besucherprofil der Universitäten Rostock und Bützow in der Frühen Neuzeit (1500–1800). Stuttgart 2000.
[3] Universitätsbibliothek Tübingen/Württembergische Kommission für Landesgeschichte (Hrsgg.): Die Matrikeln der Universität Tübingen, Bd. 3, 1710–1817, bearbeitet von Albert Bürk und Wilhelm Wille. Tübingen 1953.
[4] Die Edition des „*National = Verzeichniss[es] der Zöglinge der Hohen Carls = Schule von der Entstehung bis zur Aufhebung der Anstalt*" findet sich als so genannter „*Dritter Theil*" in: Heinrich WAGNER, Geschichte der Hohen Carls = Schule, Bd. 1. Würzburg 1856, 345–415. Ein separates „*National-Verzeichniss der Stadtstudierenden der Hohen Carls = Schule*" fungiert als „*Vierter Theil*" der Wagnerschen „*Geschichte*" (S. 427–449) und ergänzt das vorausgehende „*National-Verzeichniss der Zöglinge der Hohen Carls = Schule*".

Da die Sozialanalyse einer Universitätsmatrikel stets auch Aussagen zur wissenschaftlichen Schwerpunktsetzung einer Institution zulässt und Auskunft über Wechselwirkungen zwischen der Präsenz bestimmter Besuchergruppen und der Ausformung bestimmter Lehrinhalte gibt, sei hier der Präsentation der Ergebnisse der erarbeiteten Teilanalyse eine streng komparatistische Gegenüberstellung der beiden Anstalten vorangestellt. So schlägt sich beispielsweise der Wandel der Karlsschule von einer Pflanz- und Militärakademie (1770) zu einer Hohen Schule (1782) sowohl in einer Aristokratisierung ihrer Besucherschaft wie auch in einer deutlichen Ausweitung ihres Fächerkanons nieder.

I. Lehrprogramm und Ausbildungsziele Tübingens und der (Hohen) Karlsschule – klassische Landesuniversität contra Eliteanstalt des aufgeklärten Absolutismus

Vergleicht man den Lehrbetrieb beziehungsweise den wissenschaftlichen Anspruch der Universität Tübingen mit jenen der frühen Karlsakademie sowie der späteren Hohen Karlsschule in den Jahren des Untersuchungszeitraumes zwischen 1770 und 1794, so wird schnell deutlich, warum sich der im Sinne des aufgeklärten Absolutismus herrschende Herzog Karl Eugen immer mehr von der Tübinger Universität ab- und seiner Stuttgarter Neugründung zuwandte. Mit Ausnahme der Theologischen Fakultät hatte die Tübinger Universität an Reputation verloren und konnte wissenschaftlich nur noch als zweitklassig gelten. Wilhelm Ludwig Wekhrlin etwa, der als Anselmus Rabiosus 1778 eine literarische „Reise durch Oberdeutschland" unternahm, hielt die Tübinger Universität denn auch für „kaum mehr als eine Klopffechterschule, der Theologie, der Rechtsgelehrtheit, der Pedanterei, des Schulgezänks und der Unwissenheit"[5] und auf Tübingen traf zu, was Rainer Christoph Schwinges in seiner Studie zu Giessen treffend formuliert: „Das Festhalten an den traditionellen Autoritäten und der humanistischen Gelehrtenbildung hatte die überkommenen Denk- und Lehrmethoden in einem auch äußerlich spürbaren Formalismus erstarren lassen, der an den Bedürfnissen der Zeit völlig vorbeizielte."[6] In allen vier Tübinger Fakultäten hatten Nepotismus und professorale Selbstergänzung zu einer Verengung des wissenschaftlichen Blickwinkels geführt; hinzu kamen

---

[5] Wihelm Ludwig WEKHRLIN, Reise durch Oberdeutschland. Salzburg – Leipzig 1778 (ND München 1988), 67.
[6] Rainer Christoph SCHWINGES, Universitätsbesuch im Reich vom 14. zum 16. Jahrhundert. Wachstum und Konjunkturen. In: Geschichte und Gesellschaft 10 (1984), 5–30, hier 6.

weitere Missstände und eine prinzipielle Abneigung der Professorenschaft gegen jedwede tiefgreifende Reform. Als beispielsweise um 1767 im Professorenkolleg Pläne zur Errichtung einer „gelehrte[n] Gesellschaft der schönen Wissenschafften und besonders Cultur der Teutschen Sprache, der RedeKunst, der DichtKunst, GeschichtsKunde, Critik und Alterthümer etc." erörtert wurden, sprachen sich zahlreiche Lehrer der Theologischen Fakultät gegen eine solche Akademie aus, habe doch die Beschäftigung mit den *belles lettres* bereits viele Tübinger Studenten „von ihrem eigentlichen Zwecke vollends abgebracht."[7] Was an der Tübinger Universität an Vorlesungen geboten wurde, „war weitschweifig und schwerfällig, und entbehre des frischen Lebens."[8] Dazu hatte nicht zuletzt auch das sich seit dem 17. Jahrhundert verstärkt durchsetzende Prinzip der Landesuniversität geführt, demzufolge auch im Herzogtum Württemberg alle Stellenanwärter auf den kirchlichen und staatlichen Dienst per landesherrliche Verordnungen angehalten waren, mindestens eine gewisse Zeit an der landeseigenen Universität zu studieren. Wie Matthias Asche betont, wirkte „das Prinzip der Landesuniversitäten, welches als Ausdruck merkantilistischen Staatsinteresses durchaus verständlich ist [...] dann jedoch derart restriktiv, dass sich die Universitäten – vor allem die für den protestantischen Bildungsraum so typischen Familienuniversitäten – im wissenschaftlichen Austausch und in Hinsicht auf einen überregionalen Einzugsbereich gegenseitig behinderten."[9]

Trotz stetig sinkender Studierendenzahlen und der Erkenntnis, mit anderen Hochschulen wissenschaftlich kaum mehr konkurrieren zu können und stattdessen nur noch „museale Bauten, museale akademische Usancen [...] museale[n] Geist und museale[n] Lehrbetrieb zu bieten",[10] war die Einsicht der Professorenschaft gering; die Gründe für den Niedergang der Tübinger Universität waren ihrer Meinung nach anderswo zu suchen. Angeführt wurden die ungünstige Lage Tübingens „in einem Winkel Teutschlands", der höchstens 200 fremden Studenten Platz böte[11] („wann nur zweihundert fremde Studiosi sich hier auf einmahl befinden sollten, diese kaum Zimmer genug würden bekommen können"), der schlechte Einfluss der aufgeklärten und teilweise neugegründeten Hochschulen Göttingen, Erlangen und

---

[7] Uwe-Jens WANDEL, Verdacht von Democratismus? Studien zur Geschichte von Stadt und Universität Tübingen im Zeitalter der Franz. Revolution. Tübingen 1981, 16.
[8] Robert UHLAND, Geschichte der Hohen Karlsschule in Stuttgart. Stuttgart 1953, 3.
[9] ASCHE, Bürgeruniversität, wie Anm. 1, 174.
[10] Walter JENS, Eine deutsche Universität: 500 Jahre Tübinger Gelehrtenrepublik. München 1993 (6. Aufl.), 223.
[11] WANDEL, Verdacht, wie Anm. 7, 17.

Halle, die mit ihren „neuen und reizenden Principorum[12] „grösstenteils von schädlichen und weit um sich greifenden Konsequenzen"[13] seien und die trotz herzoglichen Erlasses noch immer andauernde Abwanderung zahlreicher Landeskinder an ausländische Universitäten. Die veralteten Unterrichtsmethoden und die disziplinarische Laxheit der Professorenschaft wie auch die teilweise rohen Sitten einiger Tübinger Studenten, die „bey Tag und bey Nacht mit fluchen, johlen und anderem tumultuiren gar grosse gottlosigkeit, grobheit und muthwillen"[14] dem Ruf der Universität schadeten, waren nur selten Schwerpunkte Tübinger Selbstreflexion. Wie Johannes Thümmel schreibt, blieb „eine Untersuchung der Frage, ob vielleicht am Lehrsystem, den akademischen Einrichtungen und der Auswahl der Professoren selbst etwas geändert werden müsse, [weitgehend] aus."[15] Noch im Jahr 1831 schildert eine Beschreibung der Universität die dort herrschenden Zustände am Ende des 18. Jahrhunderts und zu Beginn des sich anschließenden Saeculums wie folgt: „... die Universität Tübingen [warf] ein spärliches Licht. Der Ruf ihrer Lehrer und die Frequenz ihrer Schüler standen in unerfreulicher Wechselwirkung. Theologie, dogmatische Studien und Seminar waren die Hauptsache, die Seminaristen bildeten die Mehrzahl der Studierenden. Die ersteren Wissenschaften dienten jener Herrin, und vom Geiste der Lehrer und Lernenden war gar nicht die Rede. Die Lehrer in eine Corporation vereinigt, ergänzten sich selbst, und sorgten, dass Vettern und nicht gar zu berühmte Leute, neben welchen die Anderen noch bestehen konnten, in die erledigten Stellen einrückten. Die wenigen Schüler – ausser den Seminaristen – beinahe lauter Landeskinder, raisonnierten nicht über den inneren Gehalt der Lehrer, wer etwas weiter dachte, vollendete seine Studien im Auslande;..."[16]

Der wissenschaftlichen Stagnation und der Reformunwilligkeit der Eberhardina überdrüssig, widmete sich Herzog Karl Eugen, feststellend, „dass die beste Landes-Väterliche Absichten durch den eingewurzelten Hang, alles immer bey dem Alten zu lassen, vereitelt werden",[17] bald dem Ausbau seiner 1770 mit zunächst 14 Knaben gegründeten Gärtnerschule für Kinder einfacher Soldaten auf der Stuttgarter Solitude, die, dem Herzog treu ergeben und nach modernen, aufgeklärten Wissenschaftsprinzipien organisiert,

---

[12] Hans-Wolf THÜMMEL, Die Tübinger Universitätsverfassung im Zeitalter des Absolutismus. Tübingen 1975, 17.
[13] JENS, Universität, wie Anm. 10, 224.
[14] Ebd., 230.
[15] THÜMMEL, Universitätsverfassung, wie Anm. 12, 17.
[16] Ingrid FRECH, Die Provenienz der Tübinger Studenten in regionaler, sozialer und konfessioneller Hinsicht von 1790 bis 1832. Zulassungsarbeit für das Wissenschaftliche Prüfungsamt an Höheren Schulen in Baden-Württemberg. Tübingen 1966, 12.
[17] WANDEL, Verdacht, wie Anm. 7, 22.

bald zur Ausbildung und Rekrutierung der herzoglichen Staatsdiener herangezogen wurde und „der Universität den Rang abzulaufen"[18] begann. Anstatt die alten Bildungsanstalten zu reformieren, erschien es dem Herzog leichter, mit der Karlsschule neue Einrichtungen zu schaffen beziehungsweise auszubauen, die seiner aufgeklärten Denkweise und den Ansprüchen absolutistischer Machtvollkommenheit besser entsprachen. Bereits die Anfänge der Karlsschule zeugen von einem utilitaristisch-aufgeklärten Denken des Herzogs, dem sich die Tübinger Universität und die Stände verweigerten. So hatte die nach Plänen Christoph Dionys Seegers[19] am 14. Dezember 1770 errichtete, zugleich als militärisches Waisenhaus fungierende Gärtnerschule für Soldatenkinder, die bis zum Folgejahr um Stukkateure, Musiker und Tänzer zur Militärischen Pflanzschule erweitert wurde, den Zweck, verwaiste (vor allem ausländische und katholische, die von den lutherischen staatlichen Waisenhäusern abgewiesen wurden) oder verarmte Soldatenkinder unentgeltlich zu versorgen und schulisch-handwerklich auszubilden, diese dadurch in einem besonderen Treueverhältnis an den Fürsten zu binden und somit gleichzeitig die für die höfische Repräsentation so wichtigen Handwerker und Künstler, getreu merkantilistischer Politik, kostengünstig aus dem eigenen Lande zu rekrutieren, anstatt sie gegen hohe Gagen aus Italien oder Frankreich zu beziehen. Die aus dem Ausland engagierten Künstler und Handwerker sollten „durch wohlfeilere einheimische Meister ersetzt"[20] werden. Die Schule „verdankte ihre Entstehung somit den Bedürfnissen des fürstlichen Absolutismus wie der landesfürstlichen Fürsorge für die Soldatenkinder".[21] Die für das 18. Jahrhundert bezeichnende und aus den zeitgenössischen Überfüllungsdiskussionen resultierende „obsession d'un manque de bras productifs et de soldats"[22] mag hier unter den Motiven zu finden gewesen sein. Die praktische Ausrichtung der Anstalt, die somit den Söhnen ärmerer Familien ein kostenloses Gymnasium bot, das nach „zum Studiren bestimmten" Zöglingen und nach aus-

---

[18] Ebd., 17.
[19] Erste Pläne zur Errichtung einer gemeinnützigen Offiziersschule waren dem Herzog bereits 1767 vom Leiter der württembergischen Artellerie General von Nicolai und von dessen Mitarbeiter Georg Bernhard Bilfinger unterbreitet worden, scheiterten aber an der ungeklärten Frage der Finanzierung und fielen durch die Verhandlungen um den anstehenden Erbvergleich kurzzeitig aus dem Blickfeld des Herzogs.
[20] WAGNER, Geschichte, Bd.1, wie Anm. 4, 7.
[21] UHLAND, Karlsschule, wie Anm. 8, 274.
[22] Willem FRIJHOFF, Grandeur des nombres et misères des réalités : la courbe de Franz Eulenburg et le débat sur le nombre d'intellectuels en Allemagne 1576–1815. In: Dominique Julia – Jacques Revel – Roger Chartier, Les universités européennes du XVIe au XVIIIe siècle – Histoire sociales des populations étudiantes, vol. 1. Paris 1986, 23–25, hier 25.

zubildenden „Professionisten" unterschied,²³ lässt sich damit von ihren Anfängen an feststellen. Sie vermittelte schulisches Elementarwissen, das zur Grundlage einer höheren militärischen Unterweisung herangezogen werden sollte. Sie folgte dem Prinzip der Erziehung für den Staat aufgrund von erzieherischen Maßnahmen durch den Staat, verkörpert im Souverän.

Nach der Öffnung auch für Bürger-, Offiziers- und Kavalierssöhne, kam die mittlerweile bereits renommierte herzogliche „Pflanzschule" bald einem Gymnasium gleich, das mehr und mehr den württembergischen Nachwuchs für die herzoglichen Ministerial-, Hof- und Kriegsdienste heranbildete. Karl Eugen war verstärkt darauf bedacht, „den Unterricht der Schule so auszubauen, dass er dem des Stuttgarter Gymnasiums ebenbürtig wurde. [Er] fasste den Plan, seine Zöglinge so auszubilden, dass sie an einer Universität studieren konnten, ohne vorher noch eine andere Schule zu besuchen."²⁴ Nach dem Vorbild der 1752 errichteten französischen Pariser *École Royale Militaire*, wo das wissenschaftliche Studium des Kriegswesens mit der Erziehung von Staatsdienern vereint und somit eine neue, gut ausgebildete militärische Elite geschaffen worden war und nicht zuletzt inspiriert auch von der preußischen *Académie militaire* Friedrichs des Grossen, suchte er, „die wissenschaftliche Bildung seiner Beamten und mit ihr zugleich die seiner Offiziere auf eine Grundlage zu stellen, die nicht [wie bis dahin] von veralteten Überlieferungen beeinflusst wäre, und sie so zugleich vor den Auswüchsen eines verwilderten Studentenlebens zu bewahren".²⁵ Dies konnte auch den Eltern „von Stand" nur recht sein, und so erfreute sich die Karlsschule zusehends auch bei Offiziers- und Kavalierssöhnen aus dem Ausland und den Reichsterritorien großer Beliebtheit. Diesen konnte „das nahe Verhältnis, in dem die Schüler zum Landesfürsten standen, seine persönliche Kenntnis ihrer Gaben [...] für ihre Zukunft von großen Nutzen sein."²⁶ Herzog Karl Eugen verband mit zunehmendem Erfolg der Karlsschule immer mehr die Möglichkeit, „Männer zu bilden, die er mit den wichtigsten Aufgaben des Heeres und Staats betreuen konnte und die ihm anders als die [zumeist in Tübingen ausgebildeten] Vertreter der Stände treu und unbedingt ergeben waren."²⁷ Im Gegensatz zu den Professoren der Tübinger Alma mater schien ihm bewusst, „was vor eine gro-

---

²³ WAGNER, Geschichte, Bd. 2, wie Anm. 4, 66.
²⁴ UHLAND, Karlsschule, wie Anm. 8, 90.
²⁵ Karl KLÜPFEL, Geschichte und Beschreibung der Universität Tübingen. Tübingen 1849 (ND Aalen 1977), 188.
²⁶ UHLAND, Karlsschule, wie Anm. 8, 74.
²⁷ Ebd., 77.

ße und wichtige Sache die Erziehung der Jugend seye und wie viel Vortheile dadurch dem Staat zufließen...".[28]

1773 verlieh Karl Eugen seiner „Pflanzschule" offiziell den Titel einer „Militär- und Ritterakademie". Wie in Frankreich, Preußen und der Habsburgermonarchie war es auch das Ziel des württembergischen aufgeklärten Absolutismus Karl Eugenscher Prägung, sich als Gegengewicht zum „ehrbaren" Stand, „im Leistungsadel des Offiziers wie im Adel des Blutes Stützen seiner Macht und Werkzeuge seines Willens heranzuziehen",[29] die er schon als „Karlseleven" durch Reverse verpflichtete, „sich gänzlich den Diensten des herzoglich-württembergischen Hauses zu widmen und ohne darüber zu erhaltende gnädigste Erlaubnis nicht daraus zu treten." Während die ehrwürdige Eberhardina mehr und mehr zu einer Rekrutierungsanstalt ständischer Eliten geworden war, sollte die Militärakademie Hof, Staat und Heer mit gut ausgebildeten, nach modernen Grundsätzen erzogenen und vor allen Dingen loyalen Eliten versorgen. Zwar wurde an der Karlsschule wie in Tübingen auf „Stand" geachtet, die Kavaliers- und Offizierssöhne (später nur noch die Kavalierssöhne) von den Eleven niederer Herkunft durchaus geschieden und ersteren eine bevorzugte Stellung und Verpflegung erteilt,[30] doch schob die Betonung eines – heute würde man sagen „Leistungsprinzips" – der Bevorzugung ganzer Familien und dem Nepotismus nach Tübinger Hausart einen Riegel vor. „Ein würdiger Cavalier- und Officiers-Sohn unterscheidet sich von einem andern jungen Menschen nicht bloß durch seine Geburt, als welche in dem menschlichen Leben etwas zufälliges ist, sondern hauptsächlich durch den Eyffer und die edle Gesinnungen, eine seiner Geburt angemessene Lebensart anzunehmen...", hieß es in einem am 15. August 1771 bekanntgemachten Reskript des Herzogs.[31] Die Lehrer der Militärakademie bezog Karl Eugen aus dem Tübinger Evangelischen Stipendium, das als Tübinger Institution und Ausbildungsstätte des württembergischen Pfarrstandes trotz einiger Missstände noch immer einen hervorragenden Ruf genoss.

Mit der Einrichtung der Rechtswissenschaften an der Karlsschule läutete der Herzog die Krise der Tübinger Eberhardina ein. Offiziell zunächst zur Ausbildung der herzöglichen Schreiber und Förster gedacht, verband der Herzog mit der Einführung der Rechtswissenschaften auch die Hoffnung,

---

[28] Ebd., 75.
[29] Ebd., 35.
[30] Seit 1774 wurden auch die (nichtadeligen) Offizierssöhne von den Kavalieren getrennt. Letztere bildeten nun als „stiftsmäßige Kavaliere und Grafen" das sogenannte „adlige Corps". Zudem war auch Patriziersöhnen der Eintritt in die Ritterakademie verwehrt (Ebd., 99).
[31] UHLAND, Karlsschule, wie Anm. 8, 77.

bei Auseinandersetzungen mit den Ständen, den meist der Landschaft zugetanen und der württembergischen Ehrbarkeit angehörenden rechtskundigen Professoren der Tübinger Universität ihm treu ergebene Juristen entgegenstellen zu können. Juristische Karrieren im Dienste des Herzogs wurden seitdem an der Karlsakademie geschmiedet, was dazu führte, dass mehr und mehr Studenten den Tübinger Juristen des „guten alten Rechts" den Rücken kehrten beziehungsweise sich gar nicht erst für Tübingen entschieden. Zudem stand es um die Tübinger Juristerei wenig gut bestellt. Der steten Verbesserung der Lehre und der professoralen Betreuung an der Karlsakademie, standen an der Tübinger Universität erhebliche Missstände gegenüber. Bereits im Recess von 1750 hatte der Herzog sein Missfallen darüber ausgesprochen, dass sich an der Juristenfakultät „gar nichts gebessert [habe], der Recess von 1744 gänzlich hintangesetzt worden sei, und die Studirenden genötigt werden, auf fremde Universitäten zu gehen. Die öffentlichen Kollegien werden fast gänzlich verabsäumt, die Privatkollegien aber mit solcher Weitläufigkeit, Unfleiß und Unordnung gehalten, dass kein Student fast deren Ausgang abwarten könne".[32]

Unmittelbar auf die Jurisprudenz als neuer Leitwissenschaft des frühmodernen Staats wurde an der Karlsschule auch die Medizin eingeführt, was der schlecht ausgestatteten Tübinger Universität erneut Studenten entzog. Karl Eugen war nun immer stärker darauf bedacht, seine Anstalt der Universität Tübingen (nicht aber deren aktuellem Zustand) anzugleichen. Seit 1777 konnte die Stuttgarter Karlsakademie mit insgesamt sechs Fakultäten aufwarten, die sich nunmehr in eine Juristische, Medizinische, Militärische, Ökonomische (Handlungswissenschaft), Philosophische und eine Künstler-Fakultät aufgliederten. Damit waren praktisch alle im Sinne des modernen Staatsdenkens des aufgeklärten Absolutismus „nützlichen" Wissenschafts- und Politikbereiche an der Karlsakademie durch Fakultäten vertreten. Für rückständige Orthodoxien war in Karl Eugens Bildungsprogramm kein Platz, weshalb der verfassungsrechtlich notwendige Verzicht auf eine Theologische Fakultät eher zu verschmerzen war, als auf das Englische als zu erlernende Fremdsprache.

Endgültig ins Hintertreffen im Wettlauf um die studentische Gunst kam die Tübinger Universität als 1782 Kaiser Josef II. die Karlsakademie, die mittlerweile eine personell und technisch gut ausgestattete Militärschule, Handelsschule, Kunstakademie, Theater- und Musikschule, Gartenbauschule, Gymnasium und Elementarschule in sich vereinte, in Universitätsrang hob und der württembergischen „Synthese von Akademie und Universität"[33] damit ausdrücklich das Promotionsrecht zustand. Württemberg hat-

---

[32] KLÜPFEL, Beschreibung, wie Anm., 25, 206.
[33] UHLAND, Karlsschule, wie Anm. 8, 197.

te nun zwei gleichwertige Universitäten, die allerdings in der Gunst des Herzogs keineswegs gleichberechtigt standen.

II. Studenten adeliger Herkunft an der Eberhardina und der Stuttgarter Hohen Schule

Wertet man nach der Gegenüberstellung der differenten Wissenschaftsprofile beider Universitäten die Tübinger Matrikel beziehungsweise die beiden Stuttgarter „National-Verzeichnisse" für den Untersuchungszeitraum entsprechend der von Rainer Christoph Schwinges (für Giessen) und Matthias Asche (für Rostock und Bützow) erfolgreich erprobten Methode mit Stichjahren in Fünf-Jahres-Schritten nach dem jeweiligen Anteil adeliger Studenten aus,[34] so ergeben sich zwei Besucherprofile, die unterschiedlicher kaum sein könnten. An der Tübinger Universität finden sich für alle Stichjahre gerade einmal 30 blaublütige Studierende in der Matrikel, ein Wert, den die Stuttgarter Karlsschule mit ihrer Ritter-, Grafen- und Fürstenakademie als „verjüngtes Collegium illustre" allein im Stichjahr 1773 bereits weit übertrifft.[35] Zwischen 1770 und 1780 tragen sich nur wenige Angehörige des niederen Adels in die Studierendenlisten der Landesuniversität ein, an Hochadel findet sich in dieser Zeit gerade ein einziger Eintrag im Jahr 1773 mit jenem des Barons von Taube. Allerdings hat bereits Wagner festgestellt, dass der „württembergische Adel... damals weder sehr reich, noch sehr zahlreich war."[36] Erst ab den 1780er Jahren ist verstärkt niederer Adel in Tübingen zu finden. Dieser stammt allerdings zumeist nicht aus dem Herzogtum, sondern überwiegend aus der Eidgenossenschaft. Bemerkenswert ist dagegen, dass sich seit dem Stichjahr 1790 auch zunehmend der regionale Hochadel in Tübingen immatrikuliert, weshalb etwa Söhne der Grafen von Königsegg-Aulendorff und von Truchsess-Wurzach oder des Barons von Thüngen in der Matrikel erscheinen. Die Höchstzahl von zehn nieder- und hochadeligen Neuimmatrikulationen erreicht Tübingen im Stichjahr 1794, wobei dafür mehrere Gründe auszumachen sind. Zum einen bewog sicherlich die unter Karl Eugens Nachfolger Ludwig Eugen aus angeblich finanzieller Not durchgesetzte Schließung der Karlsschule mit ihrer Ritterakademie viele adelige Zöglinge dazu, ihr Stu-

---

[34] Als Untersuchungszeitraum wurden der Studie die Jahre des Bestehens der Karlsschule zwischen 1770 und 1793/94 zugrundegelegt. Die Fünf-Jahres-Stichproben wurden allerdings um die besonders relevanten Erhebungsdaten 1773 (Erhebung zur Militärakademie) und 1794 (erstes Jahr nach der Schliessung der Karlschule) ergänzt.

[35] WAGNER, Geschichte, Bd. 1, wie Anm. 4, 62.

[36] Ebd., 106.

dium in Tübingen fortzusetzen. Zusätzlich fand auch die Französische Revolution in der Adelsfrequenz Tübingens ihren Niederschlag. Mit dem Chevalier Calixte de Penas oder dem Chevalier d'Aigreville nahm Tübingen adelige Studierende auf, die es vorzogen, aufgrund der nachrevolutionären Zustände in Frankreich und der drohenden Revolutionskriege, ihr Studium in Tübingen aufzunehmen beziehungsweise fortzusetzen. Erwähnt werden soll an dieser Stelle noch, dass sich unter den Inskribierten des Stichjahres 1794 auch ein Graf von Hohenzollern findet,[37] was dem Renommee Tübingens sicherlich zugute kam.

Bei einem anderen eingetragenen Studenten des Stichjahres 1790 ist nicht sicher, ob er dem Adelsstand zuzuzählen ist. Allerdings könnte die Tatsache, dass Johann Carl Wiedmann in der Matrikel mit dem Zusatz „frequentiert die Reitbahn" geführt wird, auf eine adelige Herkunft schließen lassen, wenn der Gunzenhausener Student nicht zu den sogenannten Reitscholaren zu zählen ist, für die es an einigen Universitäten Sonderregelungen gab und welche teilweise nicht wirklich selbst studierten. Erkennbar sind adelige Studenten in der Tübinger Matrikel nicht nur durch die vermerkten Adelszusätze bei ihren Familiennamen, sondern auch durch die Angabe einer erhöhten Studiengebühr, die für Normalstudenten in der Regel bei 3fl. 15× lag, für adelige Studenten allerdings um 2fl. 15× aufgestockt werden konnte. Insgesamt gesehen bestätigt sich an der ausgezählten Tübinger Adelsfrequenz jedoch der Befund Matthias Asches, wonach das Adelsstudium als Kombination von natürlicher „nobilitas" und akquirierter „scientia" insbesondere an der Universität Tübingen (wie auch in Rostock oder Greifswald) verhältnismäßig spät einsetzte und zur Blüte gelangte. Dies mag auch daran gelegen haben, dass es der Tübinger Universität lange Zeit an adeliger „Infrastruktur" fehlte, zumal die ehemalige Ritterakademie trotz ihrer Wiedereröffnung nicht wirklich Erfolge zeigte. Lutherische adelige Studenten zog es im 18. Jahrhundert eher an die klassischen Adels- und Diplomatenuniversitäten Strassburg und Göttingen als in den recht provinziellen Tübinger „Winkel". Mit einer Gesamtzahl von 179 adeligen Studenten, die beinahe ein Drittel der 612 Gesamtstudierenden ausmachen, wird schnell deutlich, an welche gesellschaftlichen Schichten sich die Karlsschule überwiegend richtete. Der Adel war dabei eine von Karl Eugen besonders hofierte Sozialgruppe, da diese, in Württemberg ohne verfassungsrechtliche Rolle, zu formbaren und loyalen Beamten ausgebildet werden konnten. Zudem stammten viele adelige Sprösslinge bereits aus Militärfamilien und waren mit Militaria und aristokratischer Etikette bereits aufgewachsen und vertraut. Allerdings spiegelt die Adelsfrequenz der Karlsschule nahezu parallel die Entwicklungsgeschichte der Anstalt wider.

---

[37] ASCHE, Bürgeruniversität, wie Anm. 1, 389.

So findet sich in den Anfangsjahren nach 1770 als die spätere Hochschule noch eine Versorgungsanstalt für Soldatenkinder und Söhne armer Familien war, kein einziger Sohn adeligen Geschlechts. Dies ändert sich sprunghaft mit der Umformung der „Soldaten- und Stukkateurs-Pflanzschule" zu einer Militärakademie, die geburtsadelige Söhne aus hohen Beamten und Offiziersfamilien zudem mit einer angegliederten Ritterakademie lockte. Auf Anhieb fanden sich deshalb im Stichjahr 1773 bereits 31 Söhne niederen Adels in der Akademie ein, ergänzt um Sprösslinge dreier Grafen (von Thiersheim, von Buccato, von Erps). Den höchsten Stand adeliger Einschreibungen weist das Stichjahr 1780 auf, in dem 49 von 78 Eleven der Karlsschule sich adeliger Herkunft zeihen können. 43 von ihnen entstammen dabei niederadeligen Beamten- und Militärsfamilien, immerhin sechs tragen einen Grafentitel vor ihrem Namen. Auffällig wird nun, dass vermehrt adelige Familien gleich mehrere ihrer Söhne in die Hände der herzoglichen Anstalt geben und dass nun auch verstärkt reichsritterliche Familien (von Reischach, von Seefried) der Karlsschule das Vertrauen schenken. Die hohe Adelsfrequenz beweist deutlich, dass es der Karlsschule in der Zeit ihrer Blüte hervorragend gelungen ist, mit den Söhnen adeliger Studenten, die zur Aufnahme in die Ritterakademie allerdings Stammbaum und Ahnenprobe nachweisen mussten,[38] aus weiten Teilen des Reiches und besonders gerade auch des Auslands sich Besuchergruppen zu erschließen, die der Tübinger Landesuniversität kaum zugänglich waren. Zwar bildeten nach wie vor württembergische Studenten beziehungsweise Studenten aus den Territorien des ehemaligen schwäbischen Reichskreises und benachbarter Gebiete das studentische Rückgrat der Schule, doch gewann die Karlsschule durch die Präsenz nationalen und internationalen Adels an überregionaler Attraktivität, was ihren Einzugsbereich und ihr Rekrutierungsgebiet zumindest indirekt zu erweitern half.

Die Öffnung der Karlsschule auch für Stadtstudierende ab 1785 markiert eine Zäsur in der bis dato anhaltenden Begeisterung des deutschen und europäischen Adels für die Stuttgarter Akademie. Nur 23 von 86 Zöglingen können nun noch einen Adelstitel vorweisen, wobei allerdings noch immer fünf Grafensöhne der Karlsschule die Treue halten. Die Gründe für den Rückgang der Zahl adeliger Studenten an der Karlsschule sind schwer auszumachen, doch dürften die zahlreichen Stadtstudierenden aus eher mittleren bürgerlichen Schichten einige adelige Familienväter mit Sorge um die familiäre Exklusivität dazu bewogen haben, ihre Söhne nicht mehr nach Stuttgart zu schicken, denn dort saßen die Söhne des Adels und der Honoratioren durchaus „auf derselben Bank". In den 1790er Jahren und selbst im letzten Jahr des Bestehens der Hochschule pendelt sich die Adelsfrequenz

---

[38] WAGNER, Geschichte, Bd. 1, wie Anm. 4, 33.

in Tübingen auf einem nahezu gleichbleibenden Niveau ein. In beiden Stichjahren besuchen 24 Studenten mit exklusivem familiärem Hintergrund die Anstalt. Betrachtete man weniger die Zahl der adeligen Einschreibungen, denn das Gewicht der Titel, so müsste man ab 1790 für Stuttgart sogar konstatieren, dass der Besuch adeliger Studenten zwar weniger, dafür umso exklusiver wurde. Dies entspricht einem Befund Karl-Henning Wolfs, der für Heidelberg eine Relationsverschiebung zwischen niederem und hohem Adel zugunsten des letzteren konstatieren konnte. Wie an der Karlsschule, so fanden sich auch in Heidelberg erstaunlich viele Grafensöhne, die sich insbesondere dem Jurastudium widmeten. 1790 schreibt sich, neben vier Grafensöhnen, auch ein Baron von Thüngen an der Anstalt ein, dem 1793 erstmals sogar zwei Fürstensöhne folgen. Die Prinzen zu Lippe und zu Hohenlohe-Waldenburg lassen sich ebenfalls an der Karlsschule ausbilden. Eine letzte Übereinstimmung mit der Arbeit Wolfs zu Heidelberg trifft auf die Herkunftsorte der adeligen Studenten in Stuttgart zu. Wie für Heidelberg im 18. Jahrhundert, so lässt sich auch für Stuttgart feststellen, „dass je weiter das Heimatterritorium [von Stuttgart] entfernt war, desto größer der Adelsanteil wurde."[39]

---

[39] Karl-Henning WOLF, Die Heidelberger Universitätsangehörigen im 18. Jahrhundert: Studien zu Herkunft, Werdegang und sozialem Beziehungsgeflecht. Heidelberg 1991, 166.

Was bildet den Adel?
Gruppentypische Ausbildungswege und Bindekräfte

JOSEF MATZERATH

In Leipzig müsse ein Student „wenigstens ein Von seyn, oder ein paar Röcke mit Gold auf dem Schnitt haben, wenn er gelitten seyn" solle, schrieb im Jahre 1787 Degenhard Pott in einer sozialkritischen Reportage, die unter dem Pseudonym „Detlev Prasch" erschien. Nur unter einer dieser Voraussetzungen könne man in der Universitätsstadt auch „Familienbekanntschaften" machen. Die Leipziger Studenten unterteilten sich nämlich, wie Pott feststellte, nach Vermögen und Herkunft in drei Gruppen. An der Spitze der Hierarchie stünden gemeinsam der „Adel, vorzüglich der Lief- und Curländische, die Patriciersöhne aus Danzig und Hamburg, und nicht selten auch viele Innländer, die durch Geburt oder Geld begünstigt, sich mit jenen in Parallele stellen können". Der Autor konstatierte auch, dass adelige Studenten auf dem vornehmsten Ball der Stadt im Gewandhaus zugelassen wurden. „Hier tanzt die große Welt; die [hugenottische] Colonie, die Matadors der deutschen Kaufmannschaft, und die Grafen, Reichsfreien, u. s. w. welche hier studiren." Schon gegenüber der „Mittelclasse" demonstriere die Spitzengruppe der Studentenschaft „Entfernung und Kaltsinn". Aus der sozialen Distanz eiferte sich Pott über die geringe wissenschaftliche Leistungsbereitschaft seiner reichen und adeligen Kommilitonen. „Der Fechtboden, die Reitbahn, das Schauspielhaus, sind ihre Hörsäle; auf dem Caffehause studiren sie den Menschen, und bey schlüpfrigen Romanen, oder im Umgange mit Coquetten oder willigen Mädchen, bilden sie ihr Herz aus." Pott mokierte sich über die außeruniversitären Bestrebungen der Adeligen, Zugang zur feinen Leipziger Gesellschaft zu erlangen: „Erhält nun vollends ein solcher Geck, dessen ganzes Verdienst nicht selten blos in Windmachen und edler Arroganz besteht, das Glück, mit auf der großen Assemblee figuriren zu dürfen, oder zu einer Bekanntschaft in der Colonie [d. h. bei den reformierten Leipziger Kaufleute] zu gelangen, dann kennt sein Stolz keine Grenzen, dann entsagt er durchaus dem Umgang mit andern Studenten, die nicht so hoch, wie er, vom Glück begünstigt worden sind."[1]

Noch drastischer hat Carl Heinrich v. Römer (1760–1798), ein Staatsrechtler der Universität Wittenberg, ein Mann aus einer alten sächsischen Adelsfamilie, das typische Studienverhalten reicher Adelssöhne beschrie-

---

[1] Detlev PRASCH, Vertraute Briefe über den politischen und moralischen Zustand von Leipzig. London 1787, 44 f., 48 und 176.

ben. Er veröffentlichte im Jahre 1794 einen satirisch formulierten Musterlebenslauf, in dem er eine zeitgenössische Dresdner Adelsfamilie, die v. Modeton portraitierte.[2] Der Sohn der Familie bezieht in dieser moralisierenden Erzählung mit 18 Jahren die Universität und wird standesgemäß von einem Hofmeister begleitet. Aber der Adelserzieher raucht und trinkt lieber als sich um seinen Zögling zu scheren. Der junge v. Modeton sieht das gern, gibt ihm das doch die Freiheit, selbst lasziv zu leben, statt angestrengt zu studieren. Mehr als einen Monat im Semester verbringt der Studiosus in der Residenzstadt im Hause seiner Eltern, um sich dort mit dem Kammermädchen seiner Mutter zu vergnügen. Wenn er dann mal an der Universität weilt, durchwacht er etliche Lehrstunden, verschläft aber mehr als doppelt so viele. Abschließend spitzt der Satiriker v. Römer seinen Rapport aus dem Studentenleben zu: „Ja, vielleicht würde er die Hörsäle seiner Lehrer noch fleißiger besucht haben, wenn er nicht aus den nächtlichen Gesellschaften ehrbarer und gutwilliger Mädchen zu verschiedenen mahlen eine Krankheit nach Hause gebracht hätte." Am Ende erkaufte sich v. Römers ironisch karikierter Adelsstudent die richtigen Antworten für das Abschlussexamen, konnte aber noch nicht abreisen, bevor seine Eltern seine Schulden beglichen hatten.

Um v. Römers literarische Darstellung über den Luxuskonsum mit historischen Berichten zu unterfüttern, erwähne ich das Studium des späteren sächsischen Ministers Bernhard v. Lindenau und das seines Bruders, die in den Jahre 1793–1798 an der Universität Leipzig immatrikuliert waren. Diese Söhne eines reichen Rittergutsbesitzers gaben sich einem solch exzessiven Lebenswandel hin, dass ihre Mutter in den beiden letzten Studienjahren nach Leipzig zog, um sie zu beaufsichtigen. Vermutlich half das aber nicht viel. Denn es fanden sich Wege, der Kontrolle zu entschlüpfen. Bernhard v. Lindenau ließ sich z. B. gleich ein Duzend Westen aus demselben Stoff machen, damit sein Kleiderluxus nicht so auffiel.[3]

Während des Universitätsstudiums adeliger Männer nahmen offensichtlich auch in einer Zeit, als die Aufklärung die führenden Köpfe ihrer Zeit beschäftigte, noch ganz andere Dimensionen des Lebens eine zentrale Rolle ein. Es lässt sich daher vor dem Hintergrund der angeführten Quellen auch die Frage aufwerfen, in welchem Umfang die aufgeklärte universitäre Lehre sich in den Gedanken der studierenden Adeligen festsetzte bzw. überhaupt dauerhaft auf den Adel als Sozialformation wirken konnte. Dazu ist es wichtig, die gängigen Motive Adeliger für ein Studium zu kennen und zu wissen, ob es am Ende der Frühen Neuzeit einen spezifisch adeligen

---

[2] Carl Heinrich V. RÖMER, Muster eines Lebenslaufs für Küster und Dorfschullehrer, In: Kleine philosophische und Politische Schriften. o. O. 1794.
[3] Ingeborg TITZ-MATUZAK, Bernhard von Lindenau (1779–1854). Weimar 2000, 18 f.

Modus gab, sein Studium zu absolvieren. War denn die Wissenschaft und erst recht die aufgeklärte Wissenschaft überhaupt eine Herausforderung für eine alt hergebrachte Sozialformation wie den Adel, wenn sich aus Rationalität auch gesellschaftliche Gleichheit herleitete? Verschwand angesichts der Aufklärung, oder besser gesagt, angesichts aufgeklärter Professoren das frühneuzeitliche Selbstverständnis des Adels, dass er nach Gottes Wille ein besonders privilegierter Stand sei? Es lässt sich somit in einem doppelten Sinne fragen, was den Adel bildete. Einmal nämlich: Was sind typische Institutionen im Ausbildungsgang eines Adeligen? Und zweitens: Welche Bindekräfte hielten den Adel zusammen, wenn junge adelige Männer beispielsweise auf einer Universität studierten? Wie erhielten adelige Studenten ihren Adel aufrecht, wenn sie in einer Welt waren, in der bürgerliche Professoren sie lehrten und in der die meisten Kommilitonen nicht zum Adel gehörten? Ein Studium war selbstverständlich keine conditio sine qua non, um zum Adel zu gehören.

Für mein Fallbeispiel, den sächsischen Adel, lässt sich der erste Teil der Frage sowohl aus der Perspektive adeliger Familien, als auch aus der des Fürsten beantworten. Es war im frühneuzeitlichen Sachsen durchaus nicht unüblich, dass Söhne von Adeligen eine Universität besuchten. Beispielsweise lassen sich für zwei bekannte sächsische Adelshäuser, die Familien v. Carlowitz und v. Friesen, im Zeitraum von 1763 bis 1805 achtzehn Söhne ermitteln, die das 18. Lebensjahr erreichten. Von diesen achtzehn besuchten neun (50 Prozent) die Universität. Diese neun studierten alle Jura.[4] Die Geschlechtsordnungen sächsischer Adelsfamilien bestätigen ebenfalls das Universitätsstudium als gängige Praxis bereits für das 17. Jahrhundert.[5] Die Familie v. Schönberg benannte dagegen im Jahre 1675 eindeutige Präferenzen für die Ausbildungsgänge an Universität und Hof sowie beim Militär: Da „Reichthum und Vermögen ein unbeständiges vergängliches Wesen" sei, soll auch ein reicher Vater „dennoch seine Söhne zuförderst zu Studiren ... lassen". Falls es „mit dem Studiren nicht fort" wolle, sei „vor einen jungen von Adel kein besser Beruf ... alß eben der Krieg". Sollte ein v. Schönberg seine Söhne an „großer Herren Höfe" unterbringen wollen, und sie deshalb „zum Reisen und andern rittermäßigen Exercitiis anführen" lassen, gestattete die Familie das zwar, sie gab aber zu bedenken, der Vater

---

[4] Die Angaben beruhen auf einer Auswertung der Daten von Ulrike KIRCHBERG, Erziehung und Ausbildung in ausgewählten Geschlechtern des niederen sächsischen Adels im 18. und 19. Jahrhundert. Magisterarbeit TU Dresden 1997, 84–105.
[5] Josef MATZERATH, „Dem gantzen Geschlechte zum besten". Die Familienverträge des sächsischen Adels vom 16. bis zum 19. Jahrhundert. In: Katrin Keller – Josef Matzerath (Hg.), Geschichte des sächsischen Adels in der Frühen Neuzeit. Köln – Weimar 1997, 302–306.

möge zunächst prüfen, „ob sein Vermögen hierzu zulänglich" sei.[6] Die Ausbildung an einer Universität erscheint daher im Spiegel der Geschlechtsordnungen als das Erstrebenswerteste.

Kursachsen förderte die wissenschaftliche Ausbildung auch, sofern sie an den Landesuniversitäten Leipzig oder Wittenberg stattfand. Ein Mandat vom 13. Oktober 1733 stellte unvermögenden, aber begabten Köpfen, welche „Armuths halber" die Wissenschaft „zu excoliren nicht vermögend sind", in Aussicht, sie „mit ein und dem andern hinlänglichen Stipendio, oder Gnadengelde, gnädigst zu secundiren".[7] Andererseits forderte Kursachsen aber auch ein Studium von all denen, die in eine gehobene Position des Zivilstaates eintreten wollten. Bereits im Jahre 1726 hatte ein Patent Augusts des Starken erklärt, wer in Kursachsen Karriere in Diensten des Landesherrn machen wolle, der solle „zwei Jahre bey Antritt derer Academischen Studien auf einer oder beyden Unserer Universitäten, Leipzig oder Wittenberg, studiren, keineswegs aber ohne Unsere besondere gnädigste Erlaubniß, vor gesetzter Zeit auf ausländische Universitäten sich begeben".[8] Noch im Jahre 1802 wurde dieses Mandat lediglich dadurch abgewandelt, dass die zwei Jahre Inlandsstudium nun nicht mehr am Beginn des Studiums liegen mussten, sie blieben aber verpflichtend.[9] Die Universität war daher schon in der Frühen Neuzeit für den kursächsischen Adel keine unübliche Ausbildungsstätte. Dies änderte sich auch mit dem Übergang in die Moderne nicht. Wenn daher das Universitätsstudium durchaus zu den typischen Bildungsinstitutionen eines Adeligen gehören konnte, schließt sich an diese Erkenntnis die Frage an, ob eine akademische Ausbildung im ausgehenden 18. bzw. im beginnenden 19. Jahrhundert adelige Studenten in ihrem Standesbewusstsein festigte oder gefährdete.

Nach einem Mandat des Jahres 1793 konnten adelige Jurastudenten ihr Examen am Oberhofgericht in Leipzig oder am Hofgericht in Wittenberg

---

[6] Ebd., 306.
[7] Zur Beschränkung der Stipendien auf die Landesuniversitäten vgl.: Fortgesetzter Codex Augusteus, 1. Abteilung, Leipzig 1772, Rescript, die auswärtigen Promotiones derer Studiosorum, welche auf hiesigen Universitäten Beneficia genießen, betreffend, d. d Dresden, den 27. Febr. 1729, Sp. 251 f. 12.
[8] Fortgesetzter Codex Augusteus, 1. Abteilung, Leipzig 1772, Patent Herrn Friderici Augusti, Königs in Pohlen u. Chur-Fürstens zu Sachsen u. Daß aller Vasallen und Unterthanen Söhne, welche sich dem Studien widmen, zwey Jahre, auf einer hiesigen Universitäten studiren sollen; d. d. 11. Februarii, 1726. Sp. 247–250.
[9] Dritte Fortsetzung des Codicis Augustei, worinnen die in dem Königreiche Sachsen ergangenen Verordnungen vom Jahre 1801. bis zu der am 9ten März 1818 angefangenen Gesetzsammlung enthalten sind, Erste Abteilung, Dresden 1824, Sp. 123: Rescript, die Erläuterung des Mandats vom 11ten Februar 1726 wegen des Studirens auf inländischen Universitäten betreffend, vom 21sten October 1802.

bzw. vor der Juristenfakultät in Leipzig oder Wittenberg ablegen. Bürgerliche waren hingegen ausschließlich auf die genannten Fakultäten verwiesen.[10] Die privilegierten Prüfungskonditionen symbolisierten vor allem eine Sonderstellung des Adels, dessen Mitglieder öffentlich keiner Situation ausgesetzt werden sollten, die sie eventuell in Verlegenheit setzte und somit die Aura des frühneuzeitlichen Herrschaftsstandes beschädigen konnte. Dieses Vorrecht des sogenannten Grafenexamens endete aber im Jahre 1810.[11] Damit war der rechtliche Rahmen für ein Studium Adeliger nicht mehr anders als der von allen übrigen Studenten. Bei den Vorrechten und Privilegien ist der entscheidende Unterschied nicht zu finden.

Selbstverständlich kann die rechtliche Privilegierung aber noch wenig darüber aussagen, ob der Studienalltag unter den Adeligen in zentraler Weise das Gruppenbewusstsein stärkte oder schwächte. Um hierzu Aussagen treffen zu können, bedarf es eines anderen Zugriffs. Zunächst gilt die grundsätzliche Feststellung, dass die jungen Männer mit Beginn ihres Studiums aus der tagtäglichen Kontrolle der Eltern heraustraten. Deshalb reduzierte sich der direkte Einfluss der Eltern und damit sanken auch deren Chancen, Adeligkeit zu vermitteln oder zu verfestigen. Diese Aufgabe konnte kein bürgerlicher Hofmeister erfüllen. Daher gingen die gruppenspezifischen Stabilisierungsleistungen vorwiegend auf die adeligen Altersgenossen über. Wenn Degenhard Pott konstatierte, die adeligen Studenten in Leipzig seien gegen nichtadelige (bzw. Söhne unvermögender Eltern) kalt und abweisend gewesen, dann liegt in der Umkehrung dieser Außenwahrnehmung ein wesentliches Element für die gruppeninternen Bindekräfte des Adels. Denn Adelige nahmen andere Adelige bevorzugt wahr. Sie hatten eine spezifische Perzeption für ihre soziale Umwelt. Dies lässt sich anhand von Tagebücher, die Adelige geschrieben haben, nachweisen.[12] Traf ein adeliger Tagebuchschreiber einen anderen Adeligen, dann war das immer erwähnenswert. In den einschlägigen Diarien häufen sich derartige Eintragungen und immer sind die Adeligen mit Namen genannt. Bürgerliche hingegen oder noch niedriger stehende Personen fallen in der Regel unter einen Sammelbegriff.

---

[10] Codex Augusteus, zweite Fortsetzung, Leipzig 1805–1806, Sp. 8: Herrn Friedrich Augusts u. Churfürstens zu Sachsen u. Mandat, wegen Qualificirung junger Leute zu künftiger Dienstleistung, vom 27. Februar 1793, Abschnitt 6.
[11] Rescript die juristischen Examina betreffend, vom 9ten Februar 1810. In: Dritte Fortsetzung des Codicis Augustei, worinnen die in dem Königreiche Sachsen ergangenen gesetzlichen Verordnungen vom Jahre 1801. bis zu der am 9ten März 1818 angefangenen Gesetzsammlung, enthalten sind. Erste Abtheilung. Dresden 1824, 123 f.
[12] Silke MARBURG, Das Konzept „Adeligkeit" in der Reflexion von Tagebüchern sächsischer Adeliger des 19. Jahrhunderts. Eine historisch-semantische Fallstudie. Magisterarbeit TU Dresden 1998.

Curt Robert Freiherr v. Welck z. B., ein sächsische Adeliger, der in Meißen aufwuchs und von 1816–1820 in Leipzig studierte, bezeichnete Dienstmädchen in seinem Tagebuch prinzipiell als „Besen". Dabei konnte der stets namenlose „Besen" durchaus so hübsch sein, dass man sich gerne mit ihm auch länger unterhielt.[13] Im Gegensatz dazu sprach derselbe Autor bei unverheirateten adeligen Frauen immer von einem Fräulein [v.] Möllendorf, [v.] Einsiedel, [v.] Schönberg oder [v.] Holleuffer.[14] Bezeichnend ist auch, welchen Umgang v. Welck unter den Leipziger Studenten suchte bzw. in seinem Tagebuch für erwähnenswert hielt. Am Montag, den 20. Mai 1816 berichtete v. Welck über seine erste Vorlesungsstunde: „[v. der] Schulenburg hohlte mich um 7 Uhr ab und wir gingen zu [Professor] Böhlitz[15] in die Geschichte; es war nur Einer bisjezt da; später kam noch [v.] Feilitzsch, der Rittmeister [v.] Schönberg und der *Lieuten[ant]* [Freiherr v.] Friesen, auch ein H[err] v. Schönfels. Ohngefähr ¼ kam der Professor, neben mir saß der jüngere Graf Vizthum [v. Eckstädt]. Der Prof[essor] hat einen sehr angenehmen Vortrag. Ich schrieb meinen Namen auf ein Zettelchen auf dem Tisch und an dem Stuhl."[16] Alle adeligen Studenten wurden vom Autor mit Namen genannt. Selbstverständlich hatte Professor Pölitz nicht nur adelige Zuhörer. Aber die Nichtadeligen bedurften keiner namentlichen Würdigung im Tagebuch. In der Situation, als v. der Schulenburg und v. Welck den Hörsaal betraten, saß aber schon ein Student dort. Dieser Nichtadelige wurde im Diarium aber nur mit dem Zahlwort „Einer" bedacht: „Es war nur **Einer** bis jetzt da."

Die Lektüre des Tagebuches von Robert v. Welck führt evident vor Augen, dass nicht das Studium oder neue wissenschaftliche Erkenntnisse den Autor vorrangig interessierten. Die Standardformulierung des Tagebuches

---

[13] Vgl. Sächsisches Hauptstaatsarchiv (weiterhin Sächs HStA) Dresden, Grundherrschaft Radibor, Familiennachlass v. Welck, Curt Robert v. Welck, Tagebücher, 1. Dezember 1814, 27. April 1815, 24. März 1815, 24. Juli 1815, 15. Mai 1816, 22. Juni 1816, 30. Juni 1816, 17. August 1816 und 18. August 1816.

[14] Vgl. ebd. 15. Mai 1816, 21. August 1816, 4. Oktober 1816 und 7. Juli 1817. Ausnahmen bilden beispielsweise die Gattinnen von Leipziger Großkaufleuten, wie etwa der Familie Frege. Vgl. ebd., 4. Juni 1816 zu „Madame Frege": „Die Frege ist eine herrl. Frau die ich sehr lieb haben könnte..."

[15] Gemeint ist Karl Heinrich Ludwig Pölitz (1772–1858), der im Jahre 1803 vom Dresdner Kadettenkorps an die Universität Leipzig wechselte. Nach einem Intermezzo an der Universität Wittenberg erhielt er am 16. August 1815 das Leipziger Ordinariat für „Sächsische Geschichte und Statistik". Im Jahre 1820 avancierte Pölitz in Leipzig zum Professor für Staatswirtschaft und Politik. Freundliche Mitteilung des Leipziger Universitätsarchivs.

[16] Sächs HStA Dresden, Grundherrschaft Radibor, Familiennachlaß v. Welck, Curt Robert v. Welck, Tagebücher, 20. Mai 1816.

hieß bald: „Collegia wie gewöhnlich."[17] Mehr war zum Studium zumeist nicht zu sagen. Als einzige Bemerkung zum Vortrag des Kantianers Wilhelm Traugott Krug hielt v. Welck fest: „Krug liest nicht".[18] Der Jurastudent schrieb in sein Tagebuch kein Wort zu Vertragslehre, Herrscherverantwortung gegen die Öffentlichkeit, angeborenen Rechten, Folter, Gleichheit und Erziehbarkeit aller. Von seinem Studienalltag dokumentierte v. Welck lediglich, dass er juristisches Wissen repetierte, dass er an einem Examinatorium teilnahm, bei dem dieses Wissen der Vorlesung wieder abgefragt wurde und gelegentlich heißt es, der Repetitor sei mit v. Welck zufrieden oder unzufrieden gewesen. Eine inhaltliche Auseinandersetzung mit dem Stoff des Jurastudiums fand im Tagebuch nicht statt. Der angehende Jurist v. Welck reflektierte offenbar nicht darüber, ob ein Gesetz auch anders sein könnte oder sollte.

Im Gegensatz dazu nimmt der gesellschaftliche Verkehr das Gros des Tagebuchtextes ein. Im Folgenden will ich beschreiben, was den adeligen Studenten tagtäglich beschäftigte. Als v. Welck beispielsweise einen Besuch auf einem Rittergut in der Nähe Freibergs machte, verliebte sich der achtzehnjährige in eine der Töchter des Rittergutsbesitzers.[19] Er wechselte gelegentlich Briefe mit diesem Mädchen, dachte an sie, freute sich, sie wiederzusehen,[20] aber im Leipziger Studentenleben spielte das eigentlich keine Rolle. Robert v. Welck redete nicht einmal mit seinen Freunden über seine Verliebtheit.[21] Einen ebenfalls nur geringen Umfang nahmen die Kontakte in die Leipziger etablierte Gesellschaft ein. Gelegentlich wurde v. Welck etwa bei der sehr reichen Leipziger Kaufmannsfamilie Frege eingeladen. Dort fand er zum privaten Essen auch immer ausländische Geschäftspartner vor. Dennoch ging v. Welck nur sehr ungern zu Freges, weil es dort „ledern" war, d. h. zäh, langweilig, förmlich. Die Gesprächsatmosphäre überwand zwar den sächsischen Horizont, blieb aber steif und fremd. Das Tagebuch berichtet, das Gespräch habe sich bei Freges zumeist um Geschäfte gedreht und v. Welck habe in dieser Situation wie ein Uneingeweihter herumgestanden. „Geht es nun endl[ich] zu Tische so kommt man neben eine Dame zu sitzen die man unterhalten soll, aber in seinem Leben nicht gesehen hat! – Kurzum es ist etwas ganz entsetzliches."[22]

---

[17] Sächs HStA Dresden, Grundherrschaft Radibor, Familiennachlaß v. Welck, Curt Robert v. Welck, Tagebücher, Vgl. etwa 10. Juni 1816, 17. Juli 1816, 23. Juli 1816 oder 26. Juli 1816. Als Variante am 12. September 1816: „*Collegia comme toujours*".
[18] Ebd., 14. Juni 1816.
[19] Ebd., 4.–18. Oktober 1816.
[20] Vgl. Ebd., 15. Oktober 1816, 18. Oktober 1816, 27. Oktober 1816, 13. Dezember 1816, 5. März 1817 und 6. April 1817.
[21] Vgl. ebd., 31. Oktober 1816.
[22] Vgl. ebd., 8. September 1820.

Mit anderen Leipziger Familien war v. Welck vertrauter.[23] Aber immer bewegten sich die Treffen auf dem Niveau der Visite. D. h. hier ging es um eine förmliche Geselligkeit,[24] bei der man nicht ganz ungezwungen sein konnte. Ein adeliger Kommilitone riet v. Welck zwar, in Leipzig möglichst viele „Visiten ... zu machen, da allein der Umgang mit Damen einen jungen Mann bilden könne".[25] Dennoch, seine tagtäglichen Konversationspartner hatte v. Welck unter den Kommilitonen und zwar unter adeligen Kommilitonen. Er bewegte sich in einem locker verbundenen Kreis adeliger Studenten, die untereinander keine Visite machten, sondern „sich besuchten" wie der Tagebuchautor formuliert, oder „zu einander kamen", oder zum anderen „gingen" und dort auch uneingeladen mitaßen, schon einmal auf dem Sofa einschliefen, während der Gastgeber auf dem Klavier improvisierte oder mit anderen Karten spielte und die gelegentlich auch „über Nacht blieben".[26]

Am 26. Februar 1817 notierte v. Welck: „Die Tage vergehen jetzt sehr einförmig, früh *Collegia*, Nachtische wird gewöhnl[ich] bey Hohnthal oder Friesen Kaffeé getrunken[.] Abends aber nicht viel gemacht ohnerach[t]et es wohl sehr nöthig wäre."[27] Man ging ins Theater, in die Oper, spielte Karten, spazierte oder machten einen Ausritt. Eine Zeit lang hielt sich v. Welck gemeinsam mit einem anderen adeligen Studenten ein Pferd. Am 30. Oktober 1816 notierte er nach einem Ausritt: „Ich ließ mir den Schecken satteln u[n]d kam mit dem Gefühle zu Hause, wie mancher arme Student sich wohl dieses große Vergnügen versagen müße, u[n]d wie glücklich ich auch in dieser Hinsicht wäre mir es machen zu können!"[28] Die soziale Distanz, die Degenhard Pott, den ich anfangs zitiert habe, für die adeligen Leipziger Studenten konstatierte, war v. Welck daher durchaus bewusst. Das belegt diese Reflexion über die eigenen Lebensumstände. Das zeigt aber auch v. Welcks täglicher Umgang, der allerdings nicht im Verkehr mit den honori-

---

[23] Vgl. etwa zur Familie des Braumeisters Vollsack, bei der v. Welck mit einer Laientruppe Theater spielte ebd. 18. Januar 1817, 25. Januar 1817, 4. Februar 1817, 2. März 1817, 10. März 1817, 29. Juni 1817 und 23. August 1817.

[24] Vgl. zu diesem Begriff das Kapitel „Familie und geselligen Förmlichkeit" bei Josef MATZERATH, Adelsprobe an der Moderne. Sächsischer Adel 1763 bis 1866. Entkonkretisierung einer traditionalen Sozialformation, erscheint Stuttgart 2006.

[25] Vgl. ebd., 24. Oktober 1816.

[26] Ebd., 20. Mai 1816: „[v.] Schilling besuchte mich", 31. Mai 1816: „Schindler kam zu mir", 19. Mai 1816 „Ich ... ging zu Minkwitz", 29. Oktober 1816: „wir aßen Erdäpfel, Eyer u[n]d Rothkraut; [un]d spielten Klavier, zuletzt ich allein worüber Schönberg einschlief, ich phantasirte wohl eine Stunde lang, u[n]d ging als Schönberg wieder aufwachte", 24. Mai 1816: „[v.] Schindler aß [un]d schlief bey mir".

[27] Ebd., 26. Februar 1817.

[28] Ebd., 30. Oktober 1816.

gen Kaufmannsfamilien Leipzigs bestand, sondern sich weithin auf einen Kreis anderer adeliger Studenten beschränkte.

Auch sein Lebensziel definierte v. Welck nach einem anderen Modus, als das die Fremdwahrnehmung Potts vermuten lässt. Hier war nicht der lederne Lebensstil der Kaufmannsfamilie Frege das Vorbild. Welche Lebensumstände sich v. Welck für seine Zukunft erhoffte, vertraute er seinem Tagebuch an, als er mit drei anderen adeligen Studenten am 8./9. März 1817 übers Wochenende auf das Rittergut Lemsel in der Nähe Leipzigs fuhr. Die Studiosi v. Butberg, v. Broizem, v. Könneritz und v. Welck hatten sich am Samstagmorgen bei v. Broizem zum Repetieren zusammengesetzt. Sie machten Pause, aßen die Reste einer Gans und beschlossen, statt weiter Jura zu pauken, auf das Rittergut von v. Könneritz Vater zu fahren.[29] Karl Heinrich Ehrenreich v. Könneritz (1800–1824) besaß ein für sächsische Verhältnisse mittleres Rittergut, das auf einen Wert von 66.000 Taler veranschlagt werden kann.[30] Kurz entschlossen mieteten die adeligen Studenten Pferd und Wagen, ließen die Arbeit liegen und erreichten nach zweieinhalb Stunden das Rittergut. Dort unterhielten sie sich „mit Klavier u[n]d Whist spielen". Wir „amüsirten uns trefflich" rapportierte v. Welck im Tagebuch und fuhr fort: „Der freyen Seele thut es so wohl wenn sie sich bisweilen den Fesseln der Konvenienz die sie an Haubold[31] u[n]d die Pandecten knüpfet entschlüpfen kann. Heil uns! wir waren die Glücklichen! Im Kreise edler froher Menschen lernten wir ein Leben erst schätzen das uns durch nachschreiben und repetiren so versalzen wird!" Das Leben auf einem Rittergut war Robert v. Welcks langfristige persönliche Zukunftsvision. Er sollte sie übrigens schon sieben Jahre später verwirklichen. Im April 1824 kaufte er für 220.000 Taler und mit etwa einem Drittel Eigenkapital Riesa, das damals noch ein Rittergut mit Stadt war.

In diese Welt der vornehmen Adeligen hinein hielt Robert v. Welck seine Kontakte auch während des Studiums. Als er am 27. Februar 1817 im Tageblatt las, seine Tante, die Gräfin Seydewitz, sei in Leipzig angekommen und im *Hôtel de Saxe* abgestiegen, machte er selbstverständlich bei ihr Visite.[32] Er erschien aber auch zur Visite, wenn Bekannte aus Meißen,

---

[29] Ebd., 8./9. März 1817.
[30] Zum Preis des Rittergutes Lemsel vgl. Sächs HStA Dresden, Die Aufzeichnung sämtlicher bey der Landesregierung ingleichen bey der Stift-Meißnischen Regierung zu Lehen gehenden Rittergüter und der anderen steuerfreien Grundstücke und des neuesten Werths derselben betreffend 1812. Das Jahr 1792 gibt den letzten Preis an, der dem Lehnhof Dresden im Jahre 1812 bekannt war.
[31] Christian Gottlieb Haubold war außerordentlicher Professor für vaterländisches Recht an der Universität Leipzig.
[32] Sächs HStA Dresden, Grundherrschaft Radibor, Familiennachlaß v. Welck, Curt Robert v. Welck, Tagebücher, 27. Februar 1817.

Dresden oder von ihren Rittergütern nach Leipzig kamen.[33] Umgekehrt sprach auch die adelige Welt über v. Welcks Studium. Am 27. Februar 1817 bekam v. Welck einen Brief seiner Mutter, die in Dresden erfahren hatte, wie ihr Sohn in Leipzig studierte. Es hatte ihr jemand gesagt, er versäume „selten ein *Collegium*, doch fehle es an Privatfleiß, weil die Abende immer in Gesellschaft zugebracht würden."[34]

Ohne die Informationsfülle der Tagebücher v. Welcks über die Wege adeliger Binnenkommunikation noch weiter ausleuchten zu müssen, werden bereits grundlegende Dispositionen sichtbar. Ein adeliger Student konnte in Leipzig im Kreise anderer adeliger Kommilitonen seinen Alltag verbringen. Dieses soziale Umfeld stabilisierte in zentraler Weise seine Adeligkeit. Zudem blieb jeder der Studiosi nobiles in die Adelslandschaft hinein vernetzt und eröffnete auch seinen Kommilitonen von Stand weitere standesinterne Kommunikationsmöglichkeiten. In der Regel unterhielt ein adeliger Student auch Beziehungen zum reichen Leipziger Bürgertum. Er war dort eingeladen, tanzte auf den eleganten Bällen der Kaufmannschaft, aber die Vernetzung in die Adelsgesellschaft des ganzen Landes hinein wurde dadurch nicht nachhaltig beeinträchtigt und aus diesem sozialen Kontext des Adels wurden auch die sinnstiftenden Einstellungen zu Leben vermittelt.[35] Vor allem die adelige Binnenkommunikation erzeugte die Gruppenkohäsion. Das geschah immer dann, wenn Bekannte und Verwandte nach Leipzig kamen. Oder wenn adelige Studenten miteinander ihre freie Zeit verbrachten, wenn sie gemeinsam Ausflüge auf die Rittergüter ihrer Eltern unternahmen und die dortige Lebensweise genossen. Derartige gemeinsame Erlebnisse stärkten das Gefühl der Zusammengehörigkeit und sie konnten auch Lebenseinstellungen entstehen lassen oder bestärken, die den Einzelnen an seine gesellschaftliche Gruppe banden. Robert v. Welck formulierte die Zukunftserwartung für sein eigenes Leben nicht nach einer Vorlesung und mit Bezug auf Ideen der Aufklärung, sondern nachdem er den Alltag auf dem Rittergut Lemsel gesehen hatte. Er wollte ein Leben nach adeligem Stil führen.

---

[33] Vgl. etwa ebd., 11. Juni 1816: „Ich esse im Hotel de Bavière mit Zehm[en]s, die ich mich sehr zu sehen freute!".

[34] Ebd., 27. Februar 1817.

[35] Zur gruppenspezifischen Sinnstiftung innerhalb des Adels vgl. JOSEF MATZERATH, Adelig werden und bleiben. Bindekräfte im niederen Adel des 19. Jahrhunderts. In: Günther SCHULZ – Markus DENZEL (Hg), Adel im 19. und 20. Jahrhundert (Büdinger Forschungen zur Sozialgeschichte). St. Katarinen 2004, 289–300; Josef MATZERATH, Der durchschossene Hut des Freiherrn von Friesen. Institutionalisierungsmechanismen zur Generierung von Adeligkeit. In: Eckart Conze – Monika Wienfort, Adelsgeschichte als Gesellschaftsgeschichte. Köln – Weimar – Wien 2004, 237–246.

Dass Adelige studierten, war keine Entwicklung der Aufklärung. Weiterhin erscheint es unwahrscheinlich, dass Wissenschaft adeligem Standesdenken im Wege stand. Denn wie das schulische aktualisierte sich auch das universitäre Wissen nicht auf der Ebene, wo die Bindekräfte der Sozialformation entstanden. Hauslehrer und Kadettenanstalten, Schulen und Universitäten konnten keine Adeligkeit lehren. Sie vermittelten Fach- und Allgemeinwissen. Bürgerliche Lehrer und Professoren dienten höchstens zur negativen Bestimmung von Adeligkeit. So wie diese Menschen durfte ein Adeliger nicht werden. Wie er werden sollte, lernte er von seinesgleichen, den Eltern, Großeltern, Verwandten, Bekannten und nicht zuletzt von den Gleichaltrigen, z. B. von anderen adeligen Studenten, oder wie Robert v. Welck sagte, von „edlen frohen Menschen".

Official Policies and Parental Strategies of Educating Hungarian Noblemen in the Age of Maria Theresa

OLGA KHAVANOVA

In 1755 the prominent German economist Johann Heinrich Gottlob von Justi, invited to teach at the Theresian College in Vienna, composed a textbook on German official style and included into it a sample petition, with which graduates of this school were to supplicate for a governmental position. It contained the following lines: "Your Imperial and Royal Majesty, whose glorious reign through so many wise and benevolent decrees became the model for the future, has turned your most gracious attention to sciences and the need to make young men enough trained and skilful for the most high service".[1]

We do not know whether the graduate of the Theresian College, Baron Franz Lo Presti, who in 1763 asked for an appointment in the Hungarian Treasury Chamber, was acquainted with it, since he had left the college before the textbook was published, but the tune of his petition was very much the same. He wrote: "After Your Majesty as the most gracious sovereign let your vassals know, that you have turned a special attention to educating the youth in order to make young men capable and skilful for the most high service, to correspond to this glorious intention to their utmost, my parents made me be instructed in all sciences, exercises and necessary languages during seven years in *Collegio Theresiano*, until having graduated from *studio juridico* and passing my public examination in the presence of Your Majesty, I left the college in 1752".[2]

In the second half of the eighteenth century to mention the educational institution, where the supplicant had been educated still remained rather an exception, but to refer to both the court's concern and parents' awareness of the necessity and indispensability of education had definitely turned into recurrent *topoi* of the public discourse on education for nobles. When, in

---

[1] Cited from the second edition, see: Johann Heinrich Gottlob von JUSTI, Anweisung zu einer guten Deutschen Schreibart und allen in den Geschäfften und Rechtsachen vorfallenden schriftlichen Ausarbeitungen zu welchen Ende allenthalben wohlausgearbeitete Proben und Beyspiele beygefüget werden. Wien 1774, 164.
[2] Österreichisches Staatsarchiv, Wien, Hofkammerarchiv (hereinafter ÖStA HKA), Österreichisches Camerale (hereinafter – ÖC), Fasc. 1, Bd. 1, Subd. 1, Nr. 148 ex Decembris 1763 (not paginated).

which social context and cultural milieu, was education included into the prerequisites of preservation of the noble status?

The sociologist Karin MacHardy, basing her conclusions on recent studies of elite education in early modern Europe and her own analysis of social and cultural developments in the Habsburg Lands, suggests, that already in the late sixteenth and seventeenth centuries rulers were encouraging the formation of an educated elite "to ensure a uniform culture and standardize the means of cultural representation".[3] She further advocates, that contest over categories of noble virtue led to a "redefinition of merit that included academic qualifications orientated towards service of the ruler". From now on, "prudence had to include scholastic training and valour, complemented by knowledge in mathematics and fortification science, and skills in dancing and in games fashioned by the court".[4]

The American historian Marc Motley in his influential monograph has traced the main stops on the way of a young French aristocrat towards individual and social maturation: infancy in the household, first instruction in letters given by a home tutor, youth in a *collège*, academy or school for pages, entrance into the world through a *grand tour*, introduction at the court or participation in a battle. Since the aristocracies of Europe had many common features, we could extend the author's conclusions to the elites of the Habsburg Monarchy. Motley is very persuasive in his main thesis that aristocracy was in permanent quest for a distinct educational path, enabling it to acquire necessary knowledge and skills, which would rather deepen the social and cultural gap between nobles and the hordes of commoners with university degrees.[5] Institutional forms of aristocratic socialisation through education were soon found outside France. The German historian Norbert Conrads in his by now already classical study of *Ritterakademien* in early modern Europe has aptly presented the "genealogy" of this type of privileged schools, spreading from France to Germany, Italy and Scandinavia and bearing features of their earlier prototypes.[6]

The elites of the Habsburg Monarchy understood perfectly well, that proper education together with manners and lifestyles facilitates their per-

---

[3] Karin J. MACHARDY, War, Religion and Court Patronage in Habsburg Austria. The Social and Cultural Dimensions of Political Interactions, 1521–1622. London 2003, 165.

[4] Karin J. MACHARDY, Cultural Capital, Family Strategies and Noble Identity in Early Modern Habsburg Austria, 1579–1620. In: Past and Present 163 (1999), 66.

[5] Marc MOTLEY, Becoming a French Aristocrat. The Education of the Court Nobility 1580–1715. Princeton, NJ 1990, 7.

[6] Norbert CONRADS, Ritterakademien der frühen Neuzeit. Bildung als Standesprivileg im 16. und 17. Jahrhundert. Göttingen 1982, 16–17.

formance at the court.[7] The Hungarian Count Sándor Károlyi,[8] the architect of the Treaty of Szatmár (Satu Mare in Romania) in 1711, which not only put an end to Ferenc II Rákoczi's War of Independence (1703–1711), but also laid the foundations of the peaceful and cooperative coexistence between the Hungarian political elite and the Habsburg dynasty, was famous for his wide erudition and respect for true knowledge. His family for generations was generous sponsor of the teaching Piarist Order,[9] who opened a school in their domain.[10] As a representative of the "older" generation he himself had no good command of German that is why he wanted his children and grandchildren to speak foreign languages fluently and learn sciences appropriate for gentlemen. The Hungarian historian István Berkeszi wrote: "He wanted to see the whole of Hungarian aristocracy educated to an extent, that their intellectual horizons would assure them the same place at the court, as the Bohemians and Austrians; in this way he hoped to eliminate the dangerous influence of the foreign grandees, permanently interfering in Hungarian matters and by the same token to free Hungarian aristocrats from isolation and submission".[11]

However until the mid-1740s the Viennese court had been either reluctant, or unsuccessful in any initiative to establish proper schools for the nobilities of the Monarchy in order to provide them with the institutional framework, where social divisions between the privileged and commoners were upheld through distinct curricula and educational practices. The Aus-

---

[7] Géza PÁLFFY, Medien der Integration des ungarischen Adels in Wien im 16. und 17. Jahrhundert. In: Gábor Ujváry, Dóra Kerekes (eds.) Collegium Hungaricum – Studien. I. Budapest 2002, 61–98.

[8] On Sándor Károlyi see: Ágnes KOVÁCS, Károlyi Sándor a magyar történetírásban [Sándor Károlyi in Hungarian historiography]. In: István Rácz (ed.) Politikai gondolkodás – műveltségi áramlatok. Tanulmányok Irinyi Károly professzor születésének 60. évfordulója tiszteletére [Political thought – cultural trends. Studies dedicated to the 60th birthday of Professor Károly Irinyi]. Debrecen 1992, 59–71.

[9] On the Károlyi family see: Gábor ÉBLE, A nagykárolyi gróf Károlyi család leszármazása a leányági ivadékok feltüntetésével [The origin of the Count Károlyi of Nagykároly family including the offspring of the female brunches]. Budapest 1913.

[10] The Piarists in Hungary were supported by more than one aristocratic and noble family. Cf.: András KOLTAI, A Pálffyak és a piaristák. A bajmóci uradalom katolizációja és a privigyei piarista kollégium első évei [The Pálffys and the Piarists. The Catholisation of Bojníc domain and the first years of the Piarist College in Prievidze]. In: Anna Fundárková, Géza Pálffy (eds.) Pálfiovci v novoveku. Vzostup významého uhorského šlachického rodu [The Pálffys in modern history. The rise of the famous noble Hungarian family]. Bratislava – Budapest 2004, 74–104.

[11] István BERKESZI, A gróf Haller fiúk iskoláztatása a XVIII. század első felében [Education of the Count Haller brothers in the first half of the eighteenth century]. Budapest 1883, 12–13.

trian historian Thomas Winkelbauer in his biography of Gundaker von Liechtenstein has shown, how all prince's projects to create a noble academy in the first half of the seventeenth century were met with remarkable disinterest, and thus Vienna lost its chance to host the first noble academy in the Catholic part of the Holy Roman Empire.[12] The *Edelknabenschule* (created in 1593) or *Landesakademie* (opened a century later, in 1685)[13] were institutes of socialisation, rather than of proper and systematic education. The mixed Catholic-Protestant noble academy in the Silesian Liegnicz (Legnice in Poland), founded in 1708 – it could house only 12 pupils – was lost in less than half a century together with the province in the War of Austrian Succession.[14] In the early 1740s the Benedictine Oddo Koptik worked out a plan of a noble academy in Hungary for Austrian and Hungarian nobles, but the court was hesitant to entrust clerics with such an important political task and unequivocally opposed to the idea of letting Hungarians enjoy the privilege of hosting a noble academy.[15] Eventually in 1744 a Benedictine academy was created in Upper-Austrian Kremsmünster.[16]

Scholars know much and go on with case studies of the individual educational strategies of certain Austrian aristocratic families.[17] Much less is done so far in the case of the Hungarian nobility. We know the names of

---

[12] Thomas WINKELBAUER, Fürst und Fürstendiener. Gundaker von Liechtenstein, ein österreichischer Aristokrat des konfessionellen Zeitalters. Wien/München 1999, 207.

[13] Anton MAYER, Die ständische Akademie in Wien. In: Blätter des Vereins für Landeskunde von Niederösterreich und Wien 22 (1888), 317–352.

[14] Georg WENDT, Geschichte der Königlichen Ritter-Akademie zu Liegnitz. Teil 1. 1708–1840. Liegnitz 1893; Ernst PFUDEL, Die Geschichte der Königlichen Ritter-Akademie zu Liegnitz. Faks.-Nachdr. des Sonderheft 1908. Hofheim/Taunus 1994.

[15] Árpád KÁROLYI, Nemesi akadémia terve a múlt század első feléből [A project of the noble academy from the first half of the last century]. In: Századok 18 (1884), 1–20.

[16] Otto KAIL, Ritterakademien im Rahmen adeliger Standeserziehung. Ein Aufriß ihrer Entwicklungs- und Bildungsgeschichte unter besonderer Berücksichtigung der benediktinischen Ritterakademie im Stift Kremsmünster. Dissertation zur Erlangung des Doktorgrades an der Geisteswissenschaftlichen Fakultät der Universität Salzburg. 1990 (manuscript).

[17] Cf.: Gernot HEISS, Standeserziehung und Schulunterricht. Zur Bildung des niederösterreichischen Adeligen in der frühen Neuzeit. In: Evelin Oberhammer (ed.), "Der ganzen Welt ein Lob und Spiegel": Das Fürstenhaus Liechtenstein in der frühen Neuzeit. Wien/München 1990, 155–181; Susanne Claudine PILS, Identität und Kontinuität. Erziehung für den Hofdienst am Beispiel der Familie Harrach im 17. Jahrhundert. In: Werner Paravicini, Jörg Wettlaufer (ed.), Erziehung und Bildung bei Hofe. 7. Symposium der Residenzen-Kommission der Akademie der Wissenschaften in Göttingen. Stuttgart 2002; Heike WUNDERLICH, Studienjahre der Grafen Salm-Reifferscheidt (1780–1791). Ein Beitrag zur Adelerziehung am Ende des Ancien Régime. Heidelberg 1984.

those attending the Tyrnau (in Hungarian called Nagyszombat; Trnava in Slovakia) University in the seventeenth,[18] or the Vienna University in the eighteenth century.[19] Yet, as anywhere in Europe, nobles visiting universities did not necessarily matriculate and preferred to be educated at home by a tutor, while travelling or at the sovereign's court.[20] So far one lacks a general work analysing the intellectual horizons, cultural endeavours, and social demands of the early modern Hungarian nobility in a comparative perspective with other Habsburg lands and in the broader European context.[21]

The distinctive aristocratic ways of educating their sons became even more apparent when compared with those of lesser, especially landless nobles. Belonging in legal theories to a unified body politic (*una et eadem nobilitas*) they were obviously pursuing different goals, namely, not so much the support of their cultural uniqueness, as the preservation of social status. While the political nation (nobility) possessed the exclusive right to exercise political power through filling most of the royal and county offices (and with every generation this was requiring broader knowledge and more specialised skills), education for local elites was turning into a prerequisite of social exclusiveness. Marc Motley had to recognise, that little is known about educational endeavours and social goals related to family strategies of the early modern provincial French nobility.[22] Here we should try to answer some related questions in regard to educational strategies of the lesser nobility in eighteenth-century Hungary.

In Hungary in the first half of the century – since the language of legislation, and consequently administration, was Latin – Jesuits with their excel-

---

[18] Attila ZSOLDOS, Matricula Universitatis Tyrnaviensis, 1635–1701 (A Nagyszombati egyetem anyakönyve, 1635–1701). Budapest 1991.

[19] József Mihály KISS, Magyarországi diákok a bécsi egyetemen, 1715–1789 [Hungarian students at the Vienna University, 1715–1789]. Budapest 2000.

[20] See the series *Peregrinatio Hungarorum*, dedicated to student travels abroad of early modern Hungarian aristocrats, nobles and commoners. Cf.: Peregrinuslevelek 1711–1750: külföldön tanuló diákok levelei Teleki Sándornak [Peregrine letters 1711–1750: students' letter from abroad to Sándor Teleki]. Szeged 1980; Péter ÖTVÖS (ed.) Széchenyi Zsigmond italiai körútja, 1699–1700 [The Italian journey of Zsigmond Széchenyi, 1699–1700]. Szeged 1988; László N. SZELESTEI (ed.), Battyány Kristóf európai utazása, 1657–1658 [The European trip of Kristóf Battyány, 1657–1658]. Szeged 1988.

[21] See a study on spread of literacy in different layers of the nobility: István György TÓTH, Literacy and Written Culture in Early-Modern Central Europe. Budapest 2000. See also his article on the nobility's cultural endeavours: IDEM, Bildung und adelige Hofhaltung in Westtransdanubien im 17. und 18. Jahrhundert. In: Rudolf Kropf, Gerald Schlag (ed.), Adelige Hofhaltung im österreichisch-ungarischen Grenzraum (vom Ende des 16. bis zum Anfang des 19. Jahrhunderts). Eisenstadt 1998, 211–221.

[22] Marc MOTLEY, Aristocrat, as Footnote 5, 6.

lently elaborated curricula of teaching Latin and in Latin dominated the sphere of public education, including the one for greater nobles. They were more concentrated on religious piety, than on conveying useful knowledge of mathematics, natural sciences, modern history or geography. The best public-school education was available in the noble colleges and subsequently university of Tyrnau, where Hungarian legislation, indispensable for any legal or administrative career, was taught.[23] The faculty consisted of a few professors, the students until the 1760s had no other textbooks but the compendium of Hungarian legislation *Corpus Juris Hungarici* and the private codification of the Hungarian law, which had acquired binding force, of István Werböczy known as *Tripartitum*. Education involved a mere dictation of pre-written lectures from the professor's notebook, so that if he were taken ill, his assistant could read aloud the same standard texts. However outdated this might seem, the unreformed law faculty of the Viennese University in the early 1750s was an even more obsolete place, where no imperial law was taught.[24]

A law-faculty graduate though needed practical experience in applying his theoretical knowledge, and one could consider himself a successful candidate for a position in the royal or county administration only after several years of juridical practice (*patvaria*) in the administration or at a private lawyer, whose recommendation might later matter.[25] The minor clerk of the Hungarian Vice-Royal Council János Konde wrote in 1758: "After my legal studies and *patvaria* had come to their end, I served for six years at the District Royal Court of Justice in Pressburg (in Hungarian called Pozsony; Bratislava in Slovakia) and for more six years performed my services at the Vice-Royal Council".[26] Many nobles preferred to suspend the university education and gain necessary erudition after three-four-

---

[23] Ferenc ECKHART, A jog- és államtudományi kar története, 1667–1935 [The law faculty history, 1667–1935]. Budapest 1936. Cf.: Imre SZENTPÉTERY, A bölcsészettudományi kar története, 1635–1935 [The philosophy faculty history, 1635–1935]. Budapest 1935.
[24] On the problem of reforming the Vienna University see: Grete KLINGENSTEIN, Despotismus und Wissenschaft. Zur Kritik norddeutscher Aufklärer an der österreichischen Universität 1750–1790. In: Friedrich Engel-Janosi, Grete Klingenstein, Heinrich Lutz (eds.), Formen der europäischen Aufklärung. Untersuchungen zur Situation von Christentum, Bildung und Wissenschaft im 18. Jahrhundert. Wien 1976, 126–157.
[25] Ernő BODA, A hazai jog oktatása a patvarián [Studying the Hungarian law during patvaria]. Bp., 1939.
[26] Petition of János Konde see: Magyar Országos Levéltár, Budapest [Hungarian State Archives (hereinafter MOL)], Magyar Királyi Helytertótanács Levéltára, C 42, Acta miscellanea, Fasc. 19, Nr. 170 (not foliated).

five years in a noble college, where they had acquired a good command in Latin, while *patvaria*.

By the middle of the eighteenth century the need in privileged schools, to convey knowledge necessary for civil and military service and to socialise the offspring of the local elites in the court milieu, became so urgent that the reform of noble education started even before the War of Austrian Succession was over and formally preceded the famous reform of the Viennese University, initiated in the 1750s by Gerard van Swieten. One should not forget though, that in the middle of the eighteenth century the court's readiness and willingness to reform noble education was facing two major obstacles: firstly, the dramatic lack of finances and, secondly, the legal limitations on any interference into the sphere of education, almost entirely controlled by the Catholic church and managed by the Society of Jesus.[27] In fact, the sovereign could only distribute the so called royal scholarships at noble colleges, most of which were founded by Habsburg rulers in the age of Counterreformation. They existed in the form of annual interest from initial capital investments and were by the middle of the eighteenth century devalued.[28] That is why it seems logical, that the court considered it easier to deal with entirely new schools, rather than try to change or modify the existing complicated system.

The *Collegium Nobilium Theresianum Societatis Jesu* later known as the *Theresianum*, founded in 1746, became a proving ground for pedagogical, administrative and financial experiments as well as a model to follow for similar institutions.[29] The name of the empress wisely given to the college

---

[27] On the reform agenda of absolutist state in the sphere of public education see: James MELTON VAN HORN, Origins of Compulsory Schooling in Prussia and Austria. Cambridge 1988; Karl-Ernst JEISMANN, Friedrich der Große und das Bildungswesen im Staat des aufgeklärten Absolutismus. In: ZHF 4 (1987), 91–113.

[28] For the first half of the eighteenth century see: Aladár MOLNÁR, A közoktatás története Magyarországon a 18. században [History of public education in eighteenth-century Hungary]. Budapest 1881; for the Theresian age see: Ernő FINÁCZY, A magyarországi közoktatás története Mária Terézia korában [History of public education in Hungary in the age of Maria Theresa], I-II. Budapest 1899; the century as a whole is considered in: Domokos KOSÁRY, Művelődés a XVIII. századi Magyarországon. Budapest 1980.

[29] On the history of the Vienna Theresianum see: Theodor CICALEK, Beiträge zur Geschichte des Theresianums. Wien 1872; Johann SCHWARZ, Geschichte der k. k. Theresianischen Akademie von ihrer Gründung bis zum Curatorium Sr Excellenz Anton Ritter von Schmerling, 1746–1865. Wien 1890; IDEM, Die niederen und höheren Studien an der k. k. Theresianischen Akademie in Wien. In: Jahresbericht über das Gymnasium an der k. k. Theresianischen Akademie. Wien 1903–1904; Eugen GUGLIA, Das Theresianum in Wien. Wien 1912. On the importance of the Theresianum for the Hungarian nobility see: Éva H. BALÁZS, Hungary and the Habsburgs, 1765–1800: An Experiment in Enlightened Absolutism. Budapest 1997, 45.

was at the same time the sign of its exclusiveness and the ruler's self-proclaimed right to intervene in the otherwise closed and independent Jesuit school. Its success could be explained by the fruitful cooperation of the best teachers of the Society of Jesus and lay professors from the Vienna University on the one hand, and by a very persuasive form of propagating the remarkable junction of pre-eminence by birth with superiority through erudition on the other. Aristocrats and lesser nobles alike were eager to place their offspring at the college due to its proximity to the court, and their sons, having their public examinations on imperial law, history or military engineering in the presence of the empress or crown-prince Joseph were themselves the best propagators of the indispensability of learning.[30]

The foundation of new-type noble schools in Hungary and gradual reform of the Tyrnau University occurred only in the 1760s. Until then, as the first step towards the reorganisation of elite public education, the Viennese court had welcomed Hungarian nobles' access to the newly-created schools in the imperial capital: the Theresianum, the Savoyard Academy,[31] the Count Löwenburg College (*Löwenburgisches Konvikt*),[32] the Baron Chaos Foundation (*Chaosische Stiftung*).[33] Parents, if they were prosperous, could cover education of their children from their own incomes, but could also supplicate for a royal scholarship. One could consider the turn of the 1740s – 1750s a watershed in official educational policies, because for the first time in history of the Habsburg Monarchy the court through central governmental bodies began not only to distribute royal scholarships, but also deliberately to care about the growth of their number and their turning into a publicly recognised form of reward for certain categories within the nobility.

The formal criteria for admission to both centuries-old, and new schools were a peculiar mixture of – on the one hand – earlier practices going back

---

[30] See the biographic studies on the prominent Hungarian aristocrats – the Vienna Theresianum graduates: Vilmos FRAKNÓI, Gróf Széchényi Ferenc, 1754–1820 [Count Ferenc Széchényi, 1754–1820]. Budapest 1902, Győző MORVAY, Galánthai gróf Fekete János, 1741–1803 [Count János Fekete of Galántha, 1741–1803]. Budapest 1903.

[31] Johann SCHWARZ, Geschichte der Savoy'schen Ritter-Akademie in Wien vom Jahre 1746 bis 1778. Wien 1897.

[32] Anton BRENDLER, Das Wirken P.P. Piaristen seit Ansiedelung in Wien im Collegium in der Josefstadt, zu St. Thekla auf der Wienden und im Löwenburgischen Convicte. Wien, 1896; Olga KHAVANOVA, Longing for Modern Education or Desire of Social Prestige? Hungarian Nobles in Vienna, 1750s - 1780s. In: József Jankovics, Judit Nyerges (eds.), Hatalom és kultúra. Az V. Nemzetközi Hungarológiai Kongresszus előadásai [Power and Culture. Proceedings of the Fifth International Congress of Hungarian Studies]. II. Budapest 2004, 918–925.

[33] Benedikt POTEN, Geschichte des Militär-Erziehungs- und Bildungswesens in den Landen deutscher Zunge. 3. Österreich. Berlin 1893, 15–17.

to the age of Counterreformation and a requirement to render support to converts to Catholicism, orphans, and the offspring of impoverished but deserving families, and – on the other – more recent stress on the individual merits of the father remunerated in the form of a scholarship for his son.[34] This spectrum of reasons always left enough space to reward with a royal scholarship a needy orphan, or a converted orphan, a son of an aristocrat coping with family debts or a son of a converted noble on the service of Her Majesty and so forth. And still one could notice an implicit regularity: while admission to the old, church-controlled noble colleges was rather a "consolation" for those in need (the usual word in petitions and royal orders was "*consolatio*" in Latin or "*Trost*" in German), educating a child at a newly created school, especially those ones close to the court, was looking more and more like encouragement for loyalty and zeal and often coincided with other forms of remuneration. For instance, in January 1776 the highly favoured (by Maria Theresa) glorious Hungarian general Count András Hadik was appointed high-sheriff (*főispán*) of Békés County, and in December of the same year a recently vacated scholarship at the Theresianum was assigned to his son János, who had been studying in this academy at the expense of the empress.[35]

Maria Theresa, whose almost unlimited generosity is documented in the register-books of her cash-office, might see little difference between scholarships, pensions or stipends, and all these payments were signs of her utmost grace.[36] Since "poverty" was understood not in an absolute, but in a relative sense, in a tight correlation with the requirements of social status, both lesser nobles, and aristocrats alike might cope with financial difficulties and turn to the empress with humble requests to render support in providing their children with "congruous education" ("*congrua educatio*"). Philanthropic and political reasons here were closely interwoven. Rewards for leading officials and military commanders for loyalty and zeal went hand in hand with consideration of their financial standing or commiseration for orphaned sons of her courtiers and statesmen. From the 1760s on there was a special note in these register-books, as to whether the father of a scholarship-receiver was alive or dead.[37]

---

[34] MOL, A 39, 5549/1774.
[35] MOL, A 39, 342, 6118/1776.
[36] Hans WAGNER, Royal Graces and Legal Claims: The Pension Payments of Maria Theresa and Their Withdrawal by Joseph II. In: Stanley B. Winters, Joseph Held (eds.), Intellectual and Social Developments in the Habsburg Empire from Maria Theresa to World War I. London/New York 1975, 5–29.
[37] ÖStA, Haus-, Hof- und Staatsarchiv (hereinafter HHStA), Oberstkämmereramt, Geheimes Kammerzahlamt, Bd. 3. Hauptbuch 1763–1765, Fol. 288–291; Bd. 4. Hauptbuch 1766–1769, Fol. 472–482.

Consequently, prestige of education as such was doubling both in the eyes of those who received a royal scholarship, and those, who desired to receive. Parents were aware of how to make use of the empress' munificence. Let us take the example of the glorious general and hero of the succession wars of the House of Habsburg, fought in the first half of the eighteenth century, Baron Gábor Antal Splényi. He educated four of his sons in the Vienna Theresian College at the expense of the empress and the scholarship-funds assigned to the college. His son Gábor soon after graduation wrote to Count Antal Károlyi (Sándor Károlyi's grandson) asking to assist him to be enrolled in Count Pálffy's Regiment: "My poor father is provided with so many children, that he simply does not know, where to ask for help". And further: "The most high graces and enormous credit Your Excellence enjoy at the court persuade me that you might obtain it easier, than my father, who time and again has had to ask for something".[38] By the way, Splényi's other son József spent eleven years in the Vienna Theresianum (1753–1764), and after graduation was admitted to the staff of the Hungarian Treasury Chamber. Since at that moment there were no waged positions, the empress ordered the payment of a special pension to him until a salary became free.[39]

The basic difference in educational strategies and quality of education between aristocrats and lesser nobles could be seen in the extent to which curricula and daily routine were individualised, adjusted to the character of the pupil and social function for which he was prepared. Aristocratic parents, especially those seriously concerned with the quality and content of their offspring's schooling, tended to complement standard sets of courses with individually shaped training. In the late 1770s Count Antal Károlyi sent his son József to one of the best Piarist schools in Hungary, the Vác Theresian College. There the boy was under the permanent solicitous supervision of the experienced Piarist Vince Henyei, recommended to the parents by the Provincial of the order. Archbishop Christoph Migazzi, the curator of the college, considered the boy his very special pupil, and the little József tenderly called him "my vice-daddy". Still, when Antal Károlyi asked, where and how his son should study law, the rector of Vác Theresianum discouraged him from sending József to any of the privileged public schools, but rather advised to employ a private teacher, "a serious man, sedulously watching over the boy's morals and studies".[40]

---

[38] MOL, P 398, Nr. 66610.
[39] ÖStA HKA, Ungarisches Camerale (hereinafter – UC), Fasc. 1, Bd. 1/1, Konv. 2, 208; ÖStA HHStA, Geheimes Kammerzahlamt, Bd. 3, 255–256; Bd. 4, 355.
[40] MOL, P 398, 26960.

Knowledge of Hungarian law was indispensable for future public career of a Hungarian aristocrat and nobleman alike. The referent of the Court War Council Josef Gold, an ethnic German and Hungarian nobleman, trying to arrange a position for his son Leopold in the Hungarian Treasury Chamber, referred to his studies in the Vienna Theresian Academy (the college gained the status of academy in 1773), where he had been extensively trained in Hungarian legislation.[41] Even if young men were thinking about military service, in their green age they were to acquire basic knowledge of the Hungarian judicial system. Young grandees needed this however as future statesmen, not as doctors of law. In 1773 the Croat Bán (Viceroy) Count Ferenc Nádasdy entrusted his Viennese agent Antal Pruszkay with the task of collecting information about the Professor of Hungarian law who was teaching his stepson Count József Draskovics – a pupil at the Vienna Theresian Academy at that time. The agent responded, that the professor (his name is not mentioned) was reported to be skilful in the discipline, but since right after his graduation from the Tyrnau University he began teaching without gaining any practical skill in administration or court of justice, as "*homo pure theoreticus*" he lacked much needed (in the eyes of the agent) experience.[42]

Lesser nobles, especially minor clerks both in the central and local, both royal and county administrations, also needed to educate their children, and access to education meant for them both consolation for their needy status, and encouragement for their long service. Coming from ancient, but impoverished, or recently ennobled families earning daily bread due to their competence and skills, they understood, that schooling in Vienna might open for their sons new horizons. Most likely they had no clear vision of their future, but hoped that broader knowledge, polished manners and useful friendships acquired in the imperial capital would be a good start for any career. Their sons after graduation were keen to join the army in time of war in an often vain hope of quicker promotion, or ran an administrative career under the supervision of their fathers' benefactors. Such a scholarship was not necessarily an instrument perpetuating upward mobility, but it gave an individual a chance to master his own life.

At the dawn of the new scholarship policy the Viennese court had a seemingly clear vision, of what these scholarships in the imperial capital, first of all in the Vienna Theresianum, should serve for. The court explicitly anticipated making royal scholarships an efficient instrument of social poli-

---

[41] The letter dated July 9, 1782 see: MOL, E 584, Fekete család levéltára, 16. cs., Gold Josef.
[42] The letter of Antal Pruszkay dated December 17, 1773 see: MOL, Nádasdy család, P 507, 39. cs., Nr. 604.

cies. In one of the empress' resolutions dating back as early as 1751, on the margins of the Hungarian Chancellery's proposals Maria Theresa wrote: "My intention is to gather here [in Vienna] subjects coming from Upper Hungary to imbue the youth born there with healthier principles and morals".[43] The mentioning of Upper Hungary (*Oberungarn, Hungaria Superior*) in this context is ominous, since in the recent past the anti-Habsburg sentiments in this rebellious region had been especially strong. In practice however admission to prestigious schools was an often coincidental result of the court's desire to reward one or another noble not necessarily stemming from Upper Hungary, and/or patronage of the highest Hungarian dignitaries advancing their clients.

At first sight, the policy of the Viennese court towards the Hungarian nobility did not differ much from the generally proclaimed principles of imbuing the noble youth of the lands and provinces of the Monarchy with functional knowledge to make them useful subjects of the House of Habsburg. Still, access of Hungarians to the noble schools of Vienna was an issue, on which in practice the court could not pursue the above-mentioned stand easily. On the one hand, this was the country pacified less than a half-a-century ago after a series of large-scale anti-Habsburg wars. Some nobles in their petitions supplicating for royal graces did not hesitate to mention that during recent "unrest" they remained loyal to the dynasty.[44] On the other hand, a still not overcome dislike towards Hungarians at court and among the close advisors of the empress,[45] as well as inevitable rivalry for limited resources of access to elitist schools were the reasons, why the very Hungarians whose morals, in accordance with the most high will were to be improved, were more than once excluded from the distribution of the royal graces. They were factually underrepresented among those, whose education was covered by Maria Theresa herself from the special annually approved sum, reserved for stipends, pensions and scholarships. Moreover, the above mentioned Hungarian scholarship-quotas were regularly misused in favour of the luckier Austrian, Bohemian, Moravian, and Italian nobles.[46]

---

[43] MOL, A 1, 123/1751.

[44] See, for example the petition of Klára Dedinszky from Pressburg County, where she refers to the political loyalty of her family as the reason to award her son, an orphan, with a royal scholarship to a noble school. Štátny oblastný archív v Bratislave [State District Archives in Bratislava], Župa Bratislavská, Kongregačné písomnosti, 1767, Fasc. 11, Fol. 15.

[45] Cf.: Franz A. J. SZABO, Kaunitz and Enlightened Absolutism, 1753–1780. Cambridge 1994, 330.

[46] Olga KHAVANOVA, Elite Education and Politics: Hungarian Nobles at the Viennese Theresianum in the Eighteenth Century. In: Sic itur ad astra. 4. Budapest 2000, 77–90.

Tiny quotas in Viennese schools and sponsorship from the court that was less generous than that for other nations could not improve the educational level of the vast majority of the Hungarian nobility. In the 1760s new efforts aimed at reformation of the system of noble education were made in order to adjust experience gained in Vienna to the specific conditions of the Hungarian kingdom. With every year formal requirements to supplicants competing for offices in the royal administration became more and more rigorous.[47] To carry out a whole set of economic, political and social reforms in Hungary the court needed dozens of trained royal and county servants, competent in economic, financial and administrative matters, and to educate them, the authorities were creating new educational programmes and opening new institutions.

From the mid-1760s on Joseph von Sonnenfels, the author of a concise and comprehensive textbook on political, commercial and financial sciences,[48] was teaching students from all parts of the Monarchy in the Viennese University, including scholarship-receivers from Hungary, Transylvania and Croatia-Slavonia. Later his pupils were sent to educate similar groups in Tyrnau, Grosswardein (in Hungarian called Nagyvárad; Oradea Mare in Romania) or Varaždin (in Hungarian called Varasd). Pupils of the Viennese schools, including cadets of the Chaos Foundation[49] and guardsmen of the Hungarian Noble Guard, were encouraged to attend this course. Many young men subscribed for the course at their own expense. The Hungarian nobleman Lajos Fejes claimed a position at the Hungarian Treasury Chamber, because he had spent all his savings while living in Vienna and attending the course of *Kameralwissenschaften*. He presumed that it was the right time for the authorities to reimburse his financial losses.[50] More than one retired guardsman considered his acquaintance with the Sonnenfelsian course a definite asset while asking for one or another position.[51] The authorities in their turn viewed the certificate of attendance of this course as a certain sign of professional aptness.

---

[47] On the bureaucracy of the Theresian age and their professionalisation see: Zoltán FALLENBÜCHL, Ungarische Staatswissenschaft und Beamtenausbildung im 18. Jahrhundert. In: Wissenschaft und Recht der Verwaltung seit dem ancien Régime. Ius Commune. Sonderheft 21. Frankfurt/M. 1984, 213–232; IDEM, Mária Terézia magyar hivatalnokai [Maria Theresa's Hungarian bureaucrats]. Budapest 1989.
[48] Joseph von SONNENFELS, Grundsätze der Policey, Handlung und Finanzwissenschaft. Wien 1765.
[49] ÖStA HKA, ÖC, Fasc. 24, Bd. 1628, Subd. 2, Nr. 224 ex Aug. 1763, Fol. 48–60.
[50] MOL, E 47, Cancellariae et registraturae negotia 17, cs. Nr. 204, ex Jan. 1775.
[51] For instance the petition of the guardsman Michael Csergheő see: ÖStA HKA, UC, Fasc.1, Bd. 3, Konv. 2, Nr. 63 ex Aug. 1771, Fol. 61.

Following the general line of making the masses of Hungarian nobility, especially those, who were to serve in the governmental bodies, better trained in essential economic, financial and political sciences, the court sanctioned the foundation of two noble colleges. In 1763 the first *Collegium Politico-Oeconomicum* was founded as a semi-private initiative of the Hungarian Chancellor Count Ferenc Esterházy in the little town of Szenc (in German called Warberg; Senec in Slovakia), where impoverished nobles and non-noble sons of the Treasury Chamber's deserving officials were taught not only *Kameralwissenschaften*, but also geometry, geodesy, and engineering.[52] A similar college was created in 1769 in Varaždin, in Croatia.[53] Two years earlier, in 1767, Cardinal Archbishop Christof Migazzi, the curator of the Vienna Theresianum at that time, created the above mentioned Theresian College in Vác.[54] These schools – due to direct interference of the court through the respective Hungarian authorities in charge – became the proving-ground for bringing up lesser nobles in accordance with the needs of the state.

The college in Szenc was initially orientated towards poorer strata of the nobility. It was badly financed and hardly made ends meet. Pupils were advised to put on their worn-out clothes while making geodetic measurements in the fields, woods and marshlands. Maria Theresa planned to ascribe a permanent source of income (annual interest from a capital investment or landed property), but the Hungarian Diet of 1763–1764, much preoccupied with the issue of noble liberties, left the college without finance other than sums already provided by Count Esterházy and the empress. In the first years it was called a "noble college", but after 1765, when it was allowed to admit non-nobles whose fathers had been serving for at least twenty years, the adjective "noble" was omitted. The destiny of the first political-economic college in Hungary was rather a misfortune. In 1776 its main building was enormously damaged by fire to such an extent it made no sense to invest in its renovation. The school was transferred to another town in Esterházy's domain, Tata, but a fatal coincidence of bad financing and the low academic profile of applicants (often unable to acquire highly

---

[52] Ferenc HEGYI, A szenci piarista közgazdasági főiskola (1763–1776) [The Szenc Piarist Economic Highschool (1763–1776)]. In: A Magyar Kegyestanítórend Debreceni Calasanci Szent József Intézete Kereskedelmi Középiskolájának Évikönyve [Yearbook of the Trade Highschool at the Debrecen Saint Joseph Calasanz Piarist Institute] 1941, 3–9; IDEM, A Szenci Collegium Oeconomicum, 1763–1776–1780 [The Szenc Collegium Oeconomicum, 1763–1776–1780]. In: Irodalmi Szemle. Pozsony 1983, 26.
[53] Vladimir BAYER, Političko-kameralni studij u Hrvatskoj u XVIII stoljeć (1769–1776) [The Study of Political Sciences and Kameralism in 18th-century Kroatia] In: Zbornik pravnog fakulteta. XVII. Br. 2. Zagreb 1967, 208–234.
[54] János KISPARTI, A Váci Theresianum története. Vác 1914.

specialised disciplines in German) caused the dissolution of the Tata College in 1780.[55]

Repercussions of this attempt to make the nobility interested in natural sciences can be found in a rhetoric exercise, written in 1802 by a pupil of the Pest Gymnasium, Michael Werner. Training himself in Latin grammar and style, he composed a letter in the name of a father persuading his son to study geometry. "Look at the geometer of our N. County, – said the imaginary father, – who is so much liked for his good temper and respected for his knowledge of this science and skilfulness in it, that he is permanently invited to different parts of the county, where one needs precise measurements to be done for different purposes. One could hardly deny, that he had not only glorified his name, but also increased his wealth to an extent, that he had everything one might dream about".[56]

The college in Vác imitated many practices of its Viennese prototype. An opponent of the Society of Jesus and a big friend of the Piarists, Migazzi understood that the Viennese Theresianum accumulated the best teaching forces of the Society and lay professors, who by the end of the 1760s had worked out a balanced academic plan and useful didactic experience. He entrusted the Piarists in Vác with the task of teaching in accordance with the Viennese curricula, although his desire to complement the structure of a standard noble college with a class of jurisprudence was not fulfilled due to the lack of trained personnel. At the same time he applied another successful invention of the Vienna Theresianum, namely fixed quotas for political nations of the kingdom. There were six scholarships for young nobles from Transylvania and four from Croatia-Slavonia in the Vác Theresian College. Consequently this school was turning into a "melting pot" of local elites.[57] The Vác Theresian College did not succeed in turning into the best privileged educational institution in Hungary, nevertheless

---

[55] Ferenc HEGYI, Új adatok a Tatai Piarista Kollégium XVIII. századi történetéhez [New data to history of the Piarists College in Tata in the eighteenth century]. In: Béla Holl (ed.), Piaristák Magyarországon 1642–1992. Rendtörténeti tanulmányok [Piarists in Hungary, 1642–1992. Studies from history of the order]. Budapest 1992, 89–164.

[56] Országos Széchényi Könyvtár Kézirattára, Budapest [Manuscript Collection of the National Széchényi Library, Budapest], Quart. Lat. 2964, Exertitia correcta per diversos conscripta, Fol. 112.

[57] Olga KHAVANOVA, K znaniiam i natsional'nomu edinstvu poverkh politicheskikh granits: transil'vanskie dvoriane v uchebnykh zavedeniiakh monarkhii Gabsburgov v XVIII veke [Towards knowledge and national unity beyond political borders: Transylvanian nobles in schools of the Habsburg Monarchy in the eighteenth century]. In: Aleksandr Stykalin (ed.) Vengry i ikh sosedi po Tsentral'noi Evrope v srednie veka i Novoe vremia [Hungarians and their neighbours in Central Europe in the Middle Ages and modern history]. Moscow 2004, 162–181.

more than one aristocratic father who failed to place his offspring in Vienna preferred to send his children to Vác. Similar to Szenc, there was a special quota (four pupils) for sons of the Treasury Chamber merited officials.

The lower layers of the nobility jumped at any chance to get away from uncertainty and lack of social prestige. Access to noble colleges was provided for them through patronage and corporate networks. Influential aristocrats, many of whom were hereditary high-sheriffs in Hungarian counties and owned cavalry or infantry regiments, were interested in qualified personnel and sponsored the education of their minor noble clients. The strategies of these aristocratic patrons, deliberately investing money into better, specialised education of their clients, need more detailed research.[58]

The above mentioned Count Ferenc Nádasdy as the Croat Vice-Roy and owner of a cavalry regiment was one of the major brokers between Croatia and the Viennese court. He financed education, signed letters of recommendation, and assisted in gaining scholarships. He was not indifferent to pleas of his officers' humble widows, asking for help in educating their orphans.[59] In 1774 Nádasdy sent the ex-Jesuit Jacab Sussics to the Vienna Engineering Academy, and after graduation the young man was enrolled in the Nádasdy Regiment.[60] The Director of the Military Academy in Wiener-Neustadt Count Anton Colloredo took into consideration Nádasdy's proposals and advice on admission.[61]

Count Antal Károlyi – the high-sheriff of Szatmár County and owner of a cavalry regiment – also helped more than one of his clients and clients of his fellow-aristocrats to get educated, to join the army or Hungarian Noble Guard. József Zanathy was a county tax-collector, and Károlyi covered his nephew József's education in Vác and then (most likely) assisted his son Antal to win a scholarship to Szenc. The latter seemed to have a good inclination for mathematics. At least, his father was writing to Károlyi: "My son from Szenc has returned for the holidays and is now at home, I do not understand much, what he is learning there, but Father Rector László praises his work. Inasmuch as the boy confessed, that next year in Szenc there would be only geometry and no trigonometry, which he is eager to learn, I ask Your Excellency to be so merciful and attain some foundation in Vienna, where perhaps these sciences are taught, because he is so enthu-

---

[58] Cf.: Heiko DROSTE, Patronage in der Frühen Neuzeit – Institution und Kulturform. In: ZHF 30 (2003), 555–590.
[59] The petitions of Catharina Hammerin see: MOL, Nádasdy család, P 507, 33. cs., Nr. 341.
[60] MOL, P 507, 41. cs., Nr. 693.
[61] MOL, P 507, 28. cs., Nr. 211.

siastic about studying trigonometry and architecture, and as far as I could judge, his mind and heart are well presupposed to these sciences".[62] We have no data, whether Antal Zanathy studied in Vienna, but after graduating from Szenc he definitely served as the county cartographer.[63]

The family of Klobusiczky had been serving the house of Károlyi through many generations. In the middle of the eighteenth century László Klobusiczky was holding the office of district administrator (*szolgabíró*) in Szatmár County. Based on the analysis of the Count Antal Károlyi correspondence we can conclude, that at least three of László Klobusiczky's five sons – Antal, József and László – were in one or another way obliged for their successful careers to their patron. Antal Klobusiczky studied in Tyrnau, and served as a secretary to two general judges (*országbíró*), Counts József Illésházy and Miklós Pálffy. In 1770 he got an appointment to the Hungarian Chancellery and was soon transferred to the Vice-Royal Council. In both cases he thanked Károlyi (although clients might thank their patrons for deeds which they had nothing to do with). Antal always addressed Count Károlyi as his second father, shared with him his intimate thoughts and hopes, and asked the patron to be the godfather of his first-born son baptised Károly (which might be a reminiscence of the family name Károlyi). In 1777 Antal filled the important function of the administrator of the 16 Zipser (in Hungarian called Sepes; Spiš in Slovakia) towns equal to that of high-sheriff.

József Klobusiczky's education in the Vác Theresian College was covered by Károlyi. Moreover, he covered some extras, like clothes or books. The grateful pupil sent seasonal and birthday greetings and dedicated verses to his generous patron.[64] After graduation József was appointed to the administration of the governor of Fiume (Rieka in Croatia). In 1770–1775 the brothers Antal and József were working together in the Committee on Education at the Hungarian Vice-Royal Council, among other things taking part in decision-making on petitions of impoverished and needy nobles. A talented administrator, József in 1801 returned to Fiume, this time as her governor. From 1810 and until his death in 1826 József Klobusiczky was filling the office of Borsod County high-sheriff.

---

[62] MOL, P 398, Nr. 82031.

[63] I would like to thank Judit Pál for drawing my attention to this family. The letters of Antal Zanathy to Count Antal Károlyi see: MOL, P 398, Nr. 81938–81941. A map of Szatmár County see: András VÁRI, Uralom az uradalomban: a nagybirtokos, a gazdatisztek és a parasztok közötti hatalmi viszonyok egy per tükrében az 1810-es években [Power and domain: relations between big landowners, administrators and peasants as reflected in a law suit of 1810]. In: Századok 138 (2004), 600.

[64] MOL, P 398, Nr. 40418.

The third brother, László, in his green age joined the Society of Jesus (two more Klobusiczky brothers were also priests), but in 1773 when the Society was dissolved, the ambitious youngster supplicated for his recruitment to the Károlyi Regiment. His quick promotion – in a year he was already a major – was the result of the owner's generous patronage.[65]

When Antal Károlyi died in 1791 the funeral sermon was given by one more Klobusiczky brother, Péter, the archbishop of Kalocsa. In the conclusion, perhaps thinking back about his own family, he asserted: "I see you, ancient nobles and noble folks; merciless time had doomed you on poverty and neediness. If you were here, one would not need other more reliable and more impressive proofs to testify, what a generous and devoted to his patriotic duty heart Count Károlyi had. You would have told about his numerous and various deeds, which he committed without vain pride, saving you from poverty and neediness and having only one goal in mind – to serve the Homeland".[66]

In certain cases to educate a child in a noble college at the expense of the state was not only a recognition of the father's merits gained during his long, zealous and useful royal service, but also a manifestation of corporate solidarity, which was especially apparent in the case of the Treasury Chamber officials, whose sons, as it was mentioned above, enjoyed special quotas in Szenc, Vác, and (after 1777) the newly created Theresian Academy in Buda. Supplicating parents – mostly badly paid minor clerks and their poor widows – saw little difference between a modest addition to their salaries (or a widow's pension) and the admission of a child to any college on a royal scholarship. Contemporaries considered such and similar practices, which modern sociologists call corporate nepotism,[67] right and fair. The President of the Hungarian Treasury Chamber Count József Erdődy presumed: "There is nothing more just, than when our needy councillors, who had been serving long, praiseworthily and disinterestedly, receive some help in arranging their sons' future, so that they themselves are remunerated for their merits and their difference from those, whose parents have little merits or no merits at all, and still their children enjoy certain privileges when employed or waged, is highlighted".[68]

While admission to the Sonnenfelsian courses on *Kameralwissenschaften* was made dependent on necessary skills and a degree of academic

---

[65] MOL, P 398, Nr. 40080, 40081.
[66] Péter KLOBUSICZKY, Halottas beszéd ... [Funeral sermon...]. Pest/Pozsony 1792, 19–20.
[67] Cf.: Gernot STIMMER, Eliten in Österreich 1848–1970. Wien/Köln/Graz 1997, 73–74.
[68] ÖStA HKA, UC, Fasc. 1, Bd. 5/1, Subd. 2, Nr. 32 ex Dec. 1776, Fol. 207.

progress, other noble schools continued to render social support to the above mentioned categories of parents. Meanwhile the authorities were increasingly concerned with the academic progress of pupils admitted because their parents were converts, or had collected merits in the royal service. Attempts to make the distribution of the royal scholarships more dependent on the child's ability and aspiration to get educated can be observed in the case of the most ambitious (although short-lived) project of the 1770s – the foundation of the Theresian Academy in Buda.[69]

The foundation of the Buda Theresianum coincided with the introduction of the new school system *"Ratio educationis"*,[70] which, on the one hand, complemented standard curricula with disciplines, which had been earlier taught only in noble colleges, on the other, however, made noble pupils subjects to the same requirements, as those of common origin. The Theresianum in Buda was created at the same time as an autonomous privileged institution and as an integral part of the university, which in 1777 was transferred from Tyrnau to the former capital of Hungary. The authorities took care about the elitist environment: pupils were to live separately in the Buda royal castle, attend lectures at the university in the company of prefects and wear a uniform, proved by the empress herself. At the same time the Commission on Education, although for financial reasons, being unable to pay professors twice, once lecturing to commoners at the university and once for nobles in the academy, rejected the idea, that the noble youth should be entirely separated from the university students in order to protect their good morals. The Commission also stressed: "One should not award with scholarships incapable children, since in the future they are to turn into useful members of society, that is why the Commission insists on the following requirement: parents who supplicate for their children's admission to the foundation which holds the name of the empress, should supplement their petitions with the certificate of capacities and academic progress signed by their professors".[71]

Education of the noble estate could no longer remain just a peculiar mixture of consolation and remuneration. The Hungarian authorities had to work out a set of principles, how to preserve royal scholarships as an instrument of social policies and at the same time not to render them to

---

[69] While history of the schools founded by the Jesuits or Piarists had been written by the members of the respective monastic orders, the Theresian Academy in Buda as a royal institution has not found its historiographer yet.

[70] István MÉSZÁROS (ed.) Ratio educationis. Az 1777-i és az 1806-i kiadás magyar nyelvű fordítása [Ratio educationis. The Hungarian translations of the 1777 and 1806 editions]. Budapest 1981.

[71] The detailed project of the Buda Theresian Academy with the minutes of debates on related matters see: MOL, A 39, 2895/1777.

worthless sons of deserving fathers. As a result the chancellery declared that financial difficulties as such no longer could be a sufficient ground for admission, and demanded to grant scholarships to *talented and gifted* sons of *merited* fathers coping with *financial difficulties*.[72] Two years later noble parents were officially obliged to submit a certificate proving the academic progress of the child,[73] and thus distribution of scholarships formally seized to be a mere charity. The time span to refine the new scheme was too short though. In the late 1783 Joseph II abolished the whole system of privileged schools in the monarchy, making the noble estate (though with some reservations) to compete for scholarships with not less talented commoners.[74]

Thus, the Theresian school system for the elites of the Monarchy, which appeared first as an instrument of encouraging needy nobles and rewarding deserving subjects by means of providing their sons with free-of-charge education in the best colleges and academies, over the decades acquired both the features of a social-support programme for the impoverished, and proved to be an experiment of meritocratic promotion of the gifted youngsters at least within the privileged estates. The authorities more or less effectively tried to support both talent deprived of finances and family merits worthy of remuneration. By the end of Maria Theresa's reign, on the one hand, there had been created a hierarchy of privileged schools addressing different layers of the noble estate. Their graduates were being admitted to the central governmental bodies, holding positions in the county administration, or joining the army.

On the other hand however, the old practices were so deeply rooted in the consciousness of both supplicants and those who were making decisions on their petitions, that despite repeated official demands to make admission to offices dependent on formal training proved with official certificates, recognition of the importance of learning often remained on the pages of the parents' petitions. Nobles, who for decades if not for centuries were used to justify their rights by the ancestors' virtues, even providing necessary certificates, found it difficult to refer to their own schooling as a sufficient ground for employment, moreover "merits" – the keyword of these petitions – could be "collected" only during public service, which most graduates obviously lacked. That is why by the time young men were applying for an office, many of them still preferred to describe their families' merits, rather than their own skills.

---

[72] MOL, A 39, 5396/1777.
[73] MOL, A 39, 1503/1780.
[74] [Martin Georg KOVACHICH (ed.)], Merkur von Ungarn, oder Litterarzeitung für das Königreich Ungarn und dessen Kronländer. Herausgegeben von einer Gesellschaft patriotischer Liebhaber der Litteratur auf das Jahr 1786. Viertes Heft. Pest 1786.

Only the poor and most ambitious, who owed everything they possessed to their intellect, might ambitiously state, as the young nobleman József Babothy from Neutrau (in Hungarian called Nyitra; Nitra in Slovakia) County, did, when asking for employment at the Hungarian Treasury Chamber: "Inasmuch as from my green age I was instructed in the demanded sciences and trained in seven languages including German, French and Italian, which I had perfected in the Hungarian Noble Guard, not to mention my diligence in learning economy, I have consequently become prepared to fill the desired position".[75]

---

[75] MOL, E 47, Nr. 430 ex Nov. 1773.

Die blauen Damen
Konvikt für adelige Mädchen beim Orden Notre Dame in Bratislava und Porträts dessen Absolventinnen aus der zweiten Hälfte des 18. Jahrhunderts

INGRID ŠTIBRANÁ

Der Orden Notre Dame war im 17. und 18. Jahrhundert dank seines den Mädchen gewährten hohen Bildungsniveaus sehr anerkannt.[1] Außer vierjährigen externen Schulen für bürgerliche Mädchen öffneten die Ordensschwestern von Notre Dame in mehreren europäischen Städten auch spezielle Klausurschulen (Pensionate, Konvikte) für adelige Mädchen, die hier nach mehreren Studienjahren eine erstklassige Bildung und Erziehung im französischen Geiste erringen konnten.[2]

Auch von den Ordensschwestern – Lehrerinnen, die im Dezember 1747 auf Einladung von Gräfin O'Neill aus dem ähnlich orientierten Kloster Notre Dame in Stadt-am-Hof bei Regensburg nach Bratislava kamen, wurde in erster Reihe die Betreuung des weiblichen Nachwuchses der Eliteschicht der ungarischen Gesellschaft erwartet.[3] Die persönliche Schirm-

---

[1] Vgl. Paula SAGOT, Die Entstehung des Ordens. Die Pädagogik des Ordensgründers. Pierre Fourier und Alix Le Clerc. Paris 1991; Max HEIMBUCHER, Die Orden und Congrégationen der Katholischen Kirche. München/Paderborn/Wien 1987, Bd. I, 461–463.
[2] Konventen Notre Dame für adelige Damen wurden auch in anderen Städten gegründet, z. B. in Nymphenburg, Stadt-am-Hof, Paderborn, Strassburg, Essen und später auch in Versailles. Siehe die Landeskarte in CARTE HISTORIQUE DE LA CONGREGATION NOTRE – DAME, 1992; Brunn APPEL, Zur Geschichte des Klosters der Congrégation de Notre Dame in Eichstätt 1711–1809. In: Dokumentation zur Erneuerung und Errichtung des Informationszentrums Naturpark Altmühltal. Sammelblatt Historischer Verein Eichstätt, 81/82 (1988/89), Eichstätt 1989. Karl RIED, Das Notre-Dame-Kloster in Eichstätt. In: Historische Blätter für Stadt und Landkreis Eichstätt, Beilage zum „Eichstätter Kurier", X (1961), 2; 400 JAHRE AUGUSTINER CHORFRAUEN DER CONGREGATIO B. M. V. Ausstellungskatalog. Essen 1997.
[3] Ingrid ŠTIBRANÁ, Život šľachtických chovaniek v bratislavskom konvikte Notre Dame v druhej polovici 18. storočia [Das Leben der adeligen Damen im Pressburger Konvikt der Notre Dame in der zweiten Hälfte des 18. Jh.]. In: Bratislava, Zborník Mestského múzea, 2002, 35–52; AUGUSTINER – CANONISSEN – CONGRÉGATION DE NOTRE DAME. Ihr Entstehen und ihr Wirken in Pressburg. Pressburg 1888; Milan KAMENICKÝ, Reholľa Notre Dame v Bratislave. In: Trnavská univerzita 1635–1777. Trnava 1996, 321–332; Darina MÚDRA, Hudobná kultúra rehoľí na Slovensku – v prameňoch 18. a 19. storočia [Musikkultur der Kongregationen in der Slowakei – in den Quellen des 18. und 19. Jh.]. In: Zborník Trnavskej univerzity. Trnava 1994, 103–104; Štefánia POLÁKOVÁ,

herrschaft von Kaiserin Maria Theresia, die bis zu ihrem Tode ihre schützende Hand über den Ordensschwestern von Notre Dame hielt, sicherte allerdings ihrer internen Schule im Rahmen der gesamten Habsburger Monarchie ein derart hohes Prestige zu, dass bereits in Kürze unter den Schülerinnen („Kostfräulein", „Zöglingen") auch Komtessen aus Wien und ganz Österreich, aus Böhmen und Mähren, Polen, Schlesien, Siebenbürgen sowie Kroatien auftauchten. Da dieses Konvikt in der damaligen Zeit das einzige seiner Art in der ganzen Monarchie war, interessierte sich Maria Theresia tatsächlich intensiv für seinen Betrieb. Bei ihren Besuchen in Bratislava lehnte sie die Einladung der Ordensschwestern zu französischen Theatervorstellungen in der Darbietung der adeligen Schülerinnen nie ab und sie trug auch finanziell bei. An die Oberin und die Präfektin richtete sie informelle Briefe mit offenbarem Interesse für die Pfleglinge, wobei sie dadurch mehr als einmal selbst in die Sphäre der speziellen Orientierung der Bildung einiger konkreter Zöglinge eingriff.[4] Die in das Pensionat auf besondere Empfehlung der Kaiserin aufgenommenen adeligen Mädchen hatten diese Ehre im Buch der Angenommenen („Eintritt") eingetragen.[5] In dieses französisch geschriebene Buch verzeichnete die Präfektin (die Schuldirektorin) die grundlegenden Angaben über den Zögling: Empfangsdatum, Alter, Namen und Ämter der Eltern wie auch deren Wohnort. Gleichzeitig wurde in das sog. Prokuratorenbuch in Deutsch kurz nur der Name des Zöglings, das Datum seines Antritts sowie die Höhe der Eintrittgebühr für den Aufenthalt eingetragen.[6] Außer diesen beiden Hauptbüchern führten die Ordensschwestern auch eine gründliche Erfassung der Einnahmen und Ausgaben. Die hauptsächliche Einnahmequelle waren die regelmäßigen Halbjahres- oder Jahreszahlungen der Eltern für ihre Töchter (etwa 155 Gulden jährlich pro Mädchen) und die Ausgaben wurden laut der Bestimmung für den Einkauf von Lebensmitteln, Material für Handarbeiten im „Œuvre" und ähnliches aufgeschlüsselt.[7] Die meisten erhaltengebliebenen Archivquellen aus dem Kloster sind allerdings nicht nur vom kulturhistorischen, sondern auch vom künstlerisch-historischen Standpunkt her sehr nützlich, weil sie es ermöglicht haben, eine Porträtgruppe sehr spezi-

---

Z divadelnej histórie kláštora Notre Dame v Bratislave [Aus der Theatergeschichte des Klosters der Notre Dame in Pressburg]. In: Katolícke noviny, 1997, 1–2, 36.
[4] Briefe der Marie Theresia befinden sich im Archív mesta Bratislava (AMB) [Archiv der Stadt Bratislava], Inventár kláštora Notre Dame, K. 26, Korrespondenz-Briefe 1758–1781. Die Briefe sind undatiert und unfoliiert.
[5] Ebd., IV.B.4.b, 1/2: Eintritt im Jr. 1748–1903.
[6] Ebd., IV.B.4.b, 2/1: Namensverzeichnis der angemeldeten Ordensschwestern. In der Tat geht es um ein Verzeichnis der aufgenommenen Zöglinge.
[7] Ebd., IV.B.4.b, 1/4 and 1/6: Manual der Einnahmen 1747–1770 und Manual der Einnahmen 1771–1802.

fisch gekleideter adeliger Mädchen (die früher der Farbe ihrer blauen repräsentativen Uniformen halber „blaue Damen" genannt wurden) als Porträts von Schülerinnen dieser internen Anstalt aus den Zeiten ihrer ruhmreichsten Ära zu identifizieren.

Das den Standard überragende Niveau konnten sich die Bratislavaer Schulen Notre Dame – und das betrifft vor allem das interne Konvikt für Adelige – allerdings nur ein Vierteljahrhundert lang erhalten (etwa 1750–1775). Der Schwerpunkt des Interesses verschob sich nach und nach aus dem Bereich der Erziehung adeliger Töchter zur Bildung bürgerlicher Mädchen. Der erste Grund dafür war der Fertigbau eines neuen großen Gebäudes der externen Schule im Jahre 1770, wodurch die Ordensschwestern von Notre Dame ihre Position der hervorragendsten und größten öffentlichen Mädchenschule in der Stadt noch festigen konnten.[8] Dieses Gebäude dient den Ordensschwestern noch bis heute für den Unterricht. Der Fall der beiden Schulen wurde paradoxerweise jedoch von der Einführung der Theresianischen Schulreform in Ungarn Mitte der siebziger Jahre verursacht.[9] Diese allgemeinbildende Aktion, die ansonsten gut gemeint war, nötigte durch die Vereinheitlichung der Lehrpläne beide angeführten Schulen der Ordensschwestern von Notre Dame, aus ihren Lehrplänen eben das auszulassen, weswegen sie bis dahin so gefragt waren. Außer der Reform verewigte sich unter dem Verfall auch Kaiser Josef II. selbst, als er nach dem Tode seiner Mutter die weitere Stützung der internen Schule für Adelige wesentlich einschränkte. Der letzte Schlag wurde dem Konvikt vom kaiserlichen Erlass versetzt, mit welchem das Statut der Hauptstadt Ungarns von Bratislava nach Buda (früher Ofen) übertragen wurde. Das Kloster geriet in finanzielle Schwierigkeiten. Die großangelegte Kirche ist unvollendet geblieben und wird heute praktisch nur vom Tempel des ehemaligen architektonischen Projektes gebildet. Von den finanziellen Problemen und dem Verlust der prestigevollen Stellung konnte sich das Adelskonvikt Notre Dame nie mehr ganz erholen, trotzdem es sich durch die Annahme interner Schülerinnen aus reichen Bürgerfamilien bestärkte und sich noch zu Zeiten

---

[8] KAMENICKÝ, Rehoľa, wie Anm. 3, 324.
[9] Eva KOWALSKÁ, Bratislavské ľudové školstvo na konci 18. storočia. Rozhľady [Das Volksschulwesen in Bratislava am Ausgang des 18. Jh. Ausblicke]. In: Historický časopis (1983), 5, 776 und DIES., Štátne ľudové školstvo na Slovensku na prelome 18. a 19. storočia. Historické štúdie [Das staatliche Volksschulwesen in der Slowakei an der Wende vom 18. zum 19. Jh.]. Bratislava 1987; DIES., Horizonten der Mädchen Ausbildung in 18. Jahrhundert. In: Städtisches Alltagsleben in Mitteleuropa von Mittelalter bis zum Ende der 19. Jahrhundert. Bratislava 1998, 195–204.

der ersten Tschechoslowakischen Republik des Rufes einer erstklassigen Internatsanstalt für Mädchen erfreute.[10]

1. Das Leben der adeligen Zöglinge im Konvikt Notre Dame im 18. Jahrhundert

Die Archivmaterialien aus dem Bratislavaer Kloster Notre Dame an sich sind für die Darstellung des Lebens in dieser Klausurschule nicht ausreichend. Ein integrierteres Bild kann allerdings mit Hilfe von Materialien aus ähnlich orientierten Adelskonvikten des Ordens in Westeuropa geschaffen werden, und so haben uns zum Vergleich oder zur Ergänzung von Informationen veröffentlichte Studien über die Konvikte in Eichstätt, Essen, Paderborn und Strassburg gedient, in denen sich die Ordensschwestern von Notre Dame ähnlich der Erziehung der weiblichen Elitejugend widmeten. Einheitliche Regeln, die für alle Konvikte des Ordens galten, sind im Rahmen der Regeln der Kanonissen von Notre Dame festgelegt.[11]

Der **Eintritt in das Pensionat** war, was die Altergrenze angeht, individuell. Die Mädchen kamen meistens im Alter von fünf bis vierzehn Jahren hierher, trotzdem sich hier auch dreijährige Kinder anfanden.[12] Einige verblieben in der Anstalt nur wenige Monate, die meisten allerdings auch mehrere Jahre. Ein längeres Studium dauerte, sofern uns bekannt, etwa sieben bis neun Jahre, es sind aber vereinzelt auch elfjährige Aufenthalte belegt.[13] Zum Vergleich: in Eichstätt werden als oberste Grenze der Aufenthaltslänge zehn Jahre angeführt.[14] Die Mädchen wurden auf Grund des Antrags der Eltern angenommen.

Die **Regeln des Lebens im Pensionat** waren maßlos streng,[15] besonders wenn wir erwägen, dass die Zöglinge noch Kinder waren. Die Mädchen lebten während der ganzen Aufenthaltszeit in der Anstalt in Klausur. Die Präfektin war verpflichtet, den Zöglingen jegliche Zeit außer dem hl. Offizium zu widmen. Die Verordnung über die Klausur der Pensionatszöglinge

---

[10] Vgl. Leporelloalbum „Ústav Notre Dame v Bratislave" [Institut der Notre Dame in Bratislava], ein undatiertes Prospekt, wahrscheinlich aus der Zeit der ersten Tschechoslowaksichen Republik. Für den Verleih bedanke ich mich bei dem Kloster des Ordens in Bratislava.
[11] DIE KONSTITUTIONEN DER REGULIERTEN CHORFRAUEN DES HL. AUGUSTINUS DER CONGREGATIO B. M. V. Essen (Ruhr), 1933.
[12] Nach den Aufzeichnungen in Eintritt, wie Anm. 5.
[13] Die Länge des Aufenthalts von manchen Zöglingen ist nach den Aufzeichnungen aus den Quellen in AMB (wie Anm. 5 und 7) gerechnet. Diese Methode haben wir auch bei den undatierten Porträts angewandt.
[14] APPEL, Zur Geschichte, wie Anm. 2, 34.
[15] DIE KONSTITUTIONEN, wie Anm. 11, 71–72 und 174–177.

betraf das Internat, das von mehreren großen Sälen gebildet wurde: von einem gemeinsamen Schlafzimmer, Esszimmer und Studierzimmer, in einer vorbehaltenen Zeit konnten sich die Mädchen allerdings auch im Garten und in der Kirche aufhalten. Bestandteil der Internatsräumlichkeiten war auch ein Krankenzimmer. Der Kontakt mit der Außenwelt, also auch mit den Eltern, spielte sich im Gesprächsraum der Anstalt ab, selbstverständlich nur mit Genehmigung der Präfektin. Außer der Klausur wurde das Leben der Zöglinge auch von weiteren strengen Regeln gelenkt: Silentium, ein ausführlich aufgeschlüsselter Tagesplan, das Verbot von besonderen Freundschaften, heimlichen Gesprächen, oder im Gegenteil von Äußerungen der Gehässigkeit unter den Zöglingen. Besuche mussten sich zunächst bei der Präfektin melden, und nur mit ihrer Zustimmung konnte der Zögling herbeigerufen werden. Ähnlich galt die Briefzensur. Die internen Schülerinnen hatten keinerlei Ferien, zur Familie durften sie nur in dringenden Fällen oder bei schwerer oder lang andauernder Krankheit.

Die konkrete, im Bratislavaer Konvikt gültige Tagesordnung im 18. Jahrhundert ist nicht bekannt, sie wird sich aber wohl nicht besonders von anderen damaligen Ordensklöstern unterschieden haben. In unserer Arbeit gehen wir von den Tagesplänen aus, die im 18. Jahrhundert in zwei bedeutenden Klöstern dieses Ordens geläufig waren. Der ältere davon galt im Verlauf des gesamten 18. Jahrhunderts im Eichstätter Konvikt Notre Dame[16] und der jüngere (aus dem Jahre 1794) betrifft das Essener Konvikt.[17] Den Hauptinhalt des Tages bildeten Gebet und Studium, nur kurze Zeit war für Erholung und Spiel vorbehalten. Die internen Schülerinnen standen normalerweise um fünf Uhr früh auf, nur die jüngeren Zöglinge wurden erst um sechs geweckt. Zu dieser Zeit begann für die älteren Schülerinnen bereits ein etwa einstündiger Unterricht, nach dem das Frühstück und die heilige Messe erfolgten. Nach dem Eichstätter (dem älteren) Plan widmeten sie sich dann bis zum Mittagessen, das um 10.15 Uhr serviert wurde, der Bildung. Nach dem Essener Regime erfolgte ein dreistündiger Unterricht und das Mittagessen wurde pünktlich um Mittag nach dem Gebet der Engel des Herrn serviert. Das Mittagessen bestand zu diesen Zeiten aus mehreren Gängen, daher dauerte es etwa eine Stunde lang. Es folgte eine halbe Stunde Erholung und das Nachmittagsstudium, das bereits mehr oder weniger individuell war und auch das Ausarbeiten von Hausarbeiten und wahrscheinlich auch Handarbeiten in sich einbezog. Den Eichstätter Regeln zufolge waren dies alles „stille Tätigkeiten", es galt also ein strenges Silentium. In beiden Fällen endete der Nachmittagsunterricht um

---

[16] APPEL, Zur Geschichte, wie Anm. 2, 36.
[17] Pensionatregeln. Tagesplan (aus den Regeln für die Internatschülerinnen), 1794. In: 400 JAHRE, wie Anm. 2, Appendix.

17.00 Uhr. Um 17.15 Uhr begannen die Rosenkranz- und das Litaneigebete. Es folgte die Abendmalzeit und die Abendandacht in der Kirche. Um 19.30 Uhr oder um 20.00 Uhr mussten die Zöglinge im Bett sein. Ein solches Regime galt an allen Wochen- und Samstagen. An Sonn- und Feiertagen richtete man sich nach einem freieren Zeitplan: Aufstehen um 7.15 Uhr, vormittags nahm man nur an der heiligen Messe teil (um 8.30 Uhr) und es wurde das Marienoffizium gebetet. Nach dem Mittagessen, das um 10.15 Uhr serviert wurde, hatten die Zöglinge bis um 12.00 Uhr frei, als der zweistündige Unterricht begann. Es folgte eine Stunde, die mit Spaziergängen und Spielen im Garten verbracht wurde. Um 15.15 Uhr begann die Vesper, danach eine Stunde Etikette und eine Vorlesung aus der biblischen Geschichte.

Unterrichtsfächer und Handarbeiten: Der erhaltengebliebene Prospekt ‚Verzeichnis' aus dem 18. Jahrhundert aus dem Bratislavaer Konvikt Notre Dame berichtet von den Fächern, die dort unterrichtet worden sind, und von verschiedenen fakultativen Kursen.[18] Obligatorische Fächer, wie Religion, Französisch und Deutsch (Lesen, Rechtschreibung, Konversation und Briefschreiben), Erdkunde, Geschichte, Rechnen und Handarbeiten, wurden von den Ordensschwestern unentgeltlich gelehrt. Dagegen spezielle Sprach- und Kunstkurse (Musik, Zeichnen und Malerei, Tanz und Ähnliches) vergüteten die Zöglinge selbstständig außer den übrigen Gebühren, weil sie von Fachleuten unterrichtet wurden – von hervorragenden städtischen Künstlern, die nicht selten gleichzeitig Professoren fachlicher Kunstfächer an der Bratislavaer Normalschule für Jungen waren.[19] Es ist nicht ausgeschlossen, dass die adeligen Schülerinnen auch von Daniel Schmiddeli unterrichtet worden sind, der als Autor einer größeren Porträtzahl der „blauen Damen" aus den fünfziger Jahren signiert ist, der unter anderem in einem Bratislavaer Kloster für Taubstumme Zeichnen unterrichtet hat.[20] Im Fall, das der Zögling zeichnen oder ein Musikinstrument spielen lernen wollte, bezahlte er dem Lehrer monatlich einen Floren. Für den Unterricht von Ungarisch, das erst ab den neunziger Jahren des 18. Jahrhunderts obligatorisch war, für eine andere Weltsprache und auch für die Tanzstunden bezahlte der Zögling monatlich drei Gulden. Der Entschluss, sich einer bestimmten Kunst oder einer Sprache zu widmen, war allerdings nicht immer nur vom Wunsch des konkreten Zöglings oder dessen Eltern abhängig,

---

[18] Verzeichnis. Druck 1795–1901. AMB, Inventar, wie Anm. 4, K. 42.
[19] MÚDRA, wie Anm. 3, 103 f.; ebenso KOWALSKÁ, Bratislavské ľudové školstvo, wie Anm. 9, 82 und DIES., Štátne ľudové školstvo, wie Anm. 9, 87 f.
[20] Endre CSATKAI, Poszonyi képzőművészek és iparművészek 1750 és 1850 között. [Die Künstler und Handwerkkünstler in Pressburg von 1750 bis 1850] Művészettörténeti Értesítö, 1963, 18.

sondern auch von der Kaiserin, die an die Erziehung einiger Mädchen besondere Anforderungen stellte. In ihren an die Bratislavaer Ordensschwestern von Notre Dame adressierten Briefe drückte sich Maria Theresia beispielsweise so aus: „Ich schicke ihnen ihre und auch meine Schülerinnen für eine gewisse Zeit ... Sie werden sich darum kümmern, dass sie die Zeit nützlich verbringen. La Normand wird sich dem Italienischen widmen, dass sie genau und schnell liest, und dass sie genau und schnell in deutsch, französisch und italienisch liest ... La David, sofern sie die Musik nicht erlernen will, habe ich nichts dagegen, denn sie soll weder dienen noch arbeiten."[21]

Handarbeiten bildeten einen wesentlichen Bestandteil des Unterrichtes. Aus den Eichstätter Quellen kennen wir die traditionellen Handarbeiten, die sog. schönen Arbeiten, denen sich die Zöglinge im 18. Jahrhundert widmeten.[22] In der vorbehaltenen Zeit lernten sie nähen, auf einer Trommel stricken, Spitzen klöppeln, Handschuhe, Säckchen, Häubchen und Strümpfe stricken, mit Kreuzstich, Vollstich und dem sog. Musselinstich sticken, sie lernten verschiedene Strickmuster und die Filettechnik, verschiedene Bekleidungsteile anfertigen und auch Wäsche und Kleidung flicken. Maria Theresia äußerte in den Briefen auch das Interesse für die Werke der geschickten Hände der Zöglinge, wenn sie schrieb: „Sie werden dafür sorgen ... dass sie für mich Häubchen fertigt, sie wird sie mir jeden Monat schicken – ein weißes und ein schwarzes für mich."[23]

Hierarchie in der Leitung des Konvikts. Das komplette Namensverzeichnis der Schwestern des Klosters Notre Dame in Bratislava aus dem Jahre 1784 führt gleichzeitig auch die Ämter der einzelnen Ordensschwestern an.[24] An der Spitze des Klosters stand die Oberin. Über den Zöglingen wachte stets eine ausreichende Anzahl von Erzieherinnen, und zwar auch beim Essen und in der Nacht. Die internen Schülerinnen hatten andere Lehrerinnen als die Schülerinnen von außen, was auch im Fall identischer Fächer galt. Aus dem erwähnten Verzeichnis können Details über das Leben im Pensionat ermittelt werden. Die Hauptlehrerinnen der Zöglinge waren die Präfektin der internen Schule, die alle die Zöglinge anbelangenden Entscheidungen treffen durfte und nur einmal wöchentlich die Oberin über die Situation unterrichtete, weiter die Assistentin der Oberin und die Prokuratorin. Außer ihnen wurden die Zöglinge von weiteren zehn Lehrerinnen unterrichtet, von denen wir wissen, dass zwei davon Handarbeiten, zwei Schönschrift und eine Nähen lehrte. Um kranke Zöglinge kümmerten sich

---

[21] Wie Anm. 4.
[22] APPEL, Zur Geschichte, wie Anm. 2, 36.
[23] Wie Anm. 4.
[24] KAMENICKÝ, Reholʼa, wie Anm. 3, 327–329.

zwei Krankenschwestern, die extra dafür bestimmt waren. Den Adelstöchtern standen auch vier Dienstmädchen zu Verfügung.

Theatervorstellungen. Der Orden Notre Dame hatte im 18. Jahrhundert einen großen Anteil an der Entwicklung der schulischen Theaterkunst. In seinen internen Schulen wurde dem Unterricht der französischen Sprache große Aufmerksamkeit gewidmet, mit der sich der Adel in ganz Europa verständigte. Als ausgezeichnete pädagogische Methode machte sich das Einstudieren von Theaterstücken in Französisch bewährt. In Bratislava hatten die schulischen Theatervorstellungen bereits vor der Ankunft der Ordensschwestern von Notre Dame ihre Tradition. Die Studenten des Jesuitenkollegiums traten öffentlich auf und trugen vor allem in Latein vor. Die von den Ordensschwestern von Notre Dame erzogenen Adelstöchter spielten allerdings ausschließlich für „erlesene" Gesellschaften anlässlich großer gesellschaftlicher Ereignisse – bei Besuchen bedeutender politischer sowie kirchlicher Persönlichkeiten in Bratislava. Der erste aufgezeichnete Auftritt der Zöglinge fand im Jahre 1751 statt, sie präsentierten sich mit einer nicht näher erwähnten Komödie. Auch die Vorstellung bei der feierlichen Übergabe des neuen Klostergebäudes im Juli 1754, der das kaiserliche Paar beiwohnte,[25] wurde dokumentiert. Im Juli 1756 wurde das Lustspiel „Philantropus oder der Freund aller Menschen" sowie die Komödie „Sich selbst der Henker" gespielt, beide auf Französisch. In den sechziger Jahren beinhaltete das Repertoire der Zöglinge auch zwei historische Spiele, die vom kaiserlichen Hofdichter Pietro Metastasio verfasst worden waren. Von beiden Spielen blieben die originalen Theaterprogramme aus dem Jahre 1764 erhalten, eines davon sogar mit den Namen der Mitwirkenden.[26] Ähnlich veranstalteten die Zöglinge auch Konzerte.

Ausstattung. Einzigartige Zeugen der Kultur des alltäglichen Lebens in den Internaten Notre Dame sind interessante zeitgenössische Drucksachen, gewisse Reklameprospekte sozusagen für Interessenten für den Pensionatsaufenthalt. Die Dokumente „Verzeichnis" und „Kost-Zettel" enthalten eine Liste von Gegenständen, welche die Zöglinge von zu Hause aus mitzubringen hatten.[27] Außer einem eigenen Bett und einem Ablageschränkchen wurden auch ein eigenes Besteck, Taschentücher, ein oder zwei Tischdecken usw. erfordert. In Bratislava war „eine himmelblaue Kleidung aus Gros de Tours" eine spezielle Anforderung.

Was die Verpflegung der Adelszöglinge, die Anzahl der Gänge beim Mittagessen oder die Zusammensetzung der Speisekarte betrifft, bieten nicht nur die Archivmaterialien aus unserem Konvikt, sondern auch aus

---

[25] CONGRÉGATION, wie Anm. 3, 9.
[26] POLÁKOVÁ, Z divadelnej histórie, wie Anm. 3, 36.
[27] Verzeichnis, wie Anm. 19 und Kost-Zettel. Vgl. APPEL, wie Anm. 2, 37.

dem Eichstätter Konvikt eine Fülle interessanter Informationen. Das Handbuch der Ausgaben aus der Bratislavaer internen Schule belegt, dass es auf dem Tisch der Bratislavaer Zöglinge unter anderem nicht an eingeführten Apfelsinen und Zitronen, französischen Käsesorten und Wein mangelte.[28] Im Eichstätter Internat bestand sogar die Möglichkeit, zwischen zwei unterschiedlich reichen Tafeln je nach den finanziellen Möglichkeiten der Eltern zu wählen.

Den Arzt bezahlten die Mädchen extra. In den Briefen von Maria Theresia ist die Sorgsamkeit für die Gesundheit der Zöglinge deutlich zu erkennen. Die Kaiserin zögerte nicht einmal, sofern es erforderlich war, die Oberin des Klosters zu rügen, und in besonderen Fällen gewährte sie einem kranken Adelszögling sogar den Arzt ihrer Tochter Marie Christine, der Gemahlin des ungarischen Statthalters Albert von Sachsen-Teschen.[29]

2. Porträts der adeligen Zöglinge in den einheitlichen blauen Kleidern

Noch vor dem Zweiten Weltkrieg gab es in den Räumlichkeiten der internen Schule Notre Dame in Bratislava eine Fülle verschiedener Kunstwerke: Malereien mit religiöser Thematik, Landschaftsmalereien aus dem 18. und 19. Jahrhundert, Porträts von Mitgliedern des Kaiserhauses, von Priestern und Wohltätern des Klosters, aber vor allem Porträts der einstigen adeligen Zöglinge der Schule.[30] Der Prospekt, ein Leporello über die Internatsanstalt Notre Dame in Bratislava aus der Zeit der ersten Tschechoslowakischen Republik,[31] enthält unter anderem auch den Einblick in das Esszimmer und in das Studierzimmer der internen Schule, an deren Wänden Porträts von adeligen Zöglingen aus dem 18. Jahrhundert zu sehen sind, die in sehr ähnliche prunkvolle blaue Gewänder gekleidet sind. Die Kunsthistorikerin Gi-

---

[28] AMB, Inventar, wie Anm. 4, IV.B.4.b, 1/3: Manual der Ausgaben 1747–1765. Nach den Rechnungen von Jänner bis Dezember 1756.

[29] Einer von den Briefen von Maria Theresia, wie Anm. 4, erwähnt auch den Namen des Arztes ihrer Tochter, des Marek Müller.

[30] Archív Múzea Červený Kameň (AMČK) [Archiv des Museums Rotenstein], Sammeltätigkeit, Inventar der Sammlungen aus Notre Dame in Bratislava, K.7: Aufzeichnungen vom 5. XII. 1957 + Verzeichnis der am 5. 12. 1957 aus dem Konvent Notre Dame eingebrachten Gegenstände. Die Porträts der weiblichen Zöglinge sind veröffentlicht in: Ingrid VÁVROVÁ-ŠTIBRANÁ, Podobizne absolventiek šľachtického vzdelávacieho inštitútu Notre Dame v Bratislave (Katalóg doposiaľ známych portrétov „uniformovaných i neuniformovaných" chovaniek z druhej polovice 18. storočia) [Porträts der Absolventinnen der adeligen Lehranstalt bei Notre Dame in Pressburg (Katalog der bisher bekannten Porträts der ‚uniformierten' und ‚nicht uniformierten' weiblichen Zöglinge aus der zweiten Hälfte des 18. Jh.]. In: ARS (2003) 2, 122–144.

[31] Wie Anm. 10.

zela Weyde, die das Kloster im Jahre 1924 besucht hat, erwähnt in ihrer Schrift zwölf Porträts gleich gekleideter Schülerinnen und weist namentlich auf zwei von ihnen hin: die Porträts von Amelia Baroness von Karg und von Johanna Nepomuk Gräfin von Walderode.[32] Die Porträtgruppe dieser einheitlich gekleideten Mädchen ist ein außerordentliches Denkmal der „goldenen Ära" des Bratislavaer Konvikts, denn den Archivquellen zufolge waren diese Mädchen unter den adeligen Schülerinnen eben im Intervall des dritten Viertels des 18. Jahrhunderts verzeichnet. Sofern uns bekannt, sind ähnliche Abbildungen adeliger Schülerinnen in repräsentativen Uniformen aus dem 18. Jahrhundert in keinem westeuropäischen Kloster Notre Dame (Eichstätt, Essen, Paderborn, Strassburg) erhalten geblieben, daher überragt die Serie der Bratislavaer Zöglingsporträts mit ihrer Bedeutung nicht nur die Slowakei, sondern die ganze mitteleuropäische Region.[33]

Im Rahmen der allgemeinen Konfiskationen im November 1957 gelangte der größte Teil der Bildwerke mit profaner Thematik aus dem Bratislavaer Kloster in das Museum in Bibersburg (früher auch Rotenstein – die damalige staatliche Burg Červený Kameň). Das Verzeichnis der Bilder, das zur Eintragung von dieser Aktion vorliegt,[34] führt unter anderen zehn Porträts an, die ihren kurzen Beschreibungen zufolge sicherlich unsere Zöglinge in den blauen Uniformen darstellten, wobei erst aus diesem neuzeitigen Archivdokument entnommen werden konnte, dass sich darunter zwei (sekundär verbundene) Doppelporträts befanden. Eines davon wurde im Museum Bibersburg restauratorisch in zwei selbstständige Porträts geteilt,[35] das andere Doppelporträt wurde jedoch nie in das Museum gebracht! Die Eintragung besagt zwar, dass mehrere Porträts später hergebracht werden, da sich nicht ins Auto gepasst haben sollen, die Eingangsbücher des Museums haben allerdings das zweite Doppelporträt der Serie sowie zwei andere Porträts aus dem Kloster nie erfasst; diese sind also offensichtlich nie hier angekommen.

Aus den das Bratislavaer Konvikt betreffenden schriftlichen und bildlichen Quellen stehen uns also die Informationen von zwölf Porträts zur Verfügung (wenn wir die beiden Doppelporträts als vier Porträts rechnen). Außer jenen zehn Porträts, die in das Museum in Bibersburg überführt werden

---

[32] AMB, Nachlass von Gizela Weyde, Handschriften der Facharbeiten, K.9, Kloster und Kirche der Kongregation de Notre-Dame. MS, 17f.
[33] Nach den Angaben der Archivare aus diesen Klöstern Notre Dame sind keine ähnlichen Serien der Porträts aus diesen Konvikten bekannt.
[34] Wie Anm. 30.
[35] Ivan HAVASI/Michal SLÚKA, Protokolárny záznam o reštaurovaní dvojportrétu „Terézia Festetics so spoločníčkou" z 18. storočia [Protokoll über die Restauration des Doppelporträts „Theresia Festetics mit einer Freundin" aus dem 18. Jahrhundert]. Bratislava 1994/95.

sollten, sind die fehlenden beiden Porträts an den Wänden im Esszimmer der Zöglinge zu sehen[36]: das Porträt von Walderode, die einen Spinnrock in der Hand halten soll, befand sich im Esszimmer an der hinteren Seite rechts. Das zweite bildete einen unbekannten Zögling ab und befand sich gleichfalls im Esszimmer als erstes von links. Heute wissen wir allerdings von bis zu fünfzehn solcher Porträts, von denen es bisher real elf gibt. Außer dem Museum Bibersburg befindet sich je ein Exemplar auch im Besitz des Stadtmuseums in Bratislava (Slowakei) sowie der Ungarischen Nationalgalerie in Budapest (Ungarn). Hinsichtlich dessen, dass die Bilder in diesen beiden Fällen durch den Kauf von privaten Sammlern in die öffentlichen Institutionen gelangt sind, kann auch die Existenz weiterer, der Öffentlichkeit unbekannter Exemplare nicht ausgeschlossen werden. Es bleibt die Frage, woher sie die Sammler erworben haben, ob überhaupt aus dem Kloster, denn diese beiden Porträts sind nicht auf den Photographien des Interieurs des Konvikts zu sehen. Die Tatsache, dass die Porträtzahl immer noch nicht endgültig ist und dass die Porträts mit großer Wahrscheinlichkeit nicht nur als Geschenk an das Kloster, sondern offenbar auch als Erinnerung für die Schülerinnen selbst entstanden sind, wird am besten vom letzten ähnlichen Porträt der Komtesse Berchtold belegt, das sich in der Zeit der Überführung der Porträts aus dem Bratislavaer Kloster Notre Dame nach Bibersburg nachweislich schon mehrere Jahre lang in den Sammlungen des Herrengeschlechtes von Berchtold auf Schloss Buchlowitz (Tschechien) befand.

Alle zwölf erhaltengebliebenen Porträts der „blauen Damen" tragen Identifikationsaufschriften mit den Namen der Porträtierten, die Bilder sind allerdings nicht immer auch mit einer Autorensignatur oder dem Druckjahr versehen. Bei der Bildung der chronologischen Reihe der Entstehung der Porträts sind die Angaben über die Bezahlungen für den Aufenthalt behilflich gewesen, die aus den Einnahmebüchern ermittelt worden sind. Dies ermöglichte, die Länge des Aufenthaltes der einzelnen Zöglinge im Konvikt sogar mit einer Genauigkeit von ± einem Monat auszurechnen. Die Feststellung, dass im Fall von autorenmäßig datierten Porträts das Abschlussjahr des Aufenthaltes der Adeligen bei den Ordensschwestern von Notre Dame mit dem Druckjahr ihres Porträts übereinstimmte, wurde zur Methode, wie die Entstehungsjahre auch bei undatierten Porträts zu ermitteln sind.[37] Aus den Ausrechnungen ging hervor, dass die Porträts der Zöglinge in „Uniformen" stets in den abschließenden Monaten ihres Aufenthaltes im Pensionat entstanden sind. Die einzige bestätigte Ausnahme ist das Porträt von Marie Anna Dembowska. Unsere Porträts können also als Ab-

---

[36] Wie Anm. 10.
[37] Wie Anm. 13.

solventenporträts bezeichnet werden. Sie sind wahrscheinlich auf Wunsch konkreter Zöglinge selbst oder deren Eltern entstanden, da in den Ausgabebüchern des Klosters keinerlei Zahlungen dieser Art erfasst sind. Das Porträtieren war allerdings sicher keine Regel, da es sich nicht erwarten lässt, dass sich eine dermaßen große Anzahl adeliger Zöglinge im Verlauf der ersten fünfundzwanzig Jahre des Bestehens der Bratislavaer Anstalt hat porträtieren lassen, besonders, wenn sie die Ausgaben selbst vergütet haben. Die Porträts hatten die Funktion eines Andenkens und auch der Danksagung. Das Alter der Mädchen bewegte sich in der Zeit der Porträtierung zwischen zwölf bis vierundzwanzig Jahren. Die uniformierten Adeligen ließen sich mit Attributen Porträtieren, die eines der obligatorischen Unterrichtsfächer oder der Interessenzirkel während der Zeit ihres Aufenthaltes bei den Ordensschwestern von Notre Dame symbolisierten. Einige Attribute wiederholen sich in etwas abgeänderter Gestalt auf mehreren Porträts, darum kann weder der innere Zusammenhang eines jeden Attributes mit einem konkreten Zögling noch die Tatsache ausgeschlossen werden, dass es den Bereich seiner besondern Orientierung oder seines Hervorragens andeutet.

Außerordentlich hochwertig von der künstlerischen sowie von der technischen Seite her sind vor allem die ältesten Porträts der Serie. Sie zeichnen sich durch Virtuosität in der realistischen Darstellung der Draperie sowie der Inkarnate, durch ausgezeichnete kompositionelle Aufteilung in den Format und auch durch Harmonie der gewählten Farben aus. Autor der meisten Porträts der blauen Damen war der bedeutende, akademisch geschulte Bratislavaer Porträtist Daniel Schmiddeli (1705–1779).[38] Ihm und seinem Werk können auch die nicht signierten Porträts aus dieser Serie zugeschrieben werden, mit Ausnahme des Porträts von Marie Anna Dembowska. Es ist nicht ausgeschlossen, dass Schmiddeli der Autor des heute verschollenen Porträts der Oberin des Klosters, Mutter Werschowetz im Ordensgewand, gewesen sein kann, das mit dem Jahr 1757 datiert ist, wel-

---

[38] Daniel Schmiddeli (Schmidelly, Schmideli, Schmitteli, Schmidely, Schmidelli, Schmidelius). Vgl. z. B. Klára GARAS, Magyarországi festészet á XVIII. Században. [Ungarische Künstler des 18. Jh.]. Budapest 1955, 249; CSATKAI, Poszonyi, wie Anm. 20, 18 und Viera LUXOVÁ, Archívne záznamy o bratislavských umelcoch a remeselníkoch [Archivaufzeichnungen über die Pressburger Künstler und Handwerker]. In: ARS 1 (1968) 179; Anna PETROVÁ-PLESKOTOVÁ, Bratislavskí výtvarní umelci a umeleckí remeselníci 18. storočia [Pressburger Künstler und Handwerkekünstler des 18. Jh.]. In: ARS 1 (1970), 1–2, 234 und DIES., Maliarstvo 18. storočia na Slovensku [Malerei des 18. Jh. in der Slowakei]. Bratislava 1983, 52–53; Zsánermetamorfózisok. The Methamorphosis of Themes. Ausstellungskatalog. Szépmüveszeti Múzeum, Budapest 1993, 162 f, 386.

ches Frau Weyde in den Internatsräumen gesehen hat.[39] Schmiddeli war der beliebte Porträtist der Bratislavaer adeligen oberen Zehntausend und auch der Kaiserin bei ihren Aufenthalten in der Stadt, da er das Hofporträt im Meytensschen Geiste am besten meisterte. Offenbar bestellte ihn die erste aus der Reihe der Porträtierten, Charlotte Pálffy, oder deren Eltern, und weil ihr Porträt eine fürwahr exzellente Arbeit ist, entschlossen sich auch weitere Absolventinnen für Schmiddeli. Darüber hinaus hat es den Anschein, dass sie sich Schmiddeli auch wegen seines wahrscheinlichen Amtes als Lehrer für Malerei direkt in diesem Adelskonvikt wählen konnten.[40] Er selbst signierte von der Kollektion der „blauen Damen" direkt zwar nur drei Porträts: das Porträt der Charlotte Pálffy, das Porträt der Theresia Festetics sowie das Porträt der Josefine Post, ihm und seiner Werkstatt können allerdings alle Porträts dieser Gruppe mit Ausnahme des Porträts von Gräfin Dembowska zugeschrieben werden, weil sie viele gemeinsame Zeichen aufweisen, wie die Komposition im Format, die Regelung der Stillleben, die angewandten Inszenierungsrequisiten, den einheitlichen Aufbau der Figuren, die Orientierung auf die realistische Darstellung der Hände, Gesichter und Bekleidungsdetails und auch die Charakterisierung der Qualität der Materialien, z. B. der Textilien. Der alte Schmiddeli wurde am letzten bekannten Porträt der Serie vom ausgezeichneten Wiener Porträtisten Franz Fux (1745–1787?) abgelöst, der sich seit dem Jahre 1764 an der Wiener Akademie der bildenden Künste ausbildete.[41] Er hat im Jahre 1774 das Porträt der polnischen Komtesse Marie Anna Dembowska, einer Schülerin dieser Bratislavaer Anstalt Notre Dame, signiert und datiert. Es ist nicht bekannt, ob Fux in dieser Stadt für längere Zeit oder nur bei dieser einzigen Gelegenheit tätig war, da man von ihm nichts Weiteres weiß.

Das älteste bekannte Porträt der Kollektion ist das Porträt der Komtesse Charlotte Pálffy, das von Schmiddeli im Jahre 1756 signiert und datiert worden ist und sich seit dem Jahre 1957 in den Sammlungen des Museums Bibersburg (Slowakei) befindet. Hinsichtlich dessen, dass die Komtesse den Berechnungen nach irgendwann zwischen Januar und Februar 1756 das Konvikt verließ – und mit diesem Jahr das Bild auch datiert ist – entstand das Porträt als Danksagung und Erinnerung an eine der ersten Absolventinnen der Anstalt. Charlotte, wie sie im Konvikt genannt und auf ihren Porträts bezeichnet wird, trat am 21. Januar 1749 als siebenjährige in das Pen-

---

[39] Wie Anm. 32.
[40] ZSÁNERMETAMORFÓZISOK, wie Anm. 38, 162 f.
[41] PETROVÁ-PLESKOTOVÁ, Maliarstvo, wie Anm. 38, 1983, 90.

sionat ein und verbrachte hier sieben Jahre.⁴² Sie verließ es als fünfzehnjährige und wird vom Porträt in diesem Alter festgehalten. Außer ihr befanden sich im Kloster auch ihre beiden jüngeren Schwestern: für kurze Zeit im Jahre 1750 die fünfjährige Julie, die wegen ernsthafter Krankheit nach Hause zurückkehren musste und kurz darauf verstarb, und in den Jahren 1756 bis 1762 auch Antonie. Auf dem Bild wird Charlotte mit einem Skizzenheft dargestellt, in dem ein Engel gezeichnet ist und auf der anderen Seite kalligraphisch der Name der Porträtierten geschrieben steht. In der anderen Hand hält sie einen Halter mit Graphitmine. Diese Gegenstände stellen wahrscheinlich das Unterrichtsfach Kalligraphie dar, das in der internen Schule von mehreren Lehrerinnen unterrichtet wurde. Charlotte war Tochter des Grafen Leopold II. Pálffy (1716–1773), eines bedeutenden ungarischen Militärwürdenträgers, und seiner ersten Gattin Gräfin Marie Josefine von Waldstein (1720–1763). Nach dem Verlassen des Konvikts heiratete sie Graf Michal Kornis und hatte eine Tochter, Anna.⁴³

Aus der gleichen Zeit stammt wahrscheinlich auch das Porträt der Baroness Elisabeth Haller de Hallerstein, das die staatliche Magyar Nemzeti Galerie in Budapest (Ungarn)⁴⁴ erst im Jahre 1993 von einem unveröffentlichten privaten Inhaber gekauft hat. Trotzdem das Porträt nicht signiert ist, bezeugt die Malerhandschrift eindeutig, dass es sich um ein Werk von Schmiddeli handelt: es weist eine ähnliche Komposition wie das vorangegangene signierte Porträt und fast identische, wenn auch seitenverkehrte Gesten der Hände auf. Pinsel, Palette und Farbkasten weisen auf das Unterrichtsfach ihres Interesses hin: den Malkurs. Elisabeth war die mittlere von drei Töchtern des Feldmarschalls und Generals Baron Samuel Haller de Hallerstein (1777 verstorben) und von Marie Anna Peugré. In das Konvikt reiste Elisabeth am 10. Mai 1749 von der väterlichen Herrschaft Heves aus als Elfjährige an. Elisabeth, obgleich die mittlere von drei Schwestern, kam als letzte in das Internat Notre Dame. Zwischen den Jahren 1748 und 1752 lebte dort auch ihre ältere Schwester Josefine und im Jahre 1750 schloss sich den Schwestern auch die jüngste Antonie an, deren Porträt gleichfalls ein Bestandteil der Kollektion der „blauen Damen" ist. Elisabeth Haller verließ das Konvikt im Januar 1756 etwa nach fünf und dreiviertel Jahren und ihr Porträt stellt bildet sie im Alter von sechzehn bis siebzehn Jahren

---

⁴² Nach dem Eintritt, wie Anm. 5, Aufzeichnung vom 21. Jänner 1749; auch Manual 1747–1770, wie Anm. 7.
⁴³ Eintritt, ebd. Ivány NAGY, Magyarország családai czímerrekkelés nemzékrendi táblákkal. [Genealogische Linien der ungarischen Geschlechter in Taffeln nach einzelnen Nationen.] Pest 1857–1868, T. P-R (Pálffy), 64 f a 69 f.
⁴⁴ Zsánermetamorfózisok, wie Anm. 38, 162 f.

ab. Später wurde sie zur Gattin des Grafen Ján Hunyady, dem sie einen einzigen Sohn, Josef (1774–1822),[45] schenkte.

Im Jahre 1756 entstand allem Anschein nach auch das von Schmiddeli signierte Porträt der Gräfin Theresia Festetics, das durch uneinheitliche Qualität das wesentliche Mitwirken seiner Werkstatthelfer verrät. Dieses ursprünglich selbstständige Porträt wurde in längster Vergangenheit sekundär mit dem Porträt der Antonie Haller de Hallerstein verbunden, wobei die inneren überragenden Ränder abgeschnitten worden sind, wodurch ein Teil der ursprünglichen Signatur beseitigt worden ist. In diesem Zustand gelangte das Porträt im Jahre 1957 aus dem Kloster in das Museum Bibersburg, wo es restauratorisch in zwei selbstständige Bilder geteilt wurde. Alle auf Theresias Porträt abgebildeten Attribute – Spinett, Kompositionsbuch und Notenblatt – stellen das Unterrichtsfach ihres Interesses dar: Musik. Theresia war die jüngste Tochter von acht Kindern des Ehepaares Christoph Festetics und Julie Szegedy, die in Kroatien lebten. In das Pensionat Notre Dame wurde Theresia am 1. Februar 1752 mit vierzehn Jahren aufgenommen. Der Berechnung zufolge endete ihr Aufenthalt im Konvikt irgendwann im Juli 1756 als sie neunzehn Jahre alt war, und ihre körperliche Reife wird unter anderem vom Absolventenporträt dokumentiert. Später heiratete sie den Grafen Elek Hunyady und schenkte ihm drei Kinder.[46]

Wie die Kleidung und die Frisur andeuten, ist eines der ältesten Werke der Kollektion sicher auch das heute verschollene Porträt einer unbekannten Adeligen, dessen Gestalt von der alten Photographie des Esszimmers der Anstalt Notre Dame in Bratislava ersichtlich ist.[47] Die verhältnismäßig frontale Pose wiederholt den beliebten Topos von Meytens: die Porträtierte spielt mit der Hand, die in eleganter Geste hoch erhoben ist, mit dem Ende der im Haar befestigten Spitzenschleife. Die schwache Qualität der Photographie erlaubt es nicht, ein konkretes Attribut der Schülerin zu unterscheiden.

Zwei bekannte Schülerinnenporträts entstanden im Jahre 1757. In erster Reihe ist es das von Schmiddeli signierte und datierte Porträt der Baroness Josefine Post; dieses Porträt ging im Jahre 1957 aus dem Bratislavaer Kloster in die Sammlungen des Museums Bibersburg über. Auch hier überließ

---

[45] Nach dem Eintritt, wie Anm. 5, Aufzeichnung vom 10. Mai 1749; auch Manual 1747–1770, wie Anm. 7. Auch NAGY, wie Anm. 43, T. H-K (Hallerstein), 30, 37 f; NEUE DEUTSCHE BIOGRAPHIE. Berlin 1966, T. VII, 556 und Béla KEMPELEN, Magyar förangu családok. [Die vornehmsten Geschlechter Ungarns.] Budapest 1931, (Hunyady), 114 f.
[46] Nach dem Eintritt, wie Anm. 5, Aufzeichnung vom 1. Februar 1752; auch Manual 1747–1770, wie Anm. 7 und NAGY, wie Anm. 43, T. C-Gy (Festetics), 163 und H-K (Hunyady), 195 f.
[47] Wie Anm. 10.

der Porträtist einen wesentlichen Teil der Arbeit seiner Werkstatt. Ein einzigartiges Attribut in der ganzen Kollektion ist eben das Lesepult der Post mit geöffnetem Buch. Nach dem Inhalt des Buches lässt sich allerdings nicht darauf schließen, für welches Unterrichtsfach dieses Symbol steht. Maria Josefine stammte aus der Breslauer Diözese, die im sog. Österreichischen oder Böhmischen Schlesien liegt. Ihre Eltern waren Baron August Otto Post und Baronin Charlotte Nympsts. Im Konvikt trat Maria Josefine Post gleichzeitig mit ihrer älteren Schwester Maria Anna (Marianna) zum 1. September 1752 an. Josefina war damals elf Jahre alt, Marianna bereits vierzehn. Ein Jahr später schloss sich ihnen die achtjährige Theresia an. Josefina verbrachte im Konvikt etwa fünf Jahre, sie verließ es im Juni oder erst im Oktober 1757 im Alter von sechzehn Jahren.[48] In einem der Briefe von Kaiserin Maria Theresia wird ein gewisser Zögling namens Post erwähnt: es handelte sich offenbar um die älteste der Schwestern, Marianna, da die Kaiserin klar sagt, dass sie den Zögling im Internat nur für kurze Zeit, vermutlich für zwei Jahre, belässt.[49] Es kann sich nicht um Josefina, aber auch nicht um die jüngste Schwester Theresia handeln, die im Konvikt fast neun Jahre verbrachte. Marianna verlebte dort allerdings genau zwei Jahre.

Das zweite datierte Porträt aus dem Jahre 1757 stellt die Baroness Amelia Karg dar und gehört gleichfalls in die zahlreichste Kollektion der „blauen Damen", die direkt im Kloster im Jahre 1957 konfisziert und ins Museum Bibersburg gebracht worden sind. Trotzdem das Bild nicht signiert ist, weist die Malerhandschrift vor allem in der Gesichtspartie klar auf das Werk von Daniel Schmiddeli hin. Auf dem Porträt wiederholen sich fast unverändert die Haltung des Körpers und die Bewegung der Hände, wie sie von Schmiddeli auf dem Porträt von Theresia Festetics angewandt worden ist. In den Gesten der Hände schafft der Autor in der gesamten Kollektion ein Spiel von Variationen. Vor allem die Abbildungen von Inkarnaten, von Bekleidungsmaterialien (Schleifen) und Vasen sind für so manche Werke dieses Künstlers typisch. Das junge Mädchen ist mit einem Blumenstrauß in der Vase und mit einer Blume – einer Nelke – in der Hand abgebildet. Diese Attribute können verschiedene Tugenden symbolisieren, in denen sich die Mädchen in den Stunden der „Sittenlehre" übten. Es ist allerdings nicht ausgeschlossen, dass sie im Rahmen der Pflege des guten Geschmackes erlernt haben, verschiedene Blumen u. ä. zu arrangieren. Diese Tochter von Friedrich Karl Baron Karg de Bebenburg und Gräfin Jeanette Sensheim war zur Zeit der Porträtierung fünfzehn Jahre alt. Ihr Vater be-

---

[48] Nach dem Eintritt, wie Anm. 5, Aufzeichnung vom 1. September 1752 und 29. November 1753; auch Manual 1747–1770, wie Anm. 7.
[49] Wie Anm. 4.

kleidete das Amt des Geheimrates des Kölner Erzbischofs und des bevollmächtigten Botschafters im Reichstag in Regensburg. Die zwölfjährige Amelie wurde am 6. November 1754 auf Fürsprache der Kaiserin in das Konvikt aufgenommen. Sie kam aus Frankfurt, aus der Diözese Mainz, und es ist nicht ausgeschlossen, dass sie in verwandtschaftlicher Beziehung zur Mutter Johanna Karolina Karg stand, einer der gründenden Bratislavaer Ordensschwestern, die aus Stadt-am-Hof berufen worden waren (Kloster und Ordensschulen bei Regensburg). Amelie verbrachte im Konvikt fast drei Jahre; sie verließ es etwa im September 1757.[50]

Aus dem Jahre 1758 stammen gleichfalls zwei bekannte Porträts aus den ehemaligen Klosterräumlichkeiten, die seit dem Jahre 1957 im Museum Bibersburg aufbewahrt werden. Es handelt sich um das Porträt der Baroness Antonie Haller de Hallerstein, das zwar nicht ursprünglich datiert ist, unseren Berechnungen zufolge aber die achtzehnjährige Absolventin Antonie darstellt. Die Malerhandschrift zeugt jedenfalls von Schmiddelis Autorschaft. Das Attribut ist in diesem Fall ein Album mit Zeichnungen und ein Bleistift (gegebenenfalls ein Kohlestück oder -stift), das auf ein fakultatives Fach hinweist – den Zeichenkurs. Sekundär wurde Antonies Porträt mit dem Porträt der Theresia Festetics verbunden, offensichtlich jedoch durch einen Irrtum anstelle des Porträts von Antonies Schwester Elisabeth Haller,[51] das sich heute in der Ungarischen Nationalgalerie in Budapest befindet. Antonie Haller war die jüngste von drei Töchtern des Barons Samuel Haller de Hallerstein und von Marie Anna Peugré, die alle die Klostererziehung genossen. Die älteste der Schwestern, Josefine, trat am 12. Juni 1748 in die Anstalt Notre Dame an und verließ sie im Juni 1752. Die mittlere Elisabeth kam am 10. Mai 1749 in das Konvikt und war damals elf Jahre alt. Sie verließ es als siebzehnjährige wahrscheinlich im Januar 1756. Die jüngste der Schwestern, Antonie, die von diesem Porträt dargestellt wird, wurde am 17. Mai 1749 als kaum Neunjährige angenommen. Im Konvikt Notre Dame verlebte sie fast neun Jahre, da sie den Aufzeichnungen über die Zahlungen zufolge das Konvikt ungefähr im März 1758 verlassen hat. Nach dem Verlassen des Pensionates heiratete sie den Baron Karol Révay, sie verwitwete jedoch bald noch kinderlos. Ihr zweiter Gatte war Franz Baron Josef Baron Brudern, späterer General, dem sie drei Kinder schenkte.[52]

---

[50] Nach dem Eintritt, wie Anm. 5, Aufzeichnung vom z 6. November 1754; auch Manual 1747–1770, wie Anm. 7.
[51] Wie Anm. 35.
[52] Nach dem Eintritt, wie Anm. 5, Aufzeichnung vom 17. Mai 1749; auch Manual 1747–1770, wie Anm. 7.

Das zweite, nachweisbar aus dem Jahre 1758 stammende Porträt, ist das Porträt der Gräfin Elisabeth Nadasdy, das allem Anschein nach die vierzehnjährige Absolventin, die einzige Tochter des kaiserlichen Kanzlers Graf Balthasar Nadasdy und der Gräfin Elisabeth Berényi darstellt. Die ganze Familie lebte in Pápa, in der Diözese Veszprém. Elisabeth wurde am 4. Juni 1755 im Alter von elf Jahren zur Erziehung bei den Ordensschwestern von Notre Dame angenommen. Nach Hause zurück kehrte sie fast auf den Tag genau nach drei Jahren: Anfang Juni 1758. Sie heiratete den Grafen Sigmund Forgácz und nach dessen Tod Peter Végh.[53] Auch ihr Bild weist typische Zeichen von Schmiddelis Porträtstil auf. Elisabeth hält einen Schützen in der Hand, ein Hilfsmittel bei der Handarbeit, die „frivolitische Technik" genannt wurde. Dadurch wird eindeutig der Handarbeitsunterricht symbolisiert.

Aus dem Jahre 1759 stammt das unsignierte und undatierte Porträt der jungen Gräfin Angelika Valentiani. Es handelt sich um das einzige Porträt eines Zöglings in blauer Uniform, das sich im Besitz des Stadtmuseums in Bratislava (Slowakei) befindet. Das Porträt hatte ein kompliziertes Schicksal: einem unbekannten Privateigentümer wurde es vom Staat konfisziert und unmittelbar darauf wurde es von der Finanzabteilung des Nationalen Bezirksausschußes erworben. Erst im Jahre 1977 wurde es von diesem staatlichen Amt in die Sammlungen des erwähnten Museums überführt. Trotzdem die Abmessungen des Porträts mit den übrigen Bildern der Serie annähernd identisch sind, nimmt die kompositionelle Aufstellung der Porträtierten in den Format, der bereits im Porträt der Nadasdy vorausgenommen worden ist, die Figur bis zu den Knien auf. Angelika ist mit einem Zirkel in der Hand und einer auf dem Tisch ausgebreiteten Karte abgebildet, was Geometrie oder Erdkunde symbolisieren mag. Angelika trat am 9. August 1755 gemeinsam mit ihren Schwestern zur Erziehung bei den Bratislavaer Ordensschwestern von Notre Dame an: mit der fünfzehnjährigen Antonie und der siebenjährigen Theresia – Angelika war damals acht Jahre alt. Bei Antonie wird angeführt, dass sie aus Mailand kam, die beiden jüngeren Schwestern waren jedoch aus Szeged. Als Eltern werden Anna Maria de Millevacca und Graf Franz André Valentiani, Oberst des Regimentes Clerici,[54] angeführt. Antonie verließ das Pensionat mit achtzehn Jahren Ende des Jahres 1758, die beiden jüngeren Valentiani-Schwestern blieben bis August 1759, als Angelika zwölf und Theresia elf Jahre alt

---

[53] Nach dem Eintritt, wie Anm. 5, Aufzeichnung vom 4. Juni 1749; auch Manual 1747–1770, wie Anm. 7.
[54] Nach dem Eintritt, wie Anm. 5, Aufzeichnung vom 9. August 1755; Manual 1747–1770, wie Anm. 7.

wurden; Angelika wird von ihrem Porträt also als knapp Zwölfjährige festgehalten.

Auch im folgenden Jahrzehnt sind Porträts adeliger Zöglinge in blauen Uniformen entstanden. So kann um das Jahr 1762 die Entstehung des Porträts der Gräfin Wilhelmine Berchtold datiert werden, das auf dem mährischen Schloss Buchlowitz in Tschechien aufbewahrt wird. Im Buch der angenommenen Zöglinge werden zwei aus Mähren stammende Gräfinnen Berchtold erwähnt; aus der Nähe von Brünn Wilhelmine (Guillelmine) und Crescencia. Sie standen allerdings in keinerlei verwandtschaftlicher Beziehung zueinander. Porträtiert ist zweifellos Wilhelmine, die im Jahre 1746 geboren wurde und aus „Pullitz" (Politz) in Mähren stammte. Sie war das jüngste von dreizehn Kindern des Grafen Adam Ignaz Berchtold (1701–1790) und seiner ersten Gattin, Gräfin Marie Anna Aichpichl. Unter anderen Ämtern bekleidete der Graf das Amt des Obersten Landeskämmerers in Mähren. Wilhelmine wurde am 31. Oktober 1754 im Alter von acht Jahren in das Konvikt aufgenommen.[55] Sie verließ es allem Anschein nach im Mai 1762, als sie sechzehn Jahre alt war, und in diesem Alter wird sie auch auf dem Absolventenporträt festgehalten. Die Datierung des Porträts kann auch kostümmäßig bestätigt werden, da Bekleidung und Frisur den zeitgenössischen Wandlungen der Wiener Hofmode zu Beginn der sechziger Jahre des 18. Jahrhunderts entsprechen. Das Alter des Zöglings entspricht allerdings nicht den Angaben auf dem Porträt; ihnen zufolge sollte Wilhelmine bereits im Jahre 1739 geboren worden sein. Die restauratorische Erforschung bestätigte unsere Annahmen, dass die Aufschrift sekundär (vom Beginn des 20. Jahrhunderts) ist, denn ihr Charakter unterscheidet sich von den Aufschriften auf den anderen Porträts aus der Kollektion von Schmiddelis Bildern. Wir nehmen an, dass die letzten Herren Berchtold von Buchlowitz das Porträt ihrer entfernten Verwandten, die nicht einmal in Buchlowitz gelebt hatte, in „ihre" Wilhelmine umwandelten, die jedoch im Jahre 1739 geboren worden ist.[56] Eine Besonderheit ist, dass das Porträt dieses Zöglings im Familienschloss bereits vor dessen Verstaatlichung (im Jahre 1945) erfasst worden ist, obwohl nicht bekannt ist, wie und wann es dort hingelangte.[57]

---

[55] Nach dem Eintritt, wie Anm. 5, Aufzeichnung vom 21. Oktober 1754; Manual 1747–1770, wie Anm. 7.
[56] Für diese Information bedanke ich mich bei Dr. Syslová aus dem Staatsschloss Buchlovice.
[57] Dokumentationskarte des Bilds in Staatsschloss Buchlovice führt die alte Inv.-Nr. (402) und die Herkunft des Bilds vor der Konfiskation im Jahr 1945: Buchlovice. Für diese Information bedanke ich mich bei Dr. Syslová aus dem Staatsschloss Buchlovice.

Zu Beginn der sechziger Jahre entstanden auch die beiden Porträts der Schwestern Hadick. Das Doppelporträt der Komtessen Marie Anna und Franziska Hadick sollte im November 1957 zusammen mit den übrigen konfiszierten Bildern aus dem Bratislavaer Kloster Notre Dame nach Bibersburg überführt werden, da es jedoch nicht ins Auto passte, sollte es (genauso wie vier weitere Porträts außer dieser Kollektion) nachträglich hergebracht werden,[58] wozu es offenbar nie gekommen ist. Seit dieser Zeit ist es verschollen.[59] Wahrscheinlich handelte es sich um zwei sekundär verbundene Porträts der Zöglingsschwestern, wie dem so im Fall der Porträts von Theresia Festetics und Antonie Haller war, bei denen nicht ausgeschlossen ist, dass sie irrtümlicherweise anstelle der Schwestern Haller verbunden worden sind. Der Anlage zur Eintragung von der Überführungsaktion aus dem Jahre 1957 zufolge waren die Attribute auf dem Doppelporträt der Schwestern Hadick ein Klavier und Noten. Im Konvikt gab es drei Schwestern Hadick von Schwalbach: am 27. April 1751 wurde die siebenjährige Charlotte und die fünfjährige Nanette (Marie Anna) aufgenommen.[60] Franziska ist allerdings überhaupt nicht im Buch der Angenommenen „Eintritt" eingetragen, sie ist nur kurz zwischen den Zeilen im deutschen Namensverzeichnis eingetragen, mit dem Eintrittsdatum vom 31. November 1753, ohne Hinzufügung der Zahlung.[61] Ihre Eltern waren Graf Andrej Hadick, Bataillonsgeneral und Kommandeur des Regimentes Bereschnejovsky, und seine Frau, die französische Komtesse de Lignovski. Marianna war bis Oktober 1761 oder bis Januar 1762 im Konvikt, also länger als zehn Jahre. Sie verließ das Konvikt und ließ sich als fünfzehn- bis sechzehnjährige porträtieren. Franziska ging am 20. Mai 1763.[62] Da wir ihr Eintrittsalter nicht kennen, ist auch nicht gewiss, in welchem Alter sie das Konvikt verließ und sich porträtieren ließ. Die Unterschiede in den Terminen des Verlassens des Konvikts, genauso wie die Abmessungen des Bildes (94 × 118),[63] deuten tatsächlich auf die Erwägungen darüber hin, dass auch diese Porträts teilweise abgeschnitten und dann sekundär verbunden worden sind.

Auch das nur aus Archivquellen bekannte Porträt der Komtesse Walderode ist verschollen. Das Porträt stellte offenbar die Gräfin Johanna Nepomuk Walderode aus Prag dar, die am 16. August 1753 in das Pensionat

---

[58] Verzeichnis bei den Aufzeichnungen über die Einfuhr, wie Anm. 30.
[59] Keines von den Bildern (die nach den Aufzeichnungen fehlen) ist in das Inventarbuch des Museums Červený Kameň eingetragen worden. Sie sind wahrscheinlich nie dorthin eingebracht worden.
[60] Nach dem Eintritt, wie Anm. 5, Aufzeichnung vom 27. April 1751.
[61] Nach dem Verzeichnis, wie Anm. 6.
[62] Nach den Eintragungen im Manual 1747–1770, wie Anm. 7.
[63] Nach dem Eintrag in dem Verzeichnis, wie Anm. 30.

kam; zu dieser Zeit war sie bereits fünfzehn Jahre alt. Ihre Eltern waren Graf Franz Walderode d´Eckhausen und Gräfin Marie Anna Wratislav von Mitrowitz.[64] Dass das Absolventenporträt der Walderode in den Klosterräumlichkeiten Notre Dame hing, erwähnt einzig und allein Gizela Weyde und als Attribut führt sie einen Spinnrocken in der Hand des Zöglings an.[65] Wie aus den Zahlungen für ihren Aufenthalt hervorgeht, verbrachte Johanna ganze elf Jahre im Konvikt, denn sie verließ es erst im Juni oder im August 1764, als sie sechsundzwanzig Jahre alt war.[66] Dafür, dass ihr Porträt im Jahre 1764 entstanden ist, spricht teilweise auch die Bekleidung des Zöglings auf dem Porträt, das auf der alten Photographie des Esszimmers der internen Anstalt Notre Dame zusehen ist, von dem wir voraussetzen, dass es die Walderode abbildete.

Die Kollektion der bekannten „blauen Damen" wird chronologisch von zwei Porträts abgeschlossen, die gleichfalls direkt durch die Konfiszierung der Artfakte aus dem Bratislavaer Kloster Notre Dame im Jahre 1957 in das Museum Bibersburg gelangten. Im Jahre 1767 konnte das undatierte und unsignierte Porträt der Baroness Maximiliane Skrbensky entstehen, das durch seine Malerhandschrift eindeutig dem besten Porträt der Kollektion sehr nahe steht, welches von Schmiddeli signiert ist – dem Porträt von Charlotte Pálffy. Die dargestellten Attribute: Zirkel und Globus stellen offenbar ein Unterrichtsfach dar: Erdkunde. Das Herrengeschlecht Skrbensky von Hříště war ein verhältnismäßig bekanntes böhmisches Barongeschlecht. Hinsichtlich dessen, dass im Buch der Angenommenen „Eintritt" die Namen der Eltern nicht bei einer einzigen der drei Schwestern Skrbensky, die bei den Ordensschwestern von Notre Dame erzogen worden sind, angeführt werden, ist es nicht möglich, weitere Angaben über deren Herkunft zu ermitteln. Maximiliane trat am 23. April 1761 als zehnjährige in das Konvikt ein und zusammen mit ihr auch ihre ältere Schwester Marie Anna, damals bereits siebzehnjährig.[67] Im Hinblick auf ihr Alter hielt sich Marie Anna nicht lange im Konvikt auf. Sie verließ es etwa im Oktober 1762 und an ihre Stelle trat die jüngste der Schwestern, Vincenta, an, deren Alter nicht aufgezeichnet worden ist. Die Porträtierte – Maximiliane – lebte bis Mitte Oktober 1767[68] im Pensionat Notre Dame, also sechseinhalb Jahre lang. Sie verließ das Konvikt als siebzehnjährige junge Dame und wurde in diesem Alter vermutlich auch in der feierlichen blauen „Schüleruniform" porträtiert. Sie figuriert auch unter den Zöglingen auf

---

[64] Nach dem Eintritt wie Anm. 5, 16. August 1753.
[65] Wie Anm. 32, 17.
[66] Abrechnung nach den Eintragungen im Manual 1747–1770, wie Anm. 7.
[67] Nach dem Eintritt, wie Anm. 5, 23. April 1761 und 29. Oktober 1762.
[68] Abrechnung nach den Eintragungen in Manual 1747–1770, wie Anm. 7.

einem Theaterplakat aus dem Jahre 1764, wo sie im historischen Stück „Titus" den Servilius verkörperte.[69]

Das jüngste bekannte Porträt der Kollektion entstand erst im Jahre 1774. Bereits auf den ersten Blick wurde es von einem anderen Porträtisten signiert und datiert, vom Wiener Franz Fux, der zu dieser Zeit in Bratislava verweilte.[70] Das Porträt der Komtesse Marie Anna Dembowska ist in der Kollektion nicht nur durch seinen Autor, sondern auch durch die Tatsache außerordentlich, dass es nicht zum Abschluss, sondern fast in der Hälfte des Aufenthaltes zum Porträtieren kam. Marianna macht für ihr Alter einen weitaus älteren Eindruck, denn zu dieser Zeit war sie bloße dreizehn Jahre alt. Das Spinett und die Noten symbolisieren den beliebten Musikkurs, der von hervorragenden Bratislavaer städtischen Musikern gelehrt wurde. Die kurze Eintragung im Buch der Angenommenen „Eintritt" besagt über Marie Anna Dembowska nur soviel, dass sie aus Polen in das Konvikt gekommen ist und dass ihr Vater Bürgermeister der Stadt Bendzin war.[71] Später soll ihr Vater als Priester in einem gewissen polnischen Bistum tätig gewesen sein. Marianna war wahrscheinlich eine Halbwaise, denn an Stelle des Namens der Mutter ist im angeführten Dokument nur ein Kreuz eingezeichnet. Zur Erziehung bei den Ordensschwestern von Notre Dame brachte sie der Vater als zehnjährige am 19. Juni 1771. Genau nach vier Jahren gesellte sich die siebenjährige Schwester Florencie zu ihr.[72] Die gewissenhaft bezahlten Rechnungen weisen nach, dass der Vater seine Töchter der großen Entfernung wegen nur selten, aber regelmäßig besuchte. Marie Anna verließ das Internat etwa am 11. August 1776 als fünfzehnjährige junge Dame. Ihre Schwester verließ es bereits mit elf Jahren Anfang September 1779.[73]

3. Die blaue Galauniform der Zöglinge

Die „blauen Damen" ließen sich in Kleidern porträtieren, welche streng die Anforderungen der zeitgenössischen Wiener Hofmode respektierten, die als offizielle gesellschaftliche „Uniform" bezeichnet werden können. Diese hatte nach außen hin die Angehörigkeit der Porträtierten zur Anstalt auszu-

---

[69] Theaterplakat veröffentlicht in: Ingrid Štibraná, A Poszonyi Notre Dame-zárda nemesi novendékeinek portréi a 18. század harmadik negyedéből. [Porträts der adeligen weiblichen Zöglinge des Konvikts Notre Dame aus dem dritten Viertel des 18. Jh.] In: Művészettörténeti Értesítő 1–2 (2002), 55, fg. 6.
[70] Wie Anm. 41.
[71] Nach dem Eintritt, wie Anm. 5, 19. Juni 1771.
[72] Nach dem Eintritt, wie Anm. 5, 10. Juni 1775.
[73] Abrechnung nach den Eintragungen im Manual 1771–1802, wie Anm. 7.

drücken, welche sie in eine Gemeinschaft vereinigte. Die Einheitlichkeit der Kleidung betrifft die Färbung, die Verzierung, die Schnittlösung der Kleidung, aber auch die Kleidungsaccessoires und die Frisuren. Die Kleidung der porträtierten Zöglinge ist mit ihrer prunkvollen Silhouette eindeutig ein repräsentatives Hofkleid, vor allem in den fünfziger Jahren des 18. Jahrhunderts noch merklich enthaltsam verziert, obwohl von dieser Strenge nach und nach abgelassen worden ist. Alle Zöglinge respektierten die einheitliche blaue Farbe der Bekleidung, die der im „Verzeichnis" festgelegten, speziell für das Bratislavaer Konvikt Notre Dame bestimmten Anforderung entsprach.[74] Dieser Quelle zufolge sollten die Mädchen „Eine himmelblaue Kleidung von Gros de Tours" in das Internat mitbringen. Sofern uns bekannt, wurde eine ähnliche Uniformkleidung, darüber hinaus Gala und in blauer Farbe, zu dieser Zeit in keinem anderen europäischen Konvikt dieses Ordens getragen.[75] In Eichstätt, wo eine verhältnismäßig hohe Prozentzahl an Zöglingen adeliger Herkunft konzentriert war, blieben aus der zweiten Hälfte des 18. Jahrhunderts zwei Aufzeichnungen über die Bekleidung der internen Schülerinnen erhalten.[76] Demzufolge trugen alle Mädchen ohne Unterschied der gesellschaftlichen Herkunft eine „Schuluniform" für den Alltag aus lila Etamin: einen Rock, ein Korsett und ein mit Spitzen verziertes Häubchen. Um den Hals sollten sie eine schwarze Samt- oder Seidenschleife mit Kreuz tragen. Das Festtagskleid, allerdings offenbar keine der Bratislavaer ähnliche Galauniform, war ein lila Korsett aus dem Stoff Gros de Tours, ein schwarzes Tafttuch am Hals und eine schwarze Schürze mit weißen Taftschleifen. Aus dem Kloster in Strassburg blieb aus dem Jahre 1780 die Abbildung eines Zöglings mit dem Medaillon der Immaculata erhalten.[77] Anhand der uns zur Verfügung stehenden schwarzweißen Reproduktion ist es jedoch nicht möglich, die Färbung zu bestimmen, obwohl es sich evident um kein Hofkleid handelt. Sicher ist, dass die Färbung des offiziellen Kleides der Bratislavaer Adelszöglinge nicht von der Kleidung der Ordensschwestern abgeleitet worden ist, die schwarze

---

[74] Wie Anm. 18.
[75] Die Klöster in Essen, Paderborn, Eichstätt oder Strassburg hatten im 18. Jahrhundert eine große Bedeutung. Ihre Archivare und Ordensschwester haben uns viele wichtige Informationen und Unterlagen zu diesem Thema eingesandt und dafür bedanke ich mich bei ihnen.
[76] Einer ältere Quelle zufolge RIED, Das Notre-Dame-Kloster (wie Anm. 2) und zwei jüngeren nach der Klosterchronik der Notre Dame in Eichstätt. Diözesearchiv Eichstätt, B 167, 155. Für den Hinweis bedanke ich mich bei Brun Appel.
[77] Darstellung aus dem (uns) unbekannten Buch, das im Kloster Notre Dame in Strassburg aufbewahrt wird. Für die Einsendung dieses Bilds bedanke ich mich bei Sr. Anne-Marie Martin aus dem erwähnten Kloster.

Gewänder und Schleier trugen,[78] und sie ging auch nicht aus den Konstitutionen des Ordens hervor, wo in Zusammenhang mit den Zöglingen nur weiße Kleider angeführt werden, welche für Sonn- und Feiertage bestimmt waren, sowie das Verbot von Kleidern aus Seide.[79] Der Essener Tagesplan aus dem Jahre 1794 erwähnt nur die weißen Sonntagskleider der Zöglinge.[80] Auf die Frage, warum im Bratislavaer Konvikt als Farbe der Repräsentationskleidung der Zöglinge eben Blau bestimmt worden ist, kann nur mit Hypothesen geantwortet werden. Blau ist die Farbe der Jungfrau Maria, der Schutzherrin des Ordens Notre Dame. Satt blau konnte jedoch auch aus pragmatischen Gründen gewählt werden, handelte es sich doch um die Bekleidung kleiner Mädchen, für welche die schwarze Farbe zu dunkel und zu fade war. Es ist nicht ausgeschlossen, dass die Anforderung der blauen Farbe von Kaiserin Maria Theresia selbst festgelegt worden ist. Die Anforderung im „Verzeichnis" spezifiziert allerdings nicht, was für einen Schnitt und was für Verzierungen das mitgebrachte Kleid aufzuweisen hat; in den ersten Jahren des Aufenthaltes konnte den Schülerinnen also nur irgendein eigenes, von zu Hause mitgebrachtes, festlicheres Kleid blauer Farbe aus Gros de Tours genügen. Und vielleicht ließen sich auch später nicht alle Zöglinge die blauen Galauniformen nähen, sind doch aus dem Kloster auch einige Porträts von adeligen Zöglingen erhalten geblieben, die in diverse zeitgenössische moderne Kleider blauer Farbe gekleidet sind.[81] Es hat allerdings den Anschein, dass die Porträts dieser „nichtuniformierten" Zöglinge stets erst einige Zeit nach deren Verlassen des Konvikts entstanden sind und dass sie also dem Kloster nachträglich als Andenken zugesandt worden sind. Da die Zöglinge im Konvikt größtenteils mehrere Jahre verbrachten und während dieser Zeit wesentliche physische Veränderungen durchmachten, konnten sie sich die einheitlichen Uniformen (sofern Interesse bestand) erst im letzten Zeitraum ihres Aufenthaltes bei den Ordensschwestern von Notre Dame nähen lassen. Trotzdem die Kleider nachweisbar zum Porträtieren angezogen worden sind, sind sie sicher nicht nur für diese eine Angelegenheit entstanden. Wir nehmen an, dass die repräsentative Kleidung dank den verhältnismäßig häufigen Besuchen der Kaiserin und weiterer staatlicher und kirchlicher Persönlichkeiten im Kloster ihren Sinn hatte, weil die Zöglinge für diesen Besuch Konzert- und Theatervorstellungen vorbereiteten. Es ist möglich, dass sie sich wichtigen Gästen offiziell, außerhalb der Bühne, in diesen einheitlichen Kleidern vorgestellt haben.

---

[78] Franz von SALES DOYÉ, Die alten Trachten der männlichen und weiblichen Orden sowie der geistlichen Mitglieder der ritterlichen Orden. Leipzig 1918, 61.
[79] DIE KONSTITUTIONEN, wie Anm. 11, 282.
[80] Wie Anm. 17.
[81] Ausführlicher in: Ingrid VÁVROVÁ-ŠTIBRANÁ, Podobizne, wie Anm. 30.

Hinsichtlich dessen, dass sie darin beim Verlassen des Internates porträtiert worden sind, ist es möglich, dass sie darin auch dem Kaiserpaar in Wien bei ihrer ersten Einführung in die Hofgesellschaft vorgestellt worden sind. In Frankreich stellten sich solche jungen Damen dem Königspaar in einem strengen schwarzen Kleid vor, das nur mit weißen Spitzen verziert war.[82] Die ehemaligen internen Schülerinnen von Notre Dame hätten so am Wiener Hof nonverbal, aber verständlich von ihrer ausgezeichneten Erziehung und Bildung unterrichtet.

---

[82] Maria GUTTKOWSKA-RYCHLEWSKA, Historia ubiorów [Geschichte der Trachten]. Wroclaw 1968, 587–593.

Habsburgischer Adel und das Theresianum in Wien 1746–1784
(Wissensvermittlung, Sozialisation und Berufswege)

IVO CERMAN

In der ersten Hälfte des 18. Jahrhunderts mussten die gewissenhaften Väter der jungen Kavaliere ihre Söhne an ausländische Lehranstalten schicken, wenn sie ihnen eine zeitgemäße weltliche Ausbildung angedeihen lassen wollten. Das Lehrangebot an den höheren Schulen in den Erbländern entsprach nicht mehr den aktuellen Bedürfnissen. Ab 1746 sollen sich diese Voraussetzungen verbessern. Die großmächtige Kaiserin und Frau geruhte eine Lehranstalt für die Ausbildung des tüchtigen Adels zu gründen.[1] Die Schule trug bekanntlich ihren Namen und wurde bald staatlich gelenkt. Dieses Ereignis ist bald von Legenden umwoben geworden: Die Schule habe dem angeblich rückständigen Adel die Aufklärung vermittelt, auf der anderen Seite wird sie häufig als Berufschule für hohe Beamte dargestellt.[2] Man phantasiert auch darüber, dass das Theresianum eine Umwälzung für den adeligen Bildungskanon mit sich brachte: Der Adel brauchte danach keine Kavalierstour zu absolvieren, Studien im Ausland waren nicht mehr nötig.[3] Die Fülle der Argumente ruft geradezu nach einer kritischen Prüfung der vorhandenen Angaben.

Wir werden hier die Frage der Aufgeklärtheit des Theresianums nicht besprechen. Der Typus „Akademie", dem die neue Lehranstalt angehörte, entsprang der praktischen Entwicklung des weltlichen Bildungswesens im

---

[1] Zur Geschichte des Theresianums vgl. Eugen GUGLIA/Rudolf TASCHNER, Das Theresianum in Wien. Vergangenheit und Gegenwart. Wien 1996 (1. Aufl 1912); Helmut ENGELBRECHT, Geschichte des österreichischen Bildungswesens. Erziehung und Unterricht auf dem Boden Österreichs, Bd. 3: Von der frühen Aufklärung bis zum Vormärz. Wien 1984, 181–186; Ludwig IGÁLFFY-IGÁLY, Das Theresianum – Seine Wandlungen zu Lebzeiten seiner Stifterin. In: Walter Koschatzky (Hg.), Maria Theresia und ihre Zeit. Salzburg/Wien 1980, 239–250; DERS., Bibliographia theresiana. In: Album der Theresianischen Akademie. Wien 1979.
[2] Die moralistischen Motive Maria Theresias erklärt Eugen GUGLIA, Maria Theresia. Ihr Leben und ihre Regierung, Bd. I. Wien 1917, 335–336.
[3] Grete KLINGENSTEIN, Der Aufstieg des Hauses Kaunitz. Studien zur Herkunft und Bildung des Staatskanzlers Wenzel Anton. Göttingen 1975, 150, 188–189, 224–225. Besonders stark sind solche Ausführungen in der ungarischen Historiographie über den ungarischen Adel am Theresianum. Vgl. Eva H. BALÁZS, Hungary and the Habsburgs 1765–1800: An Experiment in Enlightened Absolutism. Budapest 1997, 45.

17. Jahrhundert und nicht der aufgeklärten Theorie.[4] Man könnte diesen Typus als eine Semi-Universität umschreiben, die lediglich aus dem philosophischen und juristischen Kurs bestand. Das Theresianum bot auch noch Grammatik- und Humanitätsklassen. Es fällt auf, dass diese Einrichtung ein spiegelverkehrtes Bild der jesuitischen Semi-Universitäten darstellte, was vieles über ihren Ursprung aussagt.[5] Von dem aufgeklärten Diskurs ließe sich die Existenz der Akademien sowieso nicht ableiten. Die Bildungsreformer zogen die Hauserziehung vor, weil sie auf die Zöglinge besser zugeschnitten sein konnte. Jean-Jacques Rousseau verurteilte die „collèges" seiner Zeit als Anstalten, wo die Jugend nur Laster und Verdorbenheit erlerne.[6] Man könnte den Beitrag der Akademien zur Moralisierung des Adels nur in der richtigen Sozialisation sehen. Denn man konnte davon ausgehen, dass es besser sei, unter Menschen zu leben, als in Abgeschlossenheit mit einem privaten Lehrer zu studieren. Solche Zöglinge konnten auch der allgemeinen Wohlfahrt besser dienen.[7] Aber die Adelsakademien des 16. und 17. Jh. verfolgten ein anderes Ziel, weil sie garantierten, dass die adeligen Studenten nur unter sich sozialisiert wurden. Wenn wir uns die aufgeklärten Adelakademien des 18. Jahrhunderts ohne Idealisierung ansehen, stellen wir fest, dass sie sich von den Adelsakademien des 17. Jahrhunderts nur durch ihre Beziehung zur Wissenschaftsreform unterscheiden. Laut der berühmten These von Norbert Conrads bildeten die Adelsakademien eine Alternative zur Universität wegen der temporären Krise dieser uralten Bildungseinrichtung.[8] Sobald diese Krise in dem neuen Modell der

---

[4] Vgl. Norbert CONRADS, Ritterakademien in der frühen Neuzeit. Bildung als Standesprivileg im 16. und 17. Jahrhundert. Göttingen 1980; Adolf L. MÄRZ, Die Entwicklung der Adelserziehung vom Rittertum bis zu den Ritterakademien. Diss. Wien 1949. Nach N. Conrads kommt der Anstoß für die Bildung von Ritterakademien im ganzen Europa von dem Hugenoten François de la Noue.

[5] Zur „jesuitischen Universität" vgl. Notker HAMMERSTEIN, Bildung und Wissenschaft vom 15. bis zum 17. Jahrhundert, München 2003, 38–43.

[6] „S'il était ici question des garçons qu'on élève dans les collèges, et des filles qu'on élève dans les couvents, je ferais voir que cela est vrai, même à leur égard ; car les premières leçons que prennent les uns et les autres, les seules qui fructifient sont celles du vice ; et ce n'est pas la nature qui les corrompt, c'est l'exemple. Mais abandonnons les pensionnaires des collèges et des couvents à leurs mauvaises mœurs ; elles seront toujours sans remède. Je ne parle que de l'éducation domestique." Rousseau, Émile, livre IV. in : Œuvres complètes, Bd. IV. Paris 1969, 657 und 250–251. Im Allgemeinen Ludwig FERTIG, Die Hofmeister. Ein Beitrag zur Geschichte des Lehrstandes und der bürgerlichen Intelligenz. Stuttgart 1979, 75–90.

[7] Martin RANG, Rousseaus Lehre vom Menschen, Göttingen 1959, 147–170.

[8] „Mit Blick auf das 18. Jh. lässt sich sagen, dass diese Form akademischer Ritterakademien in dem Maße verdrängt wird, in dem moderne Universitäten wie Halle und Göt-

höheren Wissenschaften überwunden wurde, so Conrads, brauchte man die adeligen Akademien nicht mehr. Das trifft für Halle/S. oder für Göttingen zu, wo die reformierten Universitäten als Alternative zu den Akademien entstanden. In der Tat gab es auch im 18. Jahrhundert immer noch adelige Akademien, die den Universitäten Konkurrenz machten, weil sie das Wissensangebot aktualisierten. Denken wir an die Académie de Lorraine in Lunéville, an die zwei Ritterakademien in Warschau,[9] oder an die Hohe Karlsschule in Stuttgart, die sich gegen die Landesuniversität Tübingen erfolgreich behauptete.[10] Gehörte das Theresianum recht zu den in diesem Sinne „aufgeklärten Adelsakademien"?

Mit Blick auf diese immer wieder gestellten Fragen, interessieren mich im Folgenden drei Probleme:

Was für eine Sozialisation wurde den Zöglingen hier geboten?

Welches Wissenschaftsmodell wurde hier vermittelt?

Lässt sich irgendeine Verbindung zwischen der Bildungseinrichtung und der Berufswahl bemerken?

I. Sozialisationsmodelle

Das Dilemma der richtigen Vergesellschaftung bestand in der Wahl zwischen der elitären Sozialisation unter den Standesgenossen, und der „offenen" Sozialisation in der bürgerlichen Öffentlichkeit. Immanuel Kant begehrte am Ausgang des Jahrhunderts, dass die Fürsten unter Kindern aus anderen Ständen erzogen werden.[11] Nur dann könne man ihre sittliche Erziehung gewährleisten. Er bediente sich dabei des Gleichnisses mit dem Baum. Ein Baum im Wald, unter anderen Bäumen, wächst aufrecht. Allein wäre er krumm aufgewachsen. Ebenso wächst auch der Mensch nur unter anderen Menschen aufrecht auf. Dieses Prinzip wurde jedoch nicht allgemein akzeptiert. Die Vertreter der gemeinschaftlichen Erziehung beriefen sich auf Platos „Staat" und auf das Beispiel von Sparta.[12] Ihr Ideal war die Erziehung tüchtiger Männer, die dem Staat im Amt oder im Heer dienen konnten.

---

tingen das Bildungsprogramm der Ritterakademien absorbierten." N. CONRADS, Ritterakademien, wie Anm. 3, 323–325.

[9] Diese sind in dem Werk von N. Conrads behandelt, Ritterakademien, wie Anm. 3, 231–272.

[10] Dazu siehe den Beitrag von S. SEILER in diesem Band.

[11] Immanuel KANT, Über Pädagogik. In: Wilhelm Weischedel (Hg.), Werke in Zehn Bänden, Bd. 10, Darmstadt 1984, 697–761, hier 705.

[12] M. RANG, Rousseaus Lehre, wie Anm. 7, S. 156–158.

Das Ideal der gemeinschaftlichen Knabenerziehung wurde in den jesuitischen Anstalten nur teilweise erfüllt. Die Zöglinge wurden in „Kameraten" aufgeteilt, die aus zehn oder zwölf Zöglingen bestanden. Sie sollten ihre Freizeit gemeinsam verbringen und zwar stets unter der Oberaufsicht des Präfekten. Trotzdem darf man im Fall des Theresianums nur mit einigen Einschränkungen von Öffentlichkeit sprechen. Die Schule war als eine elitäre Einrichtung konzipiert. Sie nahm auf nur Adelige und wurde im abgelegten Schloss „Favorita" abseits der Stadt untergebracht.[13] Im Verlauf des Jahrhunderts wurde allerdings ein ganzes Viertel in seiner Umgebung ins Leben gerufen und die ursprüngliche Isolation wurde durchgebrochen. Den Zöglingen standen dort alle Errungenschaften der adeligen Erziehung zur Verfügung. Sie durften Kammerdiener und Hofmeister mit sich nehmen. Sie trugen den Degen und hatten Gelegenheit zu adeligen Exerzitien: Reiten, Fechten, Tanzen. Mehr, noch: Manche Zöglinge sammelten Erfahrung als Edelknaben bei Hof.[14] Nach der Einrichtung der Akademie wurden nämlich die letzten Edelknaben in die Akademie aufgenommen und die Zöglinge erbten das Recht bei Hofe zu dienen.[15] Die Hauptsache: sie wurden im spezifisch adeligen Milieu von der Welt abgeschlossen. Am Theresianum wurde das Ideal der höfischen Erziehung wiederbelebt und modernisiert. Diese Kontinuität wurde hier auch durch die freundschaftlichen Audienzen bei Hof und durch die Besuche der Habsburger zum Ausdruck gebracht. Unklar ist die Stellung des obersten Stallmeisters, dem die Edelknaben unterstanden. Heinrich Fürst von Auersperg unterstützte die neue Akademie, aber das Kuratorium wurde dem Obersten Hofmarschall Khevenhüller-Metsch anvertraut.[16]

Dem 18. Jahrhundert kam diese Isolation des Adels nicht mehr als Selbstverständlichkeit vor. Es gab doch die reformierte Universität Wien, wo man Jura und die nützlichen Künste lernen konnte.[17] Ja, die Akademie

---

[13] Zur Baugeschichte vgl. Erich SCHLÖSS, Von der Favorita zum Theresianum. In: Walter Koschatzky (Hg.), Maria Theresia, wie Anm. 1, 251–257; Johann SCHWARZ, Die kaiserliche Sommerresidenz Favorita. Wien 1898.

[14] Engelbrecht, Geschichte, wie Anm. 1, S. 52–53; Albert HÜBL, Die k. u. k. Edelknaben am Wiener Hof. In: Jahresbericht des k. k. Ober-Gymnasiums zu den Schotten in Wien 1911/1912. Wien 1912, 3–55.

[15] Die Edelknaben gingen auch in die Savoysche Akademie über, nach 1773 wurden diese Edelknaben ins Theresianum aufgenommen. GUGLIA, Theresianum, wie Anm. 1, 60.

[16] Darüber informiert uns Khevenhüllers Tagebuch. Vgl. Guglia, Theresianum, wie Anm. 1, 49–56.

[17] Die Literatur zur Geschichte der Universität Wien im 18. Jh. ist sehr spärlich. Siehe: Notker HAMMERSTEIN, Besonderheiten der österreichischen Universitäts- und Wissenschaftsreform zur Zeit Maria Theresias und Josefs II. In: Karl Vocelka (Hg.), Österreich im Europa der Aufklärung II. Wien 1985, S. 787–812; ENGELBRECHT, Geschichte, wie

war von Anfang an mit der Universität aufs engste verbunden. Auf beiden Lehranstalten unterrichteten dieselbe weltliche Professoren, manche Studenten wechselten von der Universität zur Akademie. Es lässt sich nicht bestimmen, wie viele adelige Studenten der Universität das Theresianum anlockte. Die Universitätsmatrikel für die einschlägigen Jahre ist leider noch nicht herausgegeben worden.[18] Eine Untersuchung für die Jahre 1742, 1744 und 1754 zeigt, dass die hochadelige Studenten verschwanden, die bis dahin übliche Rubrik für „nomina nobilium" abgeschafft wurde.[19] Es mag sich jedoch auch um eine Gewohnheit des Schreibers handeln, die mit der Bildungspolitik nichts zu tun hat. Die These vom Wechsel der adeligen Studenten ist plausibel, aber bis jetzt unbewiesen. Wenn sie durch die detaillierte Bearbeitung der Matrikel bestätigt wäre, würde es bedeuten, dass das Theresianum eher als eine für den Adel bestimmte Erweiterung der Universität aufgefasst wurde. Die Isolation von den anderen Universitätsstudenten mag dann ein wichtiges Motiv für die Gründung des Theresianums bilden.

Jedoch manchen edlen Familien war nicht einmal Theresianum genug abgehoben. Fürst Johann Nepomuk von Schwarzenberg bestellte für seinen Sohn Josef Johann Nepomuk die Lehrer aus dem Theresianum, aber er ließ ihn zu Hause studieren.[20] Es war ihm nicht standesgemäß, sie in die Akademie zu schicken. Söhne aus den fürstlichen Familien finden wir nur selten unter den Zöglingen. Die Dietrichsteiner, Liechtensteiner, die Lobkowicz und andere zogen die Hauserziehung vor. Das Vorbild gaben ihnen die Habsburger selbst, die die jungen Erzherzöge nur öffentlichen Prüfungen unterzogen.[21] Einige gräfliche Familien ahmten diesen Brauch nach. Die Choteks – eine Familie des beamteten Adels – ließen ihren Sohn Johann Rudolf zu Hause von Karl Anton Martini über das jus naturae unterweisen, und schickten ihn nicht zu demselben Professor ins Theresianum.[22] Andere Knaben besuchten das Theresianum oder die Savoyische Akademie nur vorübergehend. Josef Nikolaus von Windischgraetz studierte nur zwei Jahre an der Savoyschen Akademie (1759–1760) und dann setzte er seine

---

Anm. 1, 189–192; Rudolf KINK, Geschichte der k. k. Universität zu Wien, Bd. I, Wien 1854 (ND Frankfurt/M. 1969). Die Wiener Dissertationen über die Universität zur Zeit Maria Theresias sind vorwiegend Lexika der Lehrer, oder kurze Biographien.
[18] Die Matrikel der Universität Wien sind bis 1715 herausgegeben worden. Der Band für die Jahre 1716–1746 wird bearbeitet.
[19] Matrikel der Universität Wien, Archiv der Universität Wien.
[20] Es ging um die Juristen Josef Anton Riegger und Leopold Pächl. Milena LENDEROVÁ, Tragický bál. Život a smrt Pavlíny ze Schwarzenbergu. Praha/Litomyšl 2005, 101.
[21] Zur Ausbildung von Josef II. und Leopold II. liegt umfangreiche Literatur vor. Vgl. ENGELBRECHT, Geschichte, wie Anm. 1, 81–83.
[22] Josef LEDR, Hrabata Chotkové z Chotkova a Vojnína. Kuttenberg 1886, 48.

Studien zu Hause fort unter der Leitung von Lehrkräften aus dem Theresianum.[23] Manche adelige Eltern gaben ihre Kinder in der Akademie ab, wenn sie wegfuhren. Man kritisierte bald den neuen Gebrauch, dass die Knaben in die Akademie geschickt wurden, sobald sie gehen konnten. Die Eltern wollten sich der Knaben auf diese Art und Weise entledigen. Sie nahmen die Erziehung der eigenen Kinder, die ihnen schon von der Bibel[24] und von den stoischen Philosophen aufgetragen wurde,[25] nicht ernst. Die Vernachlässigung der väterlichen Pflichten verärgerte den aufgeklärten Minister Rudolf Chotek, wenn er sah, dass sein Vetter Leopold Kinsky kein Interesse am Schicksal seiner Söhne im Theresianum zeigt. „Aus allem dem was nun voraus stehet muss ich schließen, dass, wann derselben Ihrer Kinder willen dispositionen nicht ernsthafter vorkehren als es der mahlen geschah, und zu dem Ende nicht baldens anhero kommen, worüber Herr Vetter keine plausible Entschuldigung haben kann, ich überzeugdt [sein] muss, dass Euer Excellenz auf die alte art alles légerement tractiren, und nichts solides heraus kommen," schrieb der verärgerte Minister.[26] Die jungen Grafen Franz Ferdinand und Philipp weilten schon fünf Jahre im Theresianum und litten emotional unter der langen Trennung von den Eltern.[27] Der aufgeklärte Philosoph Josef Nikolaus Graf von Windischgraetz schickte seine Söhne mit neun Jahren ins Theresianum, als er mit seiner Frau nach Italien fuhr.[28] Doch lässt sich von der Liste ablesen, dass manche Familien eine wahre Tradition der akademischen Ausbildung entwickelten. Diejenigen, die ihre

---

[23] Gustav HOFMAN, Náklady na výchovu mladého šlechtice v polovině 18. století (Pohled do sirotčích účtů Josefa Mikuláše z Windischgraetzu z let 1747–1766). In: Západočeský sborník historický 5 (1999), 127–145.

[24] „Ephes 6,4 Erziehet euere Kinder in der Lehr, und in der Zucht des Herrn." Untertitel von „Der wahre Mentor, oder der kluge Hofmeister in Erziehung adelicher Jugend." Aus dem französischen des Herrn CARACCIOLI übersetzt von Peter Obladen. Augsburg/Leipzig 1766 [ÖNB 569848-A].

[25] Als Vorbild galt Cato der Zensor, der seine Kinder persönlich erzog. Vgl. „Quand on lit dans Plutarque que Caton le censeur, qui gouverna Rome avec tant de gloire, éleva lui-même son fils dès le berceau, et avec un tel soin, qu'il quittait tout pour être présent quand la nourrice, c'est-à-dire la mère, le remuait et le lavait." ROUSSEAU, Émile, livre I in: OC IV, 262; Die Episode beschreibt PLUTARCH, Cato der Ältere (Parallele Lebensläufe), Abschnitt 20.

[26] Státní oblastní archiv v Zámrsku [Staatliches Regionalarchiv in Zámrsk; SOA], Familienarchiv (FA) Kinsky, K. 9, Inv. Nr. 114, Rudolf Chotek an Leopold Gf. Kinsky, Wien 23. 10. 1758, fol. 23r.

[27] Ferdinand Kinsky (geb. 1738) und Philipp Kinsky (geb. 1741) weilten am Theresianum seit 1753, also vom Alter von 15 bzw. 12 Jahren. Max Frhr. v. GEMMELL-FLISCHBACH (Hg.), Album des kaiserl. königl. Theresianums (1746–1880). Wien 1880, 28, Nr. 269 und 270 und 348.

[28] Karl Raimund und Josef von Windischgraetz weilten am Theresianum von 1775 bis 1784. GEMMELL-FLISCHBACH, wie Anm. 27, Nr. 825 und 826.

Söhne in die Armee schicken wollten, oder die am Hof gut etabliert waren, sahen es als eine Ehrensache an. So studierten bereits im ersten Jahrgang die Söhne des obersten Stallmeisters Heinrich Fürsten von Auersperg und die älteren Söhne des Obersten Hofmarschalls Johann Josef Grafen von Khevenhüller-Metsch.[29] Bis auf wenige Studenten mit dem bloßen „von" gab es am Theresianum nur adelige Zöglinge.

Die isolierte Adelserziehung trug dazu bei, dass der aufgeklärte Kaiser Josef II. entschied, diese adelige Akademie aufzuheben. In dem Erlass vom Jahr 1784 erklärte er, dass ihn wirtschaftliche Gründe bewogen haben, weil er die Stiftsplätze für eine effiziente Ausbildung von verschiedenen Jugendlichen ausnützen wolle. Daneben führte er aus: „Dieser erweiterte Vortheil der öffentlichen Erziehung ist zugleich dem Vortheile der Prinzenerziehung vereinbaret. In den gemeinschaftlichen Erziehungshäusern, wo eine so große Anzahl Jünglinge von verschiedenen Gaben, Gesinnungen und Neigungen beisammen wohnte, wo, ohne auf die Fähigkeiten oder Schwäche, auf das das Erforderniß des Temperaments bei Einzelnen sehen zu können, nothwendig alle nach einem gleichförmigen Plan behandelt wurden, mussten sorgfältigen Eltern nothwendig Manches zu wünschen übrig bleiben." Der Landesvater rühmt sich dann, dass er mit der Aufhebung des Theresianums die Eltern in der Familienerziehung unterstütze. Er habe sie „in das Recht eingesetzt, ihre Kinder unter ihren Augen zu haben, ihrer Erziehung selbst vorzustehen, und [...] durch Bildung wohlgesitteter und brauchbarer Bürger dem Staate ihre Dankbarkeit abzutragen." So begründet der aufgeklärte Landesfürst seine Entschließung mit Argumenten der Reformpädagogik, wie sie bereits von Rousseau ausgeführt wurden. Das hinderte ihn allerdings nicht daran, dass er im folgenden Abschnitt eine gegensätzliche Meinung vertritt. „Einer der vorzüglichsten Vortheile aber, welcher aus dieser abgeänderten Erziehungsanstalt entspringt, ist dieser, dass die adelige Jugend künftig die höheren Wissenschaften öffentlich auf den Universitäten und Lizäen studiert, wo sie sich von den übrigen Ständen Klassen nicht anders, als durch ihren vorzüglichen Fortgang auszeichnen kann, [...] wo die unteren Klassen mit den höheren in der Verwendung wetteifern und die letzteren sich es ohne Zweifel zur Schande rechnen werden, in diesem Wetteifer zu unterliegen, wo endlich die Jugend von allen Klassen durch freundschaftliche Näherung den Grund zur Aus-

---

[29] Siehe GEMMELL-FLISCHBACH, wie Anm. 27, Nr. 18, 72, 91, 179; IGÁLFFY-IGÁLY, Theresinaum, wie Anm. 1, 240.

reutung eines Vorurteils legen wird, dessen schädlicher Einfluss Bürger desselben Staates unter sich bis jetzt beinah fremd gemacht."[30]
Die adelige Akademie hatte sich erübrigt. Die restlichen Zöglinge wurden in die Ingenieurschule geschickt, manche gingen in die Militär-Akademie in der Wiener Neustadt, manche gingen direkt in die Armee.

II. Wissensvermittlung: Staatswissenschaftlicher Fächerkanon kontra Hierarchie

Das Hauptanliegen dieses Aufsatzes ist die Frage nach der Qualität bzw. Aktualität des theresianischen Wissenschaftsmodells. Mit anderen Worten: Gab die Akademie einen zeitgemäßen Unterricht in Wissenschaften, der die reformierten Universitäten im Ausland ersetzen konnte? Diese Frage setzt voraus, dass wir den Wandlungsprozess der Wissenschaften kurz charakterisieren. Es ging um den Paradigmenwechsel, der im ausgehenden 17. Jahrhundert einsetzte. Es ist dabei zu betonen, dass das System von „ars et scientia" seit der Entstehung des rationalen Wissenschaftssystems im 12.–13. Jh. in stetiger Bewegung begriffen war. Jedoch, für die Zeit der Aufklärung haben die Veränderungen des vorherigen Jahrhunderts ein größeres Gewicht, als die im späten Mittelalter. In Bezug auf die in Halle/S., Jena, Frankfurt/O. und Göttingen begonnene Reform der höheren Studien lassen sich diese Veränderungen wie folgt charakterisieren:[31] Die juristischen Wissenschaften (jus naturae, jus publicum, usus modernus im römischen Recht) werden von der Bindung an die Schulmetaphysik gelöst und empirisch orientiert. An die Stelle der Leitwissenschaft kommt die auf Naturrecht gegründete Jurisprudenz. In diesem Prozess kommt der Geschichte als Hilfsfach eine große Bedeutung zu, weil sie diesem neuen Wissenschaftsverständnis die empirische Datenbasis schafft. Das neue Paradigma stützt sich nicht mehr so stark auf den antik-christlichen Schriftenkanon,

---

[30] „Umstaltung und künftige Verfassung der theresianisch-savoyschen Akademie" (1. 8. 1784). In: Josephs Gesetzehandbuch enthält die Verordnungen und Gesetze vom Jahre 1780 bis 1784, Bd. 1. Wien: Joh. Georg Moesle 1785, 377–387.

[31] In der Universitätsreform gehe ich grundsätzlich aus von: Notker HAMMERSTEIN, Jus und Historie. Ein Beitrag zur Geschichte des historischen Denkens an deutschen Universitäten im späten 17. und frühen 18. Jahrhundert. Göttingen 1972; Anton SCHINDLING, Bildung und Wissenschaft in der frühen Neuzeit. München 1999. Für die wissenschaftliche Umwandlung siehe: Rudolf VIERHAUS (Hg.), Wissenschaften im Zeitalter der Aufklärung. Göttingen 1985; Richard VAN DÜLMEN/Sina RAUSCHENBACH (Hg.), Die Macht des Wissens. Die Entstehung der modernen Wissensgesellschaft. Köln/Weimar/Wien 2004; Steven SHAPIN, Die wissenschaftliche Revolution. Stuttgart 1995. (In diesen Werken gibt es weiterführende Literatur).

sondern legitimiert sich durch den Nutzen in der Praxis. Diese Neuorientierung öffnete den Weg zu politischen und ökonomischen Wissenschaften (Kameralistik, Statistik, Polizeiwissenschaft, Landwirtschaft) und emanzipierte die Naturwissenschaften und mechanischen Künste (Mathematik, Experimentalphysik, Mechanik, Hydraulik usw.), die von dem artistischen Kurs zu den tonangebenden Wissenschaften emporsteigen. Mit diesen Veränderungen verwandelt sich der juristische Kurs in ein neues System der politischen Wissenschaften, das dem Gebot der allgemeinen Wohlfahrt untergeordnet ist. Für dieses System ist die Verbindung von Jus, Politik, und Historie charakteristisch, die erst im frühen 19. Jahrhundert aufgelöst wird. Die Kehrseite dieses Prozesses war die Vernachlässigung der Philosophie. Sie wird zwar von der Obhut der Theologie gelöst, aber sie bleibt in einer untergeordneten Position gegenüber den neuen Leitwissenschaften. Als Bestandteil der politischen Wissenschaften fungiert Philosophie nach wie vor als Propädeutik für die höheren Wissenschaften. Jedoch, die pragmatische Orientierung der Aufklärung führte zur intensiven Beschäftigung mit der Ethik (praktische Philosophie), die in den Mittelpunkt des philosophischen Unterrichts rückt.

Nun müssen wir fragen, ob es an der Theresianischen Akademie zu ähnlichen Veränderungen gekommen war. Wir sollen hervorheben, dass die oben genannten Veränderungen an verschiedenen Universitäten von 1694 bis etwa 1760 durchgeführt wurden. Vollständig wurde dieses Modell nur an der Göttinger Universität umgesetzt. Daraus folgt, dass diese Änderungen in Wien nicht blitzartig durchgeführt werden konnten. Wir müssen auch vorwegnehmen, dass wir nur die höheren Studien am Theresianum in den Blick nehmen werden.[32] Für die Grammatik und Humaniora würde diese Fragestellung keinen Sinn ergeben. Jedoch auch die Bedeutung der „höheren Studien" verwandelte sich im Verlauf des Jahrhunderts. Ursprünglich verstand man darunter die Logik, Physik, Metaphysik und Jura, im Ausgang des Jahrhunderts bezog sich die Bezeichnung auf ein breit verzweigtes Fächersystem, das einer strikten Hierarchie nicht mehr unterlag und das man nicht mehr als Einheit studieren konnte.

Das Lehrprogramm am Theresianum ging bekanntlich von ratio studiorum aus.[33] Im ersten Abschnitt seiner Existenz erlebte das Theresianum nicht weniger als sechs Lehrprogramme, die sich langsam von der ratio studiorum abwandten (1746, 1749, 1753/55, 1776, 1782). Jedoch das Prob-

---

[32] Grundlegend: Johann SCHWARZ, Die niederen und höheren Studien an der k. k. Theresianischen Akademie in Wien. I. In: Jahresbericht des Gymnasiums der Theresianischen Akademie (1903), 1–28; II. (1904), 1–16.
[33] Ratio adque institutio studiorum. Rom 1986; G. M. PACHTLER (Hg.), Ratio studiorum et institutiones scholasticae Societatis Jesu, Bd. 1–3. Berlin 1887–1890.

lem des jesuitischen Unterrichts lag nicht im Mangel an Qualität, sondern darin, dass die Jesuiten den Unterricht im juristischen Kurs und anderen dazugehörigen Wissenschaften nicht gewährleisten konnten.[34] Die Jesuiten unterrichteten lediglich Grammatik, Humaniora, die artes (Logik, Physik, Metaphysik) und christliche Ethik. Dazu konnten sie noch manche Natur- und Hilfswissenschaften hinfügen, bestenfalls jus canonicum, und gelegentlich römisches Zivilrecht.[35] Die Achse des Unterrichts war freilich Latein und Religion. Aus diesem Grund zeigte sich die lange Abkehr von der ratio studiorum in der Verdrängung dieser zwei Unterrichtsgegenstände. Zuerst hielten sich die Jesuiten an das Prinzip, dass die Zöglinge nur auf Latein kommunizieren dürfen, um die Sprache am besten zu beherrschen. In der „Ritterakademie" von 1755–1758 unterrichtete man nach dem Leipziger Vorbild die deutsche Beredsamkeit, die ab 1766 als deutscher Geschäftsstil gelehrt wurde.[36] Damit trat die Muttersprache stärker in den Unterricht ein, sie wurde als Unterrichtssprache in den politischen Wissenschaften verwendet. 1764 verbot man die lateinischen Schulkomödien, aber erst 1776 wurde das Lateinsprechen in der Freizeit endlich aufgegeben. Die modernen Sprachen wurden freilich von Anfang an unterrichtet, aber manchmal nur von „Sprachmeistern", die nicht als Angehörige des gelehrten Körpers angesehen wurden. Es ging um Französisch, Italienisch, Tschechisch, Ungarisch und sogar Englisch.[37] Es lohnt sich zu erwähnen, dass Tschechisch von einem Türhüter unterrichtet wurde.[38] Mit Blick auf die französische Orientierung des Adels drängt sich die Frage auf, wie häufig das Französische in der Praxis gesprochen wurde. War es eine ernste Konkurrenz für das Deutsche?

Was die Religion angeht, müssen wir betonen, dass das Theresianum keine theologische Fakultät bzw. Konvikt umfasste. In dieser Hinsicht machten die Jesuiten bereits am Anfang eine Konzession an die staatlichen

---

[34] Dazu Dominique JULIA, Généalogie de la « ratio studiorum ». In: Luce Giard/Louis Vaucelles (Hg.), Les jésuites à l'âge baroque (1540–1640). Grenoble 1996, 115–129.

[35] Ein Jesuit, J. Goderer, lehrte bis 1753 sogar jus naturae. Vgl. SCHWARZ, Studien I, wie Anm. 32, S. 13.

[36] Zu Sonnenfels „Geschäftsstyl" vgl. Waltraud HEINDL, Joseph von Sonnenfels. Skizzen zu einem „patriotischen" Lehrer und Beamten. In: Emil Kordiovský (Hg.), Moravští Židé v rakousko-uherské monarchii (1780–1918) [Die mährischen Juden in der Öst.-Ung. Monarchie]. Brünn o. J. [2003], 303–314, hier S. 308–310.

[37] Die Lehrer des Englischen sind ab 1767 belegt. Vgl. IGÁLFFY-IGÁLY, Theresianum, wie Anm. 1, 244–245.

[38] J. W. Pohl arbeitete ansonsten als k. k. Kammertürhüter. Er veröffentlichte eine Grammatik und ein Wörterbuch des tschechischen. SCHWARZ, Studien I, wie Anm. 32, 12. Vgl. Stefan M. NEWERKLA, Josef Valentin Zlobický im Kreise seiner Vorgänger und Zeitgenossen. In: Wiener Anteil an den Anfängen der tschechischen Nationalen Erneuerung. Prag 2004, 137–158.

Anforderungen. Die Religion nahm jedoch in der frühen Phase eine wichtige Stellung ein. Von 1746 bis 1753 wurde Religion in den Grammatik- und Humanitätsklassen memoriert, wie es der ratio studiorum entsprach.[39] Die Zöglinge mussten monatlich zur Beichte gehen. Nach dem Lehrplan für die niederen Klassen und Humaniora von 1753 hatten die Grammatisten Katechismusunterricht, die Rhetoren und Poeten noch höheren Katechismus und geistliche Unterweisung über eine „christliche Tagesordnung". Für die Philosophen wurde der Religionsunterricht auf Sonn- und Feiertage reduziert. Ihre moralische Erziehung bestand aus „christlichen Reflexionen" und Unterweisung über das Neue Testament. So gelang es den Jesuiten den religiösen Unterricht ins Lehrprogramm einzuschmuggeln und diese Verfügung wurde auch von den Piaristen beibehalten.

Trotzdem gilt, dass die jesuitische Moralerziehung der Aufklärung entgegenkam. Dieser Schluss klingt vielleicht paradox, aber wenn wir die jesuitische Lehre ohne Vorurteile untersuchen, können wir ihn eigentlich nicht bestreiten. Die ratio studiorum sah vor, dass man der Ethik nach Aristoteles eine geraume Zeit widmet. Es lag daran, wie man die aristotelische Ethik auslegt. Die Entwicklung der jesuitischen Moralphilosophie im 17. Jahrhundert richtete sich auf die Verteidigung der Freiheit des Willens und damit förderte sie den sprichwörtlichen „Ausgang aus der selbstverschuldeten Unmündigkeit". Das war sicher günstiger als die jansenistische Passivität, oder der Fatalismus der materialistischen Ethik. Obwohl der extreme Molinismus nicht überall akzeptiert wurde, war dieser liberalistische Standpunkt für die Jesuiten typisch und machte ihnen viele Feinde. In der Tat sind die meisten französischen Aufklärer aus den jesuitischen Schulen hervorgegangen (Helvétius, Voltaire) und man gab den Jesuiten Schuld an ihren kühnen Ideen über die Religion.[40] In der Mitte des 18. Jahrhunderts akzeptierten die Jesuiten und die Piaristen offiziell das wolffianische System und zeigten mehr Offenheit gegenüber der weltlichen Philosophie.[41]

---

[39] Die Lehrpläne von 1753 und 1754 in: SCHWARZ, Studien I, wie Anm. 32, 6–7. (Humaniora), 12–16 (Jura).
[40] Über die Einstellung der Jesuiten zu Problemen der aufgeklärten Ethik siehe David Warner SMITH, Helvétius. A Study in Persecution. Oxford 1965, 126–139.
[41] Stanislav SOUSEDÍK, Filosofie v českých zemích mezi středověkem a osvícenstvím [Philosophie in den böhmischen Ländern zwischen Mittelalter und Aufklärung]. Praha 1997, 262–290; Jiří KLABOUCH, Osvícenské právní nauky v českých zemích [Rechtswissenschaften der Aufklärung in den böhmischen Ländern]. Praha 1958, 135ff; Notker HAMMERSTEIN, Christian Wolff und die Universitäten. In: Werner Schneiders (Hg.), Christian Wolff 1679–1754. Hamburg 1983, 266–277; DERS., Besonderheiten, wie Anm. 17, 806; Horst RÖHLING, Bemerkungen zur Wirkung Christian Wolffs in Ost- und Südosteuropa. Ebd., S. 278–288; H.-M. GERLACH (Hg.), Christian Wolff – seine Schule und seine Gegner (=Aufklärung, Sdb. 12/2, 1997), Hamburg 2001.

Dieser Wandel zeigte sich auch in der gesteigerten Beschäftigung mit der Ethik, die wieder zum Gegenstand gelehrter Schriften wurde.[42] Die Jesuiten Josef Jurain, Georg Langer und Anton Boll, bzw. Michele Grandi gehörten zu dieser Denkströmung. Boll eignete sich sogar die antischolastische Rhetorik an und bekannte sich zu der Philosophie „nach Descartes".[43] Am Theresianum lehrte der merkwürdige ungarische Jesuit Ferenc Faludi (1704–1779), der in dieser Zeit anfing die weltliche Erziehungsliteratur für Adelige ins Ungarische zu übersetzen.[44] Paradoxerweise unterrichtete er hier in den Jahren 1746–1748 das römische Recht, aber er vermittelte den Adeligen zugleich die weltlich orientierte Moralphilosophie. 1748 übersetzte er William Darrells Abhandlung über das tugendhafte Leben der Edelmänner und Edelfrauen (*Nemes ember, nemes asszony*), ab 1750 gab er die Maximen aus Gracians „Oraculo manual" heraus, und zwar unter dem Titel „Hofmann" (*Udvari ember*, 1750–1771). Diese Werke vermochten den Hofadel nicht nur zu unterhalten, sondern auch zu moralisieren. Nach der Einführung der politischen Wissenschaften 1766 wurde jedoch Ethik auch im Rahmen der Kameralistik unterrichtet. Dadurch wurden die Zöglinge mit einer Art säkularisierten Ethik konfrontiert, die sich an der Maxime der allgemeinen Wohlfahrt orientierte. Der Unterricht in Ethik orientierte sich nach 1782 an dem System von Friedrich Christian Baumeister.[45] Da dieser sächsische Philosoph zu den Anhängern von Wolffs Philosophie angehörte, wurde damit die Vorherrschaft des wolffschen Systems gefestigt. Darüber werden wir allerdings mehr in dem Abschnitt über die politischen Wissenschaften sagen.

Man gibt den Jesuiten bzw. der katholischen Kirche die Schuld an Beschränkung der Freiheit der Lehre. Am Anfang bestand sicher eine Rivalität zwischen den Patres und den weltlichen Lehrern der Jura. Jedoch, die Freiheit der Lehre wurde vorwiegend durch den Staat gefährdet. Davon

---

[42] SOUSEDÍK, Filosofie, wie Anm. 39, 266. Zu den Jesuiten in der Habsburgermonarchie des 18. Jh. vgl. Antonio TRAMPUS, I gesuitti e il illuminismo. Politica e regione in Austria e nell'Europa centrale 1773–1798. Florenz 2000. Ebenso andere Werke desselben Autors, der die Anpassungsstrategien der Jesuiten ähnlich illustriert. Es ist mir nicht gelungen, moralphilosophische Schriften von den theresianischen Jesuiten ausfindig zu machen.

[43] Anton BOLL, S. J., Institutiones philosophiae activae. Prag 1759.

[44] D. h. „Des Herrn Dorrel unterrichteter Edelmann…, Augsburg 1754 (A Gentleman instructed in the conduct of a virtuous and happy life, 3 Bde. London 1727)" Vgl. Domokos KOSÁRY, Culture and society in eighteenth century Hungary. Budapest 1987, 191–192.

[45] Friedrich Christian BAUMEISTER, Institutiones philosophiae moralis. Ofen 1779. Vgl. Schwarz, Studien II, 3; Es geht um den zweiten Teil von Baumeisters „Elementa philosophiae recentioris (1747)." Das Buch war 1774, 1776 und 1777 in Wien und 1775 in Prag aufgelegt. Die Ofener Ausgabe habe ich nicht finden können.

zeugt der Fall des Prof. Johann Baptist Picker.[46] Er zählte sich zu den ersten weltlichen Lehrern der Jura, die schon 1747 unterrichteten. Paradoxerweise lehrte er römisches Recht und jus publicum, während das Naturrecht den Jesuiten übergeben wurde. Im Oktober 1753 wurde er auf Antrag der Bücherzensurkommission seines Amts enthoben.[47] Der Grund war sein lateinischer Aufsatz über jus gentium und jus naturae, den er dem Verbot der Kommission zum Trotz veröffentlichte. Zu wenig ist über diesen Zwischenfall bekannt, aber er würde sicher die Aufmerksamkeit der Forschung verdienen. So weit können wir über ihn nur herausfinden, dass er ein fleißiger Schriftsteller war, obwohl seine Vorlesungen traditionell orientiert waren.[48] Ähnliche Streitereien vertrieben vielleicht den berühmten Justi, der hier 1750–1754 unterrichtete. Er floh aus Wien im Mai 1754, unter dem Vorwand, dass er in Urlaub gehe. Langfristig wirkten die staatlichen Schulordnungen nach 1754 sehr restriktiv.

Der Staat versuchte trotzdem, die Macht der Jesuiten an der Akademie zu mindern. Bereits 1753 wurde von dem jesuitischen Collegium eine weltliche „Ritterakademie" abgesondert, die der jesuitischen Direktion entzogen wurde. Diese progressive Lehranstalt wurde mit dem neuen Lehrprogramm für die höheren Studien von 1755 versehen.[49] Neben der Erweiterung und Vertiefung des Unterrichts in jus naturae, jus publicum und jus criminale, brachte diese Reform auch die Einrichtung eines Collegiums practicums, wo der verhängnisvolle J. B. Picker das jus publicum und Prozessrecht unterrichten sollte.[50] Für dieses Collegium wurde auch Johann Heinrich Gottlob von Justi einberufen, um Kameralistik zu lehren. Der Ausbruch des Siebenjährigen Kriegs und Mangel an Interesse von seiten des Adels brachte dieses Unternehmen zum Scheitern. 1758 wurde die Ritterakademie aufgehoben und das Theresianum wurde wieder unter der Oberaufsicht der Jesuiten vereinigt.

Die Exjesuiten behielten ihre Positionen an der Akademie auch nach der Aufhebung des Ordens. Der letzte jesuitische Direktor P. Theodor Cronstein, S. J., der früher Philosophie unterrichtete, behielt seinen Posten bis 1776. Erst in diesem Jahr ging die Führung an den Piaristen Gratian

---

[46] Vgl. GUGLIA, Das Theresianum, wie Anm. 1, 90; laut Schwarz wurde er erst 1750 bestellt. SCHWARZ, Studien I, 4.
[47] Vgl. SCHWARZ, Studien I, S: 13; GUGLIA, Das Theresianum, 90 (Guglia gibt hier falsche Daten).
[48] Johannes Baptist PICKER, Praelectiones academicae in Digesta. Wien 1749. [ÖNB 34.N.28.]
[49] Der Verfasser des Plans war Professor für jus publicum Romano-Germanicum Dr. Christian Beck und er war vom Hofrat Thor verändert. Vgl. SCHWARZ, Studien I, 9, 13.
[50] Ebd., 10. Picker wurde durch Engelschall abgelöst.

Marx (1720–1784) über, der einen neuen Lehrplan verfasste.[51] Die Exjesuiten unterrichteten am Theresianum bis zur Aufhebung der Anstalt. Der piaristische Studienentwurf vollzog jedoch die Reform der höheren Studien, die auf den niederen Stufen bereits nach 1763 einsetzte. Durch diese Reformen erhielt das Theresianum das ganze Spektrum der „politischen Wissenschaften", inklusive Kameralistik, Landwirtschaft, doppelter Buchhaltung, Experimentalphysik, Geschichte und der Hilfswissenschaften. Das geschah kurz vor den josefinischen Reformen, die das Lehrangebot wieder einschränkten. Dem Direktor wurde es 1782 verboten, weitere Lehrer der höheren Studien aufzunehmen, und er wurde aufgefordert, das Lehrangebot dem Generalstudienplan anzupassen. Der Lehrplan von 1782 beschränkte das theoretische Studium der Physik, Mathematik und Landwirtschaft, bot aber zusätzlich fakultative Fächer für talentierte Studenten.[52]

Nun möchte ich auf den Unterricht von Jura, politischen Wissenschaften und Physik näher eingehen. Versuchen wir zu zeigen, welche Lehrbücher herangezogen wurden und welche Auffassung von jeweiligem Fach vermittelt wurde. Es gibt immer noch Quellen, die uns über die Wissensvermittlung informieren: gedruckte Lehrpläne, veröffentlichte Vorlesungen der Lehrer und Dissertationen der Schüler, Inventare der theresianischen Bibliothek,[53] ebenso wie die Rechnungen der ehemaligen Schüler der Anstalt. Wenden wir uns zuerst ‚Jus und Historie' zu, den zwei Namensgebern der neuen Richtung. Für den juristischen Lehrgang waren zuerst drei Jahre angelegt, die ab 1772 auf vier ausgedehnt wurden.[54] Jura blieb nach wie vor der Höhepunkt des Studiums, obwohl der Fächerkanon um ökonomische und naturwissenschaftliche Fächer erweitert wurde. Der juristische Unterricht zeigt, dass die Universitäten Leiden und Leipzig, die dem erbländischen Adel sehr gut bekannt waren, als Vorbild dienten. Zu den Zöglingen des berühmten Vitriarius zählte sich auch der Vizekanzler Johann Karl Chotek,[55] der die Reform von 1753/55 vorantrieb, ebenso wie Paul Josef

---

[51] Der Plan von 1775 veröffentlicht 1779. Dazu SCHWARZ, Studien I, wie Anm. 32, 22–24.
[52] Nachricht von der theresianisch-savoyschen Akademie. Wien: Kurzböck 1783; SCHWARZ, Studien II, wie Anm. 32, 2–4.
[53] Teilweise bekannt aus: Michael DENIS, Die Merkwürdigkeiten der k. k. garellischen öffentlichen Bibliothek am Theresiano. Wien 1780. [ÖNB 235892-C]; Bücherverzeichnisse von 1785 abgedruckt in: SCHWARZ, Studien II, wie Anm. 32, 14–15.
[54] In der „Ritterakademie" von 1755–1758 wurden für Jura auch vier Jahre festgesetzt.
[55] In seinem Nachlass in Prag gibt es bis heute Unterlagen, die zeigen, dass die Reform nach Pickers Flucht in die Hände von P. J. Riegger gelegt wurde. SOA in Praha, FA Chotek, K. 29, Inv.-Nr. 499.

Riegger, der sie mitgestaltete.[56] Vor 1753 lehrte man vorwiegend römisches Recht und Kirchenrecht, die von zwei Jesuiten gelehrt wurden. Mit kurzem Abstand folgten zwei weltlichen Professoren: Johann Baptist Picker (1747) und Christian August Beck (1748). Die veröffentlichten Vorlesungen der beiden Professoren zeigen, dass sie ernstlich versuchten, den Unterricht in jus publicum auf einer breiten Basis aufzubauen.

Die staatlichen Reformen von 1753 veränderten die Umstände. Jus naturae wurde an allen Universitäten eingeführt. Am Theresianum wurde jus naturae wahrscheinlich vorher gelehrt, aber der Unterricht basierte nur auf Grotius und darüber hinaus wurde er von einem Jesuiten, Josef Grodner, erteilt. Während der Reform von 1753–1755 kritisierte Paul Josef Riegger zurecht die Verwendung des überholten Grotius, dessen Abhandlung auf Latein geschrieben war. Er empfahl, dass man den Kommentar von Michael Heinrich Giebner[57] und des Württemberger Gelehrten Johann Georg Kulpisius[58] verwende. Auf jeden Fall war seine Kritik begründet, Grotius an sich reichte nicht aus. Die Lage verbesserte sich nach 1754, als Karl Anton Martini den Lehrstuhl für jus naturae und jus civile erhielt. Seine Kommentare zum jus naturae stützten sich auf Wolff, aber er brachte wenig Neues dazu.[59] Wolff war in dieser Zeit schon veraltet und in der zweiten Hälfte des 18. Jahrhunderts wirkte seine Philosophie als Hindernis für die Rezeption neuerer Ideen. Auch Martinis Gedanken wirkten bald sehr konservativ. In seiner Staatslehre bekämpfte er hartnäckig den aufgeklärten Kontraktualismus. Im Gegensatz zu Rousseau vertrat er die Meinung, dass die Bürger auf ihre Rechte durch die Staatsgründung verzichteten; deswegen habe der Staat keine Verpflichtungen ihnen gegenüber.[60] Seine in den 1760er Jahren veröffentlichten Werke zum Naturrecht waren ab 1773 verbindlich für alle juristischen Fakultäten in den Erbländern geworden.[61]

Diese Themen sind freilich dem jus publicum zuzuordnen. Dieses Fach wurde zuerst nach den Lehrbüchern des Leipziger Professors Mascov ge-

---

[56] Eckhart SEIFERT, Paul Joseph Riegger (1705–1775). Ein Beitrag zur theoretischen Grundlegung des josephinischen Staatskirchenrechts. Berlin 1973.
[57] Michael Heinrich GIEBNER, Principia juris prudentiae illustris. Erfurt 1745.
[58] Johann Georg KULPISIUS, Collegium Grotianum. Stuttgart 1701.
[59] Vgl. Jiří KLABOUCH, Nauky, wie Anm. 41, 180–181; zu Martini: Michael HEBEIS, Karl Anton Martini (1726–1800): Leben und Werk. Frankfurt/M. 1996.
[60] MARTINI, Positiones de jure civitatis. Wien 1768, cap. I–IV; zit. KLABOUCH, Právní nauky, wie Anm. 41, 185. Hebeis, Martini, wie Anm. 59, 35–36, 130. Obwohl Martini galt in den 1780er Jahren als Verteidiger von ständischen Interessen. Vgl. Hebeis, Martini, wie Anm. 59, 73.
[61] Karl Anton MARTINI, De Lege naturali Exercitationes. Wien 1766; DERS., Ordo historiae juris civilis. Wien 1755.

lehrt.[62] Natürlich ging es zuerst um jus publicum imperii Romano-Germanici und jus publicum universale. Die starke Stellung von Mascovs Werken ist auf das normgebende Vorbild der Universität Leipzig zurückzuführen, aber dieser Einfluss wurde bald gebrochen. Christian August Beck verfasste noch vor der Reform einen eigenen Kommentar über jus publicum germanicum, wo er den Adeligen eine cäsaristische Auffassung vermittelte.[63] Wichtig ist, dass er auch ein Lehrbuch über das „ius publicum austriacum" verfasste.[64] Damit bewies er, dass auch jus publicum der Erbländer tatsächlich unterrichtet wurde und zwar aus ähnlichen Rechtsquellen, wie das empirisierte Jus publicum germanicum. Es fragt sich, welche Lehrbücher in dem Unterricht häufiger Gebrauch fanden. In der Tat wies der Unterricht in „österreichischem Recht" im Vergleich zu Böhmen und Ungarn einen Rückstand auf. Das lag sicher an der Differenziertheit der altösterreichischen Länder, aber auch an mangelnden juristischen Traditionen. Der Lehrstuhl für österreichische Rechtspraxis wurde an der Universität erst 1774 eingerichtet und erst ab 1776 besuchten auch die Theresianisten diese Vorträge.

Auf dem Niveau von jus publicum universale sah es anders aus. Hier wurden in den 1760er Jahren die Werke von Karl Anton Martini ausschlaggebend. Die adeligen Studenten erlernten eine auf die Verteidigung der absoluten Monarchie ausgerichtete Staatslehre, die sich auf den scholastisch aufgefassten Kontraktualismus stützte. Der Staat entsprang einem besonderen gesellschaftlichen Vertrag unter den Familienoberhäuptern, die sich freiwillig dem Staat unterwarfen. Von daher seien sie dem Landesfürst zu Gehorsamkeit verpflichtet und besitzen kein Recht, seine Entscheidungen zu beurteilen. Der Landesfürst selbst sei nicht an die Gesetze gebunden.[65]

Römisches Recht wurde nach den Lehrbüchern von J. F. Ludovicus[66] und J. G. Heiniccius[67] vorgelesen und zwar in den ersten zwei Jahren des

---

[62] Ausführlich wird erwähnt: Johann Jakob MASCOV, Principia juris publici imp. Romano-Germanici. Leipzig 1729 (1. Aufl.); DERS., Abriß einer vollständigen Geschichte des römisch-deutschen Reiches. Leipzig 1722 (1. Aufl.). Vgl. SCHWARZ, Studien I, wie Anm. 32, 15.
[63] Christian August BECK, Commentatio academica de origine et notizia errorum in jure publico imperii Rom. Germanici. Wien 1748. [ÖNB 227976-B].
[64] DERS., Specimen juris publici austriaci…ex ipsis legibus actisque eruti. Wien 1750. [ÖNB 37.D.46].
[65] KLABOUCH, Právní nauky, wie Anm. 41, 183. Hebeis, Martini, wie Anm. 59, 130.
[66] Jakub Friedrich LUDOVICI, Supplementa ad Lauterbachii compendia, o. O., o. J. Es ging um Kommentar zu „Compendium juris" (1679) von Wolfgang Adam Lauterbach, ein Grundwerk des usus modernus. Jedoch ist es zu fragen, welcher von den vielen Rechtsgelehrten mit dem Namen „Ludovici/Ludewig" dieses Werk verfasste.

juristischen Lehrgangs. Den Studenten wurde also usus modernus des 17. Jahrhunderts vermittelt. Jus canonicum wurde nach 1753 von dem weltlichen Professor Paul Josef Riegger unterrichtet und zwar nach dem Kompendium von Gravina.[68] Später lehrte er anhand seiner eigenen Handbücher, die von Wolff ausgingen. Damit verließ er die katholische Orthodoxie, aber seine dem Febronianismus nahen Ansichten waren zu Ausgang des 18. Jahrhunderts bereits überholt.[69]

„Jus criminale" lehrte Professor Johann Peter Banniza aus Bamberg nach seinen eigenen Lehrbüchern. Er wurde 1754 an die Universität berufen und ab 1758 hielte er auch Vorträge am Theresianum und an der Savoyschen Akademie.[70] Sein Buch „Systema jurisprudentiae criminalis" von 1755 geht auf eine ältere Abhandlung zurück und stellt eigentlich nur einen Kommentar zum alten „Carolinum" (1532) dar.[71] Inhaltlich geht es um einen „Ausdruck des mittelalterlichen Geistes"[72]: Banniza verteidigte die Tortur, erkannte Blasphemie als Verbrechen, zitierte noch die Kommentare von Bartolus de Saxoferrato... Trotzdem wurde dieses Lehrbuch im Studienplan von 1754 als Grundlage für alle Vorträge über jus criminale angegeben. Seine Tätigkeit bedeutete also kaum einen Fortschritt der zeitgemäßen Rechtlehre, erst der Auftritt des jungen Josef Anton Riegger gegen die Magie und Josefs von Sonnenfels gegen die Folter brachten eine Wende.

Im Allgemeinen scheint das juristische Studium sehr konservativ zu sein. Zwar wurden die ausländischen Lehrbücher bald von den heimischen Werken abgelöst, aber diese waren nur selten originell. Wolffs Natur- und Staatsrecht wurde zu spät als Grundlage angenommen und durch die quasi-neuen Lehrbücher wurde die Vorherrschaft seiner Philosophie künstlich verlängert. Zu den „Besonderheiten" gehört auch das Beharren auf jus publicum universale, das in der Jurisprudenz bereits in Halle/S. überholt worden war.[73] Die auf Grotius basierende Naturrechtslehre wurde am Theresianum auch länger als anderswo beibehalten. Auf der anderen Seite förderte das Theresianum den Unterricht in den Gesetzen der Erbländern, sogar jus publicum. Laut den Studienplänen wurde der Unterricht in böhmi-

---

[67] Johann Gottlieb HEINICCIUS, Elementa juris civilis ordinem Institutionum. Amsterdam 1741. Heiniccius lehrte an der Reformuniversität Halle/S.
[68] Gianvicenzo GRAVINA, Institutiones juris canonici. Augsburg 1742.
[69] KLABOUCH, Právní nauky, wie Anm. 41, 179–180.
[70] Vgl. KLABOUCH, Právní nauky, wie Anm. 41, 293; seine Abhandlungen erscheinen auch auf den Rechnungen von Windischgrätz vom J. 1761. FA Windischgraetz, K. 234–235, s. f.
[71] „Carolinum" heißt die Kodifikation des Kriminalrechts im Reich, die unter Karl V. 1532 verabschiedet wurde.
[72] So KLABOUCH, Právní nauky, wie Anm. 41, 293.
[73] HAMMERSTEIN, Besonderheiten, wie Anm. 17, 808.

schen, ungarischen und österreichischen Gesetzen bereits 1749 vorausgesehen. Doch wie verhielt es sich mit dem Geschichtsunterricht?[74]

Historie wurde als juristisches Hilfsfach aufgefasst. Sie wurde zuerst von einem jesuitischen Numismatiker zusammen mit Wappenkunde und Geographie gelehrt. Dann wurde der Unterricht dem Prof. Josef Heinrich Engelschall anvertraut, der ansonst die „schönen Wissenschaften" lehrte. Mit anderen Worten, Geschichte wurde am meisten von Lehrern gelehrt, die sich auf andere Fächer spezialisierten. Engelschall widmete mehr Aufmerksamkeit den Künsten, und in seinen Schriften forderte er die Theaterrerofm nach Gottscheds Vorbild.[75] Leider veröffentlichte er nie etwas zur Geschichte. Und welche Gegenstände wurden hier gelehrt? Die Studenten besuchten Vorlesungen über die traditionellen Fächer wie Universalgeschichte, aber auch über die Reichsgeschichte und über Geschichte der habsburgischen Länder. Für Reichsgeschichte wurden zuerst die Lehrbücher von Mascov verwendet, die die neuere Geschichte des Reichs freilich nicht behandelten. Nichtsdestoweniger der fleißige Johann Baptist Picker verfasste bald ein eigenes Geschichtsbuch, das für den Unterricht bestimmt wurde.[76] Jedoch die Methode und Themenstellung von solchen antiquarischen Kompendien war nach dem Auftreten der Göttinger Historiker bereits überholt. Erst im Lehrplan von 1776/79 wird für den Unterricht in Universalgeschichte das Lehrbuch von Johann Christoph Gatterer empfohlen.[77]

Daneben sollten die Studenten auch die Geschichte ihrer Herkunftsländer lernen und hier konnten die ausländischen Vorbilder nicht helfen. Böhmische Geschichte wurde nach Hájeks Chronik gelehrt, die von den Jesuiten als die wichtigste Quelle der Vaterlandsgeschichte anerkannt wurde.[78] Wir sollen hinzufügen, dass die „Böhmische Chronik" von Wenzel Hájek von Libotschan erstmals 1541 aufgelegt wurde und 1596 ins Deutsche übersetzt wurde. Bis 1761 genoss sie eine unantastbare Autorität in Böhmen. Obwohl Hájek dichtete und Phantasien erzählte, wurde er in Böhmen als der „böhmische Livius" verehrt. Doch 1761 begann der Piarist Gelasius Dobner mit der kritischen Herausgabe dieser Chronik und bestritt fast alles, was darin zu lesen war. Es gibt keine Beweise dafür, dass seine

---

[74] Geschichte war als ein juristisches Hilfsfach aufgefasst, was zeigt, dass sie auch von den Juristen vorgetragen wurde.
[75] Josef Heinrich ENGELSCHALL, Zufällige Gedanken über die deutsche Schaubühne zu Wien, von einem Verehrer des guten Geschmacks. Wien 1760. [ÖNB 624216-A].
[76] Johannes Baptist PICKER, Synopsis historiae Germaniae ad usum Regii Theresiani Societatis Jesu Nobilium collegii. Wien 1752. [ÖNB 296148.B].
[77] Johann Christoph GATTERER, Einleitung in die synchronistische Universalgeschichte. Göttingen 1771.
[78] Ein Exemplar war auch im Inventar von 1785 verzeichnet. SCHWARZ, Studien II, 15.

Ansichten in den Unterricht aufgenommen wären. Auf der anderen Seite fing die Beschäftigung mit der böhmischen Landesgeschichte am Theresianum sehr früh an und brachte Werke hervor, die eine große Bedeutung für die böhmische Historiographie haben. Böhmische Geschichte wurde bereits im Lehrplan von 1746 empfohlen und die historischen Themen in den Dissertationen zeigen, dass das Gebot eingehalten wurde.[79] Bereits 1755 legte Joachim Graf von Kollowrat eine Dissertation über die Nachfolger von Cosmas Chronik vor.[80] Später verfasste der Bibliothekar des Theresianums P. Bernardinus Erber eine eigene Abhandlung über böhmische Geschichte,[81] die vielleicht auch gebraucht wurde.

Ungarische Geschichte wurde wahrscheinlich nach den alten Werken aus dem 16. Jahrhundert gelehrt. Im Inventar der Bibliothek befand sich ein Exemplar der „Historia regni Ungariae" von Miklós Istvánffy.[82] Noch größeres Gewicht kam dem zeitgenössischen ungarischen Historiker P. György Pray zu, der am Theresianum persönlich lehrte.[83] Obwohl er quellenkritisch vorging, verteidigte er in seinen Werken auch die alten Herkunftsmythen des ungarischen Adels. In den „Annales veteres Hungarorum", die am Theresianum verwendet wurden,[84] verteidigte er den Mythos von der Kontinuität der Hunnen, Avaren und Magyaren. Es soll hervorgehoben werden, dass diese Beschäftigung mit der böhmischen und ungarischen Geschichte in die Zeit der einseitig zentralistischen Politik (1749–1761) fällt, die kein Verständnis für Ländertraditionen zeigte.

Wenden wir uns nun den „politischen Wissenschaften" zu. Die Kombination von ökonomischen, Polizei-, und Kameralwissenschaften wurde zu-

---

[79] Ludwig Igálffy-Igály, Gedruckte Dissertationen, Prüfungsfragen, Wissenschaftliche Abhandlungen von Absolventen der k. k. Theresianischen Ritterakademie aus der Zeit von 1752 bis 1864. Wien 1972 (Manuskript), Archiv der Universität Wien, Sign. B3199.
[80] Joachim Gf. v. KOLLOWRAT, Continuatio chronici Bohemici, olim conscripta a Cosma. Viennae: Trattner 1753, Archiv der Universität Wien, Igálffys Verzeichnis (wie Anm. 79) Nr. 17 514. Joachim Graf Kollowrat (1734–1765) studierte am Theresianum in d. J. 1748–1753. Er war später als Appelationsrat in Prag tätig. Vgl. GEMMELL-FLISCHBACH, Album, S. 22, Nr. 103.
[81] Bernardinus ERBER, Notitia illustris regni Bohemiae. Wien 1761. [ÖNB 63.B.7]. Er war 1718 geboren, 1764–1767 am Theresianum als Bibliothekar tätig.
[82] SCHWARZ, Studien II, 15.
[83] Er unterrichtete am Theresianum von 1756 bis 1757. Zu seiner Tätigkeit vgl. KOSÁRY, Hungary, wie Anm. 44, S. 150–152.
[84] „Annales veteres Hunnorum, Avarum et Hungarorum. Opera et studio Georgii Pray. Vindobonnae: Disertationes historico-cirticae in Annales veteres Hunnorum etc. Georg Ludwig Schulz 1761–1774." DENIS, Merkwürdigkeiten, wie Anm. 53, 696.

erst in Brandenburg-Preußen in den Schulunterricht eingeführt.[85] Die ersten Lehrstuhle entstanden 1727 an den Universitäten Halle/Saale und Frankfurt/Oder, wo sie in ein neues Fächersystem eingebaut wurden. Die „politischen Wissenschaften" vermittelten nützliches Wissen für Beamte und Bürger, um sie zu tüchtigen Staatsdienern zu machen. Für eine Lehranstalt wie das Theresianum war dieses Fach sicher unentbehrlich. Doch der erste Lehrstuhl für Kameralistik wurde erst an der kurzlebigen „Ritterakademie" (1753–1758) gegründet. Als Lehrer wurde Johann Heinrich Gottlob von Justi (1717–1771) berufen, der die Verschmelzung der politischen Wissenschaften in eine Staatswissenschaft weiter entfaltete.[86] Er war in seiner Jugend der spekulativen Staatslehre Christian Wolffs verpflichtet, aber nach dem Studium der Kameralistik bei Zincke wandte er sich dem praktischen Bereich zu. Am Theresianum sollte er über „deutsche Beredsamkeit und Landwirtschaft" vortragen und war dazu verpflichtet, eigene Lehrbücher zu verfassen. Er veröffentlichte diese Texte erst im Exil, aber sie vermitteln uns ein Bild davon, wie der Unterricht am Theresianum verlief. In Leipzig erschienen die deutsche Stillehre und die „Staatswirtschaft", in Göttingen die „Polizeywissenschaft" (1756). In den Wiener Jahren war er angeblich mit der Lehre Montesquieus konfrontiert, deren Zulassung er als Mitglied der Bücher-Revisions-Kommission mitdiskutierte. Diese Bekanntschaft half ihm, die „politische Wissenschaft" sozialkritisch umzuorientieren, aber diese Wende kam erst nach 1756 zum Ausdruck. Nach der Aufhebung der „Ritterakademie" verschwand die Kameralistik wieder aus dem Lehrprogramm.

Erst nach dem Siebenjährigen Krieg dachte man wieder daran, den verlassenen Lehrstuhl am Theresianum zu besetzen. Bereits 1763 wurde der Lehrstuhl für Kameralistik, Polizeywissenschaft und Geschäftsstil an der Universität Wien gegründet und Josef Sonnenfels wurde zum Lehrstuhlinhaber ernannt.[87] Es ist nicht uninteressant, dass der Schöngeist Josef Heinrich Engelschall aus dem Theresianum sich für diesen Lehrstuhl bewarb. Seiner langjährigen Praxis zum Trotz wurde er abgelehnt, wegen Mangel

---

[85] Siehe: Hans Erich BÖDEKER, Das staatswissenschaftliche Fächersystem im 18. Jahrhundert. In: R. Vierhaus (Hg.), Wissenschaften, wie Anm. 31, 142–161.

[86] Zu ihm vgl. Horst DREITZEL, Justis Beitrag zur Politisierung der deutschen Aufklärung. In: Hans-Erich Bödeker/Ulrich Herrmann (Hg.), Aufklärung als Politisierung – Politisierung der Aufklärung. Hamburg 1987, 158–177; DERS., Absolutismus und ständische Verfassung in Deutschland. Mainz 1992, 100–122.

[87] Karl-Heinz OSTERLOH, Joseph von Sonnenfels und die österreichische Reformbewegung im Zeitalter des aufgeklärten Absolutismus. Eine Studie zum Zusammenhang von Kammeralwissenschaft und Verwaltungspraxis. Lübeck und Hamburg 1970, 33, 123–124; Robert A. KANN, A Study in Austrian Intellectual History. New York o. J., 154.

Adel und Theresianum | 163

an Erfahrung!⁸⁸ Sonnenfels bemühte sich auch um die Professur für die schönen Wissenschaften, aber nun musste er sich umorientieren. Er wählte das Werk von J. H. G. von Justi als Grundlage für seine Vorlesungen⁸⁹ und 1765 veröffentlichte er sein eigenes Lehrbuch: „Sätze aus der Polizey, Handlung und Finanzwissenschaft". Die Regierung nutzte die Gelegenheit aus und betraute den fleißigen Lehrer mit den Vorlesungen am Theresianum und an der Savoyschen Akademie. Seine „Kameralistik" und „Polizeywissenschaft" griffen eigentlich auch in die Bereiche von Ethik und Staatsrecht ein. In diesem Sinne machte er den Ideen seines Lehrers Martini Konkurrenz. Ähnlich wie er, entwickelte Sonnenfels die Staatsphilosophie von Christian Wolff, wobei er vom Prinzip des Gemeinwohls (salus publica) ausging. Doch er eignete sich auch Elemente von Rousseaus Philosophie (z. B. „gemeinschaftlicher Wille") an.⁹⁰ Es wäre allerdings falsch zu erwarten, dass er eine dem Adel feindliche politische Ethik vertreten hätte. Im sozialen Denken bekannte er sich zum Ideal der aristokratischen Verfassung⁹¹ und sein Bürgerideal bedeutete nicht die Verneinung des adeligen Habitus.

Seine Rede zur Eröffnung des neuen Akademischen Jahr an der Savoyschen Akademie 1767 vermittelt uns ein Bild davon, was er den adeligen Studenten ans Herz legte.⁹² Er ging davon aus, dass der gegenwärtige Adel in den Erbländern schon aufgeklärt war. Nur in der dunklen Vergangenheit war der Adel müßig und ungesittet. „Nach diesen Begriffen war es der Adel, mehr als nach der Natur und einer wohltätigen Gemächlichkeit zu bedürfen; es ward Adel, unbehülfich zu seyn, und ohne Beystand des Gesindes sich ankleiden nicht zu vermögen; es ward Adel, von der Schwelle seines Hauses zu dem angränzenden Hause gefahren zu werden, aber von seinem Schlafgemache in den Speisesaal eine Tagfreye zu verrichten zu haben; es ward Adel, vor der gewöhnlichen Nahrung zu ekeln, und nur für leckerne Dinge einen Gaum zu behalten; es ward Adel, ein Müßiggänger zu seyn, der sich leidend verhält, und gleichsam für die Mastung geschaffen ist..."⁹³ Nun schilderte Sonnenfels seinen Studenten den idealen Lebensgang des Adeligen, in dem er betonte, dass „seine Bestimmung der Ruf des Fürsten sei".⁹⁴ Das heißt, er zweifelte nicht an dem Herrschaftsan-

---

⁸⁸ Ebd., 33.
⁸⁹ Ebd., 33.
⁹⁰ Sonnenfels Verhältnis zu Rousseau wird wahrscheinlich zu negativ dargestellt. Das Thema würde eine Überprüfung erfordern. Vgl. OSTERLOH, Sonnenfels, wie Anm. 87, 42; KANN, History, wie Anm. 87, 168–170.
⁹¹ KANN, History, wie Anm. 87, 170. Sein höchstes Ideal war allerdings die Monarchie.
⁹² Josef von SONNEFELS, Das Bild des Adels. Wien: Joseph Kurzböck 1767.
⁹³ Ebd., 7–8.
⁹⁴ Ebd., 16.

spruch des Adels. Es ging nur darum, die notwendigen Kenntnisse für die Ausübung dieses Rechts zu erwerben. Die Betonung der Ausbildung war nichts neues, erstaunlich war eher Sonnenfels Optimismus.

Ganz anders verhielt es sich mit den Naturwissenschaften, denen wir uns im letzten Abschnitt widmen wollen. Die Unterweisung über Physik oder Mechanik hätte zur moralischen Verbesserung der Zöglinge kaum beitragen können, es ging lediglich um „Künste/Artes", die den Scientien dienten. Man erfuhr hier etwas über die Welt um sich, oder über die richtige Methode, wie man technische Probleme lösen könne, aber diese Fragen hingen nicht mit der Aufklärung des Menschen zusammen. Sie konnten dafür als Mittel gebraucht werden.[95] Jedoch sie propagierten ein auf der „curiositas" begründetes Verständnis der wissenschaftlichen Arbeit, förderten die experimentale Methode, und brachten in diesen Jahren umwerfende Entdeckungen. Deswegen gehören sie so recht in den Prozess der „wissenschaftlichen Revolution". „Physik" wurde ursprünglich im Sinne von Aristoteles verstanden und sie wurde als Bestandteil der sieben freien Künste unterrichtet.[96] Aus diesem Grunde wurde der Unterricht über die neuen Entdeckungen an den Philosophischen Fakultäten erteilt. Auch am Theresianum wurde Physik im Rahmen des philosophischen Kurses unterrichtet. Jedoch „Experimentalphysik" war ein neues Fach, das erst im 17. Jahrhundert entstand. Die erste Universität, die Vorlesungen über Experimentalphysik anbot, war Altdorf im Jahr 1672. Ihrem Vorbild folgten Jena, Halle und andere deutschen Universitäten. Erst 1753 wurde ein Lehrstuhl für Experimentalphysik in Paris eingerichtet. Das Theresianum wagte diesen Schritt bereits 1764, aber die Experimentalphysik wurde schließlich erst 1776 eingeführt.[97] Doch interessierte sich für dieses Fach bereits Pál Mako, der Präfekt für Mathematik in den Jahren 1757–1773.[98] Doch auch er lernte sie durch Vermittlung kennen. In Mitteleuropa wurde Newtons Physik vorwiegend vermittelt durch die Werke der französischen Autoren oder der Jesuiten. Am Theresianum las man aus den Büchern von Jean Antoine Nollet vor, der den ersten Lehrstuhl für Experimentalphysik in Paris hatte. Sei-

---

[95] Die Überwertung der Naturwissenschaften in der „wissenschaftlichen Revolution" kritisierte N. HAMMERSTEIN, The Modern World, Sciences, Medicine and Universities. In: HistUniv 8 (1989), 151–178.
[96] Vgl. Andreas KLEINERT, Mathematik und anorganische Naturwissenschaften. In: Vierhaus (Hg.), Wissenschaften, wie Anm. 31, 218–248.
[97] SCHWARZ, Studien I, S. 22–25; F. THEN, Der naturwissenschaftliche Unterricht und die naturgeschichtliche Hilfsmittel an der k. k. Theresianischen Akademie. Wien 1891 (Jahresbericht des Gymnasiums der theresianischen Akademie).
[98] Vgl. KOSÁRY, Hungary, wie Anm. 44, 176–178; Bernhard JANSEN, Deutsche Jesuiten-Philosophen des 18. Jh. in ihrer Stellung zur neuzeitlichen Naturauffassung. In: Zeitschrift für katholische Theologie VII, 3 (1933), 384–410.

ne Schriften wurden in der deutschen Übersetzung verwendet.[99] Ebenso verbreitet waren die Werke des Jesuiten L. Biwald.[100] Zusammen mit der Experimentalphysik wurde die Landwirtschaft gelehrt und zwar im Rahmen des philosophischen Kurses. Sie wurde als eine Subdisziplin der Naturlehre betrachtet. Dem Unterricht lag das Lehrbuch des Göttinger Professors Johann Beckmann zugrunde.[101] Ihre Einführung in den Unterricht hing mit Versuchen um eine Verwissenschaftlichung der Landwirtschaft zusammen, die die Produktion verbessern sollte. Man muss es als Teil der groß angelegten Bestrebungen der 1760er Jahren sehen, die zu den Gründungen von agronomischen Gesellschaften führten. Der Unterricht wurde dem bedeutenden Botaniker Peter Jordan übertragen, der die Landwirtschaft auf physiologischen und chemischen Entdeckungen stützte. Er sammelte Erfahrungen auch in der Praxis, weil er zugleich als ökonomischer Direktor der landesfürstlichen Herrschaften Laxenburg und Vösendorf tätig war.

Ebenso wichtig wie die Bestellung geeigneter Lehrer war die Einrichtung des Versuchsgartens in den 1760er Jahren.[102] Diese Lehrbehelfe verraten, dass der Unterricht in Landwirtschaft auf der Basis der Botanik aufgefasst wurde. Der Garten hatte Industriegewächse, Wald- und Obstbäume, wo die Zöglinge Unterweisung über Feldbau, Waldbau und über Okulieren erhielten.

III. Bildungsgang und Berufswege

In der Forschung ist mehrmals die Frage aufgeworfen worden, ob die Theresianische Akademie eine Lehranstalt für Beamte war. Vorwiegend Historiker, die mit der Geschichte dieser Lehranstalt nicht so nahe vertraut sind, unterschätzen ihre adelsstiftende Bedeutung und betrachten die Akademie als eine bloße Berufschule für Beamte. So einfach ist die Sache sicher

---

[99] Johann Anton NOLLET, Nähere Unterweisung über die Experimental-Naturlehre. Erfurt 1749. Zu ihm vgl. Kleinert, Mathematik, wie Anm. 96, S. 240; L. W. B. BROCKLISS, French Higher Education in the seventeenth and eighteenth Centuries. Oxford 1987, 378–379 und die Tafeln.
[100] Leopold Gottlieb BIWALD S. J., (1731–1805), verfasste „Physica generalis et particularis quam auditorum philosophiae usibus accommodavit. Graz 1766" und „Institutiones physicae. Wien 1779".
[101] Johann BECKMANN, Anfangsgründe der Naturgeschichte. Göttingen 1767; DERS., Grundsätze der Landwirtschaft. Göttingen 1769.
[102] Marianne KLEMUN, Exotik, Nutzen, Wissenschaft. Praktiken und Pflanzaneignung im „Ökonomisch-Botanischen Garten" der Theresianischen Akademie. In: Franz Eybl (Hg.), Strukturwandel der kulturellen Praxis. Wien 2002, 303–334.

nicht. Ein anderes Extrem stellt der Versuch Eugen Guglias dar, das Theresianum als eine Lehranstalt für Offiziere darzustellen.[103] In der Tat besteht das größte Problem in der Bestimmung der Karrieren. Adelige waren nicht immer auf eine Karrierelaufbahn ausgewiesen. Die Identität des Adels bestand in der Rolle der Herrschaft auf dem Land. Der Fächerkanon verrät, dass die Schule auf die Ausbildung des Adels ausgerichtet war, mit allem was zur adeligen Identität angehörte: Unterricht in Wappenkunde, Genealogie, Reiten, Fechten, Tanzen und Musik, ebenso wie das elitäre Sozialisationsmodell. Der Unterricht in Landwirtschaft bereitete den Adel für die Rolle als Obrigkeit und Landwirt vor.

Es lohnt sich doch zu fragen, welche Rolle das Theresianum in der Ausbildung des Militärs und der Spitzenbeamtenschaft spielte. Die professionelle Verteilung der Absolventen lässt sich einigermaßen nach dem Verzeichnis von Gremmel-Fischbach rekonstruieren,[104] obwohl seine Angaben mangelhaft sind. Bei 59 % von Absolventen gibt es keine Angaben über ihre berufliche Laufbahn, wobei manche von ihnen einfach zu früh gestorben waren, oder aber keinen „Beruf" im modernen Sinne wählten (Sie waren z. B. als Grundherren tätig.). Diese Bestimmungen sind freilich sehr relativ, weil die Adeligen noch nicht so eng professionell profiliert waren. Manche widmeten sich dem Militär oder dem diplomatischen Dienst nur vorübergehend, manche wechselten mehrmals ihre Dienste.[105] Es ging nicht so sehr um „Berufe", als um *Life-cycle-employments*", also altersspezifische Beschäftigungen, die mit dem adeligen Lebenszyklus zusammenhingen. Die jungen Adeligen absolvierten nach der Kavalierstour eine diplomatische Mission, in der Zeit des Kriegs gingen sie in die Armee, aber dann schlugen sie eine ganz andere Laufbahn ein. Nur der Zivildienst im Amt, am Gerichtshof und manche Offiziersstellen kann man im 18. Jahrhundert als lebenslange „Berufe" bezeichnen. Nach dieser Statistik können wir feststellen: 22,65 % von Absolventen waren als hohe Beamte tätig, 17 % traten dem Militär bei und bei 0,8 % ist eine diplomatische Mission verzeichnet. Erstaunlicherweise zählten zu den Absolventen auch Prälaten, die 3,8 % ausmachen. Ihr Prozentsatz ist also noch höher, als der der angeblichen „Diplomaten".

Diese Aufzählung zeigt, dass die Akademie doch auf Zivildienst orientiert war. Der Anteil an Offizieren war nicht gering, aber sie machten nicht die Mehrheit aus. Fragen wir, ob die Ausbildung aus dem Theresianum eine gute Qualifikation für den Militärdienst anbot. In der Reform von

---

[103] GUGLIA, Theresianum, wie Anm. 1, 96–97.
[104] GEMMEL-FISCHBACH, Verzeichnis, wie Anm. 27.
[105] Der Anteil vom Militär unter den Absolventen stieg an während des Siebenjährigen Kriegs, wenn sie mehr als 50 % ausmachten.

1753/55 überlegte man, ob es lohnend wäre, die Savoysche und Theresianische Akademie „auf den Fuß der Militärakademie" umzugestalten.[106] Der Plan wurde schließlich abgelehnt, wegen der hohen Unkosten. Es gab jedoch schon damals eine spezifisch militärische Ausbildung, die ab dem Ausgang des 17. Jahrhunderts immer mehr verfeinert wurde. Diese Kriegswissenschaften erlernte man an der Militär-Akademie in Wiener Neustadt. Am Theresianum erfuhr man nichts über die Artillerie, über Festungen, über das Geniewesen und die Kriegsführung unter der Erde usw. Die Ausbildung wurde allerdings nach 1760 doch immer mehr militarisiert. Die Theresianisten studierten die Militärarchitektur, trugen Uniformen,[107] übten das Fechten. Doch die Lehrprogramme des Theresianums legen Zeugnis davon ab, dass die Lehranstalt immer eine viel weitergehende Qualifikation anbot.

Wir können unsere Perspektive auch umkehren und fragen, wie viele Spitzenbeamte dieser Zeit ihre Ausbildung am Theresianum erhielten. Wir müssen uns allerdings vor Augen führen, dass die Minister der Maria-Theresianischen Ära ihre Ausbildung noch vor den Reformen erwarben. Sie studierten an den Universitäten Leiden, Strassburg und Leipzig, bzw. Frankfurt an der Oder. Die Absolventen des Theresianums erschienen unter den Spitzenbeamten erst an der Wende vom 18. zum 19. Jahrhundert.[108] Unter den obersten böhmisch-österreichischen Kanzlern zählten dazu Alois Graf von Ugarte und Friedrich Anton Graf von Mittrowsky. Der letztere gehörte einer Familie mit einer Tradition des Militärdienstes an. Zu den hohen Beamten gehörte auch Hofrat der böhmisch-österreichischen Hofkanzlei Gottfried Koch, Präsident der Zensur-Kommission Gottfried van Swieten und Staats- und Konferenzminister Franz de Paula Graf von Colloredo-Waldsee. Unter den Vorsteher des Reichshofrats sollen wir Johann Nepomuk Freiherr von Hagen nennen. Unter den ungarischen Hofkanzlern waren es Ferenc Graf von Koháry und der Vizekanzler Ludwig Graf von Erdödy.[109] Unter den Vorstehern der Finanzverwaltung tat sich hervor der Präsident der Hofkammer Josef Graf von Herberstein und der Präsident der ungarischen Hofkammer Peter Graf von Revay de Reva. Unter den Gouverneuren der Provinzen fanden sich auch einige Theresianisten: Max Freiherr von Waidmannsdorff, der Gouverneur von Tirol, Johann Josef Graf

---

[106] FA Chotek, wie Anm. 55, K. 29, Inv.-Nr. 499.
[107] Die Uniformen wurden bald nach 1749 eingeführt. Vgl. GUGLIA, Theresianum, wie Anm. 1, 59–60.
[108] Das Verzeichnis der Spitzenbeamten bringt Rudolf PAYER VON THURN, K. k. Hofchargen. Wien 1912.
[109] Die ungarischen Hofkanzler sind bei Payer nicht verzeichnet. Für ihr Verzeichnis siehe: Richard PERGER u. a., Das ungarische Palais in Wien. Wien 1994, 138–139.

von Wilczek, der Gouverneur von Mailand, Alois Graf von Auersperg, der Landeshauptmann in Steiermark, Franz Anton von Khevenhüller-Metsch, der niederösterreichische Landmarschall, Franz Anton Graf von Stürck, Gouverneur in Innerösterreich. Das Theresianum hatte also einige Spitzenbeamte hervorgebracht, aber es war sicher keine Keimzelle der neuen professionellen Beamtenschaft. Eine vollständige Ablösung der alten Beamtenschaft kann man von den Absolventen einer einzigen Schule nicht erwarten.

Unter den hohen Offizieren tauchten auch zahlreiche Theresianisten auf. Die Brüder Josef und Franz Josef Grafen von Kinsky – der zweite machte sich als Direktor der Militär-Akademie einen Namen. Man fand hier auch Söhne aus Familien mit einer langen Tradition des Militärdiensts, die früher die Qualifikation im Heer durch die Praxis erwarben. Dazu gehörten Olivier Graf von Wallis, aus einer Offiziersfamilie, oder die Batthyányi und Montecuccoli. Der bedeutendste war wohl der Feldmarschall Wenzel Radetzky (1766–1858), der aus Brünn hierher geschickt wurde.[110] Er kam hier als 17jähriger kurz vor der Aufhebung der Akademie (1782–84), aber er war mit dem Niveau des Unterrichts gar nicht zufrieden. In seinen Erinnerungen bemerkte er: „Der Wasserfall der schönen Worte diente dazu, die Zeit zu verkürzen, was die meisten Lehrer wahrscheinlich als ihre Aufgabe sahen."[111] Er bemühte sich hartnäckig in die Armee aufgenommen zu werden, weil er dort bessere Qualifikationen erwerben konnte.

Unter den Prälaten verdient Erwähnung der Prager Erzbischof Wilhelm Fürst von Salm-Salm [1793–1810], der Fürst-Erzbischof von Olmütz Max Freiherr von Somerau-Beeckh [1837–1853] und der erste Bischof von Budweis Prokop Graf von Schaffgotsch, der zu den staatlich ausgebildeten Prälaten der josefinischen Ära gehörte. Nun wusste man nicht, dass diese neuen Prälaten auch an einer so weltlichen Schule wie dem Theresianum studiert hatten.

---

[110] Otakar FRANKENBERGER, Václav Radecký z Radče. Praha 1990.
[111] Zit. ebd., 3.

Die Akademie des Grafen Straka*

ZDENĚK BEZECNÝ

Im März und April 1895 unternahm der neu ernannte Direktor der Akademie des Grafen Straka, Josef Trakal, eine sechs Wochen dauernde Studienreise durch Europa, wobei er – nach seinem umfassenden Bericht – insgesamt 25 Bildungsinstitute besuchte. Er hatte vor, die Organisation und materielle Ausstattung der Institutionen kennen zu lernen, die sich um die Erziehung des Adels und der höheren bürgerlichen Schichten kümmerten. In Deutschland waren es neben anderen die Ritterlichen Akademien in Liegnitz und Bedburg, die Fürsten und Landesschulen in Meißen und Grimma, das Joachimsthalsche Gymnasium und Alumnat in Wilmersdorf bei Berlin oder das Vitzthumische Geschlechtsgymnasium in Dresden. In Frankreich gehörten zu seinen Zielen insgesamt zehn Lyzeen, sowohl staatliche als auch kirchliche. In England konnte er dank der Vermittlung des österreichisch-ungarischen Botschafters Graf Franz Deym die prestigereichsten Internatsschulen besuchen – Eton, Harrow und Charterhouse.[1]

Trakals Studienreise zeugt von der Pflege, die man dem Errichten der Strakaischen Akademie widmete, und gleichzeitig von den Ambitionen dieses Bildungsinstituts. Ein unmittelbares Vorbild seiner Organisation findet man in der Theresianischen Akademie in Wien und es ist sichtbar, dass die Akademie des Grafen Straka zu einem ähnlichen Eliteinstitut auf Landesebene werden sollte. Diese Ambitionen spiegelte auch die architektonische Gestalt des gerade fertig gestellten Gebäudes von Václav Roštapil, das wesentlich das Prager Panorama änderte, und auch seine innere Ausstattung mit geräumigen Schlafzimmern, Lesesälen und einer Hauskapelle sowie Winter- und Sommerturnsaal, Bad oder Erholungszimmer mit Billard.[2]

Der Weg zur Eröffnung eines Erziehungs- und Bildungsinstituts für den mittellosen Adel dauerte knapp zwei Jahrhunderte und war von einigen Marksteinen gekennzeichnet.[3] Am Anfang stand das Testament des Grafen

---

* Der Beitrag entstand mit der Unterstützung des Grantes Aristokracie v Čechách 1848–1914 [Aristokratie in Böhmen 1848–1914] (GAČR 409/03/P019).
[1] NA Praha, Akademie hraběte Straky, Sign. I-2a, Zpráva ředitele J. Trakala o studijní cestě 1895 [Bericht des Direktors J. Trakal von der Studienreise 1858], K. 2.
[2] Zur Akademie des Grafen Straka zuletzt Lucie WITTLICHOVÁ, Sto let Strakovy akademie [Einhundert Jahre der Straka-Akademie]. In: Dějiny a současnost 19 (1997), 33–37.
[3] Zur historischen Entwicklung der Straka-Stiftung und den Anfängen der Akademie Bedřich JENŠOVSKÝ, Historicko-právní nástin vzniku a vývoje Nadání hraběte Straky [Der historisch-rechtliche Abriss der Entstehung und Entwicklung der Fundation des

Johann Peter Straka von Nedabylicz aus dem Jahre 1710, in dem dieser Barockkavalier bestimmte, dass man im Falle des Aussterbens seiner Familie den Ertrag der Fideikommiss-Güter zur Gründung einer Akademie „für die Bildung der armen Jugend des hohen Standes der böhmischen Nation" aufwenden solle. Der Aufbau der Akademie und ihr Betrieb solle man in die Hände der „Statthalter in diesem Königreich Böhmen" legen.[4]

1776 waren fünf Jahre seit dem Tod des letzten männlichen Mitglieds des Grafengeschlechts Straka vergangen und das Testament Johann Peters sollte vollstreckt werden. Mit dieser Aufgabe wurde eine Sonderkommission unter der Leitung des Oberstburggraf betraut und als Ergebnis ihrer Arbeit entstand ein umfassender Entwurf des Grafen Künigel, der ziemlich detailliert die mögliche Form der zukünftigen Akademie beschrieb und für ihre Entstehung empfahl, die Strakaische Stiftung mit der Kaiser-Ferdinand II.-Stiftung zu verbinden. Dieses Vorhaben unterstützte zwar in Wien Franz Anton Raab, seine Realisierung wurde aber aufgeschoben. Inzwischen sollte man die Stiftungsmittel aufgrund der Hofdekrete nur als einzelne Stipendien auszahlen. Darüber hinaus verloren 1783 die böhmischen Stände völlig den Einfluss auf das Stiftungsvermögen und zur Verbesserung dieses Zustandes kam es erst 1791, nachdem die Frage der Stiftung zum Objekt der Standesdesiderien geworden war.

Die folgenden Jahre vergingen mit partikulären Streitereien zwischen der Wiener Regierung und den Ständen über die Anzahl der ausgezahlten Stipendien und die Idee einer selbstständigen Akademie schlief fast völlig ein. Neue Tatsachen schuf am Anfang des 19. Jahrhunderts das Vorhaben, ein Studienkonvikt in Prag zu gründen. Nach der Stiftungsurkunde aus dem Jahre 1814 sollten hier Stellen für Straka-Stipendiaten reserviert werden und ihre Ausbildung sollte sich von der der Anderen nur durch den erweiterten Unterricht in Fremdsprachen, Zeichen und körperlichen Übungen unterscheiden. 1830 kam es tatsächlich zur Gründung des kaiserlichen Konvikts und die Straka-Stiftung besaß hier fast die Hälfte der Stellen. Seit 1834 brachte man regelmäßig den jungen Adeligen Fechten, Tanzen und Reiten bei.

Nach der Auflösung des Konvikts 1848 entstand wieder die Anforderung zur Gründung einer Adelsakademie. Am Anfang handelte es sich eher um eine allgemeine Deklaration, seit Ende der 1860er Jahre unternahm man

---

Grafen Straka]. Praha 1947. Anbei auch die Editionen der bedeutendsten Dokumente zur Entwicklung der Straka-Stiftung.

[4] Der ganze Text des Testaments, das auf tschechisch geschrieben wurde, wurde publiziert in Výroční zpráva akademie hraběte Straky a jejího soukromého gymnasia v Praze za školní rok 1899–1900 [Der Jahresbericht der Akademie des Grafen Straka und ihres privaten Gymnasiums für das Schuljahr 1899–1900]. Praha 1900, 2–35.

konkrete Schritte. Auf der praktischen Ebene waren dies der Beschluss des Landeskomitees 1867 über die Entstehung eines Baufonds, in den man eine Hälfte der Erträge aus den Stiftungsgütern abführte, und der Kauf des Grundstücks für den Bau 1878. Auf der juristischen Ebene wurde die Diskussion der Interpretation des Testaments Johann Peter Strakas erneut aufgenommen, wobei das Entscheidungswort der Landesarchivar Anton Gindely hatte. Es zeigte sich als das Schwierigste zu definieren, wer in Strakas Intentionen zum Herren- und Ritterstand der tschechischen Nation gehörte. Aus seiner Analyse ergab sich, dass die Berechtigung, aus den Stiftungsmitteln gefördert zu werden, nur ein geschlossener Kreis der Familien hatte, die zum alten böhmischen Adel gehörten, den böhmischen Adelsstand oder das böhmische Inkolat bekamen. Später verfasste er für Zwecke der Stiftung eine genaue Liste von ungefähr eintausend solcher Familien, deren Anzahl seit 1847, als das Inkolat zum letzten Mal erteilt wurde, nicht stieg.[5]

Das zweite Problem war dann zu bestimmen, worin sich die Adelserziehung und -bildung von der allgemeinen unterscheiden sollte. Aus den Diskussionen, die sich mit Pausen in den 1870er und 1880er Jahren im böhmischen Landtag abspielten, kristallisierte sich die Ansicht heraus, dass ein besonderes Bildungsinstitut nicht nötig sei, denn das allgemeine Schulwesen habe das entsprechende Niveau. Die Überlegungen führten dann zum Aufbau einer Institution für „Turnzwecke und Kunstunterricht". Später, in der ersten Hälfte der 1880er Jahre, erweiterte man diese Idee in dem Sinne, dass die Akademie des Grafen Straka zu einem Erziehungs- und Bildungsinstitut werden sollte, das den Zöglingen Unterkunft und Verpflegung bot, die die öffentlichen Schulen besuchten. In der Akademie sollten sie die Möglichkeit haben, Lernstoff zu wiederholen und Unterricht in den Fächern zu erhalten, die in den öffentlichen Schulen fehlten.

1889 mündeten die historisch-rechtlichen Schlussfolgerungen Gindelys und die Ansichten über den Zweck der Akademie in das Organisationsstatut der Akademie des Grafen Straka.[6] Sein Inhalt entsprach den Vorstellungen des alten Adels, und zwar vor allem in der Landesdefinition der Nation, die sich in einem konsequenten Sprachutraquismus zeigte sowie im Festhalten am Standessichtpunkt bei der Besetzung der Stiftungsstellen (Gindely selbst schlug aber schon 1870 vor, die Stiftung auch für Nichtadelige zu öffnen).

---

[5] Gindelys Schlussfolgerungen erscheinen neben der Berichterstattung für das Landeskomitee auch in dem Werk Anton GINDELY, Die Entwicklung des böhmischen Adels und der Inkolatsverhältnisse seit dem 16. Jhdt. Prag 1886.
[6] NA Praha, Akademie hraběte Straky, Sign. I-1, Organizační statut pro akademii hraběte Straky [Das Organisationsstatut für die Akademie des Grafen Straka], K. 2.

Die Schirmherrschaft über die Akademie hielt der Kaiser selbst, der sie 1901 sogar persönlich besuchte. Sie wurde von einem Kuratorium geleitet, an deren Spitze ein von dem Kaiser ernannte Präsident stand. Weiter saßen hier je ein Vertreter der Regierung, des Prager Erzbischofs und des Landesmarschalls sowie zwei Schulfachleute. Im Kuratorium hatten der hohe Adel und die Geistlichen die Überzahl.[7]

Die gleiche Aufmerksamkeit wie der äußeren Gestalt des Neubaus und der Vorbereitung des Organisationsstatuts widmete man auch der Personalsausstattung des neu entstandenen Bildungsinstituts. Zum Direktor wurde der schon erwähnte Josef Trakal, Privatdozent der Rechte an der böhmischen Universität und ehemaliger Abgeordneter des konservativen Großgrundbesitzes im Landtag. Zusammen mit ihm bewarben sich um diese Stelle dreißig weitere Anwärter, unter ihnen zum Beispiel Jiří Guth-Jarkovský oder Graf Friedrich Deym. Trakal hatte die Funktion des Direktors bis 1910 inne, als ihn der ehemalige Direktor des Jičíner Gymnasiums Jan Sommer ablöste.[8]

Hohe Ansprüche stellte man auch an die Präfekten der einzelnen Abteilungen, den sog. Kameraten, die die Befähigung zum Unterricht an einer Mittelschule oder das Doktorat in Philosophie oder Jura nachweisen mussten. Die Präfekten wurden mit der Aufsicht über die Bildung und Erziehung der Zöglinge beauftragt. Dazu gehörte auch eine strenge Kontrolle der Lektüre und Korrespondenz.[9] Die Bemühung, den Kontakt der Zöglinge mit der Außenwelt zu beschränken, führte 1899 entgegen dem ursprünglichen Plan zur Gründung eines privaten Gymnasiums auf dem Boden der Straka-Akademie. Die externen Lehrer unterrichteten hier sowohl auf tschechisch als auch auf deutsch. Dieses Projekt scheiterte aber nach zwölf Jahren.[10] Außerhalb des Gymnasiumsstoffes erhielten die Zöglinge eine Ausbildung in Französisch, Englisch und Italienisch sowie in Zeichen, Singen, Fechten und Reiten.[11]

---

[7] Die Personalausstattung kann man in den Jahresberichten der Akademie des Grafen Straka in Prag verfolgen.
[8] NA Praha, Akademie hraběte Straky, Sign. II C-2, Obsazení místa ředitele [Besetzung der Direktorstelle], K. 5.
[9] Unter den Namen dieser Erzieher findet man auch den Historiker Josef Pekař. Zum geistlichen Verwalter der Akademie des Grafen Straka wurde der spätere Prager Erzbischof Karel Kašpar. NA Praha, Akademie hraběte Straky, Sign. IIF-2, Prefekti [Präfekten], K. 13.
[10] NA Praha, Akademie hraběte Straky, Sign. I-3a, Soukromé gymnázium [Das private Gymnasium], K. 10.
[11] NA Praha, Akademie hraběte Straky, Sign. IVa-1, Studijní a náboženský řád [Die Studien- und religiöse Ordnung], K. 8.

Das Organisationsstatut reglementierte die Bedingungen für die Aufnahme an die Akademie. Man teilte die Zöglinge in drei Kategorien ein – Voll- und Halbstipendiaten und Zahlungspflichtige mit einer Jahresgebühr von 2 200 Kronen. Die Stipendiaten der ersten zwei Kategorien mussten die Zugehörigkeit zum böhmischen Adel, die Mittellosigkeit und die österreichische Staatsbürgerschaft nachweisen, alle dann die katholische Konfession, gutes Betragen, die Aufnahme zum Studium am Gymnasium und körperliche Tüchtigkeit.[12]

Auf der Liste der Zöglinge findet man insgesamt 230 Namen.[13] Die erste Gruppe bestand aus fünfzig Mitgliedern des Alten Adels mit dem Titel Freiherr, Graf und Fürst. Die meisten von ihnen (27) gehörten zu den Vollstipendiaten, deren Aufenthalt im Internat vollständig bezahlt wurde. Zehn bekamen das Halbstipendium und dreizehn gehörten zu den zahlungspflichtigen Zöglingen.

Mehr als ein Drittel der Zöglinge an der Strakaischen Akademie gehörte zum niederen Adel oder zu den neu nobilitierten Familien.[14] Völlig versorgt aus den Mitteln der Stiftung wurden 52, ein Halbstipendium bekamen siebzehn und die volle Gebühr zahlen sechzehn junge Männer. In dieser Gruppe sieht man zwanzig Mitglieder der Familien, denen erst vor kurzer Zeit und aufgrund von nicht immer ganz überzeugenden Dokumenten die Zugehörigkeit zum Adelsstand wieder anerkannt wurde. Die Renobilitierung ermöglichte es, eine der Adelsstiftungen zu nutzen, von denen es in Böhmen nur 26 gab. Bei einer Reihe von ihnen (z. B. Pisecky von Kranichfeld, Růžek von Rovny, Trmal von Toussitz, Hubka von Cerncitz) wurde am Anfang des 20. Jahrhunderts die Rückgabe des Titels wieder rückgängig gemacht, im Zusammenhang mit Skandalen wegen Fälschung der Stammbäume.[15]

Die restlichen 95 Zöglinge stammten aus nichtadeligen Familien und wie schon erwähnt, zahlten sie für den Aufenthalt in der Akademie eine beträcht-

---

[12] NA Praha, Akademie hraběte Straky, Sign. I-1, Organizační statut pro akademii hraběte Straky [Das Organisationsstatut für die Akademie des Grafen Straka]. K. 2.

[13] NA Praha, Akademie hraběte Straky, Kniha 24 [Buch 24], Liber alumnorum 1896–1918.

[14] Aufgrund der Notwendigkeit, sich mit dem böhmischen Inkolat auszuweisen, konnten die Familien, die den Adelstitel nach 1848 erwarben, keinen Anspruch an eine Stiftungsstelle erheben.

[15] Näher dazu Václav ELZNIC, Renobilitační procesy pražské [Prager Renobilitierungsprozesse], Ostrava 1984 oder Jan ŽUPANIČ, Nobilitace českých elit v Rakousko-uherské monarchii [Nobilitierung der böhmischen Eliten in der Österreichisch-ungarischen Monarchie]. In: Ivo Navrátil (Hg.), F. L. Rieger a česká společnost 2. poloviny 19. století [F. L. Rieger und die böhmische Gesellschaft der 2. Hälfte des 19. Jahrhunderts]. Semily 2003, 181–200.

liche Summe. Ihre Väter waren vor allem Fabrikbesitzer oder -direktoren, Anwalte, Beamte und Ärzte aus Provinzstädten. Was die bekannten Namen betrifft, findet man unter ihnen den Sohn des Agrarpolitikers Antonín Švehla, aber auch den zukünftigen populären Schauspieler Theodor Pištěk. Das häufige Ausscheiden der Zöglinge aufgrund des unbefriedigenden Fortgangs führt zu der Vermutung, dass der Aufenthalt in einer Internatsinstitution in vielen Fällen eher die Erziehungsprobleme der jungen Männer lösen sollte.[16]

Zu einem prestigeträchtigen Bildungsinstitut, das die zukünftige Elite erzieht, wurde die Akademie nicht. In der nationalisierten und liberalisierten Gesellschaft konnten die oben erwähnten Organisationsprinzipien nicht genügen und der Traum von einem nationalen Adel war schon längst ausgeträumt, obwohl ab und zu in der Presse Bemerkungen erschienen, dass die Akademie trotz der Erwartungen und Vorhaben des patriotisch denkenden Gründers kein Institut sei, das den national-tschechischen Adel erziehe.[17] Eher lässt sich in den Zeitungen von der Enttäuschung lesen, dass auf Landeskosten ein Gebäude entstanden sei, in dem der Geist der Jesuiten weiter lebe und in dem darüber hinaus teilweise germanisiere.[18]

Die Akademie des Grafen Straka blieb also eine zu spät gegründete Ritterakademie und eine in einem falschen Land gebaute Internatsschule. Auch in diesem Sinne kann man den Seufzer des Direktors Jan Sommer verstehen, den er während der Sitzung des Kollegiums der Erzieher am 18. Dezember 1918 äußerte. Die Rede von der Ergebenheit gegenüber der neuen demokratischen Republik ergänzte er mit den Worten: „Die Jugend, die uns anvertraut wurde, im Geist der Demokratie zu führen, fällt uns nicht schwer, denn nicht nur stammen wir alle aus dem Volk, sondern auch die Adelszöglinge sind meistens Söhne mittelloser Eltern und ihre Väter in der Regel von einem niederen bürgerlichen Beruf (Schumacher, Bäckerhelfer, Schaffer, Zimmermaler, Förster, Kaufmann) und ihre Mütter fast ausnahmslos bürgerlicher Abstammung... Dieses Milieu war die Ursache, warum die Kreise der wohlhabenden aristokratischen Familien unsere Akademie mieden."[19]

---

[16] NA Praha, Akademie hraběte Straky, Sig. IX-2, Zápisy z konferencí [Konferenzprotokolle], K. 19.
[17] Národní listy, 3. 11. 1898.
[18] Čas, 27. 5. 1908.
[19] NA Praha, Akademie hraběte Straky, Sign. IX-2, Zápisy z konferencí [Konferenzprotokolle], K. 19.

BILDUNGSPRAXIS

Der Geist der Erziehung eines Prinzen.
Ein adeliger Erziehungstraktat aus der Zeit der Aufklärung

JAKUB MACHAČKA

Einleitung

Die Literatur über die Erziehung von Herrschern und Adeligen hat eine lange Tradition. Sie reicht von mittelalterlichen Fürstenspiegeln über die berühmten Werke von Castiglione und Erasmus bis zu einer wahren Explosion verschiedener Schriften im 17. und am Anfang des 18. Jahrhunderts. Die Werke versuchen oft, die adelige Erziehung als Ganzes zu erfassen, ein komplettes Bild zu präsentieren und einen vollkommenen Prinzen zu formen. In Wirklichkeit sind sie aber meistens nur auf einige wenige Themen beschränkt, die den jeweiligen Autoren am wichtigsten erscheinen um einen idealen Fürsten zu formen.[1]

Man kann in der Adelserziehung mehrere Linien unterscheiden. Die erste orientiert sich an allgemeinen Gesellschaftsmanieren in der Öffentlichkeit. Der bekannteste dieser Traktate ist wohl „De civilitate morum puerillum" von Erasmus von Rotterdamm (1530). Die Evolution dieser Werke wird umfassend in dem berühmten Buch von Norbert Elias „Über den Prozess der Zivilisation" behandelt.[2] Die zweite Linie konzentriert sich auf die moralische Bildung des Adeligen, seiner Fähigkeiten und Eigenschaften. Da gilt als Musterwerk der Hofmann von Baldassare Castiglione (1528). Diese Linie entwickelte sich dann im 16. und 17. Jahrhundert zu vielen Werken,

---

[1] Das Wort Prinz hat hier zwei Bedeutungen: der Prinz ist meistens der Herrscher eines souveränen Staates und so gebrauchen das Wort auch die meisten Autoren der Erziehungstraktate. Doch einige sprechen auch ihre adeligen Zöglinge als „Prinzen" an, wie es auch in unserem Traktat der Fall ist. Der Prinz war ein allgemeiner Titel des höheren Adels, vor allem im Heiligen Römischem Reich und der Habsburgermonarchie, weniger auch in Westeuropa. So können wir zu dem Schluss gelangen, dass die Autoren ihre Zöglinge entweder mit ihrem Titel als Prinzen angeredet haben (z. B. die Lobkowicz wahren Prinzen des Heiligen Römischen Reiches) oder aber könnten sie sie als Herrscher in ihren privaten Domänen auffassen und so mit den Souveränen und ihren Verpflichtungen vergleichen. Vielleicht kann es sich aber nur um eine Verwechslung der deutschen und französischen Terminologie handeln.

[2] Norbert ELIAS, Über den Prozess der Zivilisation. Soziogenetische und psychogenetische Untersuchungen. Bd. I: Wandlungen des Verhaltens in den westlichen Oberschichten des Abendlandes. Frankfurt/M. 1997; Bd. II: Wandlungen der Gesellschaft. Entwurf zu einer Theorie der Zivilisation. Frankfurt/M. 1997 (1. Aufl. 1937; 2. Aufl. Neuwied 1969).

die den Hofmann und sein Benehmen am Hofe thematisierten.[3] Ihre Verbreitung bezeugt eine große Nachfrage.

Im 17. Jahrhundert entwickelte sich auch die zweite große Linie, die ihr Ziel in der Formierung des Charakters des Prinzen sah. Sie knüpfte an die mittelalterlichen Fürstenspiegel an. In der Renaissance kam die Schrift von Erasmus von Rotterdam „Institutio principis christiani" (1516) hinzu, ursprünglich für Karl V. geschrieben, die die Idee des Fürsten als guten Christen und als ersten Diener des Staates definierte und ausbaute.[4] Im 17. Jahrhundert wurde diese Idee weiter entwickelt und einigermaßen mit der Ersten im Konzept des „Honnête homme" vereint.[5] Gerade der „Honnête homme" versuchte die beiden Elemente, das Höfische und das Christlichmoralische, zu vereinigen, und somit einen Menschen zu schaffen, der nach außen sowie nach innen als ein Idealmensch erscheint. Diese Richtung wurde auch in kirchlichen Kreisen verfolgt: zuerst bei z. B. dem heiligen François de la Sales, später unter anderen in den Schriften des spanischen Jesuiten Balthasar Gracian „Oraculo manual y arte de prudencia" (1647), das 1684 ins Französische unter dem Namen „L'Homme de la cour" übersetzt wurde. In Frankreich wurde dieses Thema von den Literaten aus dem Jansenistenmilieu aufgegriffen, die zuweilen enge Beziehungen mit dem Hochadel hatten.[6] In ihren Werken findet sich eine bittere und ironische Kritik hinsichtlich der Oberflächlichkeit, der moralischen Verdorbenheit und des Egoismus des Adels am Hofe.

---

[3] Sehr viele Werke stammen vor allem aus dem 17. Jahrhundert und sind somit eine Art Beispiel der neuen Rolle des Hofes im absolutistischen Staat und der „Domestizierung" des höheren Adels. Das bekannteste ist wohl: Le honnête homme ou l'art de plaire a la cour (1630) von Nicolas FARET, des weiteren Etienne DU REFUGE – Traité de la cour (1617), François DU SOUHAIT – Le Parfait Gentilhomme (1600), Antoine DE NERVEZE – Le Guide des Courtisans (1606), Nicolas PASQUIER – Le Gentilhomme (1611). Manche Werke erfuhren sogar mehrere Editionen – z. B. Faret fünfzehn in 50 Jahren, darunter zwei spanische Versionen, Refuge elf bis 1660.
[4] Eine französische Übersetzung des Werkes befindet sich auch in der Lobkowiczer Familienbibliothek – Codicille d'Oro ou petit recueil dire d'Institution d'un Prince Chrestien. o. O. 1660, Sign. VI Ah 104.
[5] Die ausführliche Schilderung dieses Konzepts finden wir in: Anette HÖFFER/Rolf REICHARDT, Honnête homme, Honnêteté, Honnêtes gens. In: Rolf Reichardt/Eberhard Schmitt (Hg.), Handbuch politisch-sozialer Grundbegriffe in Frankreich 1680–1820. München, 1986, Heft 7, 7–74.
[6] Die berühmtesten sind wohl Blaise PASCAL mit seinen „Trois discours sur la condition des grands" (1660, herausgegeben 1670) und Pierre NICOLE „De la grandeur" und „Traité de l'éducation d'un Prince", die einen Abschnitt seiner „Essais de morale" (1671–1678) sind. Von den Adeligen selbst nennen wir den Duc de la Rochefoucauld („Maximes et Reflection morales, Erstausgabe 1666), den Chevalier de Mere und dem Seigneur de Saint-Evremond.

Das 18. Jahrhundert brachte eine entscheidende Wende. Mit dem Aufstieg des Bürgertums wurde das Gesellschaftsideal ebenfalls von dieser Seite beeinflusst – der „Honette homme" entfernte sich von dem Adel und nahm allmählich bürgerliche Züge an, vor allem in moralischer Hinsicht. Die zunehmende Kritik lässt sich z. B. in den berühmten „Characteres" von La Bruyère erkennen. Verschiedene Geistliche bemühen sich, das Gesellschaftsideal zum frommen und tugendhaften Gläubigen umzuformen. Aber im Großen und Ganzen gab es im 18. Jahrhundert keine allgemein geltende Definition und Konzeption des Adels und dessen Ideal. Die Aufklärung mit ihrer Idee der natürlichen Gleichheit und des gesellschaftlichen Einflusses der Bourgeoisie, ermöglichte den Bürgerlichen den Zugang zu adeligen Salons und ermöglichte ihnen ihre eigene zu eröffnen. Manche Adelige griffen sogar zu Selbstnegation und ihre Klasse denunzierten.[7] Die Schriften zur Adelserziehung präsentieren nun eine allgemeine und gründliche Erziehung, die sich ebenso für einen Adeligen wie für einen Bürgerlichen eignen würde. Diese unterstreichen die Erhebung des Adels nur gelegentlich um seine Verpflichtungen zu betonen. Die generelle Idee ist die, dass der Adelige von seiner menschlichen Seite gleich mit anderen Menschen ist und sein Stand und seine Herkunft keine Privilegien, sondern Verpflichtungen dem Staat und der Gesellschaft gegenüber sind. Bei allem, was er tut, darf er nicht an sich selbst denken, sondern an das Wohl des Prinzen (e. g. des Monarchen) und des Staates. Ob es nun der traditionelle Dienst in der Armee oder die neue kaufmännische Aktivität ist.[8] Der Adel erhält somit eine Aufgabe in der Gesellschaft, die zuweilen nicht von ihm selbst, sondern von anderen definiert wird, ohne dabei seine Traditionen zu respektieren. Andererseits ist zu betonen, dass der Adel selbst oft willig die neuen Ideen annimmt, vor allem in der Ökonomie – viele Adelige gründen Manufakturen, bewirtschaften ihre Ländereien mit neuen Methoden, unterhalten Minen usw. Im Großen und Ganzen gibt es im 18. Jahrhundert viele Typen des Adels und viele verschiedene Identitäten und Ideen, was für einen Adeligen angemessen ist und was nicht. Und eine davon wird im Folgenden untersucht.

---

[7] Nennen wir z. B. den Comte D'ARGENSON: Consideration sur le gouvernement ancian et present de la France (geschrieben 1747, herausgegeben 1784) und den Marquis DE MIRABEAU l'Ami de l'Homme (1756).
[8] Siehe die Polemik zwischen Abbé Coyer und dem Chevallier d'Arcq über die „Noblesse commerçante und Noblesse militaire" (1756). Eine gutte und interessante Einsicht in die Adelsproblematik der Aufklärung bietet Pierre SERNA, Le Noble. In: Michel Vovelle (Hg.), L'Homme des Lumières. Paris 1996, 39–93.

Die Lobkowicz – eine böhmische Adelsfamilie in der Habsburgermonarchie

Im 18. Jahrhundert, vor allem in der zweiten Hälfte unter der Regierung von Maria Theresia und Josef II., erfuhr die Monarchie viele bedeutende Umwälzungen und Modernisierungen, die vom aufgeklärten Absolutismus angeregt wurden. Es handelt sich dabei vor allem um eine Zentralisation der Verwaltung und Verbesserungen im wirtschaftlichen, aber auch im sozialen Bereich (Abschaffung der Leibeigenschaft usw.). Bei all diesen Reformen bleibt aber die gesellschaftliche Position des Adels weitgehend unverändert. Die Adeligen litten zwar unter der Entmachtung der alten Ständeorgane, aber die meisten stellten sich schon lange in den Dienst der Wiener Zentralregierung, mit der sie ihre ökonomische und gesellschaftliche Stellung verbanden. Die Privilegien blieben erhalten, der Adel blieb der größte Großgrundbesitzer. Die Erhebung in den Adelsstand bleibt in Händen des Monarchen, aber es findet kein bedeutender Zustrom neuer Personen statt, meistens wurden die alten Familien in höhere Ränge aufgenommen. Der Adel bleibt also abgeschlossen und kohärent. Das heißt aber nicht, dass der mitteleuropäische Adel nicht mit der Zeit denkt. Viele Adelige gründen Manufakturen, verbessern die Verwaltung ihrer Besitzungen und sind auch kulturell und karitativ tätig (wie die Waldstein, Hartig, Nostitz, Schwarzenberg, Kinsky, Chotek usw.). Meistens versuchen sie aufgeklärter Mensch und zugleich Adeliger zu sein.

Die Familie Lobkowicz, auf die jetzt näher eingegangen wird, ist eine der bedeutendsten in Böhmen. Ihr erstes Mitglied war ein gewisser Nikolaus von Újezd, der am Ende des 14. Jahrhunderts die Gunst von König Wenzel IV. gewann und mit verschiedenen Gütern belohnt wurde, darunter Lobkovice[9] und die Burg Hassenstein.[10] Im 15. Jahrhundert teilte sich die Familie in zwei Linien – die Hassenstein von Lobkowicz und die Popel von Lobkowicz. Die Hassensteiner Linie, bekannt durch den Humanisten Bohuslaw Hassenstein von Lobkowicz,[11] wurde später evangelisch, musste nach dem Jahr 1627 Böhmen verlassen und ist im 17. Jahrhundert erloschen. Die Popel von Lobkowicz blieben katholisch und machten seit dem 16. Jahrhundert immer wieder erfolgreich Karriere in der Habsburger Regierung. Zdenko Adalbert Popel von Lobkowicz, seit 1599 der oberste böhmische Hofkanzler, und seine Frau Polyxena von Pernstein waren die Hauptpersonen der spanischen Faktion am Hofe von Rudolph II. Zdenko

---

[9] Heute ein Viertel der Stadt Neratovice an der Elbe nördlich von Prag.
[10] Im Erzgebirge bei Chomutov (Komotau).
[11] Seine Bibliothek bildet bis heute einen wertvollen Teil der Lobkowiczer Familienbibliothek.

wurde für seine Dienste 1624 zum Fürsten des Heiligen Römischen Reiches erhoben. Dank seiner Frau gewann die Familie viele Besitztümer im Nordböhmen, darunter zum Beispiel das Schloss Roudnice (Raudnitz). Ihr Sohn Wenzel Eusebius, der das Schloss zum prächtigen Barocksitz umbauen ließ, war erster Minister Kaiser Leopolds I. Im 18. Jahrhundert verursachte die preußische Besetzung von Schlesien große politische Probleme. Ferdinand Phillip von Lobkowicz (geb. 1724) stellte sich auf die preußische Seite und galt deshalb in Wien nicht mehr als erwünscht. Die meiste Zeit verbrachte er mit Reisen durch Europa, die die Familienbibliothek und Gemäldesammlung sehr bereicherten. Er wurde als Fremdling angesehen, liebte aber Musik und die Künste.[12] Er heiratete ziemlich spät die Prinzessin Gabrielle von Savoyen-Carignan, eine Verwandte des Feldmarschalls Eugen von Savoyen, und hatte mit ihr einen Sohn – Josef Franz Maximilian. Er starb 1784 und hinterließ die Besitztümer seinem Sohn.[13]

Josef Franz Maximilian wurde am 3. Dezember 1772 in Wien geboren. Schon von klein auf zeigte er ein großes musikalisches Talent. Mit zwölf Jahren verlor er seinen Vater und wurde unter die Vormundschaft der Mutter und seines Onkels August Anton von Lobkowicz gestellt, die seine Erziehung beaufsichtigten. Die Wahl der Erzieher war wichtig und eine Prestigesache in einer Familie des Hochadels wie die der Lobkowicz. Es war üblich, dass die adeligen Familien in Mitteleuropa Erzieher aus Frankreich oder aus dem französischen Sprachraum aussuchten. Das galt auch in diesem Fall – die Schriften des Erziehers sind auf Französisch. Obwohl diese Tatsache nichts über seine Herkunft aussagt, beweist sie seine kulturelle Orientierung.

Der Abbé de Tranx und sein Werk für die Lobkowiczer

Der Erzieher des jungen Prinzen Lobkowicz und der Autor des behandelten Werkes war ein gewisser Abbé de Tranx, auf den in dieser Arbeit nicht näher eingegangen werden soll. Das würde ein näheres Studium der Archivquellen, vor allem der Rechnungen, erfordern und auch da wären die Ergebnisse hinsichtlich seiner Persönlichkeit und seines Weltbilds, die für die Analyse seiner Werke wichtig sind, nicht sehr aufschlussreich. Hier kommt

---

[12] Er war befreundet mit dem Komponisten Christoph Willibald Gluck, dessen Vater der Forstmeister auch dem Familiengut Jezeří (Eisenberg) im Erzgebirge war.
[13] Über die Familie Lobkowicz siehe Petr MAŠEK, Modrá krev. Minulost a přítomnost šlechtických rodin v českých zemích [Das blaue Blut. Vergangenheit und Gegenwart adeliger Familien in böhmischen Ländern]. Praha 1999, 163–193; Stanislav KASÍK/Petr MAŠEK/Marie MŽYKOVÁ, Lobkowiczové: Dějiny a genealogie rodu [Die Lobkowicz: Geschichte und Genealogie des Geschlechts]. Budweis 2002.

aber die Familienbibliothek zu Hilfe. Neben der Erziehungsschrift, die das Hauptthema dieser Arbeit ist,[14] hat Abbé de Tranx noch ein Werk für die Familie Lobkowicz verfasst. Es handelt sich dabei um eine Art Enzyklopädie mit dem Titel „L'abeille dédié aux jeunes gens qui voudraient s'instruire ou se rappeler ce qu'ils ont déjà lu",[15] die einen äußerst interessanten Einblick in die Gedanken des Abbés ermöglichen. Unter diesem Titel finden sich 42 kleine handgeschriebene Heftchen, die alles aufzeigen, was de Tranx für wichtig und für seinen Zögling von Bedeutung hielt. Es entstand eine immense Mischung von Kenntnissen aus den verschiedensten Wissensbereichen, ohne ein erkennbares System. Neben der Geschichte, der Geographie, verschiedenen Naturwissenschaften, den Künsten und der Philosophie finden wir Zitate und Passagen aus Werken berühmter Autoren von der Antike bis zur Gegenwart, sowie zeitgenössische und persönliche Berichte und Äußerungen des Abbé.

Gerade die letzteren sind von großem Interesse. Schon die Wahl der zitierten Autoren zeigt, dass in der Zeit der Aufklärung und der Modernisierung Abbé de Tranx eher konservativ und traditionell orientiert ist. Schon im ersten Heft findet sich in den ersten drei Bänden ein großer Abschnitt mit dem Titel „Extraits du Genie de Bossuet" über verschiedene religiöse und gesellschaftliche Begriffe wie der Mensch, die Religion, der Wille, das Laster, die Freiheit, die Souveränität, natürliche Gleichheit usw. Auf der anderen Seite befinden sich auch Passagen anderer Natur – Newton, Hobbes, Spinoza, Descartes, Les Caracteres von La Bruyère, Montesquieu, Rousseau und Helvétius. Aber die meisten Zitate solcher Art sind den der traditionellen Art entsprechenden gegenübergestellt, um den richtigen Eindruck zu vermitteln. Nach Rousseaus Diskurs über die Kunst und die Wissenschaften (Band 5) folgt zugleich die Antwort des ‚Königs' Stanislaws Leszczyński um seine Wirkung beim Leser zu vermindern und eine traditionelle Meinung zu präsentieren. Es wird zwar auch die Replik Rousseaus zitiert, aber ein Landesfürst in der Rolle des intellektuellen Widersachers ist natürlich von großem Gewicht, obwohl er damals nur als Herzog in Lothringen regierte. Im zweiten Band führt de Tranx eine Liste der Bücher auf, die für die Bildung von Männern der Gesellschaft bestimmt sind. Dazu zählen Werke berühmter antiker Autoren, aber auch moderne und viele re-

---

[14] L'abbé DE TRANX, Extrait de l'esprit d'institution d'un Prince (à S. A. le Prince François Joseph Maximilien de Lobkowicz, premier duc de Raudnitz, l'an 1790), Sig. VI Ef 46.

[15] L'abeille dédié aux jeunes gens qui voudraient s'instruire ou se rappeler ce qu'ils ont déjà lu par abbé de Tranx 1784–1824, Signatur VI Ef 44. Deutsche Übersetztung: „Die Sammlung für junge Leute die etwas erfahren oder sich an das, was sie schon gelesen haben, erinnern möchten."

ligiöse. Die Aufklärung ist praktisch nur durch das Vorwort aus der Enzyklopädie von d'Alembert vertreten. Zudem ist im 34. Band ein von de Tranx selbst verfasster Aufsatz mit dem Titel „Des faux principes de la philosophie moderne relativement a la puissance souveraine",[16] der die Macht der Könige von Gottes Gnaden proklamiert, aber zum Wohle der Gesellschaft. Die zweite Hälfte der Hefte nimmt eine Sammlung von Berichten vom Wiener Kongress ein, von den Konferenzen der Heiligen Allianz und von den politischen Ereignissen in Frankreich im Zeitalter der Restauration, mit einer starken royalistischen Färbung. Der Abbé als konservativer Mensch wies der Religion und dem traditionellen Gesellschaftsbild einen hervorragenden Platz zu. Als er diesen Teil schrieb, war sein Zögling schon selbst Vater von mehreren Kindern, was zeigt, dass die Lobkowicz mit seinen Diensten und auch seinen Ansichten wohl zufrieden waren und ihn weiter als Erzieher beschäftigten.

Das Brevier eines guten Prinzen

Am Anfang soll betont werden, dass es sich bei diesem Artikel um eine Präsentation und Analyse des Textes und um eine Anleitung zu weiteren Untersuchungen handelt. Es soll versucht werden einige Ideen aus dem Manuskript von Abbé de Tranx hervorzuheben und ihren Bezug zu bekannten Werken des 16. und 17. Jahrhunderts aus der Lobkowiczer Familienbibliothek zu zeigen, sie als mögliche Quellen der Ansichten von Tranx zu präsentieren und so vielleicht sein Ideenkonzept zu rekonstruieren. Der Abbé hatte außer der Familienbibliothek sicher auch andere Inspirationsquellen. Ohne explizite Zeichen, wie z. B. Marginalien, Anmerkungen usw., kann nur schwer nachgewiesen werden, welche Bücher er gelesen und was er daraus hervorgehoben hat. Das gilt auch für die Fürsten von Lobkowicz, deren Lesegewohnheiten sehr verschieden sind – nicht alle, die viele Bücher gekauft haben und sie mit ihren Zeichen markieren ließen, haben auch viel gelesen.[17] Aber generell offenbart und skizziert der Kata-

---

[16] Deutsche Übersetzung: „Über die falschen Prinzipien der modernen Philosophie im Bezug auf die souveräne Macht".
[17] Sehr viele Bücher stammen z. B. von Ferdinand August von Lobkowicz und seinem Enkel Ferdinand Philipp von Lobkowicz. Der erste markierte meistens seine Bücher nur mit den Exlibris, wogegen der zweite auch persönliche Zeichen hinterließ und so sein Leseinteresse bewies. Vgl. Alena RICHTEROVÁ, Vývoj roudnické lobkovické knihovny (na základě průzkumu archívních pramenů) [Geschichte der Lobkowiczer Bibliothek anhand der untersuchten Archivquellen]. Praha 1989; Laura DI BARBIERI, Le prince et le Sphinx; La bibliothèque de Ferdinand Philippe Lobkowicz (1724–1784). Méthode de reconstruction. In: Opera romanica 4. Budweis 2003, 293–307.

log der Bibliothek die Leseinteressen der Familie und ihr Kulturbild. Abbé de Tranx musste sich als Erzieher diesem Kulturbild anpassen. Weitere Untersuchungen ähnlicher Werke aus dem Umfeld anderer mitteleuropäischer Adelsfamilien können vielleicht zeigen, ob und wie die französischen Kontroversen über die Bedeutung des Adels auch außerhalb Frankreichs Resonanz fanden.

Wie schon vorher betont wurde, war Abbé de Tranx für einen Menschen des ausgehenden 18. Jahrhunderts eher traditionell orientiert und Anhänger des „Ancien Regime". Wer seine Erziehungsschrift genauer liest, wird entdecken, dass er eine sehr hohe Meinung von Prinzen hatte. Er ist für ihn „un des plus précieux Présents que le ciel puisse faire a la Terre."[18] Seine Aufgabe ist „faire régner la Vertu et la Justice."[19] Aber dieses Ideal ist seiner Meinung nach äußerst selten, weil „ils sont rarement instruits de leur devoir."[20] Aus dieser schlechten Erziehung erfolgt dann die schlechte Ausübung ihrer Pflichten, die sie diese an andere weitergeben, um sich selbst nur den angenehmen Seiten des Lebens zu widmen und somit ein schlechtes Bild von sich geben. Die Prinzen müssen sich bewusst werden, „qu'ils ne règnent que par commission."[21] Die Theorie des Fürsten von Gottes Gnaden wird hier von der anderen Seite interpretiert, als Pflicht und Verpflichtung des Einzelnen der Gesellschaft gegenüber.[22] Sie steht im Einklang mit der Theorie der Monarchie im Zeitalter der Aufklärung, dass der Monarch der erste Diener des Staates ist, Tranx formuliert sie nur etwas anders, wenn er sagt: „Les Princes sont les ministres de l'être suprême."[23] Die Instanz, an die sich der Prinz immer wenden soll und an deren Anforderungen er sich messen soll, ist nicht der Mensch oder die Gesellschaft, sondern Gott, der als Einziger erhaben genug ist, um wirklich alle zu richten.

Nachdem Tranx den Prinzen über alle gestellt hat, fragt er sich nun: „Quel jugement un prince doit-il porter de son élévation?"[24] und kommt zu dem Ergebnis, dass der Prinz im Grunde genauso wie die anderen Menschen ist – er wurde geboren wie sie, er hat den gleichen Körper und die

---

[18] Abbé DE TRANX, Esprit, wie Anm. 14, 1. Deutsche Übersetzung: „eines der wertvollsten Wesen die der Himmel auf der Erde kreieren konnte".
[19] Ebd., 1. Deutsche Übersetzung: „die Tugend und die Gerechtigkeit regieren zu lassen".
[20] Deutsche Übersetzung: „sie selten über ihre Pflichten belehrt werden".
[21] Ebd., 6. Deutsche Übersetzung: „dass sie nur als Sachwalter regieren".
[22] Über die Bedeutung der Wörter Prinz/Fürst siehe Anm. 1.
[23] L'abbé DE TRANX, Extrait, 8. Deutsche Übersetzung: „die Fürsten sind die Vertreter des Allmächtigen".
[24] Ebd., 10. Deutsche Übersetzung: „Wie soll der Prinz über seine Erhabenheit urteilen?"

gleiche Seele, die selben Fehler und Schwächen und er wird ebenfalls am Ende sterben wie sie. Seine Erhabenheit, sein Charakter als Prinz ist für ihm nur „un état étranger."[25] De Tranx unterscheidet zwischen dem Respekt, den man dem Prinzen als Institution obligatorisch entgegenbringt, und der Hochachtung, die den persönlichen Qualitäten des Prinzen gebühren. In dieser Hinsicht ist Tranx ein Nachfolger der Schriften der französischen Moralisten des 17. Jahrhunderts, vor allem Blaise Pascal mit seinem Werk „Trois discours sur la condition des Grands", der zwischen der Größe des Standes (grandeur de l'établissement) und der natürlichen Größe (grandeur naturelle) unterscheidet, die jede ihren eigenen Respekt verdienen.[26] Der Prinz darf nicht erwarten, dass man ihm Hochachtung nur wegen seines Standes entgegenbringt, er muss sich diese als Mensch verdienen. Am besten dafür ist weises und offenes Auftreten und allgemeine Bescheidenheit. Der Prinz ist durch seine Erhabenheit eher erdrückt als erhoben.

Einen zentralen Platz im Werk von Tranx nimmt das Verhältnis des Prinzen zu den Menschen in seiner Umgebung ein. Diese sind ein Objekt ständiger Studien und Beobachtungen, um sie für die Posten in der Regierung und Verwaltung auszuwählen, damit diese gut funktionieren kann. Jeder Fehler dort hätte ernsthafte Folgen. Tranx ist sich der Herausforderung bewusst und widmet sich präzise der genauen Belehrung des Prinzen hinsichtlich der Kenntnis des menschlichen Charakters. „La Vice imite souvent la Vertu."[27] Trotzdem sollte man aber nicht zu misstrauisch werden und alles verwerfen. Das Einfachste ist es, selber tugendhaft zu sein, weil: „c'est a la vertu, qu'il appartient de connaître la vertu."[28] Die Beobachtungen müssen längerfristig und tiefgehend sein, weil nur so die wahren Motive der Menschen, die oft von ihren egoistischen Interessen geleitet werden und sich nicht immer verstecken können, erkannt werden können. Die Menschen waren immer so, sie es sind immer noch und bleiben es auch für immer.[29] Tranx vertritt also die pessimistische Meinung der christlichen Theologie über den Menschen, die von Mittelalter bis zum 18. Jahrhundert gleich geblieben war. Auch im Bezug auf die Adelserziehung finden wir ähnliche Schriften, die sich mit der Realität der Fürstenhöfe und dem dortigen moralischen Milieu auseinandersetzen. Die bekannteste ist wohl die schon erwähnte „Oraculo manual y arte de prudencia" (Handorakel und Kunst der Weltklugheit) von Balthasar Gracian (1647). Tranx sagt es zwar

---

[25] Ebd., 11. Deutsche Übersetzung: „ein fremder Zustand".
[26] Blaise PASCAL: Trois discours sur la condition des Grands, Second Discours: In: Œuvres complètes de Blaise Pascal, Tome II. Paris 1913, 15–19.
[27] TRANX, Extrait..., 27. Deutsche Übersetzung: „Das Laster imitiert oft die Tugend."
[28] Ebd., 33. Deutsche Übersetzung: „die Tugend erkennt sich selbst".
[29] Ebd., 45.

nicht explizit, aber er rät dem Prinzen zu äußerster Vorsicht im Verkehr mit den Menschen in seiner nächsten Umgebung. Man soll immer wachsam bleiben, ständig beobachten und versuchen, die wahren Gefühle der Menschen zu erkennen, weil diese sich irgendwann verraten werden.[30] Eine andere große und auch häufige Gefahr im Umgang mit der Umwelt des Prinzen besteht in der Heuchlerei. Tranx betont deutlich, dass die Prinzen oft Opfer von Schmeicheleien und Intrigen sind, weil sie ihr Vertrauen den falschen Personen schenken und daraus schlimmes Unheil folgt. Prinzen sind besonders empfindlich, was Lob angeht. Oft weiß man gar nicht, was ein Lob oder was bloß Schmeichelei ist.

Die Schmeichelei ist also ein Mittel zum Zweck geworden. Wie schon im 17. Jahrhundert verschiedene Schriften zum Benehmen am Hofe betonen (Faret, Du Souhait, Refuge, Gracian) muss man, um erfolgreich zu sein, die Gunst des Prinzen gewinnen. Und am Besten gewinnt man sie gerade durch Schmeicheleien.[31] Dazu ist der Stolz und Hochmut des Prinzen die beste Vorraussetzung. Dabei eine Schmeichelei „offense un homme délicat en lieu de lui plaire."[32] Aber dazu „il faut être bien établi dans l'amour de vérité."[33] Die Sache ist umso schwieriger, weil ein guter Freund und ein Schmeichler sich sehr ähneln. Nur ihr Herz unterscheidet sie und das ist unbekannt.[34] Von außen ist der Schmeichler sogar oft besser und angenehmer, weil er immer sagt, was man hören will. So entsteht eine Vorliebe, dann ein Vertrauen und alles ist verloren.[35] Ein Prinz, nach Tranx, darf sein Vertrauen niemals leichtfertig verschenken, sondern nur nach sorgfältiger Überlegung.

Tranx fragt sich nun: „Wie erkennt man einen Schmeichler?". Der verrät sich meistens selbst, indem er seine Taten maßlos übertreibt, um an sein Ziel zu gelangen. „Le flatteur n'est puisque jamais naturel."[36] So kann man die Schmeichler loswerden und dagegen seine wahren Freunde belohnen, die zu einem stehen.[37] Aber sehr wichtig ist auch, dass man nie selber zu seinem eigenen Schmeichler und Höfling (son premier flatteur et son pre-

---

[30] Ebd., 42f.
[31] Ebd., 53–57.
[32] Ebd., 61. Deutsche Übersetzung: „beleidigt einen sensiblen Menschen an Stelle der Freude".
[33] Ebd., 62. Deutsche Übersetzung: „muss man gut in der Liebe zur Wahrheit verankert sein".
[34] Ebd., 65.
[35] Ebd., 68.
[36] Ebd., 72. Deutsche Übersetzung: „Ein Schmeichler ist fast nie natürlich."
[37] Ebd., 77f.

mier courtisan) wird.[38] Leider ist das bei Prinzen oft der Fall. Zudem fehlt es ihnen an treuen und ehrlichen Freunden, sie sind häufig von denen umgeben, die nur ihren Status bewundern. Ein weiterer Grund für das Fehlen von Freunden ist der, dass sie selber keine Freundschaft anderen gegenüber empfinden wollen (l'on est aimé comme on l'aime). Auf der anderen Seite bildet aber auch ein Denunziant, der das Misstrauen des Prinzen ausnutzt, eine gleich große Gefahr für den Prinzen. Deswegen muss sich der Prinz zwischen den beiden Extremen behaupten – „d'écouter, mais de ne croire que ce qui est prouvé".[39] Er soll alle Umstände in Betracht ziehen und Alles genau abwägen. Die Schuldigen soll er dann bestrafen oder aus seiner Umgebung entfernen. Um die besten Ergebnisse zu erzielen, sollte er immer auf gute Ratschläge hören, weil „un seule homme ne peut tout envisager, ni tout réunir."[40] Dies ist für Tranx eine der Haupteigenschaften eines Prinzen – er muss ein Herz haben, das sich belehren lässt und Ratschläge annimmt, sonst ist er unfähig zu regieren.[41]

Aber ebenso wie der Prinz die Anderen studiert, wird er selber von ihnen studiert und nachgeahmt. Also muss er immer beispielhaft handeln und auftreten, damit alle tugendhaft werden. Im nächsten Teil nennt Tranx die Qualitäten eines Prinzen. Zuerst die Gerechtigkeit, die ihn immer zum richtigen Ziel führt, ohne sich in Nebensächlichkeiten und Falschheiten zu verirren. Dann die Verlässlichkeit in allen Handlungen. Er muss auch einfach und bescheiden sein, auf Andere hören und sich belehren lassen und wissen, wie er von allen Ratschlägen profitieren kann. Weiterhin braucht er Stärke, die ihm in schweren Zeiten hilft und ihn vor Emotionen und Verirrungen bewahrt. Ein Prinz muss stark sein, um alle Lasten seines Amtes tragen zu können. Er muss aus allem Schlechten etwas Gutes ziehen können, alles genau erkunden und vor allem, alles mit Würde und Glauben ertragen – „Il faut souffrir avec religion en s'humiliant sous la main de Dieu et être en paix par la piété."[42] Eine weitere wichtige Eigenschaft ist die Erhabenheit, ohne die er nichts Großes erreichen kann. Aber auch die Ehrlichkeit, die untrennbar von seinen anderen Vorzügen ist, weil die Lüge das Kleinste und Niedrigste für einen Prinzen darstellt. So muss er immer alles

---

[38] Ebd., 81. Man sieht, dass das Wort Höfling, der Titel des berühmten Traktats von Castiglione, im 18. Jahrhundert eine sehr negative Bedeutung hat, wohl wegen der Erfahrung an den absolutistischen Höfen der früheren Neuzeit.
[39] Ebd., 98. Deutsche Übersetzung: „zuhören, aber nur das glauben, was bewiesen wurde".
[40] Ebd., 105. Deutsche Übersetzung: „ein Einziger kann nicht alles erwägen, nie alles vereinigen".
[41] Ebd., 107.
[42] Ebd., 115. Deutsche Übersetzung: „Man muss dem Leiden mit dem Glauben begegnen und sich in die Hände Gottes begeben und im Friede durch die Frömmigkeit leben."

bedenken, bevor er ein Versprechen gibt oder eine Verpflichtung eingeht, weil ihn, außer der Ungerechtigkeit, nichts von seinem Wort entbindet.[43]

Was das äußere Auftreten des Prinzen betrifft, so soll es frei von jeder Affektiertheit sein. Er soll immer der Gleiche bleiben und sich immer nach denselben Prinzipien und denselben Ansichten orientieren.[44] Aber dabei sollte er alles daran setzen zu gefallen und die Liebe der Anderen zu gewinnen, derer er auch würdig ist.[45] Er soll nach innen sowie nach außen wertvoll und einzigartig erscheinen. Er soll den anderen Menschen eine hohe Meinung von sich selbst und seiner Güte vermitteln.[46] Er muss wissen, wie und wann ein Prinz seine Gunst verteilt, um alle gerecht zu befriedigen.[47] Aber vor allem muss alles aus dem Herzen kommen – „le visage d'un Prince doit être l'image de son âme...le cœur doit y être peint ainsi que la bonté et le douceur"[48] All das ermöglicht ihm sich in seiner Umgebung beliebt und respektiert zu machen. Auch muss er im Umgang mit seinen Untergebenen nachsichtig und geduldig sein, sich nie von Emotionen leiten lassen oder grobe und verletzende Wörter gebrauchen, sondern alle daran gewöhnen auf sein mildes Wort zu hören.[49]

Der letzte Teil seiner Schrift widmet Tranx dem theoretischen Wissen des Prinzen, genauer gesagt, welche Wissenschaften er studieren soll. Da finden wir die alte Tradition des „honnête homme" wieder, der zwar viel studiert hatte, aber nicht um Wissen zu sammeln, sondern um alles in seinem praktischen Leben zu gebrauchen und sich als Persönlichkeit zu vervollkommnen. Aber auch hier wird die religiöse Verankerung von Tranx sichtbar. Die Mathematik hilft ihm ein Gefühl für Genauigkeit und Gerechtigkeit zu entwickeln. Diese Naturwissenschaft lehrte ihn die Bewunderung des Werkes Gottes und der geheimen Prinzipien der Dinge, die man täglich beobachten kann, zu deren Erklärung die menschlichen Wissenschaften aber unfähig sind.[50] Vor allem ist da die Moral, die eigentliche Wissenschaft der Prinzen und das Fundament einer weisen Politik. In dieser Wissenschaft ist der Prinz immer Schüler, er muss sich ständig belehren lassen. Und weil die Moral untrennbar mit der Religion verbunden ist, soll er immer in den heiligen Schriften, den alten Denkwürdigkeiten und den weises-

---

[43] Ebd., 121.
[44] Ebd., 124.
[45] Ebd., 125f.
[46] Ebd., 127–129.
[47] Ebd., 129.
[48] Ebd., 130. Deutsche Übersetzung: „das Gesicht eines Prinzen muss das Bild seiner Seele sein...das Herz muss dort abgebildet sein genauso wie die Gute und die Freundlichkeit".
[49] Ebd., 132.
[50] Ebd., 135.

ten und tugendhaftesten Gesprächen mit Sorgfalt lesen, was dem Herrn über die Geschicke der Menschen uns zu offenbaren gefiel.[51] Auch die Geschichte ist für den Prinzen eine endlose Quelle der Erfahrungen über Jahrhunderte und bietet reiches Material zur Reflexion. Er soll sie sehr gründlich studieren und aus ihr Lehren ziehen. Aber er darf nicht vergessen, dass trotz aller Bemühungen, „l'esprit de l'homme est toujours court et trop borné pour l'avenir', qu'une force supérieure domine partout et qu'un main invisible conduit toutes les choses indépendamment des conseils des hommes."[52] Die Rechtswissenschaft hilft ihm dann, ein weiser und gerechter Richter zu werden und sich in den Grundlagen der menschlichen Geschäfte zu orientieren.

Aber um das Alles begreifen zu können, muss der Prinz einen exakten „Sinn" für Alles haben. Dieser Sinn besteht aus zwei Eigenschaften: der Intelligenz um weise zu urteilen und dem Gefühl um danach zu handeln.[53] Man muss sehen und fühlen, unterscheiden, was sich gehört und was zu tun ist, sich durch Aufklärung leiten lassen.[54] Dieser Sinn ist auch im Bezug auf die Wissenschaften, die Kunst und das Auftreten von Nutzen. Vor allem das Zweite ist wichtig für den Prinzen, er muss immer wissen, was sich für die Situation gehört und was zu meiden ist. Dabei muss er nicht nur exakt, sondern auch erhaben sein – immer objektiv auftreten, sich nie mit sich selbst oder den eigenen Werten befassen, nie lügen oder falsch sein und immer vornehm sein. Ein perfekter Prinz muss universell sein, er soll nie eine einzelne Eigenschaft mehr zum Vorschein bringen als die anderen. Er wünscht, als „un Prince plein de générosité, de bonté et de justice"[55] angesehen zu werden und dessen würdig zu sein.[56]

Zusammenfassung

Das Werk von Abbés de Tranx bietet einen interessanten Einblick in die Ideenwelt des mitteleuropäischen Adels des ausgehenden 18. Jahrhunderts. Es ermöglicht zu erfahren, wie sich der Adel selbst sieht und definiert, wel-

---

[51] Ebd., 136f.
[52] Ebd., 140. Deutsche Übersetzung: „Der menschliche Geist ist immer zu kurz und borniert für die Zukunft, eine höhere Macht ist allmächtig, eine unsichtbare Hand leitet alles unabhängig von menschlichen Ratschlägen."
[53] Ebd., 143.
[54] Ebd.
[55] Deutsche Übersetzung: „ein Prinz voller Edelmütigkeit, Güte und Gerechtigkeit".
[56] Ebd., 145–146, genau so wie der honnête homme, der nach La Rochefoucauld „mit keinerlei Sache angibt" (Maxime 203 in: Réflections ou sentences et maximes morales, 1665)

che Werte er annimmt und welche er dafür verwirft, welche Eigenschaften von Bedeutung sind und was dagegen zu vermeiden ist. Wie man sieht, ist die Rezeption der Ideen der europäischen Aufklärung, vor allem französischer Herkunft, ziemlich begrenzt und äußerst selektiv. Es fehlt praktisch jegliche Erwähnung der politischen Ideen, der Menschenrechte usw., im „Abeille" werden sie sogar verspottet und verworfen.[57] Die Wissenschaften und ihre Entdeckungen werden angenommen und in das traditionelle christliche Weltbild integriert, ohne die Lehren der Kirche anzuzweifeln oder sogar im Sinne von Deismus oder Atheismus anzugreifen. Es findet sich keine große Kritik der gesellschaftlichen Zustände, keine Krise der adeligen Identität. Der Prinz ist da, wo er immer war – an der Spitze der Gesellschaft, niemand fragt direkt, was er da soll und ob er es verdient, da zu sein. Der Prinz, der seine Aufgabe nicht erfüllt, ist zwar kein guter Prinz, aber er bleibt an seinem Platz. So überdauert die alte feudale Ordnung bis ins 18. Jahrhundert.

Die größte Inspiration von Tranx liegt in den moralistischen Werken des französischen Klassizismus, vor allem Blaise Pascal und Pierre Nicole.[58] Sie entsprechen genau seiner Gedankenwelt – sie bestätigen die soziale Erhabenheit des Prinzen als Statusperson von Geburt aus, aber appellieren an sein Gewissen, an sein Pflicht- und Moralgefühl, um diese Position nicht zu seinem persönlichen Nutzen zu missbrauchen, sondern durch sie zum Gemeinwohl beizutragen. Sie ermahnen ihn zwar, dass er (sowie auch alle anderen Menschen) eine Aufgabe zu erfüllen hat und dafür Verantwortung trägt. So groß und wichtig seine Aufgabe ist, so ist es auch seine Verantwortung. Er soll nicht zu stolz und zu erhaben nur auf Grund seiner Geburt und Position werden. Aber wir finden keine Sanktion, niemand degradiert den Prinzen, wenn er seine Position missbraucht. Der Grund ist einfach – niemand auf der Welt kann über den Prinzen urteilen, nur Gott im Himmel. So muss ein starker Appell an das Gewissen entwickelt werden, um den Prinzen zu leiten, unter dem entscheidenden Einfluss der Religion. Sie soll dafür sorgen, dass der Prinz seine vielen Aufgaben immer gut erfüllt. Es werden immer seine Pflichten erwähnt und wie er sie zu verrichten hat bzw. was er nicht machen soll, was nicht seiner würdig ist – alles um ihn nicht vom rechten Wege abweichen zu lassen.

Eine andere Quelle der Inspiration ist das Werk des spanischen Jesuiten Balthasar Gracian, der im 17. Jahrhundert mehrere Werke über den idealen Menschentyp und seinen Charakter schrieb. Vor allem in seinem „Hand-

---

[57] Siehe oben, Anm. 15.
[58] In der Familienbibliothek befinden sich eine Urausgabe der „Pensées" (Amsterdam 1688) und fünf Ausgaben der „Essais de Morale" von Pierre Nicole aus den Jahren 1682–1723, siehe Anm. 6.

orakel" und der „Kunst der Weltklugheit" finden wir ein eher pessimistisches Bild der hohen Gesellschaft, wo tatsächlich ein ständiger Überlebenskampf stattfindet um die Gunst des Prinzen und die daraus erfolgenden Privilegien. Alle Klugheit, alle Gepflogenheit der Manieren, alles Wissen und alle Talente dienen dazu, sich selbst besser darzustellen als man wirklich ist und als alle anderen, es geht um eine ewige Täuschung und Verstellung der Höflinge, die immer in Falschheit leben und nie ihre wahre Persönlichkeit zeigen. Aus der Sicht des Prinzen, die Tranx vertritt, muss er sich dessen bewusst werden und seine Moral und sein Handeln diesen Bedingungen anpassen, nie ersten Eindrücken folgen, sondern immer nachdenken und nach den Kenntnissen der menschlichen Natur handeln. Er darf nie vergessen, wie sich die Menschen ihm gegenüber verhalten und was sie damit verfolgen – siehe die vielen Erwähnungen der Schmeichler und Denunzianten. Man kann sicher noch andere Quellen der Inspiration finden. Einiges, wie der Titel „Chapitre premier" oder dass das Heftlein nicht ganz beschrieben wurde, deutet darauf hin, dass Tranx sein Werk nicht vollendet hat; also ist sein Bild von einem Prinzen nicht vollständig und er könnte noch weitere Ideen anderswo übernommen haben.

Die Schrift von Tranx gehört zu einer persönlichen Variante der allgemeinen Werke über die Erziehung und das Ideal der Aristokratie aus der früheren Neuzeit. Er versucht einen Prinzen zu formen, der vor allem einen guten Charakter besitzt und ihn in seinem Leben gut einzusetzen weiß. Er ist selber bescheiden, erhaben und aufopfernd, hält sich nicht für besser nur auf Grund seiner Geburt. Im Verkehr mit anderen Menschen weiß er, was er von ihnen zu erwarten hat, er kennt die fehlerhafte und schwache menschliche Natur und ihr Verlangen nach Reichtum und Macht. Er lässt sich nicht täuschen oder betrügen, er ist weise und warmherzig, aber stark in seinen Prinzipien. Er stützt sich auf sein reiches Wissen und vor allem auf die Religion, die für ihn von zentraler Bedeutung ist. Nach außen hin kombiniert er seine ausgezeichneten Manieren und seinem erhabenen Sinn, um eine vollkommene Persönlichkeit zu bilden. Tranx befolgt vor allem die Traditionen des französischen Klassizismus und der damaligen Moralistik, die neuen Ideen der Aufklärung nimmt er nur begrenzt und unter einer speziellen Optik auf, wie die Idee, dass der Prinz dem Gemeinwohl dienen soll und sich nicht als etwas besseres wegen seiner Geburt fühlen soll, die wir schon bei Erasmus finden. Der Prinz, wie ihn Tranx zeichnet, fügt sich gut ein in das traditionelle Bild des Adels in der Habsburgermonarchie als erster Diener des Staates, weil er seine privilegierte Position behält und eine zentrale Rolle in den Staatsgeschäften einnimmt. Es stellt sich die Frage, ob in den anderen Familien des böhmischen, österreichischen oder ungarischen

Adels sich ähnliche Schriften finden lassen und ob sie einen ähnlichen Charakter aufwiesen. Dies bleibt zu erkunden. Man kann sich fragen, wie der junge Prinz Lobkowicz die Anweisungen seines Erziehers befolgt hat. Die Antwort ist kompliziert. Nachdem er 1790 die Verwaltung der Familienbesitztümer übernahm, konnte er seine Vorliebe für Kunst und Musik frei entfalten. Er besaß ein eigenes Orchester und eine Theatergruppe. Er gehörte zu den Hauptgönnern von Beethoven, der ihm seine 3. Symphonie Eroica widmete. Seine generösen Stiftungen und Sponsoraktivitäten endeten aber im finanziellen Ruin der Familie am Anfang des 19. Jahrhunderts. Nach dem Staatsbankrott 1811 musste das Fideikommiss unter Zwangsverwaltung gestellt werden. Der Prinz starb am 15. Dezember 1816 in Třeboň/Wittingau auf dem Schloss seines Schwagers, des Fürsten Josef von Schwarzenberg, auf Grund einer Verletzung. In seinem Leben war er vielleicht nicht das perfekte Produkt der Ideen seines Erziehers, aber das reduziert nicht den Wert seiner Schriften.

Bildungsweg des Staatskanzlers Metternich

JAN KAHUDA

Vor zehn Jahren wurde in Wien das umfangsreiche Buch (ursprünglich Dissertation) der österreichischen Historikerin Hedwig Kadletz-Schöffel „Metternich und die Wissenschaften" herausgegeben. Ein selbständiges Kapitel ihres Buches widmet Kadletz-Schöffel dem psychologischen Profil des Kanzlers Metternich, vor allem der Frage nach der Wirkung Metternichs auf die anderen Leute bei verschiedenen Gelegenheiten. Sie hat große Mühen darauf verwendet, verschiedene Erwähnungen zu sammeln, die sich in Korrespondenz, Tagebüchern, Memoiren oder anderen Dokumenten befinden und solches Benehmen von Metternich charakterisieren. Diese Forschung hat dann überraschende Ergebnisse gebracht, nach denen wir Metternichs Geistesprofil besser kennen lernen können.[1] Die übereinstimmige Aussage der Zeugen charakterisiert ihn als faszinierenden Menschen, den man nicht hassen kann, großen Menschenkenner mit liebeswürdigem Benehmen, gewisser Grazie, Großzügigkeit, gesellschaftlichen Geschicklichkeit und großer Kunst der Menschenführung. Auch Gegner Metternichs sprechen von ihm als Virtuosen im Umgang mit Menschen und Dingen. Getrennt davon ist seine Konversationskunst zu erwähnen, die ihm sogar bei einem der Chronisten des Wiener Kongresses das Epitheton „einer der besten Erzähler seiner Zeit" brachte. Anderseits ist oftmals sein formales Benehmen, ein Mangel der eigener Reflexion, eine Neigung zur unangenehmen Belehrung, eine chronische Rechthaberei, Dominanz im Gespräch oder Selbstüberschätzung erwähnt worden. Ein Zeitgenosse meinte zum Beispiel, dass Metternich glaube, er habe keine Opponenten, weil es einfach nicht möglich sei, seine Ansichten zu kritisieren.[2]

Gleichzeitig haben die Beobachter die breit gefächerten Kenntnisse Metternichs reflektiert und sich sehr gewundert, wie es möglich sei, solche ausführliche Informationen und Kenntnisse zu haben, sogar über Dinge, mit denen er nicht beruflich konfrontiert war. Die Antwort auf diese überraschende Frage wurde in zwei Eigenschaften Metternichs gesucht: Neugier und leichte Auffassungsgabe. Metternich war evident sehr neugierig, er hat sich für Alles, was ihn umgab, interessiert, vor allem für Kuriositäten. Der Reichtum seines Wissens beruhte auch darauf, dass er die Erklärungen und Hinweise, die ihm viele Wissenschaftler, mit denen er im regelmäßigen

---

[1] Hedwig KADLETZ-SCHÖFFEL, Metternich und die Wissenschaften, 2 Bde. Wien 2002.
[2] Ebd., Kap. 2.

intensiven Kontakt stand, gaben, rasch verstand und wenig davon vergaß. Ebenso rasch behielt er Gelesenes. Er hatte nicht nur ein ausgezeichnetes Gedächtnis, sondern konnte neu Erworbenes sogleich anwenden und einordnen. Dies beweist, wie gut seine Kenntnisse strukturiert waren. Er war gemeinhin in der Lage, komplexe Probleme präzise zusammenzufassen. Es ist aber bemerkbar, dass solche Leichtigkeit der Auffassung und der Wiedergabe von Erfahrenem zu einer gewissen Oberflächlichkeit führte. Metternichs Wissen war vorwiegend Faktenwissen und seine Aufmerksamkeit richtete sich auf drei Fragen: *was ist das*, *wie funktioniert das* und *wo oder wie kann ich es einordnen*. Es scheint, dass Metternich bei einem gewissen Mangel der Phantasie und Passivität in der Geisteshaltung Freude nur an der strukturierenden Reproduktion hatte.[3]

Nach dieser relativ langen Einleitung muss an diesem Platz die Grundfrage dieses Beitrags gestellt werden, nämlich ob die bewunderten Eigenschaften und Kenntnisse, von denen die Zeitgenossen gesprochen haben und die in vorigen Zeilen zusammengefasst wurden, mit Metternichs eigener Bildungs- und Erziehungspraxis zusammenhängen oder aber inwieweit sie durch Metternichs Ausbildung beeinflusst wurden. Wenden wir jetzt unsere Aufmerksamkeit auf die individuelle Ausbildung des künftigen Staatskanzlers.

Bei der Vorbereitung dieses Exposes hat die mangelhafte Quellenbasis große Enttäuschungen bereitet. Im Familienarchiv[4] finden sich leider nur wenige Dokumente, die die Bildung betreffen. Es gibt hier keine Unterrichtspläne, Bildungsentwürfe usw., und nur sehr wenige Briefe zwischen Metternich und seinem Hofmeister. Trotzdem können wir den Bildungsweg Metternichs in Grundlinien rekonstruieren.[5]

Die erste Erziehung bekam Metternich im Elternhaus. Sein erster Lehrer, P. Bertrand, war Mitglied des piaristischen Kollegiums in Koblenz. Er unterrichtete Clemens und seinen Bruder Josef vor allem in Religion und Humaniora. Als Clemens Metternich elf Jahre alt war (1784), bekam er einen eigenen Hofmeister, Johann Friedrich Simon. Es handelte sich um eine bedeutende Persönlichkeit, die auf Metternich wahrscheinlich einen großen Einfluss ausübte. Simon ist im Jahre 1751 in Strassburg geboren, dort hat er an der Universität Jura studiert und dann zwei Jahre lang im berühmten Philanthropinum Johann Bernhard Basedows in Dessau gearbeitet. Er lern-

---

[3] Ebd.
[4] Nationalarchiv Prag, FA Metternich – Acta Clementina.
[5] Den Bildungsweg Kanzlers Metternich wurde mehrmals rekonstruiert, z. B. Guillaume de Bertier de Savigny, Metternich. Staatsmann und Diplomat im Zeitalter der Restauration, München 1996, 14–17; H. KADLETZ-SCHÖFFEL, Metternich und die Wissenschaften, wie Anm. 2.

te hier die modernen Methoden des philanthropischen Erziehungssystems kennen, die er sicher auch in Metternichs Erziehung applizierte. Nach dem Weggang aus Dessau wirkte er als Direktor des Mädcheninstituts in Strassburg und dann als Leiter eines philanthropischen Erziehungsheimes in Neuwied. Bei der Ernennung Simons als Hofmeister können wir den Einfluss Metternichs Mutter Maria Aloisia von Kageneck beobachten. Sie war nach den Zeugen Propagatorin der philanthropischen Erziehung und Freundin Simons wie auch Patin seiner Tochter. Es scheint, dass ihr Einfluss auf die Söhne sehr groß war. Johann Friedrich Simon hat die beiden Metternichsöhne bis zum Jahre 1788, als sie ihre Universitätsstudien begannen, unterrichtet.[6] Auch die weitere Karriere Simons ist interessant:

---

[6] Zur Erziehungspraxis Simons liegen leider nur drei kurze Briefe vor, und zwar an Franz Georg Metternich aus dem Jahre 1788; Nationalarchiv Prag, Familienarchiv Metternich – Acta Clementina 14/271, Simon an Franz G. Metternich (12. Juni 1788, 21. Juni 1788, 7. November 1788). Inhaltlich handelt es sich um formale Briefe, wo Simon beide Knaben lobt, bei Clemens Metternich hat er seine Neigung zu Naturwissenschaften bemerkt. Obwohl diese Briefe fast keine wichtigen Informationen über Simons Lehrmethode und das Erziehungsprogramm bringen, enthalten sie sehr interessante psychologische Bemerkungen. Im ersten Brief werden Metternichs Schwimmenversuche beschrieben: „Nos exercices de natation ayant été empêchés par l'intempérie du temps, nous avons cru pouvoir assister à la représentation de Didon, ou j'ai en le plaisir d'admirer le jugement juste et le coeur sensible du comte Clément. Le comte Joseph nous donne encore toujours du fil à tordre pour réprimer son indolence, son esprit de contradiction et de tranche-montagne et ses questions si peu refléchier même en public. Nous y opposons autant de permeté, que de bonté pour parvenir a notre but. Je l'ai averti, qu'en honnête homme je suis obligé d'en fair part à Vos Excellences… Depuis quelques jours les chaleurs sont si excessives, que nous avons recommencé l'art de nager: le comte Clément, qui se voyoit jusqu'ici surpassé en cette partie par son cadet, se piqua d'honneur et déploya un courage si héroïque, qu'il laisse maintenant son frère beaucoup en arriere. En peu il saura nager." Im zweiten Brief von 21. Juni 1788 beschreibt Simon die Erlebnisse aus einer unbestimmter Reise: „J'ai l'honneur de marquer à Votre Excellence que nos jeunes voyageurs se sont trés bien portés et comportés en voyage. Nous avons surpris Clément dans les premiers jours avec des larmes aux yeux. Bien éloignés de supprimer cette sensibilité, que les chéres respectables savent si bien graves dans le coeur de leurs enfantes, nous sommes persuadés, que bien dirigée elle fait l'unique base de la felicité d'ici bas. Cependant nous nous efforcons à lui faire supporter les vicissitudes de la vie humaine avec une fermeté mâle." Endlich im dritten Brief von 7. November 1788 schreibt Simon auch (leider nur knapp) über seine eigene Bildung: „Nous avons commencer en quelques jours le cours d'histoire naturelle. Nous avons en le bonheur de trouver une société de douze jeunes cavaliers, qui feront ensemble ce cours tous les jours à 2 heures l'après diner pendent sept à huit mois. Chaque mois on paye 6 par tête sans compter les gouverneurs. Après ce cours nous commencerons sur le champ celui de physique expérimentale à peu près de la même durée et du même prix, de sort que monsieurs les jeunes comtes feront ces deux cours si essentiels, d'ailleurs si chers, à trés-bon marché. Le comte Clément est devenu si gai, beau et aimable, qu'il fait non-seulement

Nach dem Ausbruch der französischen Revolution blieb er in Frankreich, wo er politisch tätig war, vor allem zur Zeit der Diktatur der Jakobiner. Im Jahre 1806 traf ihn Metternich, damals schon Botschafter in Paris, als Lehrer am Collège Louis-le-Grand, später wirkte Simon sogar als Erzieher der Söhne von Herzog Louis Philippe d'Orleans.[7]

Im Jahre 1788 begann Metternich seine Studien an der juristischen Fakultät der Strassburger Universität. Diese Studien sollten ihn für die diplomatische Karriere vorbereiten. Metternich war hier Schüler des bekannten Juristen Christoph Wilhelm von Koch[8]. Daneben besuchte er auch Vorlesungen in Naturgeschichte bei Johannes Hermann, Professor für Botanik, materia medica und Chemie. Nach Metternichs Erinnerungen war Hermann ein beliebter Lehrer, der für viele adelige Studenten Privatissima in französischer Sprache hielt. Es ist wichtig zu sagen, dass an der Universität in Strassburg eine selbstständige „matricula nobilliorum et illustrorum" geführt wurde, weil die Zahl der adeligen Studenten groß war.[9] Hermann erweckte in Metternich naturhistorische Interessen, die ihn durch sein ganzes Leben begleiten sollten. Interessant ist, dass kurz vor Metternich auch Napoleon Bonaparte in Strassburg studierte. Metternich widmet dieser Tatsache eine kleine Notiz in seinen Memoiren: „In dem Jahre, als ich in dieser Stadt ankam, hatte der junge Napoleon Bonaparte sie soeben verlassen, als Offizier in dem zu Strassburg in Garnison liegenden Artillerie-Regimente hatte er daselbst seine Studien für Waffengattung beendigt. Ich bekam die-

---

les délicer de notre maison de St. Louis, mais de toutes les sociétés, que nous frequentons… la coeflure de chaque tête exige par jour pour le mois une demi-heure, et les fêtes de dimanche une heure entiere, uniquement à cause…" Vgl. auch Kollektion der Briefe an Pauline Metternich, die Schwester von den beiden Knaben, vom Jahr 1789; NA Prag, FA Metternich – Acta Clementina 14/317, in denen werden seine politische und gesellschaftliche Meinungen reflektiert. Metternich fügte dazu noch eine kurze Charakteristik hin: „Als ich im Jahre 1788 Universität zu Strassburg bezog, war derselbe J. Simon meinem Bruder und mir zugeteilter Begleiter. Im Jahre 1789 stützte sich Simon, der eingeborner Elsasser war, Kampf über in den Strome der Revolution. Die Briefe an meine Schwester, welche er an Sie aus Strassburg schreibt, leisten sonoch ein psychologisches Interesse."
[7] In diesem Zusammenhang könnte noch Simons Brief an Metternich aus dem Jahre 1816 erwähnt werden, in dem er um Arbeitsstelle als Verwalter Johannisbergs bittet: „... in einem angenehmen Winkel der Erde ganz unbekannt meine Laufbahn beschliessen, als geneigter Zuschauer den Gang der Menschheit beobachten, die übrige Muse mit Bekanntmachung meiner Arbeiten für die deutsche Sprache unter einem fremden Namen anfüllen – das wäre das non plus ultra aller meiner Wünsche hienieden."
[8] Zu ihm vgl. Jürgen Voss, Christoph Guillaume Koch (1737–1813). In: History of European Ideas 13 (1991), 531–543.
[9] Gustav C. Knod (Hg.), Die Alten Matrikeln der Universität Strassburg 1621–1793, I–III, Strassburg (II) 1897, (III) 1902.

selben Professoren der Mathematik und Fechtkunst wie er, eine Tatsache, an die jene Meister sich erst erinnerten, als der kleine Artillerie-Offizier nach und nach großer General, erster Konsul und Kaiser geworden war."[10]

Aus den politischen Gründen wechselte Metternich im Jahre 1790 seine Wirkungsstätte und zog nach Mainz. Hier hat er vor allem in seinen naturwissenschaftlichen Interessen weiterverfolgt, unter anderem bei Georg Forster. Hinzu kamen Besuche der Vorlesungen in der Experimentalphysik. Beeindruckt war Metternich auch von den Vorlesungen in deutscher Geschichte bei Niklas Vogt. Nach der Metternich-Biographie von Heinrich Ritter von Srbik hat sich Metternich mit Vogts Lehre von Konvenienz und Gleichgewichtssystem im Zusammenleben der Staaten identifiziert. Vogt führte in seinen Vorlesungen an, dass der Mensch versuchen müsse, in allen Bereichen, sowohl in der Natur, wie im Staat, das Gleichgewicht wieder herzustellen. Neben den Sympathien für die Meinungen Vogts entstand auch eine tiefe Verbindung zwischen Metternich und Vogt, der später an der Wand der Schlosskirche auf der Metternichschen Herrschaft Johannisberg begraben wurde. Seine Studien in Mainz beendete Metternich im Jahre 1792, als er zu seinem Vater nach Brüssel zog. Hier konnte er die ersten Erfahrungen im Staatsdienst sammeln. Das ist aber schon ein anderes Kapitel in Metternichs Leben.

Auf dem Bildungsweg künftigen Kanzlers müssen wir noch eine Pause machen, und zwar zu Zeit nach seiner ersten Hochzeit mit Eleonore Kaunitz im Jahre 1795. Seit dieser Zeit lebte er in Wien und versuchte seine naturhistorischen Interessen weiter zu pflegen und zu vertiefen. In seinen Memoiren hat er geschrieben: „Ich hätte vorgezogen, im Privatleben zu bleiben und meine Zeit der Pflege der Wissenschaften zu widmen. Zu der Epoche, von der ich spreche, schien das Geschick meine Neigungen begünstigen zu wollen, zu diesem Ende entwarf ich einen Plan, den zu vollführen mir nicht beschieden war."[11] Metternich besuchte oft verschiedene Vorlesungen der Wiener Universitätslehrer, vor allem die Vorlesungen in Botanik, Chemie, Physik und Medizin. Zur Verfügung stehen uns die späteren Zeugnisse, die zeigen, dass er ein ausgezeichneter Diagnostiker war. In diesen Jahren entdeckte Metternich auch sein geschichtliches Interesse, vor allem für Sammeln und Ordnen großer Sammlungen. Diese Interessen hat er ähnlich wie die naturhistorischen gepflegt – im taxativen und formalen Stil, er besaß keinen Sinn für Interpretation oder historische Darstellung.

---

[10] Aus Metternichs nachgelassenen Papieren, hg. Richard METTERNICH-WINNEBURG, geordnet von Alfons von KLINKOWSTRÖM, 1. Teil, 1. Band. Wien 1880, 7ff.
[11] Ebd., 9–10.

Zusammenfassend lässt sich sagen, dass die Studienjahre Metternichs ihn und seine Weltsicht entscheidend beeinflusst haben. Er hat Einsichten über Vorgänge und Abläufe in der Gesellschaft, Geschichte und der Natur erworben. Diese Einsichten wurden später nicht mehr grundlegend geändert.

Zum Schluss möchte ich zwei Fragen stellen, die ich für die weitere Forschung wichtig halte: In welcher Weise, wenn überhaupt, hat sich Metternichs eigene Bildung auf seine politischen Entscheidungen ausgewirkt, vor allem auf Entscheidungen betreffend das Staatsbildungssystem, die Rolle der Universitäten usw. Die zweite Frage wäre, wie seine eigene Bildung die Erziehung seiner Kinder beeinflusste.

Die adelige Erziehung der Söhne Carls I. von Schwarzenberg

ALENA KIEHLBORN

Zu der Problematik der adeligen Erziehung und Ausbildung im 19. Jahrhunderts existieren bereits anregende Arbeiten vom österreichischen Historiker Hannes Stekl für das adelige Geschlecht Liechtenstein und Schwarzenberg sowie Windisch-Graetz.[1] Einen Vergleich der Lebensformen, u. a. der Adelserziehung, der Wiener Hofgesellschaft mit denen des niedrigeren Adels an den Höfen in Preußen und in Süddeutschland nimmt die Monographie von der deutschen Autorin Christa Diemel vor. In der gegenwärtigen Fachliteratur entstehen weitere Studien, die sich mit der Gestalt der Erziehung in den einzelnen böhmischen Adelsfamilien befassen. Zu diesen sind vor allem die Forschungsarbeiten von Zdeněk Bezecný, Milena Lenderová oder Milan Hlavačka zu nennen.[2]

Das Ziel des vorliegenden Beitrages ist es, am Beispiel der Familie von Schwarzenberg in der ersten Hälfte des 19. Jahrhunderts die charakteristischen Züge der adeligen Erziehung und Ausbildung festzuhalten und die gewonnenen Erkenntnisse mit den jeweiligen theoretischen Vorstellungen der adeligen Erziehung im 19. Jahrhunderts zu vergleichen.

Als Quellen wurden die persönlichen Nachlässe der Familienmitglieder des Adelsgeschlechts von Schwarzenberg (Sekundogenitur), die im Familienarchiv in Třeboň aufbewahrt sind, verwendet. Den Schwerpunkt stellte

---

[1] Hannes STEKL, Österreichs Aristokratie im Vormärz. Herrschaftsstil und Lebensformen der Fürstenhäuser Liechtenstein und Schwarzenberg. Wien 1973; Hannes STEKL/Maria WAKOUNIG, Windisch-Graetz. Ein Fürstenhaus im 19. und 20. Jahrhundert. Wien 1992.

[2] Vgl. Zdeněk BEZECNÝ, Karel V. ze Schwarzenbergu (Životní styl šlechtice na přelomu 19. a 20. století) [Carl V. von Schwarzenberg, (Der Lebensstil eines Adeligen um die Wende vom 19. zum 20. Jh.)]. In: Opera historica 4 (1995) 281–295; DERS., Dětství, mládí a výchova Karla IV. ze Schwarzenbergu [Die Kindheit, die Jugend und die Erziehung von Karl IV. von Schwarzenberg]. In: Tomáš Jiránek – Jiří Kubeš (Hg.), Dítě a dětství napříč staletími, Pardubice 2003, 67–72; Milan HLAVAČKA, Dětství, dospívání a rodinná strategie v korespondenci dětí knížeti Jiřímu Kristiánu Lobkovicovi. [Die Kindheit, die Jugend und Familienstrategie in der Korrespondenz der Kinder an den Fürsten Jiří Kristián Lobkovic]. In: Porta Bohemica. Sborník historických prací 2, (2003) 7–24; Milena LENDEROVÁ, Matka, dcera, vnučka (Filippina, Elisa, Tekla) – dny všední i sváteční tří dam schlikovského rodu [Mutter, Tochter, Enkelin (Filippina, Elisa, Tekla) – der Alltag und die Feiertage von drei Damen des Geschlechtes von Schlik]. In: Z Českého ráje a Podkrkonoší 15, (2002) 43–68.

die Korrespondenz zwischen den Eltern und den Kindern[3] (1809–1821) sowie zwischen den Kindern untereinander bis zu ihrem 18. Lebensjahr[4] (bis zum Anfang ihrer militärischen Ausbildung) dar. Aus den weiteren erhaltenen Ego-Dokumenten wurden ebenfalls die Tagebücher Friedrichs von Schwarzenberg aus seiner Jugendzeit und seine Autobiographie genutzt,[5] die er im späteren Alter niederschrieb. Die ergänzenden Informationen zu dem Ausbildungsinhalt wurden den Lehrheften, Studienvorbereitungen und Zeugnissen der Kinder entnommen.[6] Trotz der Vielfalt der bearbeiteten Quellen ist das entstandene Erziehungsbild weiterhin unvollständig und es bleiben noch viele Fragen unbeantwortet.

Der Aussagewert der einzelnen Quellen zum Thema der Erziehung ist unterschiedlich. Vor allem die ersten Jahre der Kindheit sind meistens mangelhaft festgehalten. Die Analyse des Briefwechsels und der Tagebücher zeigt ausführlichere Informationen auf, aber auch in diesem Fall kämpft man mit deren Zersplitterung. Bei einer Kritik der Quellen muss man auch berücksichtigen, dass die Tagebücher oft von den Eltern oder Erziehern kontrolliert wurden.

Die Söhne Carls I. von Schwarzenberg

Der Fürst Carl I. von Schwarzenberg (1771–1820), der Sohn Johannes I. von Schwarzenberg und Maria Eleonora Gräfin Oettingen-Wallerstein, war

---

[3] SOA Třeboň, Familienarchiv (FA) Schwarzenberg, Sign. II– A– 4, Briefe des Fürsten Edmund an die Mutter, K. 140; Ebd., Sign. II– A– 2, Briefe des Fürsten Friedrich an die Mutter, K. 139; Ebd., Sign. II– A– 3, Briefe des Fürsten Carl an die Mutter, K. 140; Ebd., Sign. I– 1b/1– 36, Briefe des Fürsten Friedrich an den Vater, K. 143; Ebd., Sign. II– 49, Briefe der Fürstin Maria Anna an den Sohn Friedrich, K. 149; Ebd., Sign. II– 31a, Briefe der Fürstin Maria Anna an den Sohn Edmund, K. 169; Ebd., Sign. II– 27b, Briefe der Fürstin Maria Anna an den Sohn Carl, K. 179; Ebd., Sign. II– 48, Briefe des Fürsten Carl Philip an den Sohn Friedrich, K. 194; Ebd., Sign. II– 27a, Briefe des Fürsten Carl Philip an den Sohn Carl, K. 179.
[4] SOA Třeboň, Sign. II– 51, Briefe des Fürsten Edmund an Friedrich, K. 150.
[5] SOA Třeboň, Sign. I– 59/3a– b, Tagebücher des Fürsten Friedrich 1813–1814, K. 154; Ebd., Tagebücher des Fürsten Friedrich 1815–1816, K. 154.
[6] SOA Třeboň, Sign. I– 3b/1, Friedrichs Studienvorbereitungen, K. 144; Ebd., Sign. I– 2/1– 6, Carls Studienvorbereitungen, K. 172; Ebd., Sign. I– 4/1– 8, Edmunds Studienvorbereitungen, K. 167; Mit der detaillierten Analyse der Studienvorbereitungen von Felix von Schwarzenberg (Primogenitur) befasst sich Stefan LIPPERT, Felix Fürst zu Schwarzenberg. Eine politische Biographie. Stuttgart 1998, 42–50, 42–50; SOA Třeboň, Sign. I– 3a/1– 9, Friedrichs Studienzeugnisse aus der normalen Hauptschule und aus den Universitätsstudien in Wien, K. 143; Ebd., Sign.I– 2/1– 3, Edmunds Studienzeugnisse in Physik und Chemie, K. 167.

Gründer der Sekundogenitur des Fürstenhauses Schwarzenberg. Der Feldmarschall und große Sieger gegen Napoleon in der Schlacht bei Leipzig hatte nach dem Tod seines Vaters das für eine zweite Linie gestiftete Majorat angetreten, welches die böhmische Besitzung Worlik umfasste. In den Jahren nach 1802 erwarb er nach und nach die benachbarten Güter Zalužany, Zběnice und Bukowany.[7]

Seit 1799 (im Alter von 28 Jahren) war er verheiratet mit Maria Anna Gräfin Hohenfeld, verwitwete Fürstin Esterházy. Aus dieser Ehe wurden drei Söhne geboren: der älteste Friedrich (1799–1870), Carl II. (1802–1859), und der jüngste Edmund (1803–1873). Alle drei Söhne haben nach dem Vorbild des Vaters die militärische Karriere angetreten. Friedrich und Edmund mit 18, Carl mit 19 Jahren. Friedrich und Edmund blieben unverheiratet, Carl nahm die Gräfin Josefine Wratislav von Mitrovic (1802–1883) zur Frau. Der wirtschaftlich desinteressierte, aber erstgeborene Friedrich betraute seinen Bruder Carl mit der Führung der Vermögensverwaltung, 1834 übertrug er ihm endgültig die gesamte Leitung.

Die Beteiligung der Eltern an der Erziehung

Der Tradition nach ließ die adelige Familie ihre Söhne und Töchter nicht an öffentlichen Lehranstalten, sondern von Privatlehrern in ihrem eigenen Haus unterrichten. Einerseits hat man das österreichische Erziehungssystem als negativ empfunden, andererseits wurde auf diese Art eine soziale Distanzierung von den übrigen Bevölkerungsschichten bezweckt. Die Erziehung der Kinder wurde dem Stab der Erzieher und Privatlehrer überlassen, wobei jeder eine genau beschriebene Rolle innehatte.[8]

Welche Rolle an dem Erziehungsprozess der Kinder wurde den Eltern zugeschrieben? Es steht fest, dass eine aktive Rolle der Eltern fehlte. Ihre politischen und gesellschaftlichen Pflichten führten sie oft für längere Zeit aus dem Haus und hinderten sie daran, die Zeit den Kindern zu widmen. Darüber hinaus wurde die aktive Teilnahme an der Erziehung von den Zeitgenossen gering wertgeschätzt. Daher orientierte sich die erzieherische Tätigkeit der Mutter und des Vaters eher auf die Bereiche der sittlichen Formung ihrer Kinder.[9]

In der Familie von Schwarzenberg hat die Fürstin Maria Anna geb. Gräfin Hohenfeld die religiöse Unterweisung ihrer Kinder selbst in die Hand genommen und dazu eigenhändig einen Katechismus für ihre Kinder in den

---

[7] Vgl. STEKL, Aristokratie, wie Anm. 1, 30.
[8] Vgl. Ebd.; STEKL/WAKOUNIG, Windisch-Graetz, wie Anm. 1, 33.
[9] Vgl. STEKL, Aristokratie, wie Anm. 1, 112.

Jahren 1811–1812 zusammengestellt.[10] Die Gedanken der Fürstin waren vom Geist der Romantik und von der emotionellen religiösen Welt geprägt. Sie forderte ihre Kinder zur Wahrheitssuche und Suche nach der Liebe in der Bibel auf und betonte ihnen oft in ihren Briefen die Wichtigkeit der Religion. Dem 16jährigen Edmund schrieb sie im Juni 1819: „In der Bibel steht: Wer seinen Nächsten nicht liebt den er sieht, wie kann er Gott lieben den er nicht sieht. Und so möcht ich dir ein wenig sagen mein Edmund. Kannst du deine Lieben vergessen die du siehst wie wirst du Gott vergessen den du nicht siehst." Diese Worte über Nächstenliebe, die den Menschen gleichzeitig die Liebe zu Gott lehrt, wurden von ihr an ihren Sohn nur als Ermunterung gerichtet.[11]

Ihr Interesse an den Erlebnissen und Erfahrungen ihrer Kinder, ihrer Studien, ihrer Freizeit und das Benehmen der Geschwister untereinander kann man auch dem Briefwechsel entnehmen. Die Briefe dienten gleichzeitig als Mittel der Elternkontrolle in der Zeit ihrer Abwesenheit. Darüber hinaus verbrachte die Fürstin mit ihren Söhnen viel Zeit beim Lesen, z. B. der Ilias von Homer oder der deutschen Geschichte.[12]

Die religiöse Gesinnung des Fürsten Carl I. war eher von der Wirkung der josefinischen Aufklärung geprägt, was auch seine lockere Stellung zum Glauben beeinflusste. Trotz seiner häufigen langen Abwesenheit während der Napoleonischen Kriege hat er seine Söhne in den Briefen zu den Grundprinzipien des adeligen Lebens und zur Sittlichkeit geführt.

In seiner Autobiographie erinnerte sich Friedrich von Schwarzenberg an die ersten Jahre seines Lebens und versuchte, die in der Familie herrschende Atmosphäre festzuhalten. Er schätzte die fortdauernde Pflege und das Bemühen seiner Mutter, die sich um die physische und geistige Entwicklung der Söhne kümmerte. Die Kinder blieben nach seinen Worten der Mutter auch nach dem vorzeitigen Tod des Vaters im Jahr 1820 treu. Die Mutter war in seinem Erwachsenenalter nicht nur die treue Mutter, sondern auch eine ratgebende und leitende Freundin. Über den Vater notierte er sich folgendes: „Der Vater war sehr mild und gut zu uns; nur in zwei Punkten war er streng, nämlich: wegen Lügen und Mangel an Gehorsam und Re-

---

[10] SOA Třeboň, Sign. III– 34, Katechismus für meine Kinder, K. 142.
[11] Ebd., Sign. II– 31a, Briefe von Maria Anna Fürstin von Schwarzenberg an Edmund vom 23. 6. 1819, K. 169.
[12] Ebd., Sign. II– A– 3, Briefe des Fürsten Carl II. an die Eltern vom 31. 10. 1814, K. 140. Das Gemälde vom französischen Maler Auguste Garnerey, auf dem Maria Anna mit Friedrich ein Buch liest, während die jüngeren Geschwister mit einem Hund spielen: Vgl. Květa KŘÍŽOVÁ, Šlechtický interiér 19. století [Das adelige Interieur des 19. Jahrhunderts]. Praha 1993, 61.

spekt gegenüber der Mutter." Wie er weiter schrieb, mussten sich die Geschwister in dieser Hinsicht nichts vorwerfen.[13]

Die Ziele der adeligen Erziehung

Der Adel nahm in der Gesellschaft eine privilegierte Stellung ein, die mit Rechten und Privilegien verbunden war. Für den Adeligen bedeutete es gleichzeitig die Notwendigkeit, die damit zusammenhängenden Pflichten erfüllen zu müssen. Auch die zahlenmäßig geringe Vertretung des Adels in der Gesellschaft unterstützte seine Ausnahmestellung. Die Aristokratie betonte damit ihre Wichtigkeit und Einzigartigkeit, wodurch sie sich von dem aufstrebenden Bürgertum distanzieren wollte und nach dem Erhalt ihrer Identität im 19. Jahrhundert strebte. Mit dieser Vorstellung stimmten auch die bezeichnenden Ziele der adeligen Erziehung überein.

Zu den in den theoretischen Schriften meist hervorgehobenen Zielen gehörten die Frömmigkeit und das Leben nach den Grundsätzen der christlichen Moral.[14] Die Quellen der Erziehung waren in der Bibel zu finden. Für den ersten Schritt zur Frömmigkeit hielt man das Bewusstsein der eigenen inneren Gefühle, die die Verbindung zwischen dem Menschen und Gott widerspiegeln. Der Adelige sollte lernen, sein Gewissen zu erforschen. Die Fähigkeit der Selbstkontrolle und Reflexion des eigenen Verhaltens sollte mit Hilfe der Tagebuchführung entfaltet werden. Der 16jährige Friedrich von Schwarzenberg schrieb in sein Tagebuch, dass er anfing, über sich selbst und seinen Charakter nachzudenken. Das Ergebnis: „Ich bin mir selbst ein unlösbares Rätsel. Ich habe mich oft gefragt, wie sieht es mit deinem Inneren aus und konnte mir die Frage nicht genügend beantworten." Nach dieser Äußerung folgt das Aufzählen seiner schlechten Eigenschaften: „große Heftigkeit, Unvermögen meiner Leidenschaften, besonders der Wollust, zu widerstehen, Eitelkeit und Starrsinn, sonst aber bin ich enthusiastisch für das, was mir wichtig ist, es mag nur Freiheit, Vaterland und Ehre, warmer Freund u. s. w. sein."[15]

In manchen Fällen wurde das Schreiben als eine Form der Beichte angesehen. Carl II., der mittlere Sohn, schrieb an seine Mutter: „Pater Marzellian erlegte mir als Beichte die Fortsetzung des Tagebuchschreibens auf

---

[13] SOA Třeboň, Sing. II– 58/2, Autobiographie des Fürsten Friedrich, K. 153.
[14] Vgl. STEKL, Aristokratie, 113; STEKL/WAKOUNIG, Windisch-Graetz, 37–41; Josef HANUŠ, Národní muzeum a naše obrození I. [Nationalmuseum und unsere Wiedergeburt]. Praha 1921, 96.
[15] SOA Třeboň, Sign. II– 59/3a– b, Tagebücher des Fürsten Friedrich 1813–1818, K. 154.

und das Lesen der religiösen Literatur und ich antwortete ihm, dass ich das Tagebuch führe. Dafür lobte er mich und erlegte mir heute das Gleiche auf."[16] Die adelige Gesellschaft legte ebenfalls Gewicht auf ethische Grundsätze im Sinne der aristokratischen Verpflichtungsidee. Dazu zählten Gehorsam, Treue und Ergebenheit. Der Fürst Carl I. von Schwarzenberg vergleicht in dem Brief an den 13jährigen Sohn Friedrich den Gehorsam mit dem „Cement des Staatsverbandes, ohne den das Gebäude bei geringsten Erschütterung zerfällt."[17] Den Söhnen wurde auch die Pflicht, die Gesetze zu ehren und sie konsequent einzuhalten, beigebracht. Der Wunsch, diese Pflichten erfüllen zu können, beweisen die Zeilen aus dem Brief von Friedrich an seinen Vater: „Erlaubte es der Gott, werde ich mein Schwert für meinen Kaiser und meine Heimat erheben."[18]

Ein wichtiger Bestandteil des Alltagslebens in den adeligen Familien bildete die Festigung des Bewusstseins der Zugehörigkeit zum privilegierten Stand. Die Kinder sollten lernen, dass sie sich erst selbst alle Privilegien ihrer Stellung verdienen müssen, genauso wie ihre Vorfahren.[19] Der Fürst Carl I. von Schwarzenberg erklärte es seinem Sohn mit folgenden Worten: „...übe Dich in den Tugenden, die den Menschen im Allgemeinen adeln, denn als Soldat bedarfst Du ihrer vorzüglich, wenn Du nicht den Vorwurf auf Dir haften lassen willst, dass Deine Geburt den Mangel an Verdienst zu bemänteln scheint."[20]

Die adelige Erziehung betonte auch die Familientradition, die bei den Kindern das Gefühl der Zugehörigkeit zu der Familie und der Loyalität ihr gegenüber festigen sollte. Die Tradition des eigenen Geschlechtes gaben die Eltern ihren Kindern schon in der frühen Kindheit in Form von Familienporträts, Erinnerungsgegenständen oder aufbewahrter Korrespondenz weiter. Man erzählte über die bedeutenden Taten der Vorfahren und gedachte ihrer an den Todestagen.[21] Friedrich von Schwarzenberg wurde in seiner Kindheit das Andenken seines Onkels Friedrich Johannes vor Augen geführt, der als 21jähriger während des ersten Koalitionskrieges im Kampf fiel. Friedrich schilderte in seiner Autobiographie diese Erlebnisse wie

---

[16] SOA Třeboň, Sign. II– A– 3, Briefe an Maria Anna von Carl (o. D.), K. 140.
[17] Ebd., Sign. II– 48, Briefe von Carl Philip von Schwarzenberg vom 24. 2. 1812, K. 149.
[18] Ebd., Sign. I– 1b/1– 36, Briefe Friedrichs an seinen Vater vom 7. 5. 1816, K. 143.
[19] Vgl. Ludmila PAVLATOVÁ, Dvojí pojednání šlechtické mládeže koncem 18. a počátkem 19. století: Franz Joseph Graf von Kinsky a Ignaz Wildner von Maithstein, [Zwei Abhandlungen über die adelige Jugend am Ende des 18. und am Anfang des 19. Jh.]. In: Studie k sociálním dějinám 19. století 7. Opava (1997), 139–163, hier S. 154.
[20] Vgl. STEKL, Aristokratie, wie Anm. 1, 113.
[21] STEKL/WAKOUNIG, Windisch-Graetz, wie Anm. 1, 26.

folgt: „Meinen Vornamen bekam ich als Erinnerung an meinen Onkel. Sein Ende wurde mir als das erwünschte Ziel des irdischen Lebens vorgelegt und sein von der Todeskugel durchlöchertes Wams wurde mir als Ehre verdienende Reliquie gezeigt."[22]

Sowohl die Familientradition als auch das Vorbild der Eltern und der Umgebung, in der die Kinder aufwuchsen, prägten die Entwicklung des Individuums. Nach den im Adel herrschenden Hausgesetzen über die Berufswahl war es üblich, dass der Erstgeborene die Verwaltung des Grundbesitzes übernahm. Seinen jüngeren Brüdern stand die Karriere im diplomatischen, Militärs- oder Verwaltungsdienst zur Wahl. Zu der überlieferten Gewohnheit der reichen Hoch-Aristokratie gehörte auch die „Schenkung eines Sohnes der Kirche."[23] In der Familie von Schwarzenberg sah die Situation anders aus. Alle drei Söhne des Fürsten von Schwarzenberg haben die militärische Karriere angetreten. Ihre Kindheit verbrachten sie in der Zeit der Napoleonischen Kriege und waren ständig im Kontakt mit dem Militärwesen. Friedrich von Schwarzenberg beschreibt das Milieu auf folgende Art und Weise: „Ich bin unter den Soldaten aufgewachsen. Es gab für uns keinen größeren Ruhm und Glanz als der der Waffen, kein Mensch verdiente nach unserer Überzeugung größeres Ansehen oder Mitleid als der Soldat."[24]

Die Erzieher der Söhne Carls I. von Schwarzenberg

Über die Erziehung der Söhne Carls I. von Schwarzenberg in ihrem Vorschulalter wissen wir nicht viel. Die Kinder wurden der Obhut der Erzieher anvertraut. Friedrich von Schwarzenberg schrieb in seiner Autobiographie, dass sein erster Erzieher der alte Wallonenoffizier La Grange war. Die im Haus seines Vaters dienenden Soldaten bezeichnete er als „seine Kindermädchen".[25]

Als Friedrich acht, Carl fünf und Edmund vier Jahre alt waren, trat an die Stelle ihres Erziehers Herr Merex an. Schon nach ein paar Monaten seiner Tätigkeit tauchten die ersten Komplikationen auf und der neue Erzieher wollte seine Stelle verlassen. Der Fürst Carl I. reagierte darauf mit folgendem Brief: „Zufrieden nach 7–8 Monaten ihrer Tätigkeit erklären sie jetzt, dass sie ihr Amt mit Widerwille ausüben und dass sie die physische Pflege, derer das früheste Alter der Kinder bedarf, demütigt. Ihre Unlust erschreckt

---

[22] SOA Třeboň, Sign. II– 58/2, Autobiographie des Fürsten Friedrich, K. 153.
[23] Vgl. STEKL, Aristokratie, wie Anm. 1, 120.
[24] SOA Třeboň, Sign. II– 58/2, Autobiographie des Fürsten Friedrich, K. 153.
[25] Ebd.

mich, ich habe ihnen meine Teuersten anvertraut. Kämpfen sie gegen dieses Verwirren ihrer Gefühle."[26] Aus dem Rest des Briefes geht hervor, dass Herr Merex der zweite Erzieher von Friedrich war. Nach zwei bis drei Jahren kam es doch zum Erzieherwechsel. Der neue Erzieher Olivier hat die Söhne bis zu ihrem Erwachsenenalter großgezogen. Das Verhältnis zwischen Olivier und den Söhnen war auf gegenseitigem Vertrauen aufgebaut, trotzdem kam es ab und zu zu kleineren Auseinandersetzungen. Die Eltern wurden darüber in den Briefen informiert. Meistens zeigten die Eltern, wie der Brief an Friedrich von seiner Mutter beweist, Verständnis für beide Seiten: „Ich kritisiere dich nicht wegen dem Verstoß gegen Olivier, denn ich hoffe, dass er dich wie ein liebenswürdiger Arzt behandelt, der das Jammern des Kranken nicht beachtet, weil ihm jedes Medikament zu bitter vorkommt."[27] In Abwesenheit waren die Eltern mit den Erziehern im täglichen Kontakt, leider sind diese Briefe nicht erhalten. Wenn sich der Erzieher bewährte, wurde mit ihm ein Vertrag unterschrieben, der die Höhe seines jährlichen Gehalts – 1000–1200 fl. – sowie die gewährten Naturalien beinhaltete. Einen Teil des Vertrags bildete auch die Festlegung des Jahres, in dem seine Anstellung endete. Schließlich wurde seine Rente berechnet.[28]

Die adeligen Exerzitien der Söhne Carls I. von Schwarzenberg

Einen wichtigen Bestandteil der adeligen Erziehung stellten die adeligen Exerzitien dar. Hierzu zählten das Reiten, das akrobatische Reiten (sog. Voltiger), das Fechten sowie das Scheibenschießen. Sie dienten zur Einübung des kontrollierten und eleganten Auftretens sowie zum Beweis des Mutes und der Geschicklichkeit. Zugleich wurden sie von den Eltern als Vorbereitung für den zukünftigen Beruf ihrer Nachkommen angesehen.[29] Die Söhne des Fürsten Carl I. widmeten sich dem Reiten schon von klein auf sehr intensiv. Friedrich erinnerte sich in seiner Autobiographie daran,

---

[26] SOA Třeboň, Sign. I– 9/3– 4, Die Erzieher der Söhne Carls I.: Carls I. Brief an den Erzieher Merex 1807 und Notizen des Worliker Archivars Dr. Pekař über den Erzieher Olivier und seine Verwandten 1929, K. 117.
[27] Ebd., Sign. II– 31a, Briefe der Fürstin Maria Anna an den Sohn Edmund vom 6. 8. 1818, K. 169.
[28] Vgl. Ebd., Sign. I– 10, Der Vertrag mit dem Erzieher Josef Novotný aus 1832, K. 173. Josef Novotný – der Erzieher von Carl III. von Schwarzenberg und bekam jährlich 1000 Goldenen. J. B. Novák – der Erzieher von Carl IV. verdiente in den 70er Jahren des 19. Jh. ca. 1200 fl. SOA Třeboň, Sign. A– I– 23/1– 13, Die Erziehung der Kinder ihrer Durchlaucht, K. 184.
[29] Vgl. STEKL /WAKOUNIG, Windisch-Graetz, wie Anm. 1, 42–44.

dass er „als kleiner Bube" täglich von dem ehemaligen Soldaten, der unter seinem Vater diente, auf das Pferd gesetzt wurde.[30] In den späteren Jahren besuchte er eine Reitschule, um sich in dieser Kunst weiter verbessern zu können.[31]

Innerhalb des 19. Jahrhunderts entwickelten sich neben dem traditionellen körperlichen Training neue Formen der Körper- und Gesundheitspflege. Die Jungen und Mädchen widmeten sich regelmäßig der Gymnastik und dem Turnen. In den adeligen Familien erfreute sich auch das Schwimmen immer größerer Beliebtheit.[32] Friedrich, Carl und Edmund besuchten in Wien eine Schwimmschule. Ihre Mutter kontrollierte sogar mittels ihrer Briefe, ob ihre Söhne das Schwimmen nicht verlernt haben.[33]

Das Zeitalter des Romantismus und der Napoleonischen Kriege belebte in den adeligen Kreisen das Ideal des mittelalterlichen Rittertums wieder. Die ritterlichen Tugenden bezauberten auch die Söhne Carls I. Ein interessantes Zeugnis des jungen von der Vorstellung des Rittertums hingerissenen Adeligen birgt Friedrichs Tagebuch. Als 16jähriger notierte er sich, dass er sich „kein größeres Glück vorstellen kann als dieses: Wenn Lory (Marie Eleonora, seine Cousine) in die Hände der Räuber geraten würde und gefesselt und weinend rufen würde: Gibt es denn keine Rettung! Da würde ich mit meinen Freunden mit dem wie die Scheide des heiligen Michael glänzenden Schwert erscheinen und mit der festen Faust würde ich den Kopf ihres Führers abschlagen und sieghaft rufen: Sie ist schon hier! Und nach dem Sieg würde ich bei ihren Füssen, in ihrem Arm aushauchen." Nach seinen Worten würde er zu ihr keine Liebe empfinden, sondern etwas anderes: „Ich möchte bei ihren Füssen gefesselt werden und ihr ganz gehören. Ich würde ihr meinen Kopf, mein Herz und meinen Arm anbieten und wäre glücklich bei ihrem Blick. Möge noch die Zeit der Ritter sein! Lory wäre meine Dame, sie oder die Czernin."[34]

Die Voraussetzung des gesellschaftlichen Erfolges des Adels war ein gewandtes Auftreten in der Öffentlichkeit. Die Kinder nahmen regelmäßig am Vorführen der lebendigen Bilder teil (sog. Tableaux), oder spielten in den kleineren Theatervorstellungen mit. Ein wichtiges gesellschaftliches

---

[30] SOA Třeboň, Sign. II– 58/2, Autobiographie des Fürsten Friedrich, K. 153.
[31] Ebd., Sign. II– 59/3a– b, Tagebücher des Fürsten Friedrich 1813–1814, K. 154.
[32] STEKL/WAKOUNIG, Windisch-Graetz, wie Anm. 1, 43.
[33] „Gerne hätte ich von dir erfahren ob ihr das Schwimmen nicht verlernt habt." SOA Třeboň, Sign. II– 31a, Briefe der Fürstin Maria Anna an den Sohn Edmund vom 6. 8. 1818, K. 169.
[34] SOA Třeboň, Sign. II– 59/3a– b, Tagebücher des Fürsten Friedrich 1815–1816, K. 154.

Ereignis stellten auch der Theaterbesuch und die Kinderbälle dar.[35] Die Kinder Carls I. von Schwarzenberg besuchten in der Begleitung ihrer Mutter die Vorstellungen der Volkstheater in der Wiener Vorstadt. Die Kinderbälle, vor allem die Maskenbälle, an denen schon fünf- und sechsjährige Kinder beteiligt waren, verliefen ähnlich wie die Bälle für Erwachsene. Friedrich, Carl und Edmund besuchten während der Ballsaison 1809 drei solche Bälle.[36] Eine lustige Begebenheit erlebte Friedrich auf dem Maskenball zur Faschingszeit am Hof: „Der Erzherzog Franz löschte mit einem Faschingskrapfen alle drei Lichter und dann hat er uns damit beworfen. Als es der Primas gesehen hat, sagte er: Schmeißt jetzt nicht mehr! Aber ich habe noch geschmissen."[37]

Die Ausbildung der Söhne Carls I. von Schwarzenberg

Die Untersuchung der Korrespondenz und der Tagebücher der Söhne Carls I. von Schwarzenberg, vor allem von Friedrich, brachte interessante Informationen über den Verlauf und den Inhalt ihrer Ausbildung. Zu ihrer Ergänzung fehlen jedoch die Lehrpläne, nach denen der Unterricht verlief, die nicht erhalten wurden. Die Hauptquelle stellten daher die Studienvorbereitungen und die Schulzeugnisse der Kinder dar.

Aus den erhaltenen Quellen war es nicht möglich festzustellen, wann man mit der Ausbildung der Söhne anfing. Mit sieben Jahren schickten die Söhne aber schon die ersten Briefe auf Deutsch an die Eltern.[38] Nach den Vorstellungen der pädagogischen Theoretiker sollten die Kinder bis zu ihrem siebten Lebensjahr neben der Muttersprache noch zwei andere moderne Sprachen beherrschen. Friedrich schrieb in seiner Autobiographie, dass er zuerst Französisch und Tschechisch sprechen konnte, erst später Deutsch. Englisch hat er mit vierzehn Jahren gelernt.[39] Seine Brüder haben mit zwölf Jahren angefangen, mit ihrem Schlosskaplan Tschechisch zu lernen.[40]

---

[35] Vgl. Christa DIEMEL, Adelige Frauen im bürgerlichen Jahrhundert (Hofdamen, Stiftsdamen, Salondamen 1800–1870). Frankfurt/M. 1998, 28.
[36] SOA Třeboň, Briefe des Fürsten Friedrich an den Vater vom 9. 2. 1809, K. 143.
[37] Ebd., Brief vom 28. 2. 1809, K. 143.
[38] „Ich bin im Schreiben soweit gekommen, mein lieber Papa, dass ich diesen Brief ganz allein geschrieben habe." SOA Třeboň, Sign. II– A– 3, Brief des Fürsten Carl an den Vater vom 18. 12. 1809, K. 140.
[39] Ebd., Sign. II– 59/3a– b, Tagebücher des Fürsten Friedrich 1813–1814, K. 154.
[40] „Ich muss dir sagen dass wir vom Kaplan böhmisch lernen und er ist mit uns sehr zufrieden." Ebd., Brief des Fürsten Carl an den Vater vom 31. 10. 1814, K. 140.

Große Aufmerksamkeit wurde in der Familie des Marschalls dem Erlernen der klassischen Sprachen gewidmet. Die lateinische Sprache hat Friedrich schon vor seinem zehnten Lebensjahr gut beherrscht, was sein Brief an seinen Vater nach Petersburg beweist.[41] Das Griechisch unterrichtete im Hause Schwarzenberg der Lehrer Bueler. Die ersten Erwähnungen über ihn erscheinen in den Briefen des 13jährigen Friedrich.[42]

Mit 13 Jahren wurde Friedrich Schüler der humanistischen Klasse des Universitätsgymnasiums in Wien,[43] das einen großen Wert auf die vollkommene Beherrschung der lateinischen Sprache legte. Die Schüler lernten vor allem Grammatik, wobei man von der Lektüre der antiken Schriftsteller ausging. Friedrichs Vorbereitungen beinhalteten eine Menge von Übersetzungsübungen aus dem Lateinischen ins Deutsche sowie die Grundsätze der Dichtungslehre. Am Gymnasium befasste man sich auch mit der griechischen Literatur und bearbeitete ausgewählte Passagen z. B. aus Homers Ilias oder Sokrates Erinnerungen.[44]

Zur adeligen Ausbildung gehörten auch gute Kenntnisse in Geschichte. In den Vorbereitungen von Carl II. sind die Kapitel über die Entwicklung der gegenseitigen Verhältnisse der tschechischen und der deutschen Länder seit dem 9. Jahrhundert zu finden.[45] Einen Bestandteil der Ausbildung bildeten auch Geographie und Landkartenkunde, was im Zusammenhang mit der späteren Berufsorientierung der Söhne stand.[46] Die Kinder lernten schon seit ihrem zwölften Lebensjahr Stenographie,[47] die sowohl zur Aufzeichnung der Vorlesungen als auch zum Verheimlichen mancher Stellen in ihren Tagebüchern diente. Carl II. hat seine Tagebücher grundsätzlich stenographisch geführt.[48]

Im Jahre 1814 wurde Friedrich Student an der Wiener Universität. Während der Studienzeit hielt er sich bei seinem Onkel Josef II. von Schwar-

---

[41] SOA Třeboň, Sign. I– 1b/1– 36, Brief des Fürsten Friedrich an den Vater vom 8. 4. 1809, K. 143.
[42] Ebd., Brief vom 30. 5. 1812, K. 143.
[43] In Friedrichs Vorbereitungen 1812 erschien die Bemerkung: „übersetzt von Fritz Sch., Student auf der Wien Univ. Gymnasium I Hum. Klasse. Manchmal nur Hum. Klasse."
[44] Ebd., Sign. I– 3b/1, Studienvorbereitungen von Friedrich – Studia gymnasialia, 1812–1813, K. 144.
[45] Ebd., Sign. I– 5/1– 6, Studienvorbereitungen von Carl II., K. 172.
[46] SOA Třeboň, Sign. I– 3b/1, Studienvorbereitungen von Friedrich – Studia gymnasialia, 1812–1813, K. 144.
[47] „...ich fange auch an stenographisch zu schreiben." Ebd., Sign. II– A– 3, Brief des Fürsten Friedrich an den Vater vom 31. 10. 1814, K. 140.
[48] Ebd., Sign. I– 3/a, Stenographisch geschriebene Tagebücher von Carl II., 1814–1823, K. 172.

zenberg und seiner Schwester Eleonora in Wien auf.[49] Das Familienmilieu bekam ihm gut.[50] Josef II. beaufsichtigte sein Studium und verlangte von Friedrich regelmäßig ein Verzeichnis seiner Studien und Lehrstunden. Trotz aller Pflege, die ihm in Wien geleistet wurde, vermisste Friedrich seine Nächsten: „Ich kann es nicht mit Worten ausdrücken, wie sehr Sie mir fehlen, mein geliebter Vater und Mutter."[51]

Friedrich besuchte an der Universität das physikalische Kollegium, wo er einige Prüfungen in Physik bestand. „Unlängst habe ich auf Lateinisch die Prüfung in Physik für das erste Semester abgelegt, die ganz gut ausgegangen ist", informierte Friedrich kurz seinen Vater.[52] Die Bewertung der Prüfung von dem prüfenden Professor und ihr Verlauf wurden erhalten. Die Prüfung verlief im physikalischen Hörsaal und dauerte 45 Minuten. Der Prüfende äußerte sich lobend sowohl zu Friedrichs Kenntnissen in Physik als auch zur Leichtigkeit und Geschicklichkeit seines Ausdruckes im Lateinischen.[53]

Während des Studiums absolvierte Friedrich die Vorlesungen in Chemie, Rhetorik, Psychologie, Religion, Logik und Metaphysik. Er widmete sich auch der lateinischen Literatur, Ökonomie und Ästhetik.[54] Im Sommer 1815 wartete er auf die Weisung seines Vaters zum Studium des Militärwesens, wozu sein Vater ein Jahr später einwilligte.[55]

Carl und Edmund wurden 1818 am Polytechnischen Institut in Wien eingeschrieben, wobei die Immatrikulationsgebühr zehn Gulden betrug.[56] Sie haben ähnlich wie Friedrich Vorlesungen in Chemie und Physik besucht, in denen sie auch Prüfungen ablegten. Weitere Studien haben Carl und Edmund an die Universität in Leipzig geführt, wo sie ein halbes Jahr

---

[49] Eleonora von Schwarzenberg (1783–1846) kümmerte sich nach dem tragischen Tod von Paulina von Schwarzenberg in Paris um ihre verbleibenden Kinder. Friedrich, der jüngste Sohn von Josef von Schwarzenberg nannte sie „Engelstante". STEKL, Aristokratie, wie Anm. 1, 113.
[50] SOA Třeboň, Sign. I– 1b/1– 36, Brief des Fürsten Friedrich an den Vater vom 25. 5. 1815, K. 143.
[51] Ebd., Brief vom 4. 5. 1814, K. 143.
[52] Ebd., Brief vom 12. 4. 1814, K. 143.
[53] Ebd., Sign. I– 3a/1– 9, Studienzeugnisse von Friedrich aus der normalen Hauptschule und aus den Universitätsstudien in Wien, K.143.
[54] Ebd.
[55] Ebd., Sign. I– 1b/1– 36, Briefe des Fürsten Friedrich an den Vater vom 14. 5. 1815, K. 143.
[56] Ebd., Sign. I– 4/a, Immatrikulationsbescheinigung von Carl II. für die Vorlesungen an dem Polytechnischen Institut in Wien, 1818–1819, K. 172. Ebd., Sign. I– 2/1– 3, Immatrikulationsbescheinigung von Edmund für die Vorlesungen an dem Polytechnischen Institut in Wien und zwei Bescheinigungen in Physik und Chemie 1818–1819, K. 167.

verbrachten.⁵⁷ Ihre Abfahrt bedeutete die erste Trennung von der Familie und sie war für beide am Anfang sehr schwer, was auch der Brief von Edmund an Friedrich beweist: „Du kannst es Dir vorstellen, weil du das Gleiche erlebt hast, wie ich mich fühlte, als ich Prag verließ. Ich wurde gerissen aus der Mitte meiner fünf Lieben und geriet in die Kaste der Händler, die ich so hasse. Es war für mich etwas Schreckliches."⁵⁸

An der Universität besuchten sie Vorlesungen in Logik, Mathematik, Geometrie, Psychologie, Ästhetik und Recht.⁵⁹ Über das Niveau der hiesigen Kollegien äußerte sich Edmund sehr lobend: „Die Kollegien sind hier sehr gut und du kannst es dir vorstellen, dass viel besser als bei uns, obwohl die hiesige Universität nicht so eine lange Tradition hat wie unsere."⁶⁰ Edmund beschwerte sich nur über die kühle Aufnahme durch die anderen Studenten: „Ich habe noch nicht viel Bekanntschaft mit Studenten gemacht, es schreckt sie der Fürstentitel sehr zurück, weil sie darunter sich immer irgendeinen stolzen Prinz von Hessen und die gleichen denken: daher unterhalte ich mich jetzt nicht gut."⁶¹

Nach dem Beenden der Studien haben beide jüngeren Brüder sowie Friedrich die militärische Karriere angetreten und widmeten sich ihr bis zu ihrem Tod.

---

[57] Ebd., Sign. I– 2/1– 3, Akademische Bürgerschaft von Edmund an der Universität in Leipzig, K. 167; Ebd., Sign. I– 4/b, Immatrikulationsbescheinigung von Carl II. an der Universität in Leipzig, K. 172.
[58] SOA Třeboň, Sign. II– 51, Brief des Fürsten Edmund an Friedrich vom 18. 5. 1820, K. 150.
[59] Ebd., Sign. I– 4/1– 8, Handschriftliche Notizen der Vorlesungen aus den philosophischen Studien des Fürsten Edmund, K. 167.
[60] Ebd., Sign. II– 51, Brief des Fürsten Edmund an Friedrich vom 18. 5. 1820, K. 150.
[61] Ebd.

Kindheit, Adoleszenz und Familienstrategie in den Briefen der Lobkowicz-Kinder an ihren Vater Fürst Georg Christian

MILAN HLAVAČKA

Gegenstand dieser Analyse ist eine repräsentative Probe von mehreren hundert Briefen, die die Töchter Maria Franziska, genannt Fanny, Therese Maria, genannt Trusl oder Tričkule, und die Söhne Georg August, genannt Bubi, Friedrich Maria, genannt Böbr, und Maria Johann, genannt Nin, in unregelmäßigen Abständen ihrem Vater Georg Christian, der familiär Gox genannt wurde, in den Jahren 1873 bis 1908 geschrieben hatten. Die Briefe befinden sich im Staatlichen Regionalarchiv in Leitmeritz (Státní oblastní archiv v Litoměřicích), Zweigstelle Žitenice, und sind im Archivbestand der Melniker Lobkowiczer, Korrespondenz Georg Christian II. (Jiří Kristián II.) von Lobkowicz unter den Signaturen A 7, A 12, A 15, A 20 und A 21 deponiert. Verfasser dankt auf diesem Wege den Archivaren von Žitenice, Mgr. Jitka Vrzalová und Mgr. Petr Kopička, für ihre ergiebige Hilfe bei den notwendigen Recherchen, ohne die dieser Beitrag nicht hätte erscheinen können.

Georg Fürst Christian Lobkowicz (1835–1908) und Anna Prinzessin von Liechtenstein (1846–1924) wurden im Mai 1864 in Wien vermählt. Die Ehe zwischen zwei Angehörigen des böhmischen Adels, die zu den reichsten Adelshäusern hierzulande gehörten, kann sowohl in demographischer Hinsicht als auch in der subjektiven Sicht ihrer Akteure als sehr glücklich gewertet werden. Zwar war sie nicht frei von Familientragödien, doch der Hauptzweck: das Geschlecht zu erhalten und das Vermögen zu vermehren, wurde restlos erreicht. Im Verlaufe der Jahre 1865 bis 1885 brachte Anna von Lobkowicz zwölf Kinder zur Welt, von denen elf das Erwachsenenalter erreichten: ein ein junges, vier ein mittleres und sechs ein hohes Alter. Acht Töchter, namentlich Anna Berta (1865–1917), Maria Franziska (1866–1918), Maria Therese (1867–1945), Maria Sidonie (1869–1941), Maria Henriette 1872–1939), Maria Polyxena (1874–1951), Therese Maria (1876–1958) und Rosa Maria (1879–1957), und die vier Söhne Georg August (1870–1890), Alois Johann (1875–1877), Friedrich Maria (1881–1923) und Maria Johann (1885–1952) sicherten der Familie trotz des vorzeitigen Todes der beiden erstgeborenen Söhne dieser Linie eine klare Zukunft. Die Vermögenslage der Eltern, ihre Autorität innerhalb der eigenen Schicht und auch innerhalb des immer noch monarchistisch und neuständisch denkenden größeren Teils der tschechischen und deutschen Gesellschaft in Böhmen und in der Habsburgermonarchie garantierten ihnen soziale Sicherheit, eine feste und überdurchschnittliche materielle Grundlage, die ihnen eine sorgenfreie Kindheit und ein ruhiges, durch humanistische Bildung erfülltes Aufwachsen und schließlich auch eine ambitiöse Lebensplanung ermöglichte. Georg Fürst Christian Lobkowicz hatte von seinem Vater August Longin (1797–1842) aus der jüngeren Melniker Linie derer von Lobkowicz und der Mutter Anna Berta Prinzessin von Schwarzenberg (1807–1883) die Güter Melnik (Mělník), Hořín, Pšovka, Sedlec, Rožďalovice und Drhovle mit Schlössern in Melnik, Hořín, in Rožďalovice, in Drhovle und in Vráž bei Pisek (Písek) und mit einem Palast in der Welschen Gasse (Vlašská ulice) auf der Kleinseite in Prag geerbt. Seine Frau Anna kaufte nach der Hochzeit im Jahre 1870 noch das im Grenzgebiet zwischen Mittel- und Südböhmen gelegene Gut Drahenice mit Schloss und Waldbestand. Von diesem Vermögen der Melniker Lobkowiczer wurden an direkter Steuer mehr als dreißigtausend Gulden jährlich entrichtet.

Wie aus obiger Aufzählung ersichtlich, kamen die Kinder in der aristokratisch-katholischen Familie von Georg Christian (für sieben Töchter und zwei Söhne war Maria die Namenspatronin) in einem Zeitraum von zwanzig Jahren mehr oder weniger in regelmäßigen Abständen zur Welt. Die Erziehung der Kinder in einer so zahlreichen Familie erstreckte sich dann über einen Zeitraum von mehr als fünfunddreißig Jahren. Ganz natürlich musste sie in zwei unscharf voneinander abgegrenzten Phasen erfolgen, deren Trennlinie Alter und Geschlecht der Kinder war. Die erste Phase war eine ausgesprochene Mädchenphase, in der lediglich der älteste, sehr oft kranke Sohn Georg August den Sonderstatus des männlichen Erstgeborenen besaß. Der zweitgeborene Sohn Alois Johann wurde nur anderthalb Jahre alt und wird in unserer Korrespondenzprobe überhaupt nicht erwähnt. Wie aus dem Briefwechsel weiter hervorgeht, wurde Bubi, also Georg August, mehr oder weniger getrennt erzogen und nur zu gemeinsamer Kurzweil der älteren Schwestern nach dem Unterricht herangezogen. Diese bis etwa Anfang der 1880er Jahre dauernde Phase wies noch eine weitere Besonderheit auf. Die älteren Kinder erlebten noch die verwitwete Großmutter Anna Berta, mit der sie entweder in Hořín und in Prag verkehrten oder im Wiener Schwarzenberg-Palais und seinem angrenzenden Garten. Die zweite Phase, in der die vier jüngeren Mädchen erzogen und die beiden jüngsten Knaben geboren wurden, zeichnete sich gerade durch jene bereits ganz klare Trennung der älteren von den jüngeren Geschwistern aus und dadurch, dass die Mutter von Georg Christian nicht in das Erziehungs- und Bildungsprogramm der Enkel eingriff. Und schließlich befanden sich, als auch die jüngsten Geschwister herangewachsen waren, was um die Jahrhundertwende der Fall war, die ältesten Töchter nicht mehr in der Familie, denn sie waren inzwischen verheiratet (zumeist außerhalb des Königreiches Böhmen) oder im Kloster. Das Heranwachsen der jüngsten Töchter aber wurde durch häufige Besuche der verheirateten Schwestern und ihrer Kinder bereichert, womit – und dies geht abermals aus der Korrespondenz hervor – die Erziehung der Töchter zu Ehe und Mutterschaft nach adligem Modell ganz spontan erfolgte.

Um Erziehung und Bildung der adligen Nachkommen kümmerte sich damals ein ganzer Stab bzw., aus zeitgenössischer Sicht, eher ein Hof von Leuten, deren Funktionen und Aufgaben in der Infrastruktur der großen Adelsfamilie ganz konkret verteilt waren. Die Eltern und Kinder hatten außer Köchin, Fuhrmännern, Kutschern, Gärtnerinnen und Gärtnern, also der Dienerschaft noch Nonnen, Fräuleins, fremdsprachige „bonnes", eine „Miss" oder „Mademoiselle" sowie einen Erzieher zur Verfügung. Vor allem die Knaben waren in täglichem Kontakt mit dem Erzieher, der bei den Melniker Lobkowiczern stets aus den Reihen des niederen Klerus ausgewählt wurde. Dieser ehrwürdige Pater, den man „velebníček" („hochwürdiger Herr") nannte (die Kinder nennen ihn im Briefwechsel „Vele"), unterrichtete sämtliche humanistische Fächer, beaufsichtigte die religiöse, sittliche und ethische Erziehung besonders der Knaben und war diesen im Kindesalter ein unerlässlicher Führer auf Reisen und auch bei ihren sommerlichen Aufenthalten auf den Landschlössern. Den ältesten Georg August begleitete durch Kindheit und Adoleszenz Pater Dr. Antonín Vřešťal, der ehemalige Erzieher bei den Schwarzenbergern und zukünftige Dekan der tschechischsprachigen theologischen Fakultät und Rektor der böhmischen Karl-Ferdinands-Universität, die jüngeren Söhne Friedrich und Johann erhielten ihre Bildung von Pater Zwielfelhofer, der vom Bischof in Böhmisch Budweis empfohlen worden war. Zwischen den Erziehern, Lehrern und Lehrerinnen einerseits und den Mädchen und Knaben andererseits können kameradschaftliche Beziehungen voller Respekt und mitunter auch voller Liebe festgestellt werden.

Die Kinder wurden auf Schloss Hořín geboren (hier kamen die Älteste Anna Berta, Maria Therese und der älteste Sohn Georg August zur Welt), selbstverständlich auch im Kleinseitner Palais (Maria Franziska, Maria Polyxena alias Xena, Rosa Maria alias Růžena, und der jüngste Sohn Johann), in Vráž (Therese Maria und Friedrich) und auch auf dem Landschloss in Drhovle (Maria Sidonie, alias Zdeňka, und Maria Henriette, genannt Jindřiška oder manchmal auch Hynka). Das Schloss Melnik und später auch das Schloss Drhovle wurden nicht zu Aufenthalten genutzt, denn sie waren von dem höheren Verwaltungspersonal des Großgrundbesitzes bewohnt. Auf Schloss Melnik trat auch der Ausschuss der dortigen Bezirksselbstverwaltung zusammen, dessen erster Vorsitzender gerade Fürst Lobkowicz war. Den Winter verbrachten die Kinder zumeist in Prag oder auf Schloss Hořín, wo sie des öfteren kürzere Spaziergänge an die Elbe unternahmen, denn hier konnten sie zum Beispiel „Reif und Räuber" spielen und dazu noch, wie es die siebenjährige Fanny im Dezember 1873 dem Vater begeistert schilderte, einen Eisvogel oder ein Jahr später ein „moc velký Dampfscif" („ein sehr großes Dampfschiff") sehen. Die warmen und wärmsten Monate waren zumeist Aufenthalten in Wien und auf dem Lande vorbehalten. Und hierher gehören neben den mehr oder weniger attraktiven Familienschlössern mit Parkanlagen auch weitere Aufenthalte an Stätten, deren Eigentümer Verwandte und Bekannte der Eltern und Großeltern, eventuell auch befreundete Adelsgeschlechter waren, wie beispielsweise die Frauenbergschen Schwarzenberger (Libějice in der Region Písek), die Waldsteiner (Liblice bei Melnik) oder Trautmannsdorfer (Obříství bei Melnik). In die Aufenthalte auf den Landsitzen brachten Besuche der nahegelegenen Schlösser entsprechende Abwechslung; so wanderte man mit den Kindern beispielsweise von Vráž nach Worlik (Orlík) oder von Libějice nach Frauenberg (Hluboká nad Vltavou). Die Aufenthalte auf dem Lande wurden häufig zu Ausflügen in die Umgebung und dazu genutzt, sich mit der örtlichen „Volkskultur" bekannt zu machen. So berichteten die Kinder dem abwesenden Vater zum Beispiel ganz begeistert von ihrer Wanderung vom Schloss Vráž an die Wottawa (Otava). Damals, im September 1879, kamen sie bis nach Borešnice, wo sie eine Rast einlegten, Obst und Kuchen aßen und ihnen das Fräulein eine „sehr interessante Indianergeschichte" vorlas. Am Spätnachmittag kehrten sie nach Hause zurück und ließen sich eine Lampe auf die Terrasse bringen, wo sie bis zum Einbruch der Dunkelheit blieben, denn draußen war es warm. Ein andermal wieder sahen sie sich das Stück „Der Jude von Venedig" an, das ihnen Frau Kopecká, eine örtliche Amateurpuppenspielerin und wohl auch Angestellte des Großgrundbesitzes, mehrmals vorspielte, oder sie bauten sich im Garten eine Festung aus Moos und Steinen. An den sorglosen Spielen auf Schloss Vráž und Drhovle nahm auch das örtliche Personal teil; zum Beispiel wird eine junge Gärtnerin namens Anna erwähnt, die die Kinder besonders mochten, weil sie ihnen oft Obst schenkte. Wie ein solcher sonniger Septembertag im Jahre 1874 auf dem südböhmischen Schloss Drhovle aussah, erfahren wir aus einem Brief der achtjährigen Fanny, die dem Vater verriet, dass sie am Morgen ihr Gärtchen in Ordnung brachte, Luise und Adolfine Nüsse vom Baum schüttelten und Berta von der Gärtnerin einen Pfirsich bekam. Auch hätten sie ein „gutes Frühstück" gehabt. Die zweijährige Hynka habe auch mit ihnen gegessen und es habe ihr so geschmeckt, dass sie „das Butterbrot vergaß und sich nur mit Wurst vollstopfte". Das Schloss Vráž oder der Palast in Prag waren der kleinen Fanny zufolge ein idealer Ort zum Versteckspiel. Am 23. September 1875 hatte es den ganzen Tag geregnet, und so haben die Kinder zunächst gelesen und danach bis zum Abend in der ersten und zweiten Schlossetage Verstecke gespielt. Franziska und Berta versteckten sich gemeinsam unter dem Dach hinter einem Koffer und Bubi unter einem Stuhl im väterlichen Arbeitszimmer, wo ihn Maria lange nicht finden konnte. Und schließlich hätten sie vor dem Abendbrot noch Wolf und Schaf gespielt.

Die aristokratische Kindheit in Prag hatte ebenfalls ihren Reiz. Die Knaben verschönerten sich ihr Nachmittags- und Sonntagsprogramm in der Stadt mit einer Radtour entlang der Moldau beispielsweise zu dem keltischen Oppidum Zawist bei Königsaal (Závist nad Zbraslaví), mit Ponnyreiten in den Baumgarten (Stromovka), gemeinsamen Theaterbesuchen (im Nationaltheater sahen sie beispielsweise Dvořáks Jakobiner), nach 1891 besuchten sie auch das neue Gebäude des Nationalmuseums bzw. die Altstädter Synagogen oder erfreuen sich eines ganztägigen Dampferausflugs nach Königsaal, der mit einer Besichtigung des dortigen Schlosses und einem Konditoreibesuch verbunden war. Den größten Anklang bei den Kindern fand im Mai 1878 ein Ausflug nach Karlstein und 1880 und schließlich 1896 „mit der zweiten Gruppe Kinder" ein mehrtägiger Besuch Dresdens und der dortigen Galerien. Oft spielte man in der Welschen Gasse auch mit den ebenbürtigen „Kameraden" aus den benachbarten Kleinseitner Palästen (erwähnt wird zum Beispiel im April 1879 Adolf Ledebur, der beim Spielen mit Georg „das Glas vom Schrank" zerschlug). Auf dem Hof des Kleinseitner Palastes gab es einen Tennisrasen, den auch die Nachbarkinder aus den Adelsfamilien benutzten. Georg spricht im April 1894 davon, dass er mit František Czernin, Rosa Czernin und Magda Zedtwitz Tennis gespielt habe. Fanny erwähnt auch mehrmals, dass sogar die Mutti ab und zu mit den ältesten Töchtern „Lawn Tennis" gespielt habe.

Die heranwachsenden Töchter, die in der zweiten Hälfte der 60er Jahre geboren waren, fuhren regelmäßig im Mai, wenn der Vater auf Auerhahnjagd im Böhmerwald weilte, mit dem Schlafwagen von Prag nach Wien, wo sie sich bei der Großmutter im Schwarzenberg-Palais einquartierten. Fast jeden Tag gingen sie in Großmutters Garten und fütterten dort Rehe, Enten und Schwäne. In einem Brief vom 6. Mai 1879 berichtete Fanny dem Vater, dass es den ganzen Samstag und Sonntag geregnet habe, weshalb sie den geplanten Ausflug nach Dornbach und Schönbrunn nicht machen konnten. Und so hätten sie am Nachmittag Misl besucht, wo sie auch die Cousinen Trautmannsdorf und Podstatský trafen. „Gestern waren wir zu Maria Dubsky eingeladen", schrieb Fanny weiter, „dann haben wir Blindekuh, ‚Hammerschmied' und nach dem Abendbrot Theater gespielt. Heute ist es schön, und so waren wir früh im Garten und haben Großmuttis Gänse und Tauben gefüttert." Halb zehn wurden Besorgungen gemacht und danach wurde gelesen. Ihren Brief beschloss die dreizehnjährige Fanny mit der Nachricht, dass sie am Nachmittag nach Schönbrunn gehen würden. Obligatorische Wiener Rituale waren auch der Besuch des Praters mit dem Riesenrad oder ein Besuch beim Zahnarzt.

Außer dem Spielen, was die Kinder dem Vater am liebsten beschrieben, war der größte Teil des Tages mit ernsthaftem Unterricht ausgefüllt. Vom fünften oder sechsten Lebensjahr an hatten die Kinder in Prag, in Wien oder auf dem Lande regelmäßig vormittags und nachmittags Unterricht zu Hause. Bei den Melniker Lobkowiczern wurde vor allem auf Sprachen Nachdruck gelegt, besonders auf Tschechisch, Deutsch, Französisch, Englisch, ab dem zehnten Lebensjahr auch auf Latein und Griechisch, ferner auf Religion, Mathematik, Erdkunde, Zeichnen, Kochen und Körperübung, also auf sog. Turnen (Klettern, Stemmen, Tennis usw.), das auf dem Lande vor allem die Form von Reitübungen und Zielschießen annahm. Im Winter, am häufigsten im Februar, wurden im Prager Palast zumeist in Gegenwart der Eltern und des hochwürdigen Herrn strenge Prüfungen abgelegt, die den Knaben eine reibungslose Aufnahme auf höhere Schulen sicherten. Bei den Mädchen endete der Unterricht mit etwa sechzehn oder siebzehn Jahren und es hat ganz den Anschein, als ob sie, im Unterschied zu ihren Brüdern, in einigen Fächern – etwa in Tschechisch – nicht ganz so streng beurteilt worden wären. Davon zeugen auch ihre schriftlichen Produkte. Während die Knaben dem Vater fast in all den Sprachen schreiben, die sie gerade lernen, bevorzugen die Mädchen prinzipiell ihre Muttersprache, also das Deutsche. Fanny griff, um ihrem Vater Freude zu machen, oftmals zum Tschechischen, obgleich dies ein sehr schweres Kommunikationsmittel für sie war. Ihre Briefe, deren Abfassung beträchtliche Überwindung gekostet hatte, klingen für den Muttersprachler recht komisch, wie dies der folgende kurze Auszug aus einem Brief vom 23. April 1876 zeigt. Die zehnjährige Fanny, die damals in Hořín krank darniederlag, schrieb ihrem Vater: „Ja tebe gratulíruju pro tvůj svátek přeju tebe všecko dobré a abys střelil mnoho Auerhánů. Včera když ty jsi šel pryč přišla Grosmama a ukázala mne dva obrazy. Dnes ja jsem skoro nic neudělal, nejdříve jsem čtla, potom jsem psala slečně a dělal jsem oslíčka. Potom přišla mama a teď tebe píšu. Nezapomeň, že ty jsi mně řekl, že mně budež nejdříve o všechny tvých líbezních dcerách psát! ...Dnes se mně vede velmi dobře, já už dostanu maso a Moučník a pro svačinu kávu a né jako obyčejně třešně. Teď já ale už nevím co mám psát, ja tebe políbím tisíckrát ruku. Tvá nejhonejší dcera Fanny." (unübersetzbar – M. H.)

Demgegenüber drückten sich die Knaben – allen voran Friedrich – im Kindes- und Jugendalter im Tschechischen in Wort und Schrift sehr beachtlich aus. Auch im Beherrschen dieser geistigen Kunst kann man eine gewisse Familienstrategie beobachten. Die Knaben absolvierten eine strengere Tschechischausbildung gerade auch in Hinblick auf ihre zukünftige Mission und ihre Tätigkeit als Verwalter der Familienbesitzungen, die sich ausnahmslos im tschechischen Sprachgebiet befanden, sowie als künftige Landespolitiker, Anwälte oder als Geistliche und Offiziere, deren Pfarren und Garnisonen sich in den böhmischen Ländern befinden konnten. Einmal erwachsen hatten sie freilich die Entscheidungsfreiheit darüber, welcher Sprache sie sich im Privaten bedienen wollten. Alle Geschwister entschieden sich instinktiv fürs Deutsche. Es scheint also, als wäre die Tschechisierung eines Teils des höchsten Landesadels, die wir bei der Generation seiner Großväter und Väter beobachten können (beispielsweise tauschte sich Georg Fürst Lobkowicz mit Heinrich Graf Clam-Martinitz oft Briefe auf Tschechisch aus, und seine Korrespondenz mit den tschechischen bürgerlichen Politikern führte er nur auf tschechisch, und auch den Landtag leitete er ganz souverän in beiden Landessprachen), in der Generation der Söhne und Enkel nicht auf eine stärkere politische und wirtschaftliche Motivierung gestoßen. Dabei darf jedoch nicht vergessen werden, dass in der Zwischenzeit, bevor die Kinder erwachsen waren, die politische Partnerschaft zwischen dem konservativen Großgrundbesitz, also den böhmischen Torries und der Nationalpartei (Alttschechen) verschwunden war und dass die böhmische Aristokratie bis zum Ende der Monarchie keinen adäquat zuverlässigen politischen Partner im tschechischen bürgerlichen Lager mehr hatte finden können, dass es also keinen politischen Druck mehr gab, der sie zu einer Vervollkommnung im Tschechischen hätte zwingen können.

Als typisches Muster für das Tagesprogramm der Knaben in Prag mag ein Brief des fast elfjährigen Friedrich vom 3. Mai 1892 dienen, der in einer Mischung aus Latein, Deutsch, Tschechisch und Französisch und absichtlichen Verballhornungen geschrieben ist und in welchem er dem Vater zusammenfassend darlegte, wie er zusammen mit dem jüngeren Bruder Johann und Pater Zwiefelhofer die vergangenen vier Tage verbracht hatte. Nachdem die Mutter Freitagmorgen mit den Schwestern nach Wien abgefahren war, habe der hochwürdige Herr, so Friedrich, die Messe gelesen. Dann hätten sie mit Johann Zeichnen gehabt („Ego creslebam Zimmer. Ninus Richtlos"). Es folgten Unterrichtsstunden. Halb eins habe er sich zum Mittagessen erneut mit Johann getroffen. Nach dem Mittag hätten beide im Garten „Lawn Tennis" gespielt. Am Nachmittag sei der Pater in die Stadt gegangen, um etwas zu erledigen. Dann habe man Abendbrot gegessen und Karten gespielt. Am Samstag habe sich nichts Besonderes ereignet, erst abends, als sie Dr. Vřešťal besuchte und mit ihnen „Zamrzlík" spielte. Am Sonntag hätte es eine große Revolution gegeben: „Kudrnáč koukal se [Der Lockenkopf schaute] aus dem Fenster et vidit magnam multitudine hominum cum Musika venire ad nostrum Palais. Sogleich cucurrit in das Portal et clamabat: „Revoluce! Povstalci jdou. [Revolution! Die Aufständischen kommen.]" Doch er habe jemanden gefragt, was dies bedeute, und der habe ihm geantwortet: „Da kommt ein Trauerzug". Am Nachmittag seien sie in Prag gewesen. Am Montag hätten sie sich dann in der Stadt die Ausstellung Columbae Africanae angesehen, die ihnen sehr gefallen habe. Mit dem Gruß „Joannes tibi dicit: Dobrou noc, pytel blech na pomoc, aby Tě štípaly celou noc [wörtl.: Gute Nacht, einen Sack Flöhe zu Hilfe, damit sie Dich die ganze Nacht über stechen – im Tschechischen ein Reim.] " und der Unterschrift „Fredericus" und „Vostuda" sowie mit dem Zusatz „P. Zwiefelhofer, tj. cibule a oves [d. h. Zwiebel und Hafer, wobei das „a" in letzterem Wort mit Aussprache zu /o/], reverentiam maximam" beschließt Friedrich seinen Brief an den Vater, der zu jener Zeit bereits ganz traditionell bei Selnau (Želnava) im Böhmerwald in den Schwarzenbergschen Revieren Auerhähne schoss.

Das Programm, das die Kinder auf dem Lande hatten, wird zum Teil wieder durch einen tschechisch geschriebenen Brief Friedrichs enthüllt, den er am 10. September 1892 aus Vráž bei Pisek an den Vater sandte. Hierin berichtete er, dass sie am Sonntag gekocht hätten und „ich habe mit Jeník den Teig gemacht, was uns freilich misslang. Den Kindern, die jedesmal, wenn wir kochen, hinter dem Gitter stehen, haben wir Rosinen gegeben und dann auch Salz. Einige ließen sich hinters Licht führen, sobald sie das Salz gekostet hatten, machten sie saure Gesichter. Nach dem Kochen gingen wir uns umziehen und haben dann Abendbrot gegessen. Nach dem Abendbrot gingen wir schlafen. Am Montag war die Heilige Messe, wie üblich. Nach der Heiligen Messe fuhren die Schwestern gleich im Landauer weg, natürlich in einem geschlossenen, denn es regnete sehr stark. Wir haben wie üblich gelernt, und in der Zwischenzeit, als Rózinka beim hochwürdigen Herrn Religion hatte und Jeník bei der Engländerin war (sie lieben sich nämlich sehr), habe ich Mama einen Brief geschrieben, den ich aber erst am Dienstag abschickte. Am Nachmittag sind wir mit hohen Schuhen und mit Regenmänteln in den Wald gegangen, was sich sehr bewährte, nur dass Jeníks Schuhe für ihn schwer waren, weshalb wir langsam gegangen sind. Nach dem Abendbrot haben wir Sekretär gespielt. Am Dienstagmorgen haben wir nichts Besonderes getan, aber am Nachmittag haben wir uns das Abendessen gekocht. Das Fräulein machte sich Rebhuhn, was der hochwürdige Herr sich machte, weiß ich nicht. Miss machte sich Teig mit Rum, Trusa Pfannkuchen, Rosa Erdäpfelpfannkuchen, Jeník nichts, ich nichts ... Bedřich. P. S. Als ich mit dem Schreiben fertig war, habe ich es mir noch einmal durchgelesen und die gefundenen Fehler entsprechend verbessert. Das Übrige verbessere selbst!" Wie man sieht, war auch der Sinn für Humor durchaus kein Nebenprodukt der Erziehung der Adelssöhne (zum Beispiel unterschrieb sich Friedrich als Béda, Šišek, Bedřich, Trouba, Ostuda bzw. Oslíček oder Asinus et Tuba), wie eben auch Ehre, Arglosigkeit und Demut nichts Beiläufiges waren. Obgleich die Eltern oft nicht zu Hause waren und die Geschwister, je nach Alter und Geschlecht geschieden, sich auf Reisen oder an verschiedenen Orten befanden, waren die Beziehungen zwischen ihnen – vielleicht gerade deshalb – einfach korrekt und konfliktlos. In den Briefen lässt sich nicht ein einziger Streitfall und auch keine Beschwerde finden. Das einzige in dieser Hinsicht ist vielleicht, dass man Bedauern oder eine bestimmte Art der Enttäuschung aus einfachen Fragen oder dem Wunsch der Kinder heraushören könnte, die dem Vater gegenüber geäußert wurden. In Sätzen vom Typ „Wann kommst Du wieder?" (so fragen Fanny und Maria am 9. August 1880), „Ich wünsche Dir alles Erfreuliche, besonders aber, dass der Reichstag bald aufhört" (dies wünscht Fanny aus Prag dem Vater zum Namenstag am 23. April 1880 nach Wien) oder in dem Vorwurf „Du hast ganz unnütz meinen ersten Ball versäumt" (abermals Fanny in einer Reaktion auf die schlechten Jagdergebnisse des Vaters am 22. April 1884 im Böhmerwald) wird diese Vermutung indirekt bestätigt. Bei den Lobkowiczern wurden sämtliche kirchliche bzw. katholische Feiertage begangen, einschließlich des Nikolaustages und der Namens- und Geburtstage von Eltern und Kindern. Die kindlichen Jubilare wurden entsprechend ihrem Alter, ihrem Geschlecht und ihrem Charakter beschenkt. Die kleine dreijährige Rosa zum Beispiel teilte dem Vater durch die Mutter am 6. Dezember 1882 mit, dass der Nikolaus gekommen sei und in der Truhe ein Püppchen, eine Porzellanfigur, ein Tuch, Schokolade und fünf Kreuzer für sie dagelassen habe. Ganz ähnlich schreibt im Dezember 1880 auch Georg aus Hořín und fügt noch hinzu, dass heute nach der Messe auch die armen Kinder beschenkt würden, die außer Kleidung auch Kuchen und Wurst bekämen. Die Knaben erhielten zum Geburtstag Briefmarken, Bilderbücher, eine Harmonika, Zinnsoldaten, Kuchen, Brezeln und auch Geld, womit offenbar ihr Sinn für Sparsamkeit unterstützt und gefördert werden sollte.

Mit dem Heranwachsen begannen die Interessen der Geschwister bzw. der Mädchen und Jungen sich noch deutlicher zu differenzieren. Darüber hinaus waren die beiden verbliebenen Knaben die jüngsten Geschwister. Friedrich und Johann vertieften schließlich ihre Studien, um sie in der Zukunft mit Universitätsprüfungen an den juristischen Fakultäten abzuschließen; anschließend reisten sie durch Mitteleuropa, und erst nach Absolvierung eines einjährigen Offizierskurses in einer galizischen Garnison schlugen sie die eigentliche Berufslaufbahn ein. Ihr Hauptvergnügen war mit etwa fünfzehn Jahren eindeutig Jagen und Reiten. Vom achtzehnten Lebensjahr an unternahmen sie ihre Jagdstreifzüge in den väterlichen Revieren bereits ganz selbständig bzw. in Begleitung des Forstmeisters Rektorys und dem Vater meldeten sie lediglich ihre Jagderfolge und -misserfolge. Jäger wurde ein Junge von Adel in dem Moment, in dem er vom Vater sein „Jagdbuch" erhielt, was in den meisten Fällen aus Anlass des vierzehnten oder fünfzehnten Geburtstages oder anlässlich des Namenstages geschah, und wenn er später auch seine eigene Waffe mit Monogramm in den Händen hielt. So bekam der älteste Sohn Georg zu seinem Namenstag im April 1884 ein Jagdbuch geschenkt und fragte als Achtzehnjähriger in einem Brief vom 14. September 1888 seinen Vater bereits, ob, wie viele und welche Hirsche er im Wildgehege von Vráž schießen dürfe. Er berichtete ihm auch, dass er vergangenen Samstag und Sonntag zweimal zur Pirschjagd in Frauenberg gewesen sei, wo er im alten Wildgehege fünf Schuss abgegeben und nur einen einzigen Schaufler, also Damhirsch erlegt habe. Am Dienstag habe er an einer weiteren, diesmal sehr erfolgreichen Jagd in Brloh teilgenommen. Friedrich war offenbar ein noch leidenschaftlicherer Jäger. Seine Jagdleidenschaft befriedigte er sowohl in Vráž und in den Wäldern um Rožďalovice als auch in den Nostitzer Revieren in der Umgebung von Rokytnitz (Rokytnice) im Adlergebirge, wo seine Schwester Rosa verheiratet war, oder sogar bei Rentierjagden in Norwegen, wohin er nach seinem Studium an der Prager Universität 1904 gereist war. Zur Verdeutlichung der Bedeutung dieser adligen Jagdleidenschaft genügt vielleicht auch die Feststellung, dass Vater Georg Christian die Auerhahnjagd in den Sümpfen am Oberlauf der Moldau im Mai 1890 selbst dann nicht absagte, als sein ältester Sohn, der zwanzigjährige Georg, mit Fieber im Prager Palast krank darniederlag.

Die Lobkowicz-Töchter erlebten ihr Erwachsenwerden zumeist in Begleitung der Mutter bei Besuchen von Bällen und Soireen, eventuell durch Besuche bei den verheirateten Schwestern und durch häusliche Vorbereitung auf die Pflichten als Ehefrau, auf gesellschaftliche und Mutterpflichten. Nach dem zwanzigsten Lebensjahr wurden sie standesgemäß verheiratet. Die Älteste, Anna Berta, wurde 1893 mit Franz Graf Eszterházy vermählt und lebte auf den Schlössern Totis, heute Tata-Tóvaros, Czakvár und Devécsér in Ungarn, Maria wurde 1891 die Frau von Johann Jakob Graf Eltze und zog in das slowenische Vukovar an der Donau, Maria Sidonie erhielt als Mann Maximilian Fürst von Waldburg-Wolfsegg-Waldsee und lebte in Württemberg auf den Schlössern Wolfegg und Waldsee unweit des Bodensees, Therese heiratete nach Sachsen – ihr Mann wurde Alfred Graf von Brühl, Rosa ging die Ehe mit Josef Graf von Nostiz-Rieneck ein und weilte am häufigsten in Rokytnitz und in Prag. Der Reiseradius der Mutter Anna von Lobkowicz erweiterte sich nach 1890 beträchtlich und machte jedes Jahr längerfristige Aufenthalte bei den Töchtern und ihren Kindern in Böhmen, in Sachsen, in Wien, in Ungarn, in Slowenien und in Württemberg erforderlich. Drei Töchter von Georg Christian Lobkowicz fanden auf dem aristokratischen Heiratsmarkt Mitteleuropas keinen Absatz, wenn ich dies einmal so sachlich – unpersönlich sagen darf. Maria Henriette blieb ledig und Fanny und Xena erwartete ein Leben in klösterlicher Abgeschiedenheit. Fanny wurde Benediktinerin im Kloster des hl. Gabriel in Prag und nahm den Ordensnamen Johanna Baptista an. Xena trat unter dem Namen Marie Vojslava in das Kloster der Salesianerinnen in Chotěschau (Chotěšov) ein. Die witzige Fanny hatte ihr Schicksal bereits in einem Brief vom 2. Mai 1892 aus Wien vorweggenommen, in welchem sie ihrem Vater zunächst die Tanzvergnügungen bei den Dietrichsteinern und „im Sachergarten" beschrieb, an denen erstaunlicherweise auch die älteste Schwester Berta teilnahm, „die Bälle bislang verschmäht hatte", und die Abendgesellschaften bei Resi Schönborn, um dann die traurige Feststellung zu machen: „deine Töchter liebt Niemand, was dich gewiss erstaunt!"

Friedrich ertrotzte sich nach Beendigung seines Studiums und des Militärdienstes in Galizien im April 1906 die Ehe mit Josl, also mit Josefine Gräfin von Thun-Hohenstein und lebte bis zum Tode des Vaters abwechselnd in Rožďalovice und in Turnau (Turnov), wo er beim Militär diente und es bis zum Hauptmann brachte. Im Februar 1907 wurde ihnen der Sohn Georg Christian geboren, der dritte dieses Namens, den das kurze Leben eines Autorennfahrers erwartete. Die selbstmörderische Sportleidenschaft hatte er vom Vater geerbt. Der jüngste Sohn Johann heiratete erst nach dem Ersten Weltkrieg, und zwar Maria Anna Gräfin Czernin von Chudenitz. Doch dies waren bereits andere Zeiten und eine andere Welt. Nach der Bodenreform verarmte der böhmische Adel und das republikanische System mit demokratischen Wahlordnungen ermöglichte ihm keinen allzu großen politischen und sozialen Spielraum, in dem er seine traditionelle elitäre gesellschaftliche Stellung hätte pflegen können. Die Familiengesetze und die Familienmentalität wurden dann durch die sich anbiedernden bürgerlichen Ideale zerrissen, wie beispielsweise durch das Ideal einer Liebesehe und der Gleichberechtigung. Friedrichs Trotz gegenüber dem Vater aus den Jahren 1903 bis 1906 war schließlich – auch im Hinblick darauf, was alles der männlichen Linie des Melniker Zweiges der Lobkowiczer nach dem Ersten Weltkrieg zustoßen sollte – wirklich nur eine romantische Geschichte mit glücklichem Ausgang, die in das verlorene Paradies von Kindheit und Adoleszenz gehörte, in das hin und wieder nur die Feiern der Arbeiter zum Ersten Mai störend eindrangen und einmal, in der unruhigen Zeit der Punktationen, auch das Geklirr von eingeschlagenen Fensterscheiben des Prager Palastes. Abschließend gestatte ich mir, den wesentlichen Teil eines Briefes zu zitieren, den der fast vierundzwanzigjährige Friedrich Lobkowicz aus der galizischen Garnison kurz vor Beendigung seines einjährigen freiwilligen Militärdienstes an den Vater schrieb. Im August 1905 sollte ein Jahr vergehen, seit ihm der siebzigjährige Vater verboten hatte, „in irgend einer Art (mit) Josl Thun zu verkehren", weshalb er sich dazu entschloss, seinem Vater seinen klaren Standpunkt zu dieser unter dem Aspekt der Familienstrategie des ältesten Erben heiklen Angelegenheit mitzuteilen. In dem Brief stand, dass er im Laufe des letzten Jahres in der galizischen Einsamkeit oft darüber nachgedacht habe, dass er dem Vater und Josl gegenüber wohl hin und wieder Fehler gemacht hatte. Obwohl er dies sehr bedauere, könne er doch seine Gedanken und Sehnsüchte nicht ändern. An der ganzen Sache sollte am schmerzlichsten die Entfremdung von der Familie sein, doch hatte er nur wenig Heimweh nach Hause. Der Großteil der Familie sagte sich wohl, er würde wieder weggehen und dann sei alles „Gott sei Dank wieder ohne Krach vorüber. Nicht wahr Papa, das geht doch nicht so weiter, das muss doch anders werden. Kannst Du Dir denn nicht vorstellen, dass ich mit Josl glücklich werde, kannst Du Dir nicht vorstellen, dass sie alles machen wird, um Dir zu gefallen. Muss es denn sein, dass sich schlechte Eigenschaften einer Großmuter auf die Enkelin vererben?" Der Vater sollte Friedrich zufolge nicht auf böse Zungen hören und „um also es kurz heraus zu sagen: Ich flehe Dich an, mir noch vor Beendigung des Freiwilligenjahres eine Verbindung mit Josl Thun zu erlauben. Ich bin überzeugt, dass sie mich genau so liebt, wie voriges Jahr... Darum schließe ich in der festen Hoffnung, dass Du diesmal meinen einzigen Wunsch nicht abschlägig bescheiden wirst. Handkuss. Friedrich." Nach der Rückkehr Friedrichs vom Militär gab der Vater nach und er konnte sein geliebtes Mädchen heiraten.

ID:**ADELIGE GELEHRSAMKEIT**

La bibliothèque aristocratique comme bien de famille, source de savoirs et instrument de représentation

CLAIRE MADL

Force nous est de constater de prime abord que la bibliothèque aristocratique est une catégorie qui ne va pas de soi. De même que la noblesse est un groupe social très varié, il n'existe pas un seul type de bibliothèque pour la noblesse.

Si l'on se penche sur les traités consacrés aux bibliothèques de l'époque moderne[1] susceptibles de nous aider, on y trouve plutôt la distinction entre bibliothèque conventuelle, bibliothèque particulière et bibliothèque publique. Les libraires ne considèrent pas le noble comme un type de collectionneur en tant que tel mais distinguent plutôt le lettré (intéressé presque exclusivement par le contenu des ouvrages) du « curieux » (bibliophile). Les typologies actuelles, qui s'attachent soit à la taille, soit au contenu des collections, envisagent plutôt les collections qui nous intéressent ici comme les bibliothèques des élites.

Hirsching par exemple annonce dans l'introduction de sa description des bibliothèques allemandes (1786–1791) que le rang des propriétaires des

---

[1] Nous n'avons pas considéré pour cette étude les nombreux traités émanant des ordres religieux notamment réguliers et des jésuites mais les ouvrages suivants : le traité (1627) novateur et fondamental de Gabriel Naudé (1600–1653), bibliothécaire de Mazarin principalement mais aussi du président De Mesme, de Richelieu, du cardinal Barberini, de Christine de Suède, Advis pour dresser une bibliothèque, accessible aujourd'hui dans une réédition : Paris, 1994. On trouve plus couramment en milieu tchèque l'ouvrage du bénédictin, lecteur de Naudé, Olivier Legipont, Dissertationes Philologico-Bibliographicae... Norimbergae, Imp. Pauli Lochneri & Mayeri A. MDCCXLVI [1746]. Sur Legipont, voir note n° 31. Pour la fin du XVIIIe siècle, Guillaume François de Bure, Bibliographie instructive : ou traité de la connoissance des livres rares et singuliers... Par Guillaume-François de Bure, le jeune, libraire de Paris. Volume de théologie, Paris, G. F. de Bure, le jeune [1763], et aussi : Catalogue des livres de feu M. le Duc de La Valliere. Première partie contenant les Manuscrits, les premieres Editions, les Livres imprimés sur vélin & sur grand papier, les Livres rares, & précieux par leur belle conservation, les Livres d'estampes, &c. dont la Vente se fera dans les premiers jours du mois de décembre 1783. Tome premier, A Paris, chez Guillaume de Bure fils aîné Libraire, Quai des Augustins. M.DCC.LXXXIII. Ces deux derniers traités et catalogues sont présents en Pays tchèques, on sait notamment que Karl Egon Fürstenberg fut acquéreur lors de la vente de la collection de La Vallière. Pour la même époque : Friedrich Karl Gottlob Hirsching, Versuch einer Beschreibung sehenswürdiger Bibliotheken Teutschlands nach alphabetischer Ordnung der Städte. Erster (-Vierter) Band. Erlangen, bey Johann Jakob Palm, 1786 (II 1787, III 1788, IV 1791).

bibliothèques n'est indiqué que pour en préciser le caractère. Il ne s'agit pas d'un critère fondamental pour la classification des collections. « Bey der Benennung der Privatbibliotheken sehe ich weder auf den Stand des Besitzers, noch auf die Wichtigkeit der Bibliothek, und ich hoffe darinn Nachsicht zu erhalten, da es mir ohnmöglich ist, mich auch von dem Rang des Besitzers unterrichten zu lassen. »[2]

On ne peut pourtant pas nier le phénomène de la bibliothèque aristocratique. Il suffit à Prague d'aller voir les étagères de catalogues des quelques 350 fonds encore individualisés aujourd'hui au Musée national.[3] Elles occupent un épisode à part entière dans une chronologie, certes réductrice, qui verrait se succéder le règne des bibliothèques conventuelles, celui de la bibliothèque aristocratique puis de la bibliothèque publique.[4]

Comment appréhender ce phénomène ? Nous voudrions simplement rappeler ici en quoi réside l'intérêt d'étudier les bibliothèques de la noblesse pour notre connaissance de cette dernière. Dans le cadre d'une recherche sur l'éducation, le livre offre en effet un exemple concret des multiples aspects du savoir : matériel, intellectuel ou symbolique notamment.

Parler de « bibliothèque aristocratique » c'est relier un produit (le livre) à un groupe social et postuler que le rapport entretenu par ce groupe avec cet objet est suffisamment spécifique pour définir une catégorie. Ce rapport se manifeste par des pratiques dont témoignent les bibliothèques : la collection et la lecture notamment.

Il n'est certes pas arbitraire de le considérer car le livre et les processus qui lui sont liés (production, fabrication, vente, diffusion etc. ce que l'on désigne par le terme de système du livre) est particulièrement apte à rendre compte de structures sociales. Il est en effet conditionné à la fois par des contraintes économiques, techniques, intellectuelles, culturelles et politi-

---

[2] Introduction non paginée au premier volume de F. K. G. HIRSCHING (cf. note précédente)

[3] Pour un inventaire court et une bibliographie solide sur ces fonds : Helga TURKOVÁ/ Petr MAŠEK, Zámecké, hradní a palácové knihovny v Čechách, na Moravě a ve Slezsku. K výstavě 50 let oddělení zámeckých knihoven Knihovny Národního muzea 1954–2004 [Les bibliothèques de châteaux en Bohême, Moravie et Silésie. Exposition à l'occasion du 50e anniversaire de la fondation du Département des bibliothèques de châteaux de la Bibliothèque du Musée national 1954–2004]. Praha 2004, [non paginé].

[4] La bibliothèque « centrale » est ici laissée de côté comme modèle suivant son évolution propre et aux enjeux différents cf. Frédéric BARBIER, Représentation, contrôle, identité : les pouvoirs politiques et les bibliothèques centrales en Europe, XVe-XIXe siècles. in : Francia Forschungen zur westeuropäischen Geschichte, Bd. 26/2 (1999) Frühe Neuzeit Revolution Empire 1500–1815. Stuttgart 2000, p. 1–22.

ques. Ainsi le rapport entretenu avec l'écrit varie selon ces contraintes et diffère d'un groupe à l'autre.[5]

Le livre de plus est un produit culturel, c'est-à-dire qu'il est soumis à une logique économique mais sa valeur dépend en même temps d'un autre facteur, beaucoup plus lié aux représentations que lui confèrent ses utilisateurs, collectionneurs, les lecteurs. En tant que biens culturels, les livres rendent compte d'un rapport à l'invisible, ils sont ce que Krysztof Pomian[6] appelle des « sémiophores », leur propre position donne sens.

Pour qu'un tel rapport entre le livre et ses lecteurs prenne sens, il faut ensuite postuler que le contenu même du livre varie avec son lecteur (son récepteur en terme de communication). Or c'est justement le sens développé par les lecteurs qui intéresse l'historien ou, pour le présent, le chercheur en sciences sociales. C'est lui qui se colore « des nuances changeantes de leur pensée, mobile selon le temps ».[7]

Il est à espérer qu'en étudiant le rapport qu'entretient la noblesse au livre, on approche ainsi avec plus d'acuité ce groupe social pour lequel on ne peut pas faire abstraction des représentations parfois mythiques[8] qui le définissent au même titre que sa suprématie politique (c'est-à-dire en terme de pouvoir), intellectuelle (en terme de savoir) ou économique. Le livre, en tant que bien culturel, permet d'envisager ces trois derniers traits, y compris le « capital symbolique ».[9]

---

[5] Frédéric BARBIER, La librairie allemande comme modèle ? in : Les Mutations du livre et de l'édition dans le monde, du XVIIIe siècle à l'an 2000. Saint-Nicolas/Paris 2001, p. 31–46. Actes du colloque de Sherbrooke, mai 2000 (nous citons ici la communication au colloque et non son édition), et du même auteur: Trois cents ans de librairie et d'imprimerie: Berger Levrault. Genève 1980.

[6] Krzysztof POMIAN, Histoire culturelle, histoire des sémiophores. in : J. P. Rioux, J. F. Sirinelli (Dir.), Pour une histoire culturelle. Paris 1997, p. 73–100.

[7] Je me réfère en particulier – et dans l'ordre quasi généalogique de leurs écrits – à : Lucien FEBVRE, Le problème de l'incroyance au XVIe siècle : la religion de Rabelais. Paris 1988 (1ère éd. 1942) p. 222. Michel DE CERTEAU, L'invention du quotidien. 1. Arts de faire. Paris 1990 (1ère éd. 1980), Chap. XII « Lire un braconnage », p. 247. Roger CHARTIER, Communautés de lecteurs. in : Culture écrite et société. L'ordre des livres (XIVe–XVIIIe siècle). Paris 1996 (1. éd. 1992), p. 133.

[8] « le halo des représentations mythiques » Robert DESCIMON, Chercher de nouvelles voies pour interpréter les phénomènes nobiliaires dans la France moderne. La noblesse, 'essence' ou rapport social ? in : Revue d'histoire moderne et contemporaine, vol. 46, n° 1, (1999), p. 5–21.

[9] Pour un texte résumant le concept d'économie des biens symboliques de Pierre BOURDIEU, Raisons pratiques. Paris 1994, chap. 6, p. 175–217. Pour la noblesse tchèque, ce concept si utilisé se trouve par exemple mis en pratique chez Petr MAŤA, Svět české aristokracie. Praha 2004, p. 17 et suiv.

Le déterminant économique : la bibliothèque comme investissement

Tous les traités, avis et autres essais s'accordent pour l'affirmer, ce n'est pas l'argent que l'on y dépense qui fait une bonne bibliothèque : « n'estant point de l'opinion de ceux qui croyent que l'or & l'argent sont les principaux nerfs d'vne Bibliotheque, & qui se persuadent – n'estimans les Liures qu'au prix qu'ils ont cousté que l'on ne peut rien auoir de bon s'il n'est bien cher. »[10]

Il n'en reste pas moins que le livre est un objet coûteux jusqu'à l'industrialisation de l'imprimerie. Dans les descriptions des bibliothèques, on fait souvent allusion à leur coût, sur le mode des louanges bien sûr. Celui qui a concouru à les enrichir n'a jamais lésiné sur les moyens, il a dépensé sans compter : « keine Kosten gespart ».[11] Naudé encore qualifie la pratique de la collection des livres d'« extraordinaire, difficile & de grande despence ».[12]

Les allusions aux dépenses des collectionneurs, notamment des bibliophiles sont un peu coupables souvent : De Bure dans sa *Bibliographie instructive* parle de l'avidité des collectionneurs qui ont des cabinets précieux et dépensent des sommes « excessives ».

Si les moyens financiers que l'on y consacre ne sont pas la clef de la réussite, ils sont toutefois indispensables. Ainsi l'aristocratie, élite économique, se trouve-t-elle bien placée pour s'adonner à la collection. De ce point de vue toutefois, la bibliothèque aristocratique perd de son individualité. Il est possible de l'étudier comme celles de riches érudits ou de hauts fonctionnaires ou encore comme celles de riches bourgeois (en France, le groupe des fermiers généraux est par exemple connu).

Les bibliothèques aristocratiques gardent toutefois une particularité du point de vue économique, elles sont des biens de familles. C'est la raison pour laquelle, leur destin est souvent mieux assuré que celui des collections bourgeoises. Ce trait est manifeste lorsque la bibliothèque entre sous la législation du fidéicommis, comme c'est par exemple le cas pour la célèbre bibliothèque des Lobkowicz.[13] Dans le cas de la famille Kinský, lorsque Franz Joseph Kinský (1739–1805) souhaite donner la bibliothèque fami-

---

[10] Gabriel NAUDÉ, Advis…, cf. note 1, p. 18.
[11] HIRSCHING, Versuch… cf. note 1, vol. 3 à propos de la bibliothèque des bénédictins écossais du couvent de Saint-Jacques à Ratisbonne.
[12] Gabriel NAUDÉ, Advis…, cf. note 1, p. 10–11.
[13] Alena RICHTEROVÁ, Vývoj roudnické lobkovické knihovny (na základě průzkumu archívních pramenů) [Histoire de la bibliothèque des Lobkowicz de Roudnice (à partir des sources d'archives)]. Praha 1989, p. 49.

liale à la Bibliothèque universitaire de Bohême pour l'ouvrir au public, trois autres membres de la famille font acte de donation.[14]

De plus, la transmission filiale prend très souvent le pas sur d'autres solutions. Franz Anton Hartig (1758–1797) par exemple, avant la naissance de son fils, dans un premier testament,[15] souhaite donner sa bibliothèque à son médecin, secrétaire de la Société des sciences de Bohême, le docteur Johann Mayer (1754–1807), alors même qu'une partie de sa bibliothèque lui vient de son père. Par la suite, c'est à l'un de ses fils qu'il la lègue.[16] Bien que ce trait ne soit pas une garantie absolue (pensons à la vente des 40 000 volumes du duc de La Vallière citée ci-dessus), l'assise économique des familles est d'un poids supérieur.

La mémoire familiale étant un élément fondateur de l'identité du noble, le bien de famille acquiert de plus un poids symbolique spécifique. A la limite, posséder de vieux livres peut devenir un moyen de manifester son appartenance à une haute et ancienne lignée – même si ces livres ne sont pas hérités mais achetés. C'est ce que fit en France Catherine de Médicis et son geste a été joliment interprété par Ronsard :
« Ceste royne d'honneur de Médicis issue,
Pour ne dégénérer de ses premiers ayeux
Soigneuse a fait chercher les livres les plus vieux... »[17]

La bibliothèque comme savoir

La pratique de la collection s'était manifestée en lien avec la culture savante des XVIe et XVIIe siècles par ce que l'on appela la « curiosité ».[18] De ce trait originel, il restera aux bibliothèques d'être souvent associées à un cabinet de curiosité puis à une collection d'histoire naturelle. C'est encore l'époque où l'on garde l'espoir d'embrasser le savoir dans sa totalité.

---

[14] Zdeněk TOBOLKA, Národní a univerzitní knihovna v Praze a její vznik a vývoj. I, Počátky knihovny až do r. 1777 [La Bibliothèque nationale et universitaire de Prague, sa naissance et son histoire. I, Les débuts de la bibliothèque jusqu'à 1777]. Praha 1959, p. 128 et suiv.
[15] Státní oblastní archiv Litoměřice – pobočka Žitenice, Rodinný archiv Hartigů (Archives de la région de Litoměřice, à Žitenice, Fonds de la famille Hartig), n° inv. 129, Carton 12, Testament du 28 avril 1788.
[16] Ibid. Testament daté du 3 mai 1793 (codicille du 4 mars 1797).
[17] Cité par Annie CHARON-PARENT, Les grandes collections du XVIe siècle. in : Claude Jolly (Dir.), Histoire des bibliothèques françaises. Les bibliothèques sous l'Ancien Régime 1530–1789. Paris 1988, p. 91.
[18] Krzysztof POMIAN, Collectionneurs, amateurs et curieux, Paris Venise : XVIe–XVIIe siècles. Paris 1987.

La fréquence accrue des bibliothèques est certainement due à ce que l'on exige de la noblesse, de plus en plus, une solide formation afin d'occuper les offices qui lui sont ouverts.[19] La dénonciation des nobles ignorants apparaît dès Castiglione et va devenir le lieu commun des traités sur la noblesse jusqu'au XVIIIe siècle. Pour tenir son rôle au sein de la nation, le noble doit soigner son éducation et approfondir des connaissances puisées notamment dans des livres.

Notons que du point de vue de l'histoire de la lecture, la période fondatrice de l'histoire des bibliothèques particulières est celle où se généralise la lecture à voix basse si propice à la réflexion personnelle et critique. Autrefois réservée aux moines copistes, elle se répand avec l'humanisme. A la lecture dite « intensive » (lecture répétée d'un nombre restreint d'ouvrages) a tendance à succéder une lecture « extensive » (d'un nombre de plus en plus grand de livres).[20] Ainsi apparaît, pour nous, le modèle de la bibliothèque-retraite lieu d'étude par excellence que symbolise toujours en France la tour du château de Montaigne.

Les traités sur les bibliothèques – le plus souvent rédigés par des lettrés – retiennent en priorité cet aspect de la bibliothèque comme lieu de savoir. La classification courante des livres selon les facultés universitaires correspond à ce postulat.

Naudé, par exemple, conçoit la bibliothèque comme un objet de loisir utile, « divertissement fructueux & agreable » pour un « homme docte ».[21] Partout, la qualité de la bibliothèque est jugée selon l'utilité de ses livres et le fait qu'on y trouve ce qui manque ailleurs.[22] Chaque ouvrage représentant une partie de ce savoir que l'on souhaite pouvoir appréhender dans son ensemble. C'est d'ailleurs l'aspect utilitaire du savoir qui fait que la bibliothèque publique s'impose peu à peu, à partir de l'*Advis* de Naudé et durant le XVIIIe siècle.

Les analyses thématiques du contenu des bibliothèques partent de même de ce postulat. Elles ont permis, en France, d'opérer des regroupements à

---

[19] Pour un traitement de cette question pour la Bohême, voir Petr MAŤA, Svět… cf. note 9, p. 301 et suiv. Pour la formation des dynasties robines en France et l'impact de ce phénomène sur la formation des bibliothèques : Henri-Jean MARTIN, Livre, pouvoirs et société à Paris au XVIIe siècle (1598–1701). Genève 1984, vol. 1, p. 477–480, 539 et suiv. (Le livre et l'épée) et vol. 2, p. 926 et suiv.
[20] Pour un rappel de cette évolution une critique de cette dichotomie voir Hans Erich BÖDEKER, D'une 'histoire littéraire du lecteur' à 'l'histoire du lecteur'. Bilan et perspectives de l'histoire de la lecture en Allemagne. in : Roger Chartier (dir.), Histoire de la lecture, un bilan des recherches. Actes du colloque des 29 et 30 janvier 1993 à Paris. Paris 1995, p. 96 et suiv.
[21] Gabriel NAUDÉ, Advis… cf. note 1, p. 16.
[22] On trouve de même cette mention dans les descriptions de Legipont et Hirsching.

l'intérieur de ce vaste groupe social que représente la noblesse. Noblesse d'épée et noblesse de robe s'opposent d'une part par la fréquence et l'importance de leurs bibliothèques : les familles d'épée collectionnant plus tardivement les livres. Elles s'opposent aussi par le contenu de leurs collections plus solides et érudites pour la robe, plus « spontanées » et ouvertes aux nouveautés pour l'épée.[23]

De même suit-on au cours du temps les domaines qui ont été le mieux reçus par la noblesse : la théologie et les œuvres de dévotion bien sûr mais aussi le droit tout d'abord, l'histoire ensuite, domaine privilégié précédant la faveur des belles-lettres. Ces données comparées à celles de la production permettent de qualifier les comportements des collectionneurs par rapport à une tendance générale et d'opérer, à l'intérieur de groupes sociaux plus restreints, des rapprochements ou des césures (tendances dévotes, professionnalisation etc.).

On pourrait imaginer, pour la Bohême, mettre à l'épreuve les tentatives de répartition de la noblesse en divers milieux selon les types de carrière (dans l'administration centrale, dans celle du royaume, au sein de l'Eglise, dans la diplomatie etc.) en observant les profils culturels que révèlent les bibliothèques connues.[24] En Hongrie, les études menées dans ce domaine montrent la portée des clivages confessionnels.[25]

Le savoir toutefois fut de tout temps un bien symbolique. Lorsque Naudé envisage ce sujet, c'est Sénèque qu'il cite sur la fonction « décorative » dans laquelle certains ont toujours cantonné les livres.[26] Aussi est-il indispensable à la pertinence des études menées ci-dessus, de s'assurer que le collectionneur s'intéressait bien au contenu de ses livres.

Les techniques sont diverses auxquelles les historiens des bibliothèques doivent se soumettre. La plus vivante est certainement de rechercher les notes manuscrites laissées par les lecteurs dans les ouvrages eux-mêmes.[27]

---

[23] Henri-Jean MARTIN, Livre, pouvoirs et société… cf. note 19, p. 947.
[24] Václav BŮŽEK/Petr MAŤA, Wandlungen des Adels in Böhmen und Mähren im Zeitalter des 'Absolutismus'. in : R. Asch (dir.), Der europäische Adel im Ancien Régime : von der Krise der ständischen Monarchien bis zur Revolution (ca. 1600–1789). Köln 2001, p. 288.
[25] István MONOK, Deux siècles de culture de la lecture dans le bassin des Carpathes (1526–1730). in : Revue française d'histoire du livre n° 118–121 (2003), p. 297–316.
[26] Gabriel NAUDÉ, Advis…, p. 16
[27] Ces notes si prisées et que l'historien tient avec gratitude pour l'expression la plus spontanée du lecteur pourraient-elles être trompeuses ? Naudé encore une fois nous engage à évaluer correctement cette pratique répandue en faisant le portrait du faux érudit recopiant en marge de ses livres les longues définitions qu'il tire des dictionnaires et qui « ne se peut garder de dire que ceux qui verroient cette remarque croiroient facilement qu'il auroit esté plus de deux iours à la faire, combien qu'il n'eust eu que la peine de la descrire. » Ibid., p. 61–62.

Les cahiers de citations sont aussi une pratique courante aux temps modernes. Les autres sources telles la correspondance et les publications contiennent souvent des témoignages des lectures.

Certaines indications renseignent indirectement sur le niveau de lecture. Si les ouvrages collectionnés le sont dans une langue parfaitement maîtrisée par exemple, il y a plus de chance qu'ils soient lus. Le type d'éditions collectionnées est aussi révélateur. S'agit-il de belles éditions soignées ou bien d'éditions réputées sûres (textes anciens édités par des érudits ou simplement textes contenant peu de fautes et d'erreurs) ? Ou bien le collectionneur n'accordait-il qu'une importance limitée à la forme se contentant d'éditions bon marchées ou de contrefaçons. Le classement des bibliothèques enfin, lorsqu'il est connu, révèle lui aussi les centres d'intérêts prépondérants – et donc ce qui devait être le plus lu. Chez Hartig, déjà cité ci-dessus, la littérature française est traitée avec plus de détail par le catalogue thématique que celle de langue allemande ; la médecine fait l'objet d'un cahier séparé alors que l'histoire naturelle et les sciences physiques sont dans un même volumes etc.[28]

Le « paroistre » du livre

Revenons toutefois au sens symbolique du savoir et à ce que Naudé appelle « le paroistre du livre » c'est-à-dire à la bibliothèque comme instrument de présentation de soi. Puisque l'une des conditions d'existence du noble est d'être distinct,[29] les signes de cette distance qu'il met dans son discours (pris au sens large) revêtent une importance toute particulière. Le duc de Croÿ disait que son « Etat était de réussir ». Les signes de cette réussite, la manifestation de l'opulence d'une part, celle de la maîtrise du savoir et des arts de l'autre sont lisibles dans de nombreuses bibliothèques.

Parmi les traités de bibliothèque, celui de Naudé avoue cette volonté. Naudé en effet prend pour exemple et s'adresse aux bibliothèques particulières et non ecclésiastiques (à la différence des plus nombreux traités dus à des jésuites ou à des bénédictins). Un des objectifs de son traité est d'exposer, outre les moyens du choix des livres, le « moyé de les couurer,

---

[28] Le catalogue ici étudié se trouve au sein de la bibliothèque du château de Mimoň (cote R 67 et R 73).
[29] Pour les pratiques de distanciation de la noblesse, nous nous référons à : Norbert ELIAS, Die höfische Gesellschaft. Neuwied 1969. Ed. française utilisée : La société de cour. Paris 1985.

& [de] la disposition qu'il faut leur donner pour les faire paroistre auec profit & honneur dans vne belle & somptueuse Bibliotheque. »[30]

Plus d'un siècle plus tard le bénédictin Olivier Legipont,[31] qui fut actif dans les Pays tchèques notamment, s'applique à décrire les modes de présentation des livres, c'est-à-dire le décor de la bibliothèque, les reliures, les inscriptions qui ornent la bibliothèque et permettent de transmettre son message, préalable à celui des livres, et de donner plus de visibilité aux propriétaires ou aux donateurs (Legipont donne entre autre l'exemple de la bibliothèque du baron Dalberg à Mayence).

Car la bibliothèque, lorsqu'elle atteint une certaine taille cesse d'être le lieu de retraite ou le cabinet de travail du maître de maison. C'est au contraire un lieu de « monstre ». Un lieu destiné au public et que l'on peut analyser à la façon d'un discours. Caractère privé et public coexistent d'ailleurs l'un avec l'autre. On repère même l'habitude de mettre des livres dans les antichambres, permettant à tout un chacun d'admirer quelques pièces – ou tout simplement de patienter – en attendant d'être reçu. Chez Hartig, il semble que la première pièce de la bibliothèque[32] ait été la plus ouverte tandis que les secondes semblent destinées à des réunions plus restreintes, de petites sociétés choisies. La dernière, attenante aux appartements privés et qui contient le droit et la foule de romans que renferme cette collection, fait figure de bibliothèque plus privée. Cette logique toute pratique semble imposer le classement physique des livres qui ne respecte pas la division par discipline.

---

[30] Gabriel NAUDE, Advis... cf. note 1, p. 2

[31] Olivier Legipont (1698–1758), bénédictin originaire de la région de Liège, fut actif notamment en Rhénanie, à Cologne et à Mayence où il fut bibliothécaire du baron Dalberg et prépara l'ouverture au public de la bibliothèque de ce dernier. Il parcourut les bibliothèques bénédictines d'Allemagne et d'Autriche et participa ainsi activement et cosigna l'œuvre de Magnoald Ziegelbauer, Historia rei litterariae ordinis S. Benedicti. Augsburg u. Würzburg, Veith, 1754 (4 vol.) et séjourna à Prague puis à Rajhrad au moment où l'on projetait de créer, à Prague, une académie pour la noblesse confiée à la direction des bénédictins (sous l'instigation de Philip Joseph Kinský (1700–1749)) et où l'abbé de Břevnov, Benno Löbl, lançait un redéploiement de la bibliothèque de son monastère. On doit à Legipont, outre le traité sur les bibliothèques et l'histoire savante de l'ordre de St Benoît précités un, *Discursus paraeneticus pro publica bibliotheca et societate eruditorum sub auspiciss excell. Dni. Dalberg Moguntiae instituendis*. Mainz 1737 (que nous n'avons jusqu'ici pas pu consulter) mais aussi des écrits sur l'éducation de la noblesse.

[32] C'est l'analyse croisée de l'inventaire après décès réalisé au palais Hartig à Prague d'une part et des cotes portées sur le catalogue d'époque d'autre part qui permet de reconstituer cette disposition cf. Claire MÁDLOVÁ, Knihovna jako životní prostředí, místo knihy a řád vědění [La bibliothèque comme lieu de vie, lieu du livre et ordre du savoir]. in : Opera romanica 4 (2004), p. 309–322.

Tous les manuels et traités conseillent une retenue dans l'ostentation – puisque, pour tous, ce qui est fondamental, c'est le contenu du livre et non sa forme. Or ces appels à la mesure ne sont pas toujours entendus.

Pour la présentation des livres eux-mêmes, certains ont fait réaliser de véritables trésors de reliures avec les matériaux les plus précieux (velours, maroquins, or...). Les grands collectionneurs n'ont pas manqué de faire marquer de leurs armes les plats de leurs reliures affirmant leur propre personne et l'éclat de leur maison (en Bohême c'est le cas notamment de toutes les grandes familles, on connaît les « supralibros » des Rosenberg, Schwarzenberg, Kinský, Sternberg etc.).

Il faudrait mener une analyse plus systématique des décors réalisés pour les bibliothèques de l'aristocratie. On connaît aujourd'hui bien mieux ceux des bibliothèques conventuelles.[33] Si par ces dernières chaque ordre religieux s'efforce souvent de présenter sa propre définition de la sagesse et du savoir, sans doute trouverait-on des exemples où l'aristocratie livre la sienne sur les plafonds de ses bibliothèques. En Moravie, la lecture très politique du rôle du savoir pour l'aristocratie et le manifeste pour l'implication de cette dernière dans le fonctionnement de l'Etat que livre le plafond de la grande salle de la bibliothèque de Kroměříž (appartenant à un prélat, l'évêque d'Olomouc), laissent présager de la pertinence de cette question finalement encore peu traitée.[34]

Le mobilier des bibliothèques, plus fréquemment ostentatoire que l'iconographie de leur décor, participe lui aussi du luxe dont on entoure les livres pour manifester l'attention que l'on accorde au savoir. L'anecdote (célèbre) n'a pas trait à l'aristocratie mais elle est si révélatrice de l'importance accordée au mobilier qu'il nous sera permis de la rappeler : lorsque les prémontrés de Strahov agrandirent la bibliothèque, dans les années 1780, ils n'hésitèrent pas à faire démolir et reconstruire une partie de la toute nouvelle salle de philosophie pour l'adapter aux magnifiques meu-

---

[33] Pour une vue générale cf. André MASSON, Le décor des bibliothèques du Moyen Age à la Révolution. Genève 1972, 204 + LX p. Pour la Moravie on dispose de l'ouvrage fondamental de Vladislav DOKOUPIL, Dějiny moravských klášterních knihoven ve spravě Universitní knihovny v Brně [Histoire des bibliothèques conventuelles moraves administrées par la Bibliothèque universitaire de Brno]. Brno 1972, 379 + 32 p.

[34] Michaela LOUDOVÁ, « Hortus episcopi debet ese sacra Biblia » Knihovní sály zámku v Kroměříži – příspěvek k ikonografii maleb Josefa Sterna [Les salles de bibliothèque du château de Kroměříž. Contribution à une iconographie des peintures de J. Stern]. in : Studia Minora... Sborník prací filozofické fakulty Brněnské university, F 47, 2003, p. 15–44.

bles provenant du monastère de Louka près de Znojmo qui venait justement d'être supprimé.³⁵

Lorsque le savoir entre dans des pratiques d'ostentation, il devient si indispensable d'avoir des livres que l'on voit des cas où à l'évidence le lecteur ne se met pas en tête de lire ce qu'il achète. A Prague, le cas de Ferdinand Kinský (1781–1812) – descendant des Kinský qui avaient fait don de la bibliothèque de famille à la bibliothèque universitaire de Prague, en 1777 – est bien connu qui jugea nécessaire en 1805 d'acheter d'un bloc une bibliothèque française de de 18 000 volumes (et de 77 000 florins) au libraire Fontaine de Mannheim pour garnir son palais de la place de la Vieille ville.³⁶

En France on a repéré que l'on fournit à chaque nouvelle maîtresse du roi une bibliothèque que l'on dispose généralement bien en vue sur les portraits.³⁷ Moins anecdotique, le portrait du noble accompagné de ses livres, et très souvent de sa table de travail, est un trait que l'on rencontre à côté de celui du noble en armure. Le livre ne permettant pas d'identifier le noble en tant que tel, on le représente même en armure devant sa bibliothèque.³⁸

Mais même un collectionneur qui ne lit pas tous ses livres, qui se vante beaucoup, et dont les erreurs égratigne l'image érudite, a bien choisi le livre comme objet de prédilection, parce que sans doute, il l'aimait parfois hors de toute raison.

---

[35] Pavel PREISS, Filozofický sál. Duchovní vývoj lidstva na fresce Františka Antonína Maulbertsche [La salle de philosophie. L'évolution spirituelle de l'humanité selon la fresque de F. A. Maulbertsch]. in : P. Kneidl, A. Rollová, P. Preiss, Strahovská knihovna Památníku národního písemnictví [La bibliothèque de Strahov au Musée de la littérature nationale]. Praha 1985, p. 101 et suiv.

[36] Le fait est relaté, pour une mention française, par Jürgen VOSS, Un centre de diffusion de livres français dans l'Allemagne du XVIIIe siècle : la librairie Fontaine à Mannheim. in : Michel Espagne, Michaël Werner (dirs.), Les relations interculturelles dans l'espace franco-allemand (XVIIIe et XIXe siècle). Paris 1988, p. 261–172

[37] Histoire des bibliothèques... p. 245

[38] Nous pensons ici au petit portrait par Jan Václav Spitzer du baron Gottfried Daniel Wunschwitz grand collectionneur de livres, de médailles, d'œuvres d'art et de sources de toutes sortes concernant la noblesse de Bohême : Tomáš KLEISNER, Numismatik Bohumír Daniel Wunschwitz (1678–1741) [Gottfried Daniel Wunschwitz numismate]. in : Numismatické listy LVIII (2003), n° 6, p. 161–166. cf. aussi le portrait accompagnant la communication de Johannes Bronisch dans ce recueil.

Entre bien public et ostentation : l'ouverture de la bibliothèque au public

L'ouverture au public est un idéal de bibliothèque aristocratique emprunté aux souverains eux-mêmes et dont l'énonciation date sans doute de Naudé, alors qu'il ne triomphera vraiment qu'à la fin du XVIIIe siècle.

Naudé en effet ne conçoit pas d'élévation, de « générosité » – au sens du Cid – plus grande, que celle de rassembler une magnifique bibliothèque emplie des fruits de la pensée humaine puis de l'ouvrir afin qu'elle serve en retour à la maîtrise du monde[39] : « qu'il n'y auoit aucun moyen plus honneste & asseuré pour s'acquerir vne grande renommée parmy les peuples, que de dresser de belles & magnifiques Bibliotheques, pour puis apres les voüer & consacrer à l'vsage du public ? Aussi est-il vray que cette entreprise n'a iamais trompé ny deceu ceux qui l'ont bien sceu mesnager, & qu'elle a touijours esté jugée de telle consequence, que non seulement les particuliers l'ont fait reüssir à leur auantage, comme Richard de Bury Bessarion, Vincent Pinelli, Sirlette, vostre grand pere Messire Henry de Mesme de tres heureuse memoire, le cheualier Anglois Bodleui, feu M. le President de Thou, & vn grand nombre d'autres, mais que les plus ambitieux mesmes ont toujours voulu se seruir d'icelle pour couronner & perfectionner toutes leurs belles actions, comme l'on fait de la clef qui ferme la voulte & sert de lustre & d'ornement à tout le reste de l'édifice. »

Naudé ici cherche à attirer à sa cause par le point sensible de celui à qui il s'adresse : il ne parle pas seulement le langage du savoir et du bien du public et joue sur plusieurs tableaux qui vont de la vertu civique au prestige social. « …parce qu'estant extraordinaire, difficile & de grande despence, il ne se peut faire autrement qu'elle ne donne sujet à vn chacun de parler en bons termes & quasi admiration de celuy qui la pratique… »[40]

Il assimile la pratique qu'il recommande, à plusieurs autres : « Mais si vous ambitionnez de faire esclatter vostre nom par celuy de vostre Bibliotheque, & de joindre ce moyen à ceux que vous pratiquez en toutes les occasions par l'eloquence de vos discours, solidité de vostre jugment, & l'esclat des plus belles Charges & Magistratures que vous auez si heureusement exercées, pour donner vn lustre perdurable à vostre memoire, & vous asseurer pendant vostre vie de pouuoir facilement vous desuelopper des diuers replis & roulemens des siecles, pour viure & dominer dans le

---

[39] Robert DAMIEN, Bibliothèque et Etat. Naissance d'une raison politique dans la France du XVIIe siècle, Paris 1995, p. 49 : « Ce qui désormais est sacré (…) c'est le Bâtiment collectif, constructible en toute transparence, où l'être humain dépose les trésors ouverts de son effort et les exhibe pour maîtriser ce monde chaotique qui le bouleverse. »
[40] Gabriel NAUDÉ, Advis… cf. note 1, p. 10–11.

souuenir des hommes... »[41] Il s'agit bien d'inclure cette pratique dans un discours sur soi tourné vers l'autre.

La ténacité avec laquelle les Kinský, déjà mentionnés, ont réussi à offrir leur bibliothèque est dans les Pays tchèques un exemple bien curieux où se lisent les enjeux de ces gestes de donation. Dès 1744 Philip Joseph Kinský (1700–1749) avait envisagé de donner sa bibliothèque au profit d'une académie de nobles qui devait être créée à Prague sous la responsabilité des bénédictins. Le projet n'aboutit pas pour diverses raison et ce n'est finalement qu'en 1777, dans des conditions tout autres, que la bibliothèque fut donnée à la Bibliothèque universitaire publique de Prague nouvellement créée à partir des bibliothèques jésuites et universitaires. L'initiative revient à Franz Joseph Kinský (1739–1805) bien que les donateurs principaux soient Joseph (1731–1804), Ferdinand (1738–1806) et Philip (1741–1827), alors à la tête du fidéicommis.

Il faudrait ici aussi tenter de démêler les différentes motivations des dons de bibliothèques : philanthropie, ostentation, participation à la vie intellectuelle, geste politique etc. Pour la Bohême, l'exemple de Franz Joseph Kinský[42] s'y prête particulièrement et n'a pas été vraiment étudié sous ce jour-là. Le don de sa bibliothèque particulière a en effet été réalisé en plusieurs étapes, sous diverses conditions et Kinský gardant un droit de regard sur sa bibliothèque bien après avoir quitté la direction de la bibliothèque universitaire.

Ce qui fait la particularité de la bibliothèque aristocratique est finalement bien mince. Un mode de transmission filial parfois ininterrompu sur plusieurs générations, l'impératif de représentation qui influence les pratiques liées au livre. Il nous semble que l'effort de constituer un modèle serait vain en tout cas. C'est bien plutôt parce que le livre comme tous les objets culturels, se prête à l'étude du groupe social qui le pratique, que les bibliothèques méritent l'intérêt des historiens.

---

[41] Ibidem, p. 7

[42] Kinský initia le don de la bibliothèque de famille des Kinský est devint lui-même, simultanément, le directeur de la Bibliothèque universitaire publique. Il fit don en plusieurs étapes de sa bibliothèque personnelle. La dernière publication à ce sujet est dûe à Zdeněk HOJDA, František Josef Kinský a jeho knihovna [F. J. Kinský et sa bibliothèque]. in : Opera romanica 4 (2004), p. 339–345. La découverte toute récente d'un inventaire supplémentaire de cette bibliothèque et où se trouvent justement les ouvrages dont l'absence étonnait Z. Hojda est prise en compte dans un mémoire en cours de rédaction par Pauline Derlon (Université Paul Valéry, Montpellier).

Das romantische Wissenschafts- und Erkenntniskonzept des Grafen Georg von Buquoy

MILOŠ ŘEZNÍK

I.

Im böhmischen Fall ist der Typus eines wissenschaftlich engagierten Adligen, eines an den Künsten und Wissenschaften interessierten Mäzenen für das 18. und das 19. Jahrhundert wohl bekannt.[1] Dies ist nicht zuletzt darauf zurückzuführen, dass die in diesem Sinne aktiven Angehörigen des böhmischen oder mährischen Adelsstandes gleichzeitig auch diejenigen waren, die sich in anderen Bereichen – in der Politik, Kunst, Wirtschaft usw. – engagierten und durch diese Tätigkeiten einen positiven Ruf bei den Zeitgenossen und in der späteren historischen Tradition, darunter auch der tschechischen nationalen, genossen. So sind als Beispiele dieses wissenschaftlich engagierten Mäzentypus vor allem die Grafen Franz und Kaspar Sternberg zu nennen,[2] weiter auch etwa Fürst Karl Egon Fürstenberg, Graf Prokop Lazansky, Graf Josef Canal, Fürst Rudolf Kinsky und viele andere mehr. In zweierlei Sinne lassen sich jeweils zwei Grundtypen des adligen Gelehrten und Kulturschaffendenbeobachten, wie sie von der historischen Tradition bezüglich der Unterschiede in persönlichen Präferenzen und Richtungen des Engagements übermittelt werden. So kann erstens konstatiert werden, dass einerseits viele Adlige ihre Mäzentätigkeit mit eigener wissenschaftlichen Arbeit, manchmal mit beträchtlicher Relevanz, zu verknüpfen vermochten, was das Beispiel Kaspar Sternbergs wohl am besten belegt; andererseits aber sich viele andere vor allem auf die finanzielle Unterstützung, Organisation und Sammlungstätigkeit, begleitet vom wissenschaftlichen Interesse, im Wesentlichen beschränkten. Diese Option vertrat im ersten Drittel des 19. Jahrhunderts bspw. Graf Franz Sternberg. Der andere Unterschied bestand im Grad, in dem das wissenschaftliche Engage-

---

[1] Vgl., nur als Beispiele, Josef HANUŠ, Národní museum a naše obrození. Kniha 1. Kulturní a národní obrození šlechty české v XVIII. a první půli XIX. století. Jeho význam pro založení a počátky musea [Nationalmuseum und unsere Wiedergeburt. 1. Buch. Kulturelle und nationale Wiedergeburt des böhmischen Adels im 18. und in der ersten Hälfte des 19. Jahrhunderts. Derer Bedeutung für Gründung und Anfänge des Museums]. Praha 1921; Karel SKLENÁŘ, Obraz vlasti. Příběh Národního muzea [Das Bild des Vaterlandes. Geschichte des Nationalmuseums]. Praha 2001, 41–96.

[2] Vgl. Jiří MAJER, Kašpar Šternberk [Kaspar Sternberg]. Praha 1994.

ment mit Vergesellschaftung verbunden war. Neben den öffentlich engagierten adligen Gelehrten und Mäzenen, wie sie wieder vor allem Kaspar Sternberg oder der spätere Staats- und Konferenzminister Franz Anton Kollowrat-Liebsteinsky repräsentieren, kann eine Zurückziehung auf Familiengüter und Hingabe an wissenschaftliche Tätigkeit, etwa die physikalischen Forschungen und Experimente oder aber die philosophischen und ethischen Spekulationen, für das 18. und die erste Hälfte des 19. Jahrhunderts als eine der typischen adligen Optionen und Lebensweisen betrachtet werden. Der zweite Typ steht in der späteren historischen Tradition mehr im Hintergrund als der erste, denn die scheinbare oder tatsächliche, manchmal wohl auch bewusste oder aber stilisierte Selbstisolierung von der umgebenden Welt, vom gesellschaftlichen Leben in Zentren, von der Teilnahme an adliger Geselligkeit kann dazu führen, das Wirken solcher Personen als private Vergnügung ohne größere politische, wissenschaftliche und kulturelle Relevanz zu beurteilen. Wenn die Tätigkeit eines Kaspar Sternbergs in der historischen Tradition und der Geschichtskultur des 19. und 20. Jahrhunderts positiv bewertet wird, dann wurde dabei immer,[3] aber auch immer weniger auf seine wissenschaftlichen Leistungen hingewiesen. Was aber immer im Vordergrund stand und steht, ist sein öffentliches und organisatorisches Engagement zugunsten der Entfaltung der deutschen Naturwissenschaft und des kulturellen und wissenschaftlichen Lebens in Böhmen. Die Gemeinnützigkeit war das, wodurch sich die kulturellen und wissenschaftlichen Aktivitäten öffentlich als gesellschaftlicher, patriotischer (in welchem Sinne auch immer) Verdienst legitimierten und das zur Respektabilität derer Träger beitrug. Nicht nur durch das Wissen und Können, sondern durch deren allgemeine Indienststellung konnten die wissenschaftlichen Aktivitäten als symbolisches Kapital von großem Gewicht verwertet werden. Kaspar Sternberg zeigt, dass sich die Zeitgenossen dieses Verhältnisses im Grunde auch bewusst waren, wenn er bspw. zu den privaten Naturaliensammlungen in Bamberg, die er 1834 besichtigte, kritisch bemerkte: sie „enthalten vieles Neue und Interessante, welches wohl verdiente, in die Wissenschaft eingeführt zu werden. So lange das nicht geschieht, sind in Schränke eingeschlossene Naturalien so gut wie gar nicht

---

[3] Bei Kaspar und Franz von Sternberg wurde diese Tradition gleich von ihren Zeitgenossen gegründet. S. Franz PALACKÝ, Die Grafen Kaspar und Franz Sternberg, und ihr Wirken für die Wissenschaft und Kunst in Böhmen. Vortrag, gehalten in der Versammlung der königl. böhmischen Gesellschaft der Wissenschaften am 15. December 1842. In: Ders. (Hg.), Leben des Grafen Kaspar Sternberg, von ihm selbst beschrieben, neben einem akademischen Vortrag über der Grafen Kaspar und Franz Sternberg Leben und Wirken für Wissenschaft und Kunst in Böhmen, zur fünfzigjährigen Feier der Gründung des Böhmischen Museums. Prag 1868, 193–232.

vorhanden, und vieles ist auf diese Art für die Wissenschaft für immer verloren gegangen."[4]

Was sich jedoch in der überlieferten Tradition auf die adligen Gelehrten aller Typen bezieht, ist eine überwiegende, wenn auch manchmal stillschweigende (denn quasi selbstverständliche) Gleichsetzung ihrer wissenschaftlichen und kulturellen Interessen mit der Aufklärungstradition.[5] So wurde es explizit oder implizit in der Regel angenommen, dass diese Interessen der Aufklärung entwachsen gewesen waren und sich weiter in Richtung moderner Verwissenschaftlichung mit all den kritischen empirischen Methoden fortentwickelte – also zu einer modernen, kritischen Wissenschaft, wie sie sich mit ihren Regeln, mit der Hervorhebung der Objektivitätswerte und mit beinahe totalem Anspruch auf wissenschaftlich relevante Erkenntnismöglichkeiten im 19. Jahrhundert profilierte und sich gegen andere Bereiche, etwa die Kunst, deutlich abgrenzte.

So sind zwei Typen der adligen Gelehrten des frühen 19. Jahrhunderts aus dem Feld der Aufmerksamkeit eher verschwunden: erstens diejenigen, die sich mit ihren Interessen im privaten Rahmen ihrer ländlichen Sitze verschlossen; zweitens dann, und zwar fast völlig, auch diejenigen, die dem Aufklärungsmuster nicht gerecht waren und deren Erkenntnisprinzipien und Strategien nicht den Kriterien der neuzeitlichen Wissenschaft entsprachen – im Prinzip also diejenigen, die eher authentisch romantische Standpunkte vertraten und sie nicht nur etwa in ihren Weltanschauungen und kulturellen Interessen, sondern auch in ihren wissenschaftlichen Herangehensweisen und Erkenntnisstrategien umsetzten, mit dem Ziel, zur „wahren" Erkenntnis zu gelangen.[6]

Zu solchen Gelehrten gehörte zweifellos auch Graf Georg von Buquoy (1781–1851), ein Mathematiker, Physiker und Wirtschaftstheoretiker, der durch seine kurzfristige politische Tätigkeit, aber auch eben durch viele seiner mathematischen und wirtschaftstheoretischen Schriften aus dem ersten Drittel des 19. Jahrhunderts bekannt ist. Doch seine Wissenschafts- und Erkenntnisstrategien blieben von der Forschung fast völlig unberührt, ebenso wie viele seiner Ergebnisse und Theorien erst mit großer Verspätung wieder entdeckt wurden, nicht selten mit dem Schluss, Buquoy habe als Physiker und Wirtschaftstheoretiker viele der späteren Erkenntnisse vor-

---

[4] Franz PALACKÝ (Hg.), Leben des Grafen Kaspar Sternberg, von ihm selbst beschrieben, neben einem akademischen Vortrag über der Grafen Kaspar und Franz Sternberg Leben und Wirken für Wissenschaft und Kunst in Böhmen, zur fünfzigjährigen Feier der Gründung des Böhmischen Museums. Prag 1868, 170.
[5] Vgl. dazu bspw. Jan JANKO, Vědy o životě v českých zemích [Die Wissenschaften über das Leben in den böhmischen Ländern 1750–1950]. Praha 1997, 18–19.
[6] Vgl. bspw. Gerhard SCHULZ, Romantik. Geschichte und Begriff. München 1996.

weg formuliert.[7] So werden zwar das politische Auftreten des alten Buquoy im Jahre 1848 erwähnt, sein Leben thematisiert,[8] seine wissenschaftlichen Interessen wahrgenommen, und wir verfügen sogar über eine ältere Analyse seiner wirtschaftstheoretischen Anschauungen,[9] doch interessierte sich kaum jemand ernsthaft für seine grundsätzlichen Weltanschauungen mit Bezug auf sein wissenschaftliches Engagement, für seine Meinungen über die Ziele und Rolle der Wissenschaft, für seine Erkenntnisstrategien, für das alles, was der wichtigste Hintergrund seiner wissenschaftlichen, darunter auch der mathematischen Interessen war und was den Zweck seiner Arbeiten erhellt. Darüber hinaus muss in Betracht gezogen werden, dass die philosophischen, ethischen und anderen Interessen das zweite zentrale Feld seiner gelehrten und wissenschaftlichen Tätigkeit darstellen, ohne die manche Fragen, welche Buquoys mathematische und andere Arbeiten betreffen, kaum zu beantworten sind. Hier liegt aber einer der Gründe, warum Buquoy bisher wenig Aufmerksamkeit findet: denn seine Anschauungen und Theorien des Wissens und der Erkenntnis sind in vielen einzelnen Schriften, Gedichten, Aufsätzen und Notizen verstreut, und sie können durch ihren romantisch metaphysischen Charakter recht schwierig interpretierbar, und ohne Zweifel auch nicht völlig umfassend, zum Teil sogar unkohärent und widersprüchlich erscheinen. Vor allem entsprechen sie mit dem Inhalt und der Art, in der sie mitgeteilt wurden, nicht den wissenschaftlichen Standards, wie sie von der modernen, an die Aufklärung anknüpfenden Wissenschaft formuliert wurden. Sollen also Buquoys Erkenntniskonzepte und Strategien untersucht werden, muss man bereit sein, mit dem Grafen Buquoy eine „romantische Reise" (Marcin Król) zu unternehmen,[10] also Buquoys Erkenntnisstrategien auf die Ziele und Sinnladungen der romantischen Erkenntnis zu beziehen. Dazu muss – wenn auch hier die romantischen Konzepte an sich zu analysieren keine Möglichkeit besteht – vor allem die Voraussetzung und Überzeugung über den geistigen Charakter der

---

[7] Vgl. Bspw. M. FOLKERTS/G. MICHAJLOV unter Mitwirkung von M. V. BUQUOY, Georg von Buquoy und die Dynamik der Systeme mit veränderlichen Massen [derzeit im Druck], 43–52.

[8] Neulich vor allem Margarete VON BUQUOY, Lebensbild des Grafen Georg von Buquoy (1781–1851). In: M. Folkerts/G. Michajlov: Georg von Buquoy…, 1–42. DIES., Begegnungen in Böhmen: Goethe, Buquoy, Tomaschek. Wissenschaft, gesellschaftliches Leben und Musik. 2. verbess. Aufl., München 1987, 8–18.

[9] Ernst THOMAS, Graf Georg von Buquoy. Ein Beitrag zur Geschichte der deutschen Nationalökonomie am Anfang des 19. Jahrhunderts. München/Leipzig 1929. Siehe neulich auch Christos BALOGLOU, Die Vertreter der mathematischen Nationalökonomie in Deutschland zwischen 1838 und 1871. Marburg 1995, 56–60.

[10] Marcin KRÓL, Romantyzm. Piekło i niebo Polaków [Romantik. Die Hölle und der Himmel der Polen]. Warszawa 1998, 132–133, 136–137.

Welt gerechnet werden, eine geistige Welt also, die eine *wahre* ist, mit den üblichen wissenschaftlichen Herangehensweisen und Methoden kaum fassbar und nur durch bestimmte Erkenntniswege wie Begeisterung, die geistige Abstimmung, Kontemplation erkennbar. Dies alles steht natürlich zur sichtbaren materiellen Welt im Gegensatz, die zu untersuchen die Wissenschaft mächtig ist, ohne jedoch zur relevanten Erkenntnis des Wahren und Wichtigen zu gelangen. Nicht nur die Erkenntnis, sondern bloß die Berührung, die Fassung, die „Kontaktaufnahme" mit dem Geiste, mit der geistlichen Welt, stellt für den Romantiker ein zentrales Problem und Ziel dar. Nur auf diesem Weg erhofft er sich, die allgemeine Urharmonie wieder herzustellen. Dies ist schließlich für Viele auch der Sinn des menschlichen Daseins, der Geschichte der Menschheit, des menschlichen Lebens.

Die romantischen Ausgangspunkte Buquoys sind also wahrscheinlich der Grund nicht nur dafür, dass ihm eine deutlich unterproportionale Aufmerksamkeit geschenkt wird, sondern auch dafür, dass er in der Literatur fast als ein wissenschaftlicher Außenseiter gilt. Das hat bestimmt auch einige „realhistorische" Gründe: wir wissen ja, dass viele Theorien und Ergebnisse von Buquoy in seiner Zeit wenig Beachtung fanden, wessen sich Buquoy selbst offensichtlich auch bewusst war, und dass Buquoy vielen Zeitgenossen von seinem Lebensstil und Auftreten her etwas befremdend, ja sonderlich schien.[11] Doch kann seine Zurückgezogenheit als Forscher nur im begrenzten Maße konstatiert werden: sie gilt im Sinne seiner Hingabe an die wissenschaftlichen Forschungen in Abgeschlossenheit seiner Residenzen, nicht im Sinne einer Abwendung von der Welt. Ganz im Gegenteil: wir wissen ja, dass Buquoy sich bemühte, seine physikalischen, mathematischen, wirtschaftstheoretischen Ansichten und Beobachtungen zur Diskussion zu stellen und nicht zuletzt auch zur breiteren praktischen Anwendung zu bringen, dass viele seiner Interessen den praktischen Fragen des Wirtschaftsgangs seiner Dominien entwachsen waren, dass er sich in vielen Vereinen als Mitglied engagierte und mit vielen wissenschaftlich tätigen Zeitgenossen im Gedankenaustausch war, darunter mit Kaspar von Sternberg, Johann Wolfgang von Goethe, dem Begründer der Homöopatie Samuel Friedrich Christian Hahnemann oder dem schwedischen Physiker Jöns Jacob Berzelius.[12] Nicht zuletzt müssen dabei seine Mäzentätigkeit (bspw. jahrzehntelange Unterstützung des tschechischen Komponisten Václav Jan Tomášek, Spende für die Matice Česká usw.) sowie sein späteres politisches Engagement in der böhmischen Ständeopposition der 1840er Jahre und der Prager Revolution im Frühling 1848 berücksichtigt werden.

---

[11] M. BUQUOY, Lebensbild, wie Anm. 8, 41.
[12] DIES., Begegnungen, wie Anm. 8, 12, 18–46; DIES., Lebensbild, wie Anm. 8, 20–21.

II.

Georg Franz August de Longueval Graf von Buquoy Freiherr de Vaux war ein Angehöriger des böhmischen Herrengeschlechtes, das ursprünglich aus der Picardie stammte und seit dem 17. Jahrhundert in Böhmen ansässig war, nachdem sich der erste hier, Karl Bonaventura von Buquoy, als kaiserlicher Heeresführer während des ganzen böhmischen Ständeaufstandes (1618–1620) auszeichnete. Dies hinderte seine Nachfolger nicht, sich stark mit dem Land Böhmen zu identifizieren, so dass wir dann im 18. und 19. Jahrhundert einige Buquoys unter den führenden böhmischen Ständepatrioten antreffen. Georg Buquoy wurde freilich 1781 in Brüssel als Sohn eines österreichischen Offiziers geboren, kam aber bald nach Böhmen. Schon in jungen Jahren, während der Ausbildung bei dem Grafen Franz Taaffe an seinem Sitz bei Klattau (Klatovy) in Böhmen und an der Wiener Theresianischen Ritterakademie, interessierte er sich eifrig für unterschiedliche Wissenschaften und nach eigenen Worten war er nicht nur damals, sondern auch später nicht imstande, sich auf einen konkreten Wissensbereich zu konzentrieren.[13] Dies hinderte ihn zwar daran, seine wissenschaftlichen Interessen effizient zu entwickeln und in eigene Leistungen bald umzusetzen, andererseits eignete er sich eine große Interessenoffenheit und -breite an. Diese ist für Buquoys Tätigkeit auch später kennzeichnend, nachdem er sich doch entschloss, sich der Mathematik, der Naturwissenschaft, der Wirtschaftslehre sowie der Technologie zu widmen. Auch in späteren Jahren beschäftigte er sich dennoch, ja sogar wieder verstärkt, mit Philosophie, Politik, Geschichte, Ethik usw.

Diese Fächervielfalt kann zwar der Aufklärungstradition entwachsen sein, konnte jedoch später bestimmt fördernd sein für Buquoys romantische Auffassungen mit ihrer Betonung der allumfassenden, die Grenzen einzelner Fächer und Herangehensweisen überschreitenden Erkenntniswege. So beobachten wir schon in seiner Jugend Einflüsse, die von Aufklärung geprägt waren und später im romantischen Sinne zur Wirkung kommen konnten. Dies gilt schon für Buquoys Vater Leopold (1744–1795), der ein Illuminat und zugleich ein Verehrter Jacob Böhmes war,[14] dessen Mystik für die romantische Tradition nicht bedeutungslos blieb.

Nach den privaten Studien, den öffentlichen Prüfungen in Prag und dem Jura- und Philosophiestudium in Wien unternahm Buquoy eine Reise durch Europa – durch die Schweiz, Frankreich und Italien. Schon früher jedoch,

---

[13] Georg VON BUQUOY, Auswahl des leichter Aufzufassenden, aus meinen philosophisch-wissenschaftlichen Schriften und kontemplativen Dichtungen, für gebildete Leser und Leserinnen, 1. Bd. Prag 1825, 3.
[14] M. BUQUOY, Lebensbild, wie Anm. 8, 5–6.

22 Jahre alt, erbte er nach dem Tode seines kinderlosen Onkels Johann die großen buquoyschen Majoratsgüter in Südböhmen, die Herrschaft Gratzen (Nové Hrady). Dies ermöglichte ihm, sich nach der Rückkehr aus dem Ausland auf diese Herrschaft zurückzuziehen und hier seinen wissenschaftlichen Interessen nachzugehen. Neben diesem Familienfideikommiss erwarb Buquoy direkt oder indirekt auch weitere Dominien in Böhmen: Durch die Heirat mit der Tochter des Staatsministers Heinrich von Rottenhan (1806) verfügte er schließlich über die rottenhanschen Herrschaften im Erzgebirge (Rottenhaus/Červený Hrádek, Preßnitz/Přísečnice, Hauenstein/Horní Hrad) und in Mittelböhmen (Gemnischt/Jemniště), das später wieder veräußert wurde, und kaufte im Jahr 1841 auch die Güter Vršovice und Nusle unweit von Prag.[15] Damit verfügte Buquoy über einen der größten Besitzkomplexe in Böhmen, dessen Teile im südlichsten Teil des Landes, in Nordwest- und Mittelböhmen sowie in der unmittelbaren Nähe der Hauptstadt (beide erwähnten Güter sind heute Stadtteile von Prag, außerdem gehörte dazu noch das Buquoypalais in Smíchov) lagen. Dadurch war auch die materielle Grundlage für seine Forschungsaktivitäten geschaffen, denen er sich auf der südböhmischen Herrschaft widmete, genauso wie auf den nordwestböhmischen Gütern und im Prager Palais. Vor allem für Gratzen und die später erworbenen Güter im Erzgebirge gilt es, dass seine technologischen, physikalischen und nicht zuletzt auch wirtschaftstheoretischen Interessen von der wirtschaftlichen Verwaltung seiner Güter direkt diktiert wurden. Während das in Südböhmen in erster Linie die Landwirtschaft und Glasherstellung waren (Buquoy war Erfinder einer neuen, bald in Beliebtheit gekommenen Glassorte – des Hyaliths),[16] spielten im Erzgebirge der Rohstoffabbau, die Hütten und die Textilherstellung die wichtigste Rolle.

Dabei mischen sich, wie schon angedeutet, in Buquoys wissenschaftlicher Tätigkeit zwei widersprüchliche Tendenzen: einerseits eine gewisse Abgeschlossenheit in seiner Arbeit und auf dem Gut, andererseits aber Bestrebungen um die Umsetzung seiner technologischen Erkenntnisse in die Praxis und die Bemühung, seine wirtschaftstheoretischen Konzepte sowie die Ergebnisse seiner Experimente zu veröffentlichen und zu diskutieren, wie das etwa in seiner Beschreibung einer hölzernen Dampfmaschine der

---

[15] Die zeitgenössischen Beschreibungen der buquoyschen Dominien bei Johann Gottfried SOMMER, Das Königreich Böhmen, statistisch-topographisch dargestellt. Bd. 9, Budweiser Kreis. Prag 1842, 123–168; Bd. 12, Kauřimer Kreis. Prag 1844, 90–96, 342–347; Bd. 14, Saazer Kreis. Prag 1846, 131–146, 168–173; Bd. 15, Elbogener Kreis. Prag 1847, 131–138.
[16] Vgl. Helena BROŽKOVÁ (Hg.), Buquoyské sklo v Čechách – Buquoy Glass in Bohemia 1620–1851. Praha 2002; Margarete VON BUQUOY, Die Glaserzeugung auf der gräflich Buquoyschen Herrschaft Gratzen. München 1980.

Fall war,¹⁷ die er in seinem Kohlenbergwerk der Herrschaft Rothenhaus in Betrieb setzte und die angeblich die erste direkt in Böhmen gebaute war.¹⁸ Fast 30 Jahre arbeitete er eifrig und schrieb mehrere wissenschaftliche Abhandlungen. Die wichtigsten, die auch den größten Widerhall fanden, waren der Wirtschaftslehre, der Mathematik und der Technik gewidmet. Zu den bedeutendsten gehörten einige wirtschafts- und finanztheoretische Schriften, vor allem *Die Theorie der Nationalwirthschaft*¹⁹ und sein monetäres Konzept, in dem die Problematik bearbeitet wurde, die in Österreich des zweiten Jahrzehntes des 19. Jahrhundert von besonderer Bedeutung war.²⁰ Dabei stellte Buquoy vor allem die Beziehung zwischen Produktion und Verbrauch in den Mittelpunkt seiner Aufmerksamkeit.²¹ Internationale Aufmerksamkeit haben einige von Buquoys physikalischen Schriften erregt. Das Resultat seiner französischen Kontakte war die Pariser Veröffentlichung der *Exposition d'un nouveau principe général de dynamique* (1816), dann folgten weitere physikalische und mathematischtheoretische Arbeiten.²²

Für seine Erkenntnistheorien sind jedoch seine naturwissenschaftlichen und philosophischen sowie ethischen und dichterischen Schriften, Abhandlungen, Aphorismen und Skizzen zentral, die zwischen den Jahren 1815 und 1827 entstanden sind und in denen zugleich seine physikalischen und mathematischen Interessen zur Geltung kamen. Dazu gehören vor allem die *Skizzen zu einem Gesetzbuche der Natur*,²³ in denen seine Ansichten über die natürliche Harmonie und seine Naturphilosophie im Allgemeinen dargelegt wurden, welche dann in seiner *Ideellen Verherrlichung des empi-*

---

[17] Georg VON BUQUOY, Beschreibung einer Dampfmaschine, im Kunstschachte eines Kohlenbergwerkes in Böhmen erbaut. Prag 1814. Vgl. auch A. GÜNTHER/H. FUCHS, Graf Georg von Buquoy und seine hölzerne Dampfmaschine. Ein Beitrag zur Geschichte der Dampfmaschine in Böhmen. Technische Blätter 45, 1913, 116–137.

[18] M. BUQUOY, Lebensbild, wie Anm. 8, 11.

[19] Georg VON BUQUOY, Die Theorie der Nationalwirthschaft nach einem neuen Plane und mehreren eigenen Ansichten. Leipzig 1814.

[20] DERS., Vorschlag wie in jedem Staate ein auf echten Nationalcredit fundiertes Geld geschaffen werden könnte. Leipzig 1819.

[21] Nähere Analyse bei E. THOMAS, Graf Georg von Buquoy, wie Anm. 9, 41–91.

[22] Georg VON BUQUOY, Eine neue Methode für den Infinitesimalkalkul, nämlich die umgekehrte Ableitung der Functionen (dérivation inverse), nebst hiernach erhaltenen neuen Formeln für die transcendenten Ausdrücke der trigonometrischen Functionen, wovon wichtige Anwendungen auf die Integralrechnung gemacht werden. Prag 1821.

[23] DERS., Skizzen zu einem Gesetzbuche der Natur, zu einer sinnigen Auslegung desselben. 2 Bde. Leipzig 1818, 2. Aufl. 1826.

risch erfassten Naturlebens gipfelten.[24] In den 1820er Jahren hat Buquoy eine umfangreiche Ausgabe seiner kleineren Schriften vorbereitet.[25]

Seit dem Ende der 1820er Jahre hat sich Buquoy zurückgezogen, später aber immer mehr den aktuellen politischen Themen zugewandt. Dies führte ihn in die Reihen der böhmischen Ständeopposition und zum öffentlichen Auftreten im Revolutionsjahr 1848. Wie Margarete Buquoy neulich zeigte, brachte ihm sein starkes Engagement damals nicht nur große Popularität bei den tschechischen Liberalen, sondern auch Misstrauen bei vielen adligen Standesgenossen und später Anschuldigungen wegen des angeblichen Panslavismus und Gerüchte, er habe sich direkt am Prager Pfingstaufstand beteiligt und sogar die Pläne einer Abtrennung Böhmens von der Habsburgermonarchie mitgeschmiedet, wobei er selbst sogar der böhmische König werden sollte.[26] Nachdem der Pfingstaufstand scheiterte und über Prag der Belagerungszustand verhängt wurde, geriet Buquoy sogar für einen Monat in Untersuchungshaft. Nach der Freilassung begab er sich auf seine Güter, wo er die meiste Zeit seiner verbleibenden Lebensjahre verbrachte.

III.

Im Wurzbach'schen Biographischen Lexikon lesen wir, dass das Studium der Mathematik dem Grafen Buquoy „so werth geworden [war], daß er seine Begeisterung für diese Wissenschaft in Dichtungen aussprach".[27] Aus der Perspektive der zweiten Hälfte des 19. Jahrhunderts schien das bestimmt etwas weit außergewöhnlicheres zu sein, als eine Begeisterung, die die Grenze der Wissenschaft weitaus überschritten und mit den wissenschaftlichen Erkenntniswegen und Methoden nichts zu tun gehabt habe. Doch sollen Buquoys Dichtungen nicht als bloße Begeisterungsäußerung für Wissenschaft verstanden werden, die aus nichtwissenschaftlichen Positionen und mit nichtwissenschaftlichen Mitteln gemacht wurde. Ganz im Gegenteil: die Dichtung war nicht nur für Buquoy ein geeignetes Mittel zur wahren Erkenntnis. Für Buquoy wäre zwar vielleicht akzeptabel gewesen, Dichtung als eine nichtwissenschaftliche Leistung und Tätigkeit zu bezeichnen. Doch war ihm die Dichtung mindestens ein gleichwertiges, aber

---

[24] DERS., Ideelle Verherrlichung des empirisch erfassten Naturlebens. 2 Bde, Leipzig 1822.
[25] DERS., Auswahl des leichter Aufzufassenden aus meinen philosophisch- wissenschaftlichen Schriften und kontemplativen Dichtungen, für gebildete Leser und Leserinnen. 3 Bde., Prag 1825–1827.
[26] M. BUQUOY, Lebensbild, wie Anm. 8, 34–42.
[27] Constantin VON WURZBACH, Biographisches Lexikon des Kaiserthums Oesterreich. 2. Teil. Wien 1857, 208–210, hier S. 209.

wahrscheinlich das zentrale Mittel für Erkenntnis dessen, was zu erkennen sich die Wissenschaft bemüht. Dichtung und Wissenschaft also nicht in der Opposition, sondern als harmonische Einheit, die in der gegenseitigen Verbindung es erst ermöglicht, sich relevante und wahre Erkenntnisse gar zu erhoffen. Diese Relevanz bezog sich auf die Fähigkeit, zur Erkenntnis, ja zur Erfahrung der allgemeinen Weltharmonie sowie zu ihrer Wiederherstellung in den Menschen beizutragen. Darin entsprach Buquoys Perspektive den romantischen Ansichten über die geistige Welt und der romantischen Epistemologie.

Dass die Harmonie den Endzweck jeglichen wissenschaftlichen Interesses für Buquoy darstellte, zeigt schon, aber nicht zuletzt Buquoys autobiographische Skizze aus den 1820er Jahren. Nachdem er seine Entscheidung, sich der Karriere im Staatsdienst zu entziehen, hervorhob, fügte er hinzu, er wollte sich widmen „dem Forschen, Meditiren und Dichten…; nicht etwa, um als Schriftsteller zu glänzen, woran ich damals gar nicht dachte, sondern um Ruhe und Harmonie in mein übermäßig und so vielfach aufgeregtes Gemüth zu bringen", „dem Streben nemlich, das Mannigfachste in Harmonie unter sich, und so in dem Einen Alles, im All nur Eines zu erblicken".[28] Schließlich waren es jedoch negative Eindrücke aus seinem Besuch der französischen Wissenschaftsakademie im Jahre 1815, was in ihm eine große Zuneigung zur „teutschen" Wissenschaft erweckte sowie die Entscheidung, als wissenschaftlicher Schriftsteller tätig zu sein.

Was bei Buquoy während seiner Parisreise einen ausgesprochenen Widerstand erregte, waren unter anderem diejenigen Erscheinungen, die zugleich im krassen Gegensatz zu romantischen Idealen standen: „das Zunftmäßige und pedantisch Abgegrenzte, das Strenge Fach-Wesen…, so wie mir überhaupt die französische Pedanterie, ihre unbedingte Verehrung veralteter Regeln, und ihre kastenmäßige Eintheilung der Künste und Wissenschaften, selbst die Beschränkung ihrer eigenen Sprache, die hiedurch höchst prosaisch ward, u. s. w. im höchsten Grade zuwider waren; – mir, der allenthalben nach dem Ineinverschmelzen des Mannigfaltigen, nach dem Erhorchen der Weltharmonie, strebte, dem ahnend die gesammte Natur als das Höchste der Vernunft und zugleich der dichterischsten Phantasie vorschwebte."[29] Gewiss kann man solche Äußerungen zugleich der damaligen deutschen Patriotismuswelle zuschreiben, in der ja die negative Abgrenzung gegen Frankreich eine nicht unerhebliche Rolle spielte, doch im Grunde steht hier vor allem der Konflikt zwischen der Aufklärungstradition und den romantischen Auffassungen im Mittelpunkt. Dies bestätigte sich auch bei seiner folgenden Parisreise 1818: Buquoy begeisterte sich für den

---

[28] G. BUQUOY, Auswahl, 1. Bd., wie Anm. 13, 9–10.
[29] Ebd., 12.

bei den Romantikern so beachteten Magnetismus, in dem die Äußerung der allumfassenden geistlichen Kräfte gesehen wurde, doch wurde ihm dringend davon abgeraten, in dem Pariser Institut bloß eine Erwähnung darüber zu machen.[30] Aus ähnlichen Gründen könnte auch Buquoys starkes Interesse für die Homöopatie[31] wohl als ein romantisches, wenn auch nicht genuin, bezeichnet werden: Bei den Romantikern könnten die Heilkräfte, die hier eine zentrale Rolle spielten, als eine Auswirkung der geistlichen Harmonie gesehen werden.

Auch in der Auseinandersetzung mit Pariser Erfahrungen war also die Harmonie der zentrale Punkt. Buquoy setzte sich als Ziel, unter dem direkten Einfluss von deutschen romantischen Theoretikern und insbesondere von Schelling, die Harmonie zwischen Gott, der äußeren Welt und sich selbst zu untersuchen, und zwar auf dem Wege einer „ideellen Verherrlichung des empirisch erfassten Naturlebens".[32]

Diese zwei romantische Ausgangspunkte sind bei Buquoy kaum zu überschätzen: erstens, die Verbindung des „Forschens, Meditierens und Dichtens" in einem Zug als eine umfassende Erkenntnisstrategie, zweitens dann die ideelle Verherrlichung des Naturlebens als direkte Ausmündung ihres empirischen Studiums. So gelangen wir ans zentrale Problem der Buquoyschen Epistemologie: die Bestimmung des Verhältnisses zwischen der wissenschaftlichen Empirie und der kontemplativen Meditation. Analyse und Dichtung dienen ihm im romantischen Sinne als Erkenntniswege, deren Beschreitung von der konkreten Situation, ja von der momentanen Lage des Beobachters abhängig ist. Zwar ist die Einheit beider Wege bei Buquoy denkbar und erforderlich, manchmal scheint jedoch die Zufälligkeit der Wahl durch momentane Umstände und Präpositionen des Wissenschaftlers bestimmend zu sein.

Sicher ist dieses Verhältnis zwischen wissenschaftlicher Analyse und dichterischer Begeisterung bei Buquoy im Grunde deutlich romantisch, in vielen Zügen jedoch unklar und widersprüchlich. So weist er auf die Einheitlichkeit und die notwendige Verbindung beider Komponenten hin, doch stellt er sie manchmal gegenüber. Gegen die deutschen Romantiker einschließlich Schelling beharrt Buquoy, zumindest rhetorisch, auf der unabdingbaren Relevanz des rein wissenschaftlichen (im modernen Sinne) Forschens. Buquoy habe bald gemerkt, dass die Romantiker wie Schelling „voll oberflächlicher Uibersichten, schielender Analogieen, poetischer Faseleyen, mystischer Schwärmereyen und Tändeleyen, wären; daß sie sogar zum Materialismus führen könnten…", dass sie nicht imstande waren, die

---

[30] M. BUQUOY, Begegnungen, wie Anm. 13, 13.
[31] Ebd., 12.
[32] G. BUQUOY, Auswahl, 1. Bd., wie Anm. 13, 16.

mathematische Analyse zu nutzen und die mathematischen Mittel mehr als bloße Symbole zu betrachten. Er wandte sich, eigenen Worten nach, wieder von diesen Autoren ab und „sammelte rhapsodisch, Alles, das in meinen mannigfachen Geistesstürmen ... je aus mir selbst entstanden war, zusammen; ordnete es ... systematisch; unterwarf, was sich dazu eignete, dem analytischen Kalkül, ein Anderes der Metaphysik, ein Anderes dem freien Schwunge dichterischen Phantasie, reihte aber unablässig Alles an erprobte Erfahrungen, oder, besser zu sagen, machte jene Erfahrungen zum Fundamente meines Forschens, von welchem Fundamente aus, ich mich fessellos in die Sphäre der Meditation und Dichtung aufschwang".[33] Sollten doch einzelne Komponente (Metaphysik, Meditation, Analyse) im Gegensatz stehen, dann bilden sie gerade in diesem Gegensatz eine umfassende Einheit. Auf diesem Weg sind schließlich Buquoys *Skizzen zu einem Gesetzbuche der Natur* entstanden, für die die romantisch geprägte Auffassung von Polarität so bedeutend war.[34]

Daran sehen wir, dass diese tatsächliche oder vermeintliche Abkehr von romantischen Vorbildern ihn nicht daran hinderte, in seinen Überzeugungen und Erkenntnisstrategien im Grunde romantisch zu bleiben. Ja ganz im Gegenteil: was er an deutschen Romantikern kritisierte, war ihre mangelnde Beachtung für mathematische und physikalische Methoden und Erkenntnisse, die Buquoys Meinung nach in einer komplementären Einheit mit der Philosophie, Dichtung, Beobachtung, Ahnung und Begeisterung als umfassende Erkenntniswege betrachtet werden müssen. In diesem Sinne war Buquoys harmonische Verbindung aller Strategien sehr folgerichtig. Es ist eine Frage der Interpretation und Diskussion, ob darin eine Synthese der Aufklärung und der Romantik gesehen werden kann, oder aber der Schluss zu ziehen ist, dass in diesem Sinne gerade Buquoy der konsequenteste Romantiker war. Allerdings zeigt etwa sein Standpunkt in der Farbenlehre, wie schwierig es wäre, einen solchen Buquoy-Romantiker gegen die Aufklärung zu stellen. Es ist nämlich bemerkenswert, dass die Problematik der Farbenlehre bei ihm auf großes Interesse stieß und er auf diesem Gebiet eigene optische Experimente durchführte. Dieses Thema war auch ein Hintergrund von mehrerer Treffen und Diskussionen zwischen Buquoy und Goethe, dessen Farbenlehre und Kritik der newtonischen Theorien eher den romantischen Ausgangspunkten entsprach und dessen naturphilosophischen Ansichten mit denen von Buquoy in vielem übereinstimmten.[35] Doch stellte

---

[33] Ebd., 18–19.
[34] J. JANKO, Vědy o životě, wie Anm. 5, 110–111.
[35] Ebd., 110.

sich Buquoy in den Diskussionen mit Goethe aufgrund eigener Beobachtungen auf die Seite Newtons.[36]

Buquoy lehnte es zwar ab, sich nur auf Dichtung zu konzentrieren und die empirischen Methoden der Naturwissenschaften als zweitrangig zu betrachten, wie er es meinte, es bei den erwähnten romantischen Autoren zu sehen. Doch war ihm die Wissenschaft im aufklärerischen Sinne, ohne weitere Meditation und dichterisches Herangehen nicht ausreichend, zu wahren Erkenntnissen zu gelangen. Trotz umfangreichen Schriften, in denen Buquoy seine Ansichten über die Natur und andere Phänomene auslegte, war ihm die Dichtung geeignet, das Wesen dieser Phänomene zu fassen und auszudrücken, es durch eine ideelle Verherrlichung und die geistige Sich-Abstimmung mit ihnen zu berühren, zu erkennen. So waren das schließlich auch Dichtungen, in denen er seine Erkenntnisstrategien darstellte. Hier wäre es schwierig nicht an die großen romantischen Gedichte zu denken, die das Gefühl, die Emotion, die harmonische Erkenntnis als wahre, authentische Erkenntnis emanzipieren, wie es etwa in der *Romantik* von Adam Mickiewicz, einem programmatischen Gedicht der polnischen Romantik aus derselben Zeit (1821) der Fall war.[37] Als signifikante Beispiele aus Buquoys Werken können wohl zwei Gedichte kurz angesprochen werden. So versuchte Buquoy in der *Interpretationsweise des Naturlebens* seine „Methode" zu veranschaulichen, die eigentlich den Mittelpunkt mehrerer seiner Werke mit der *Ideellen Verherrlichung des empirisch erfassten Naturlebens* und den *Anregungen für philosophisch-wissenschaftliche Forschung und dichterische Begeisterung*[38] an der Spitze darstellte: „Magisch fühlend, dichtend, denkend, dringe / In des Daseyns Deutung. – So gelinge, / Daß des Weltakkordes Schöne, / Liebe, Wahrheit, dir ertöne. / Tellur, lunar, solar, sey unser Streben; / Da diesem Typus ja selbst folgt das Leben."[39]

Im anderen Gedicht (*Ahnung, Glaube, Wissen*) spricht sich Buquoy für die harmonische Verbindung dreier wichtigsten Erkenntniswege und gegen die Ablehnung der intuitiven Kontemplation aus: „Ahnung und Glaube nur wurden dem Menschen. / Wendest du stolz nach dem Reiche des Wissens

---

[36] M. BUQUOY, Begegnungen, wie Anm. 8, 18–21. Vgl. auch Robert TEICHL, Goethe und Georg Graf von Buquoy. In: Chronik des Wiener Goethe-Vereins 19 (1905), Nr. 3, 17–30.
[37] Adam MICKIEWICZ, Dichtung und Prosa. Ein Lesebuch von Karl Dedecius. Frankfurt a. M. 1994, 57–59: „Gefühl und Glaube sind mehr/Als des Klügers Auge und Brille".
[38] Georg VON BUQUOY, Anregungen für philosophisch-wissenschaftliche Forschung und dichterische Begeisterung, 2. Aufl. Leipzig 1829.
[39] DERS., Interpretationsweise des Naturlebens. In: Ders., Auswahl, 2. Bd. Prag 1826, wie Anm. 25, 167.

dich, / Schließt sich dir jenes von Glaube und Ahnung; / Und da im Wissen nur Suchen, kein Finden, / Wirst du zum Feind – der Natur, und so, dir."[40]

Wohl am prägnantesten äußerte Buquoy diese Gedanken in seinem kurzen Text *Geometer, Philosoph, Dichter*: An die erste Stelle stellt er den Dichter. Denn während der Geometer nicht im Stande ist, sich „über die Quantität" zu erheben, und der Philosoph kaum die angestrebte „Wahrheit in der Unendlichkeit des Seyns" erreicht, erlangt der Dichter die „Schönheit in Allem und All..., begeistert sich und Andere, so viel es der Busen zu fassen vermag". Die Höchstwertung des Dichters begründet dann Buquoy durch das Primat des Schönheitsgefühls vor dem Wahrheitsgefühl. „Darum bildet aber auch die Schule den Geometer und Philosophen; doch der Dichter wird nur geboren."[41] In diesem Zusammenhang sei nur noch das kurze Vers *An den Physiker* zitiert: „Du bist verlegen nie; jeder Erscheinung giebst du ihr Darum; / Doch bleibt zu fragen und stets noch, um des Darum's Warum."[42]

Wenn wir früher auf Mickiewicz hingewiesen haben, muss man hier nicht an die berühmte Zeichnung *Newton* von William Blake denken? Eine Kritik des exklusiven wissenschaftlichen Erkenntnismodells der Aufklärung, in der Newton als Physiker dargestellt wird, der etwas auf dem Boden misst, ohne zu bemerken, dass er in einer Höhle sitzt und über die umgebende Welt nicht die geringste Ahnung hat...

Doch bemüht sich Buquoy, wie schon angedeutet, wieder und ständig um *Versöhnung und Verbindung* der durch die Aufklärung geprägten Wissenschaft mit der Begeisterung und der Dichtung als zweier Erkenntniswege: „Dem logischen Denken entspricht: Deutlichkeit oder strenge Sonderung des Begriffs, Klarheit oder genaue Unterscheidung mehrerer Begriffe, die sich zu Urtheilen, und letztere zu Schlüssen, nach bestimmten Gesetzen, kombiniren. Bloß logisches Denken führt daher leicht zu Einseitigkeit, und hiedurch zu falschen Ansichten, in dem das aus einem Gesammtorganismus einzeln für sich Herausgehobene, eine von seiner ursprünglichen Bedeutung ... gänzlich verschiedene erhält. Soll uns daher das Forschen zur wahren Erkenntniß der Dinge und ihrer Verhältnisse führen; so darf es nicht blos logisch seyn, als womit nur die eine polare Function von unserm Wahrheitstreben ins Spiel getreten ist; es muß vielmehr das Forschen harmonisch vor sich gehen, d. h. die Aehnlichkeit, Analogie, Verwandtschaft, das Ineinandergreifen der Begriffe unter einander, gleichsam das zum Gesammtakkorde in einander Tönende derselben, enthüllend, als womit dann

---

[40] DERS., Ahnung, Glaube, Wissen. In: Ders., Auswahl, 2. Bd., wie Anm. 25, 171–172.
[41] DERS., Geometer, Philosoph, Dichter. In: Ders., Auswahl, 2. Bd., wie Anm. 25, 70–72.
[42] DERS., An den Physiker... In: Ders., Auswahl, 1. Bd., wie Anm. 13, 175.

auch die andere polare Function unsers Wahrheitsstrebens mit ins Spiel getreten, und hiermit also erst der totale Gegensatz unseres Wahrheitsstrebens manifest geworden ist."[43] Soll also logisch philosophisch bedeuten und harmonisch mit poetischem identisch sein, gelangt Buquoy zur Forderung nach philosophisch-poetischen Herangehensweisen. Daher auch die Bedeutung von Meditation, Kontemplation, Intuition und Begeisterung für die Wahrheitserkenntnis.

Buquoysche Epistemologie, die hier nur sehr ansatzweise und in den gröbsten Umrissen angesprochen werden konnte, ist innerlich vielleicht nicht immer konsequent und kann zum Teil auch widersprüchlich scheinen. Doch treten die romantischen Ausgangspunkte deutlich in den Vordergrund: die totale Wahrheit, die allgemeine Harmonie zu erkennen, zu erleben ist für Georg von Buquoy der Endzweck jeglichen Bemühens, darunter auch des wissenschaftlichen. Dies ist mit der selbstverständlichen Annahme des geistigen Charakters der Welt unbedingt verbunden. Doch stellt für Buquoy die durch die Aufklärung geprägte Wissenschaft einen unabdingbaren Bestandteil dieses Suchens dar. Sie kann zwar alleine gar nicht ausreichen, kann aber beträchtlich dazu beitragen. Als Mathematiker und Physiker, der die Methoden dieser Wissenschaften gut kennt, lehnt er jede tatsächliche oder vermeintliche Unterschätzung der exakten und anderen Wissenschaften ab. Wie erwähnt, könnte man darin vielleicht sogar eine Synthese der Aufklärung und der Romantik sehen. Doch handelt es sich bei Buquoy nicht um bloße Synthese und Verbindung, sondern um eine harmonische Vereinheitlichung von beiden Komponenten. Romantische Einheit also auch dann, wenn die wissenschaftlichen kritischen Methoden, wie sie von der Aufklärung entwickelt wurden, nicht nur akzeptiert, sondern auch hervorgehoben werden. Im Namen der allumfassenden Harmonie.

---

[43] DERS., Logisches und Poetisches. In: Ders., Auswahl, 2. Bd., wie Anm. 25, 7–18, hier S. 7–8.

„La trompette de la vérité"
Zur Korrespondenz Ernst Christoph Graf von Manteuffels mit Christian Wolff 1738–1748[*]

JOHANNES BRONISCH

Einführung

Im Allgemeinen herrscht die Ansicht, die „Aufklärung" habe für den alteuropäischen Adel nicht nur eine „Herausforderung", sondern weitgehend eine „Überforderung" dargestellt. Auf lange Sicht seien die „Folgen" schwindender Einfluss und wachsende Bedeutungslosigkeit des Adels – sei es nun politisch, gesellschaftlich oder kulturell – gewesen. Natürlich ist gar nicht zu bestreiten: Aufklärung wandte sich nicht nur mit der Idee der ursprünglichen Gleichheit und Freiheit aller Individuen staats- und rechtsphilosophisch gegen adlige Privilegien und monarchischen Absolutismus, sondern auch als spezifisch bürgerlicher Moralismus gegen adlige Lebens- und Denkweisen. Mit der Französischen Revolution und ihrer Menschenrechtserklärung von 1789 erlebte die Aufklärung ihren gewaltigen Umschlag in die politische Praxis und läutete das Ende einer seit Jahrhunderten vom Adel geprägten Politik und Gesellschaft ein.[1]

Was im Allgemeinen richtig oder schwer bestreitbar sein mag, kann sich dennoch gelegentlich bei detaillierter Betrachtung einzelner Fälle in neuem, überraschendem Licht darstellen. Zwar kann – besonders bezüglich der zweiten Hälfte des 18. Jahrhunderts – an der kritischen Haltung wichtiger Vertreter der Aufklärung zum Adel als gesellschaftlich dominierenden Stand wenig Zweifel bestehen. Aber zugleich ist in der historischen Forschung bisher unverhältnismäßig wenig aus der entgegengesetzten Perspektive gefragt worden: Wie verhielt sich der Adel zur Aufklärung? Antwortete er seinerseits grundsätzlich nur mit Ablehnung der mehr oder weniger

---
[*] Die folgenden Ausführungen basieren auf einer Magisterarbeit des Verfassers mit dem Titel: Ernst Christoph Graf von Manteuffel und der Wolffianismus. Mäzenatentum, Adel und Aufklärung, Universität Leipzig 2004, und entstanden in der ersten Phase der Erarbeitung einer das Thema weiterführenden Dissertation. Der Verfasser ist seinen akademischen Lehrern, Herrn Prof. Dr. Manfred Rudersdorf und Herrn Prof. Dr. Dr. Detlef Döring, für ihren vielfältigen Rat sehr zu Dank verpflichtet.

[1] Vgl. zur allgemeinen Orientierung bspw. Barbara STOLLBERG-RILLINGER, Europa im Jahrhundert der Aufklärung. Stuttgart 2000, und Jean de VIGUERIE, Histoire et Dictionnaire du temps des Lumières. 1715–1789. Paris 1995.

progressiven Forderungen?[2] Deshalb wollen die folgenden Ausführungen an einem wissenschaftsgeschichtlich hervorragenden Beispiel aufzeigen, wie sich dezidiert positive Beziehungen des Adels zur Aufklärung gestalten konnten. Damit können sicherlich noch keine grundsätzlichen Fragen beantwortet oder Verallgemeinerungen vorgenommen werden. Es könnte aber exemplarisch eine „Motivlage" beschrieben werden, die zu einer eigenständigen, interessierten Hinwendung Adliger zu aufgeklärten Ideen und ihren Protagonisten führen konnte. Weitere Forschungen müssten dann klären, ob es sich um biographische Einzelfälle handelt, oder ob nicht vielleicht in gewissen Phasen und Räumen der Aufklärungsepoche ein wichtiger Einfluss des Adels auf die Aufklärung bestand, den aus der Vergessenheit zu befreien lohnen würde.[3]

Unter diesem Gesichtspunkt wird hier das Verhältnis zwischen dem pommerschen Reichsgrafen und zeitweisen polnisch-sächsischen Kabinettsminister Ernst Christoph von Manteuffel (1676–1749) und dem führenden deutschen Aufklärungsphilosophen seiner Epoche Christian Wolff (1679–1754) betrachtet. Es siedelt sich in einem spezifischen wissenschaftshistorischen Raum an und ist also nicht nur als ein besonderer Aspekt der Biographien der beiden Akteure zu verstehen, sondern auch verbunden mit einer bestimmten Aufklärungsströmung und -kultur. Geographisch spannt sich die Beziehung zwischen Marburg und Halle, Berlin und Leipzig, also im protestantisch (lutherisch und reformiert) geprägten mittel-

---

[2] Auf die Heterogenität der beiden Phänomene Adel und Aufklärung weist hin: Horst MÖLLER, Adel und Aufklärung. In: FEHRENBACH, Elisabeth (Hg.), Adel und Bürgertum in Deutschland 1770–1848. München 1994, 1–9. Elisabeth FEHRENBACH, Einführung. In: ebd., VII–XV, hat bereits vor 10 Jahren auf die anhaltende Vernachlässigung des Adels durch die historische Forschung hingewiesen. Bezogen auf Sachsen haben Silke MARBURG/Josef MATZERATH, Vom Stand zur Erinnerungsgruppe. Zur Adelsgeschichte des 18. und 19. Jahrhunderts. In: DIES. (Hg.), Der Schritt in die Moderne. Sächsischer Adel zwischen 1763 und 1918. Köln/Weimar/Wien 2001, 5–15, nur punktuelle Besserungen festgestellt. Vgl. zum Forschungsstand auch: Wieland HELD, Der sächsische Adel in der Frühneuzeitforschung. Forschungslage, Quellensituation und Aufgaben künftiger Untersuchungen. In: Katrin KELLER/Josef MATZERATH (Hg.), Geschichte des sächsischen Adels. Köln/Weimar/Wien 1997, 13–30. Innerhalb der Adelsforschung scheint das spezielle Verhältnis von Adel und Aufklärung bzw. Wissenschaft wiederum ein besonders vernachlässigtes Thema zu sein. Vgl. Claus Heinrich BILL, Bibliographie zum deutschen Adel 1200 bis 1999. Ein Quellenweiser zu Monographien und Aufsätzen in Zeitschriften und Periodika deutscher Zunge. Sonderburg 1999, und zum Adel allg. Hans-Ulrich WEHLER (Hg.), Europäischer Adel 1750–1950. Göttingen 1990.

[3] Dafür plädierte vor kurzem eindringlich Detlef DÖRING, Die Universität Leipzig im Zeitalter der Aufklärung. Geschichte, Stand und Perspektiven der Forschung. In: HJb 122 (2002), 413–461, hier v. a. 449ff., der hier die Bedeutung des Adels für Wissenschaft und Philosophie für die Leipziger Aufklärung im 18. Jahrhundert betont hat.

und norddeutschen Raum. Bestimmend war hier nicht nur die politische Kleingliedrigkeit, sondern auch die relativ dichte Ansiedlung von Universitäten und Hohen Schulen – in der Mitte des 18. Jahrhunderts neben Leipzig, Marburg und Halle auch Erfurt, Wittenberg und Jena. Zeitlich fällt das Verhältnis Manteuffels zu Wolff in die Phase der deutschen Hochaufklärung, die vom sogenannten „Wolffianismus" dominiert wurde. Wir haben es hier mit einer Denkrichtung innerhalb der breiten europäischen Aufklärung zu tun, die sich markant von anderen synchronen Strömungen, etwa vom Skeptizismus eines Voltaires, absetzte und weniger in der Tradition der Frühaufklärung eines Christian Thomasius als in einer weitreichenden Traditionslinie zu sehen ist, die über Leibniz bis zur Scholastik Thomas von Aquins zurückführt.

Im Feld dieser biographischen, räumlichen und intellektuellen Determinanten setzen sich die folgenden Ausführungen folgendes Ziel: Ausgehend von Aspekten der Biographien Christian Wolffs und Ernst Christoph Graf von Manteuffels (Teil I) werden die Umrisse und die Entwicklung der Beziehung zwischen den beiden Akteuren untersucht. Der umfangreiche, von der bisherigen Forschung weder edierte noch vollständig ausgewertete Briefwechsel ist hier die wesentliche Quellengrundlage. Anhand dieses Quellenkorpus und des auf seiner Grundlage möglichen, differenzierten Nachvollzugs des fruchtbaren und intensiven gegenseitigen Verhältnisses soll sodann die Motivation aufgedeckt werden, die den Adligen Manteuffel zu einem der exponiertesten außerakademischen Vertreter der „Wolffschen" Variante der Aufklärungsphilosophie in den 1730er und 1740er Jahre werden ließ (Teil II). Ziel ist es, an jenem greifbaren Beispiel aufzuzeigen, welchen Nutzen ein Adliger aus der Beschäftigung mit der Philosophie und einem zeitaufwendigen und intensiven Engagement für eine spezifische Aufklärungsströmung ziehen konnte.

I. Der Philosoph und der Graf

Die neuere Aufklärungsforschung hat das Werk des in Breslau geborenen Mathematikers und Philosophen Christian Wolff[4] als Fixpunkt ausgemacht, ohne den ein Verständnis der überwiegend rational angelegten deutschen

---

[4] Vgl. Christoph SCHMITT, Art. Wolff. In: Biographisch-bibliographisches Kirchenlexikon 13, 1509–1527; Werner SCHNEIDERS, Art. Wolff. In: NDB, Bd. 10, 571; W. SCHRADER, Art. Wolff. In: ADB, Bd. 44, 12–28; Marcel THOMANN, Christian Wolff. In: Michael STOLLEIS (Hg.), Staatsdenker in der Frühen Neuzeit, München 1995, 257–283.

Aufklärungsphilosophie nicht möglich ist.⁵ Wolffs neoscholastisches Denken dominierte die gesamte erste Hälfte des 18. Jahrhunderts. In der diachronen Epochengliederung der deutschen Aufklärung, die Norbert Hinske vorgeschlagen hat, löst die intellektualistisch-rationale Hochaufklärung Wolffs die eklektisch-destruktive Frühaufklärung unter Christian Thomasius weitgehend ab.⁶ Erst die „Philosophia critica" Immanuel Kants gelangte über Wolff, damit aber zugleich auch über die Aufklärung insgesamt hinaus. In der respektvollen Position, die Kant zu Wolff einnahm, spiegelt sich Anspruch und Bedeutung des Wolffschen Systems noch einmal wieder.⁷

Wolff selbst betrachtete die „strenge Methode", die „Wissenschaftlichkeit" seiner Philosophie, auf die er mit dem Zusatz „methodo scientifica

---

⁵ Vgl. v. a. Norbert HINSKE, Wolffs Stellung in der deutschen Aufklärung. In: Werner SCHNEIDERS (Hg.), Christian Wolff 1679–1754. Interpretationen zu seiner Philosophie und deren Wirkung. Hamburg ²1986, 306–319. Außerdem: Hans-Martin GERLACH/Günter SCHENK/Burckhard THALER (Hg.), Christian Wolff als Philosoph der Aufklärung in Deutschland. Hallesches Wolff-Kolloquium 1979 anlässlich der 300. Wiederkehr seines Geburtstages. Halle 1980. Vgl. auch Hans-Martin GERLACH, Eklektizismus oder Fundamentalphilosophie? Die alternativen Wege von Christian Thomasius und Christian Wolff im philosophischen Denken der deutschen Frühaufklärung an der Universität Halle. In: DERS. (Hg.), Christian Wolff. Seine Schule und seine Gegner (Aufklärung 12/2, 1997), Hamburg 2001, 9–26. Zur Entwicklung der Wolff-Forschung vgl. u. a. Gerhard BILLER, Die Wolff-Diskussion von 1800–1985. Eine Bibliographie. In: SCHNEIDERS, Christian Wolff, wie Anm. 5, 321–346, und den Überblick bei Wolfgang Walter MENZEL, Vernakuläre Wissenschaft. Christian Wolffs Bedeutung für die Herausbildung und Durchsetzung des Deutschen als Wissenschaftssprache. Tübingen 1996, 7ff.

⁶ Vgl. HINSKE, Stellung, wie Anm. 5, 311ff.

⁷ Kants treffende Charakterisierung der Wolffschen Philosophie – die zugleich aber auch die Absetzung seines eigenen Denkens von Wolffs Lehre ist – findet sich bekanntermaßen in der Einleitung zu seiner Kritik der reinen Vernunft: „In der Ausführung also des Plans, den die Kritik vorschreibt, d. i. im künftigen System der Metaphysik, müssen wir dereinst der strengen Methode des berühmten Wolff, des größten unter allen dogmatischen Philosophen, folgen, der zuerst das Beispiel gab (und durch dies Beispiel der Urheber des bisher noch nicht erloschenen Geistes der Gründlichkeit in Deutschland wurde), wie durch gesetzmäßige Feststellung der Prinzipien, deutliche Bestimmung der Begriffe, versuchte Strenge der Beweise, Verhütung kühner Sprünge in Folgerungen, der sichere Gang einer Wissenschaft zu nehmen sei, der auch eben darum eine solche, als Metaphysik ist, in diesen Stand zu versetzen vorzüglich geschickt war, wenn es ihm beigefallen wäre, durch Kritik des Organs, nämlich der reinen Vernunft selbst, sich das Feld zu bereiten: ein Mangel, der nicht sowohl ihm, als vielmehr der dogmatischen Denkungsart seines Zeitalters beizumessen ist, und darüber die Philosophen, seiner sowohl als aller vorigen Zeiten, einander nichts vorzuwerfen haben." Vgl. Immanuel KANT, Kritik der reinen Vernunft, Riga ²1787, in: Werke in sechs Bänden, hg. v. Wilhelm WEISCHEDEL, Bd. 2. Darmstadt ⁵1983, 36f.

pertractata" in den Titeln seiner lateinischen Werke deutlich verwies,[8] als Merkmal und wichtigstes Verdienst seines Denkens. Unter der Anleitung von Gottfried Wilhelm Leibniz hatte er mit einer intensiven Darstellung der mathematischen Wissenschaften (1710–1715) begonnen, um dann ausgehend von der Logik (1712) über Metaphysik (1719), Ethik (1720), Gesellschaftstheorie (1721), Physik (1723), Teleologie (1723) bis hin zur Biologie (1725) eine umfassende, deutschsprachige Systematisierung der Wissenschaften aufzubauen und auszufüllen, die er zwischen 1728 und seinem Tod 1754 in einer zweiten, um ein vielfaches erweiterten und verfeinerten, auch langatmigeren lateinischen Fassung vorlegte. Mit hohem Anspruch auf rationale Durchdringung und Ordnung der Welt und der Natur des Menschen schuf Wolff so das umfangreichste Werk der europäischen Aufklärung überhaupt.[9] Die Philosophie Christian Wolffs ist seiner eigenen Definition zufolge „rerum omnium possibilium, qua talium, scientia" – sie ist rationale Erkenntniswissenschaft. Auf einer metaphysischen Basis stehend erhebt sie einen universalen Durchdringungsanspruch.[10] In ihrer Konzeption als „Weltweisheit" ist sie zugleich auf praktische Relevanz hin angelegt – der Menschheit soll sie durch Erkenntnis den Weg zu Perfektibilität und Glückseligkeit eröffnen.[11]

Das Werk Christian Wolffs fand nicht nur im deutschsprachigen Raum mehr und mehr Anhänger, sondern erfuhr, gefördert durch die lateinische

---

[8] Vgl. nur bspw. Christian WOLFF, Cosmologia Generalis, methodo scientifica pertractata... Frankfurt/Leipzig 1737.

[9] Die Werke sind in einer umfangreichen Nachdruckausgabe greifbar: Christian WOLFF, Gesammelte Werke, I. Abt. Deutsche Schriften, II. Abt. Lateinische Schriften, III. Abt. Materialien und Dokumente, hg. v. Jean ÉCOLE/Joseph E. HOFMANN/Marcel THOMANN/Hans Werner ARNDT, Hildesheim/Zürich/New York 1965–2003. Vgl. auch die Übersicht bei SCHMITT, Wolff, wie Anm. 4, 1515ff.

[10] Vgl. die aufschlussreichen Ausführungen von Clemens SCHWAIGER, Christian Wolff. Die zentrale Gestalt der deutschen Aufklärungsphilosophie. In: Lothar KREIMENDAHL (Hg.), Philosophen des 18. Jahrhunderts. Eine Einführung. Darmstadt 2000, 48–67, hier 52ff. Zu Wolffs Philosophie vgl. zuletzt die Beiträge in: Wolff et la Métaphysique, Archives de Philosophie. Recherches et documentation 65/1 (2002). Grundsätzlich sind maßgeblich: Jean ÉCOLE, La Métaphysique de Christian Wolff, 2 Bde. In: Christian WOLFF, Gesammelte Werke, III. Abt. Materialien und Dokumente 12, Hildesheim/New York 1990; DERS., Introduction à l'opus metaphysicum de Christian Wolff. Paris 1985; DERS., Wolff était-il un Aufklärer? In: Frank GRUNERT/Friedrich VOLLHARDT (Hg.), Aufklärung als praktische Philosophie. Werner Schneiders zum 65. Geburtstag, Tübingen 1998, 31–44; Marcel THOMANN, Christian Wolff et son temps (1679–1754). Aspects de sa pensée morale et juridique. Diss. Strassburg 1963.

[11] Vgl. v. a. SCHWAIGER, Christian Wolff, wie Anm. 10, 60ff. Hilfreich ist auch: DERS., Das Problem des Glücks im Denken Christian Wolffs. Eine quellen-, begriffs- und entwicklungsgeschichtliche Studie zu Schlüsselbegriffen seiner Ethik. Stuttgart – Bad Cannstatt 1995, 35ff. und 93ff.

Fassung, auch eine weite europäische Verbreitung.[12] Wolff war der erste deutsche Philosoph, der – ungefähr zeitgleich in den protestantischen, etwas zeitversetzt in den katholischen Teilen des Reichs und Europas – nachhaltig schulbildend wirkte.[13] Als prononcierte Wolffschüler seien hier nur Wolffs Zeitgenossen Alexander Gottlieb Baumgarten in Halle oder Johann Christoph Gottsched und Karl Günther Ludovici in Leipzig genannt. Die deutsche Wolff-Schule vermochte im ganzen indes das intellektuelle Niveau und die langatmige „Gründlichkeit" ihres Stifters kaum aufrecht zu erhalten und verbreitete sein Werk weitgehend in verkürzter Kompendienform.[14] Sie verliert sich so letztlich innerhalb der ausgedehnten popularphilosophischen Strömung der zweiten Hälfte des 18. Jahrhunderts, die philosophiegeschichtlich eher als „Dürreperiode" angesehen wird, von der sich erst die Fruchtbarkeit des darauf folgenden Kantianismus positiv abhebt.

Die wolffianische Hochaufklärung sah sich bei allem Erfolg jedoch auch in Konkurrenz mit anderen, synchronen Aufklärungsströmungen. Dass Inhalt und Anspruch der Philosophie Christian Wolffs Widerspruch fanden, zeigt die Biographie Wolffs in evidenter Weise.[15] Die aufsehenerregendste Frontlinie ergab sich zu Beginn der 1720er Jahre zwischen Wolff als Universitätslehrer in Halle (seit 1707) und dem dortigen Pietismus, der zu diesem Zeitpunkt seinen kurzfristigen innovatorischen Elan bereits weitgehend wieder eingebüßt hatte. Aus Anlass der berühmten „Oratio de Sinarum philosophia practica"[16] Wolffs (1721) gelang es den Pietisten unter

---

[12] Vgl. u. a. Notker HAMMERSTEIN, Christian Wolff und die Universitäten. Zur Wirkungsgeschichte des Wolffianismus im 18. Jahrhundert. In: SCHNEIDERS, Christian Wolff, wie Anm. 5, 266–277; Marcel THOMANN, Influence du philosophe allemand Christian Wolff (1679–1754) sur l'Encyclopédie et la pensée politique et juridique du XVIIIe siècle français. In: Archives de Philosophie du Droit XIII (1968), 233–258.

[13] Vgl. nach wie vor: Max WUNDT, Die deutsche Schulphilosophie im Zeitalter der Aufklärung. Tübingen 1945 (ND Hildesheim/Zürich/New York 1992), 199ff.

[14] WUNDT, Schulphilosophie, wie Anm. 13, 212ff., gibt eine weiterhin unverzichtbare Aufstellung und Bewertung der verschiedenen Lehrbücher.

[15] Trotz der seit dem letzten Drittel des 20. Jahrhundert aufblühenden Wolff-Forschung ist eine moderne Biographie des Philosophen bisher ein Desiderat geblieben. Daher ist nach wie vor heranzuziehen der Band: Christian WOLFF, Biographie. In: Christian WOLFF, Gesammelte Werke, I. Abt. Deutsche Schriften 10, Hildesheim/New York 1980, der als ND enthält: Friedrich Christian BAUMEISTER, Vita, Fata et Scripta Christiani Wolfii Philosophi. Leipzig/Breslau 1739; Christian Wolffs eigene Lebensbeschreibung, hg. mit einer Abhandlung über Wolff von Heinrich WUTTKE. Leipzig 1841, und Johann Christoph GOTTSCHED, Historische Lobschrift des Weiland Hoch- und Wohlgebohrenen Herrn Christians, des H. R. R. Freyherrn von Wolf. Halle 1755.

[16] Vgl. Christian WOLFF, Rede über die praktische Philosophie der Chinesen (Oratio de Sinarum philosophia practica), hg. v. Michael ALBRECHT. Hamburg 1985.

Führung des Theologen Joachim Lange,[17] den erfolgreichen Philosophen in den gefährlichen Verdacht des Deismus und der religiösen Indifferenz zu bringen. Wolff musste 1723 fluchtartig Halle verlassen und wurde Professor der Universität Marburg.[18]

Der Effekt der Vertreibung Wolffs aus Halle war demjenigen eines offiziellen Verbotes einer radikalen oder kritischen Schrift im 18. Jahrhundert vergleichbar: das öffentliche Interesse daran stieg in überwältigendem Maße. Christian Wolff wurde zum „Kronzeugen der Aufklärung",[19] zum „Märtyrer" der Vernunft. In Marburg erlebte er die erfolgreichste und fruchtbarste Phase seines Wirkens. In der Spätphase seines Wirkens hingegen, nach der Rückkehr an die Universität Halle 1740, wurden durch Wolffs ablehnende Haltung gegenüber neuen, kritischen oder „revolutionären" Aufklärungsideen die Konfrontationslinien zwischen seiner Philosophie und anderen synchronen, inhaltlich aber divergierenden Aufklärungsströmungen englischer und vor allem französischer Provenienz in zunehmendem Maße deutlich.

* * *

In einem Brief Wolffs vom 30. Dezember 1739 an Ernst Christoph Graf von Manteuffel finden sich folgende Worte: „...Eure HochReichsgräfl. Excellenz [sind] eine große Stütze meiner Wohlfahrt und, was noch mehr ist, der bisher gedrückten Wahrheit..., und hochderoselben klugen und weisen Unternehmungen [ist] es hauptsächlich zuzuschreiben, dass die Wahrheit endlich triumphiret...."[20] Zu jenem Zeitpunkt stand Wolff bereits seit mehr als einundhalb Jahren mit Manteuffel in einem persönlichen Briefwechsel, der noch weitere neun Jahre, bis zum Tod des Grafen andauern sollte. Die Worte Wolffs deuten auf ein außergewöhnliches Verhältnis zwischen beiden Personen hin: Augenscheinlich sah Wolff in Graf Manteuffel nicht irgendeinen Gesprächspartner, Schüler oder Anhänger seiner Ideen, sondern vielmehr den wesentlichen Förderer seines persönlichen Wohls und – „was noch mehr ist" – der Ausbreitung seiner Philosophie.

---

[17] Vgl. Bruno BIANCO, Freiheit gegen Fatalismus. Zu Joachim Langes Kritik an Wolff. In: Norbert HINSKE (Hg.), Halle. Aufklärung und Pietismus. Heidelberg 1989, 111–155.
[18] Vgl. insgesamt hierzu maßgeblich: Carl HINRICHS, Preußentum und Pietismus. Der Pietismus in Brandenburg-Preußen als religiös-soziale Reformbewegung, Göttingen 1971, hier 388ff.
[19] HINSKE, Stellung, wie Anm. 5, 316.
[20] UBL, Ms 0345, 164r-v, Wolff an Manteuffel, Marburg, 30. 12. 1739, hier 164r.

Ernst Christoph von Manteuffel wurde am 22. Juli 1676 auf den väterlichen Gütern in Kerstin in Pommern geboren.[21] Als 17-jähriger bezog er die Leipziger Universität, um darauf (1697) zum standesgemäßen *tour de cavalier* aufzubrechen, der ihn über Wetzlar, Utrecht und Brüssel bis nach Paris und Strassburg führte. Nach einer kurzen Zeit des Hofdienstes als Kammerjunker in Berlin wandte sich Manteuffel 1701 nach Kursachsen, dessen landesherrlicher Hof in Dresden für ihn wie für viele Adlige einen präferierten Karriereort darstellte.[22] Sein enges Verhältnis zu Jacob Heinrich Graf von Flemming, Geheimer Rat Augusts des Starken, erwies sich hier als Aufstiegskanal für den jungen Adligen.[23] Bald gelang es ihm, sich als erfolgreicher Diplomat zu profilieren, so dass er schließlich 1711 als kursächsisch-polnischer Gesandter an den preußischen Hof Friedrichs I. und Friedrich Wilhelms I. nach Berlin ging.[24]

Vier Jahre darauf, 1715, wurde Manteuffel zum Kabinettsminister König Augusts II., des Starken ernannt. Die nun folgenden Jahre Manteuffels in Dresden waren durch die fast durchgängige Nähe des Grafen zum König, sowie durch seine Verantwortung vornehmlich für auswärtige Angelegenheiten geprägt. Als er schließlich nach dem Tod Graf Flemmings 1728 allein die Leitung der sächsisch-polnischen Außenpolitik übernahm, befand sich Manteuffel – seit 1719 Reichsgraf – unbezweifelbar auf dem Höhepunkt seiner Karriere. Seine politische Linie war reichsloyal und propreußisch geprägt. Unter dem Decknamen „le diable" stand Manteuffel an

---

[21] Es existiert keine neuere Biographie Manteuffels. Vgl. grundsätzlich Thea von SEYDEWITZ, Ernst Christoph Graf Manteuffel. Kabinettsminister Augusts des Starken. Persönlichkeit und Wirken, Dresden 1926; [Theodor] FLATHE, Art. Manteuffel. In: ADB, Bd. 20, 256–257; Art. Manteuffel. In: Johann Heinrich ZEDLER (Hg.), Grosses vollständiges Universal-Lexicon aller Wissenschaften und Künste..., Bd. 19, 1107–1110; Art. Manteuffel. In: Christian Gottlieb JÖCHER, Allgemeines Gelehrten-Lexicon, Bd. 3, 120f.; Leben und Thaten des jüngst verstorbenen Grafens von Manteuffel. In: Michael RANFT (Hg.), Genealogisch-Historische Nachrichten..., 133. Teil. Leipzig 1749, 138–161; [Johann Christoph GOTTSCHED (Hg.),] Ehrenmaal, welches Dem weiland erlauchten und hochgebohrnen Reichsgrafen und Herrn, Herrn Ernst Christoph, des Heil. Röm. Reichs Grafen von Manteuffel... Nach Seinem ruhmvollen Ableben, aus wahrer Hochachtung, von verschiedenen seiner Freunde und Diener wehmüthigst aufgerichtet worden. Leipzig [1750]. Reichhaltiges Quellenmaterial zur Biographie Manteuffels findet sich in UBH, Geneal. 2° 8.

[22] Zum sächsischen Adel siehe KELLER/MATZERATH, Geschichte, wie Anm. 2; vgl. auch Katrin KELLER, Landesgeschichte Sachsen. Stuttgart 2002, 215ff. und 222ff. Der aus Pommern stammende Manteuffel besaß über seine Frau in Sachsen die Güter Lauer bei Leipzig und Goensdorf bei Dresden.

[23] Zu Flemming vgl. Eduard VEHSE, Geschichte der Höfe des Hauses Sachsen, Bd. 5. Hamburg 1854, 252ff.

[24] Vgl. SEYDEWITZ, Manteuffel, wie Anm. 21, 30ff.

der Spitze eines von der Wiener Hofburg und Prinz Eugen von Savoyen ausgehenden Spionagenetzes, mit dessen Hilfe er seine reichspolitischen Positionen auch hinter den Kulissen abzusichern vermochte.[25] Als August II. jedoch auf das von Manteuffels Rivalen, Carl Heinrich Graf von Hoym, entwickelte Gegenprogramm einer Politik inner-reichischer Rivalität bei gleichzeitig enger Anbindung Sachsen-Polens an Frankreich umschwenkte, musste Manteuffel seine politische Linie als gescheitert ansehen.[26] Mit verhältnismäßig günstigen Konditionen wurde sein Demissionsgesuch am 5. August 1730 angenommen.

Nach dieser biographischen Zäsur versuchte Ernst Christoph Graf von Manteuffel den Verlust seiner politischen Funktionen durch indirekte Einflussmöglichkeiten und durch ein zunehmendes literarisches und wissenschaftliches Interesse zu kompensieren. Nach einem Aufenthalt auf seinem Gut „Kummerfrey" in Pommern, ließ er sich 1733 wieder dauerhaft in Berlin nieder. Von nun an verband der Graf auf charakteristische Art und Weise seine fortwirkenden politischen Ambitionen mit einem zunehmenden philosophischen und wissenschaftlichen Interesse. In seiner intensiven Korrespondenz der Jahre 1735/36 mit dem preußischen Kronprinzen Friedrich lässt sich erstmals eine Verbindung zwischen Manteuffel und der Philosophie Christian Wolffs beobachten.[27] Manteuffel fühlte sich als philosophischer Mentor des vielversprechenden jungen Prinzen und legte ihm das – wahrscheinlich selbst soeben erst begonnene – Studium der Wolffschen Schriften nachdrücklich ans Herz. Der Mentor Manteuffel war freilich zugleich auch geheimer Berichterstatter: Briefe, die er vom preußischen Kronprinzen erhielt, gingen als Kopien zusammen mit seinen Einschätzun-

---

[25] Diese Zusammenhänge können im Gegensatz zum aufklärerischen Engagement des Grafen als gut erforscht gelten. Vgl. Max BRAUBACH, „Le Diable". Ein Mentor Friedrichs des Großen als Agent des Prinzen Eugen. In: Karl Erich BORN (Hg.), Historische Forschungen und Probleme. Wiesbaden 1961, 122–145; DERS., Die Geheimdiplomatie des Prinzen Eugen von Savoyen. Köln/Opladen, 1962. Vgl. ferner Hans Jochen PRETSCH, Graf Manteuffels Beitrag zur österreichischen Geheimdiplomatie von 1728 bis 1736. Ein kursächsischer Kabinettsminister im Dienst des Prinzen Eugen von Savoyen und Kaiser Karls VI. Diss. Bonn 1970.
[26] Zu Hoym vgl. VEHSE, Geschichte, wie Anm. 23, Bd. 5, 349ff.
[27] Es handelt sich dabei um überhaupt den einzigen bisher edierten Briefwechsel Manteuffels: Correspondance de Frédéric avec le Comte de Manteuffel (28 novembre 1735 – 7 novembre 1736). In: J.-D.-E. PREUSS (Hg.), Œuvres de Frédéric le Grand XXV [= Correspondance de Frédéric II, Roi de Prusse 10], Berlin 1854, 395–501. Ergänzungen bereits bei Karl von WEBER, Aus der Jugend und Korrespondenz Friedrich des Großen. In: DERS., Aus vier Jahrhunderten, NF II, Leipzig 1861, 229–275. Dennoch ist die Edition bis heute nicht vollständig.

gen der Berliner politischen Lage an den Leiter der sächsisch-polnischen Politik, den Grafen Brühl, nach Dresden und in die Wiener Hofburg.[28]

Auch Manteuffels Gründung der „Societas Alethophilorum" oder „Gesellschaft der Wahrheitsfreunde" 1736 beruhte auf der Parteinahme des Grafen für Christian Wolff.[29] Hier versammelten sich die Berliner „Wolffianer", die gemeinsam mit Manteuffel im 1736 wieder aufgekommenen Streit Wolffs mit dem Hallenser Theologen Joachim Lange einen entscheidenden Beitrag zur Rehabilitierung des Philosophen in Preußen leisteten. Im Kern bestand die Gesellschaft aus dem lutherischen Probst Johann Gustav Reinbeck (1683–1741),[30] dem Berliner Verleger Ambrosius Haude (1690–1748)[31] und den Mitgliedern der Berliner französisch-hugenottischen Kolonie Jean Henri Samuel Formey (1711–1797)[32] und Jean Deschamps (1707–1767).[33] Bei den Alethophilen handelte es sich um eine weniger statische Sonderform gelehrter Gesellschaften,[34] die – durch

---

[28] Manteuffel verfasste für Brühl auch eine ausführliche Beschreibung des Charakters des Thronfolgers unter dem Titel „Lettres Confidentes contenant Le Portrait du Caractere de Fidamire", UBH, Misc. 4° 4. Supplement aux Œuvres diverses du Comte de Manteuffel, 1–92. Vgl. hierzu Curt TROEGER, Aus den Anfängen der Regierung Friedrichs des Großen. Beilage zum Jahresbericht der Landwirtschaftsschule zu Liegnitz 26, Berlin 1901, der Abdruck des „Portrait de Fidamire" hier 35–47. Vgl. zudem PRETSCH, Beitrag, wie Anm. 25, 140ff., SEYDEWITZ, Manteuffel, wie Anm. 21, 90ff.

[29] Vgl. den grundlegenden Aufsatz von Detlef DÖRING, Beiträge zur Geschichte der Gesellschaft der Alethophilen in Leipzig. In: DERS./Kurt NOWAK (Hg.), Gelehrte Gesellschaften im mitteldeutschen Raum (1650–1820), Teil I. Stuttgart/Leipzig 2000, 95–150. Ältere diesbezügliche Literatur ist ebd., 97f., nachgewiesen.

[30] Vgl. WAGENMANN, Art. Reinbeck, Johann Gustav. In: ADB, Bd. 28, 2–5. Eine moderne Biographie Reinbecks liegt nicht vor. Vgl. zuletzt Stefan LORENZ, Art. Reinbeck. In: Walter KILLY (Hg.), Literatur-Lexikon. Autoren und Werke deutscher Sprache, Bd. 9. Gütersloh/München 1991, 355–356.

[31] Vgl. Horst MEYER, Art. Haude. In: NDB, Bd. 8, 79f.

[32] Vgl. die Forschungen von Jens HÄSELER, zuletzt: Samuel Formey, pasteur huguenot entre Lumières françaises et Aufklärung. In: Dix-huitième siècle 34 (2002), 239–247, und DERS., La Correspondance de Jean Henri Samuel Formey (1711–1797). Inventaire alphabétique, avec la bibliographie des écrits de Jean Henri Samuel Formey établie par Rolf GEISSLER. Paris 2003, 14ff. Formey wurde durch Maupertuis im Zuge der Reorganisation der „Académie Royale des Sciences" in Berlin ab 1745 zum dortigen Historiographen, und ab 1748 zum „secrétaire perpétuel".

[33] Vgl. Uta JANSSENS-KNORSCH, Jean Deschamps, Wolff-Übersetzer und „Aléthophile français" am Hofe Friedrichs des Großen. In: Schneiders, Christian Wolff, wie Anm. 5, 254–265; The life and "Mémoires secrets" of Jean Des Champs (1707–1767). Journalist, minister, and man of feeling, hg. v. Uta JANSSENS-KNORSCH. Amsterdam 1990, hier v. a. 143ff. und 180ff. Die Memoiren Deschamps stellen eine wichtige, bisher bezüglich Manteuffels nicht ausgewertete Quelle dar.

[34] In die in der gängigen Literatur zu Aufklärungsgesellschaften vorgeschlagenen Klassifizierungsmuster lassen sich die Alethophilen nur schwer einordnen. Vgl. Richard van

relativ wenige Regeln und feste äußere Merkmale gekennzeichnet – hauptsächlich durch die Person ihres Gründers integriert wurde.³⁵

Mit Hilfe dieser Organisation entfaltete Manteuffel in den folgenden Jahren eine rege Publikationstätigkeit, die von der Forschung bisher höchstens punktuell beachtet worden ist. Während Wolff sein System im akademischen Latein oder im wesentlich von ihm selbst zur Wissenschaftssprache weiterentwickelten Deutsch formulierte, übertrugen die Alethophilen und ihr Stifter mit ihren Publikationen Teile dieses Denkens ins Französische. Nicht nur sprachlich, sondern auch in ihrer Form und ihrem Anspruch erhielten Wolffs Ideen dadurch ein verändertes Aussehen, sah Manteuffel doch seine eigene und seiner Gesellschaft Aufgabe nicht so sehr in wissenschaftlicher Durchdringung und Vertiefung, sondern in propagandistischer Verteidigung und Verbreitung der Philosophie. Im „Hexalogus", den von Manteuffel verfassten Gesetzen der Gesellschaft, findet sich daher aus den Lehren der „Leibniz-Wolffschen Philosophie" auch nur der „Satz vom zureichenden Grunde" in simplifizierter Form. Ansonsten schrieb der Graf den Alethophilen in eher allgemeingehaltenen Formulierungen „Wahrheitsliebe" und „Wahrheitsverbreitung" vor.³⁶

Seine prononcierte Positionierung für die Wolffsche Aufklärung im Rahmen der Alethophilen ließ Manteuffel jedoch keine Möglichkeit, die philosophische Umorientierung des Kronprinzen auf den Skeptizismus Voltaires nachzuvollziehen. Der Herrscherwechsel von 1740 bedeutete das

---

DÜLMEN, Die Gesellschaft der Aufklärer. Zur bürgerlichen Emanzipation und aufklärerischen Kultur in Deutschland. Frankfurt am Main 1996²; Helmut REINALTER (Hg.), Aufklärungsgesellschaften. Franfurt am Main/Berlin/Bern/New York/Paris/Wien 1993; Ulrich IM HOF, Das gesellige Jahrhundert. Gesellschaft und Gesellschaften im Zeitalter der Aufklärung. München 1982. Die neuere Untersuchung von Holger ZAUNSTÖCK, Sozietätslandschaft und Mitgliederstrukturen. Die mitteldeutschen Aufklärungsgesellschaften im 18. Jahrhundert. Tübingen 1999, erwähnt die Societas Alethophilorum auch in ihrer späteren Leipziger Zeit nicht. Vgl. zum Charakter der Gesellschaft: DÖRING, Beiträge, wie Anm. 29, 113f.

³⁵ Neben dem Hexalogus, den Gesetzen der Gesellschaft, wurde im Sommer 1740 nach einem Entwurf Manteuffels in Berlin durch Ludwig Heinrich Barbier eine Medaille der Alethophilen geprägt. Sie trägt die Devise Horaz': „Sapere aude" und zeigt eine Athene im Brustharnisch, auf deren Helm sich die Portraits von Wolff und Leibniz befinden. Manteuffel verschickte diese Medaille an (wirkliche und vermeintliche) Anhänger. Vgl. Günther BROCKMANN, Die Medaillen Joachim I. – Friedrich Wilhelm I. 1499–1740. Köln 1994, 389, dort allerdings fälschlich 1736 datiert. Vgl. hierzu auch DÖRING, Beiträge, wie Anm. 29, 125ff.

³⁶ Vgl. Wahrheitliebende Gesellschaft..., Art. Gesellschafft der Alethophilorum. In: Zedler, wie Anm. 22, Bd. 52, 947–954, hier 951f. Der Hexalogus ist auch abgedruckt in: Eugen WOLFF, Gottscheds Stellung im deutschen Bildungsleben, 2 Bde. Kiel/Leipzig 1895/97, 220.

Ende der auf Preußen und Friedrich II. bezogenen Hoffnungen des Grafen, der im Zeichen des Kampfes für die (wolffianische) „Wahrheit" auch auf eine Wiederaufnahme der eigenen politischen Karriere an der Seite des neuen Königs spekuliert hatte. Friedrich II. hingegen – 1740 schon seit langem kein „Wolffianer" mehr – veranlasste im Vorfeld des Ersten Schlesischen Krieges, in Kenntnis der geheimdienstlichen Verbindungen des „alethophilen" Grafen, ungerührt dessen Ausweisung aus Berlin.[37]

Manteuffel zog sich daraufhin nach Leipzig zurück, das in der Mitte des 18. Jahrhunderts als Zentralort akademischer Wissenschaft und bürgerlich dominierten Wirtschafts- und Kulturlebens gelten konnte. Leipzig war eine „Landstadt" und durch seine Universität, das zugehörige wissenschaftskulturelle Umfeld und die reichsweit bedeutenden Messen geprägt.[38] Hier konnte Manteuffel an eigene materielle Ressourcen in Form seines südlich der Stadt gelegen Gutes Lauer, an seine Verbundenheit mit der Universität, die sich schon vor 1741 in Schenkungen und dem wiederholten Versuch, Wolff für Leipzig zu gewinnen, geäußert hatte, und letztlich an die seit 1738 bestehende Filiale der Alethophilen um das Ehepaar Gottsched anknüpfen. Im Mittelpunkt der letzten Lebensphase Manteuffels in Leipzig 1741–1749 stand sein aktives und engagiertes Mäzenatentum für Christian Wolff und dessen Philosophie.

II. „Monsieur!" – „Hochwohlgebohrner Reichs-Graffe, Gnädiger Herr, Hoher Patron"

Das Aufklärungsjahrhundert gilt als das „Jahrhundert des Briefes" schlechthin.[39] Damit wird betont, dass nicht nur der Ausbau des Buchmarktes und ein aufblühendes Zeitschriftenwesen, sondern vor allem die Verknüpfung

---

[37] Vgl. PRETSCH, Beitrag, wie Anm. 25, 145; SEYDEWITZ, Manteuffel, wie Anm. 21, 102ff.
[38] Vgl. allg. Karlheinz BLASCHKE, Die kursächsische Politik und Leipzig im 18. Jahrhundert. In: Wolfgang Martens (Hg.), Leipzig. Aufklärung und Bürgerlichkeit. Heidelberg 1990, 23–38. Zur Leipziger Universität im 18. Jahrhundert vgl. Notker HAMMERSTEIN, Die Universität Leipzig im Zeichen der frühen Aufklärung. In: ebd., 125–140; Detlef DÖRING, Johann Christoph Gottsched in Leipzig. Ausstellung der Universitätsbibliothek Leipzig zum 300. Geburtstag von J. Chr. Gottsched. Stuttgart/Leipzig 2000, 29ff. und 57ff.; DERS., Die Philosophie Gottfried Wilhelm Leibniz' und die Leipziger Aufklärung in der ersten Hälfte des 18. Jahrhunderts. Stuttgart/Leipzig 1999, v. a. 35ff.
[39] So schon der Titel des Kapitels zum 18. Jahrhundert im klassischen deutschen Werk zur Briefgeschichte: Georg STEINHAUSEN, Geschichte des deutschen Briefes. Zur Kulturgeschichte des deutschen Volkes, 2 Teile. Berlin 1889 (ND Dublin/Zürich 1968), hier Teil II, 245ff.

einer Vielzahl von Akteuren der Aufklärung in kontinuierlichen und weit gespannten Korrespondenznetzen für die höhere Informationsdichte und den intensiveren Diskussionsgrad verantwortlich waren, der die intellektuelle Welt des 18. Jahrhunderts kennzeichnete.[40]

Ernst Christoph Graf von Manteuffel, der sich in seinen Leipziger Jahren in erster Linie als Mäzen des Wolffianismus verstand, bediente sich auf effiziente Art der brieflichen Kommunikationsform. Manteuffel war ein geübter und regelmäßiger Briefschreiber. Er verfügte über einen eleganten und unterhaltsamen französischen Stil und legte großen Wert auf verlässliche, intensive und informative Briefbeziehungen.[41] Zum Zweck der Unterstützung Wolffs und seiner Philosophie unterhielt er eine Vielzahl paralleler Korrespondenzen. So stand er gleichsam im Zentrum eines brieflichen Kommunikationsnetzes,[42] das sich geographisch im wesentlichen zwischen Marburg, Berlin und Leipzig spannte. Eingebunden waren hier vor allem Johann Gustav Reinbeck, Johann Christoph Gottsched und seine Frau Luise Adelgunde Victorie und Jean Henri Samuel Formey. Zeitlich begrenzter bestand ein Kontakt mit Johann Friedrich Wilhelm Jerusalem in Wolfenbüttel. Keine dieser Korrespondenzen konnte bisher ediert oder erschöpfend ausgewertet werden.[43]

---

[40] Vgl. u. a. Hans Erich BÖDEKER/Ulrich HERRMANN (Hg.), Über den Prozess der Aufklärung in Deutschland. Personen, Medien, Institutionen. Göttingen 1987. Hans Erich BÖDEKER, Aufklärung als Kommunikationsprozess. In: Rudolf VIERHAUS (Hg.), Aufklärung als Prozess. Hamburg 1988, 89–111. Vgl. auch Henri DURANTON, Correspondance littéraire, lettre érudite et périodique. L'espace informatif à l'époque classique. In: Jochen SCHLOBACH (Hg.), Correspondances littéraires inédites. Etudes et extraits, suivies de Voltairiana. Paris/Genf 1987, 9–20. Vgl. auch den anregenden und innovativen Aufsatz von: Georges DULAC, Le projet d'un Atlas de la communication manuscrite à l'Âge classique. In: Benoît MELANÇON (Hg.), Penser par lettre. Actes du colloque d'Azay-le-Ferron (mai 1997). Québec 1998, 219–240.

[41] Manteuffel hatte seinen Stil nicht nur in seinen politischen Korrespondenzen, sondern auch in seinen zum Teil sehr umfangreichen eigenen literarischen Produktionen geschärft und verfeinert. Vor allem in der ersten Hälfte der 1730er Jahre verfasste er französische Gedichte, Erzählungen und fertigte Übersetzungen (aus dem Lateinischen oder Deutschen ins Französische) an. Es ist nahezu unmöglich, eine deutschsprachige Zeile aus seiner Feder zu finden.

[42] Grundsätzliche analytische Bemerkungen zum Begriff des „réseau de correspondances" bei DULAC, Le projet, wie Anm. 40, 233ff.

[43] Von verstreuten, einzeln und unvollständig abgedruckten Briefen Manteuffels abgesehen, enthält nur die ältere, unkritische Sammlung von Anton Friederich BÜSCHING, Beyträge zu der Lebensgeschichte denkwürdiger Personen, insonderheit gelehrter Männer..., Bd. 1. Halle 1783, Teile des Briefwechsels zwischen Manteuffel, Wolff und Reinbeck. Noch erstaunlicher ist, dass auch Wolffs Korrespondenzen bisher weitgehend vernachlässigt worden sind. Ediert existieren bisher nur: Briefwechsel zwischen LEIBNIZ und Christian WOLFF. Aus den Handschriften der Königlichen Bibliothek zu Han-

Eine zentrale Stellung nahm der sich mit Christian Wolff entwickelnde Briefwechsel ein. Es handelt sich um das umfangreichste der überlieferten Briefkorpora Manteuffels. Jedoch nicht nur der Quantität nach stand die Korrespondenz mit Wolff in Manteuffels System verschiedener epistolärer Beziehungen an erster Stelle. Vielmehr ist dieser Kontakt schon deshalb entscheidend, weil sich neben Manteuffel auch seine anderen Korrespondenzpartner dezidiert als „Wolffianer" verstanden. Diese Korrespondenz kommt auf eine Gesamtzahl von feststellbaren 576 Briefen in einem Zeitraum von gut zehn Jahren, zwischen dem 11. Mai 1738 und dem 5. November 1748. Die Briefe verteilen sich fast gleichwertig auf beide Korrespondenten: Von Manteuffel stammen 291 französischsprachige, von Wolff 285 deutschsprachige Briefe. Im Original erhalten haben sich von dieser Gesamtsumme 483 Schreiben, die heute den wichtigsten Teil des Nachlasses Manteuffels in der Universitätsbibliothek Leipzig darstellen.[44] Daneben sind in einer älteren Briefsammlung Anton Friedrich Büschings vom Ende des 18. Jahrhundert drei Briefe im Druck überliefert, deren Originale in den Handschriften nicht mehr nachweisbar sind.[45]

Drei Phasen der Korrespondenz zwischen Christian Wolff und Ernst Christoph von Manteuffel können differenziert werden: 1738–1740, 1741–1745 und 1746–1748. Beachtenswert ist, dass sich die Frequenz des Briefwechsels dabei jeweils von einer Phase zur folgenden in beträchtlicher

---

nover, hg. v. C. I. GERHARDT, Halle 1860, ND Hildesheim 1963; Christian WOLFF, Briefe aus den Jahren 1719–1753. Ein Beitrag zur Geschichte der Kaiserlichen Akademie der Wissenschaften zu St. Petersburg, hg. v. H. KUNIK, Petersburg 1860, ND in: Christian WOLFF, Gesammelte Werke, I. Abt. Deutsche Schriften 16, Hildesheim/Zürich/New York 1971. Fünf lateinische Briefe Wolffs an Maupertuis finden sich in: Maupertuis et ses correspondants. Lettres inédites..., hg. v. Achille LE SUEUR. Montreuil-sur-Mer 1896 (ND Genève 1971), 424ff. Zuletzt hat Dagmar von WILLE, Christian Wolff nei suoi rapporti epistolari con Johann Jakob Zimmermann: cinque lettere inedite di Wolff (1724–1735), Nouvelles de la République des Lettres (1995/II), 47–85, fünf lateinische Schreiben ediert. Davon abgesehen finden sich m. W. keine weiteren zusammenhängenden Editionen. Fünfzehn deutschsprachige Briefe enthält der noch zu publizierende und mir freundlicherweise bereits zur Verfügung gestellte Beitrag von Stefan LORENZ, „Worinnen Sie Meister sind und der Wahrheit einen guten Eingang verschaffen können." Fünfzehn Briefe Christian Wolffs an Jean-Henri-Samuel Formey (1748–1753).

[44] Die gemeinsame Korrespondenz bildet drei Bände in der Universitätsbibliothek Leipzig, Ms 0345 bis 0347 mit einem Umfang von insgesamt 1.276 Blatt. Soweit feststellbar, beläuft sich der Verlust auf 68 Briefe von Manteuffel und vier Briefe von Wolff. Es existiert nur eine ältere monographische Arbeit über diese Korrespondenz, die direkt aus den Quellen schöpft: Heinrich OSTERTAG, Der philosophische Gehalt des Wolff-Manteuffelschen Briefwechsels. Leipzig 1910, ND in: Christian Wolff, Gesammelte Werke, III. Abt. Materialien und Dokumente 14. Hildesheim/New York 1980.

[45] BÜSCHING, Beyträge, wie Anm. 43, Bd. 1, 116ff. und 121ff.

Weise steigerte. Anfangs erfolgte der Briefwechsel zwischen Marburg und Berlin und begann 1738 mit insgesamt 14 Briefen. 1740 hatte er bereits einen Umfang von 45 Briefen erreicht. Es kam zwischen den Korrespondenten rasch zu einem regelmäßigen und in seiner sukzessiven Steigerung gut dokumentierbaren Austausch. Der rochadegleiche Ortswechsel beider Akteure am Ende des Jahres 1740, der Wolff von Marburg ins preußische Halle, Manteuffel aber gezwungenermaßen von Berlin ins sächsische Leipzig versetzte, ist Ursache eines Kontinuitätsbruchs in der Korrespondenz. Aus dem Jahr 1741, mit dem die zweite Phase des Kontaktes einsetzte, liegen nur 12 Schreiben vor. Jedoch ist zu beobachten, dass sich die Frequenz bis 1744 sukzessive auf 73 Schreiben steigerte. Bis in die erste Hälfte des Jahres 1745 hinein wurde im Durchschnitt mindestens alle fünf Tage ein Brief zwischen Manteuffel und Wolff gewechselt.

Den tiefsten Einschnitt stellte die fast neunmonatige vollständige Unterbrechung des Briefwechsels zwischen August 1745 und April 1746 während eines bisher unbekannten, politisch-diplomatischen Ambitionen dienenden, letztlich aber erfolglosen Aufenthaltes Manteuffels am Dresdner Hof dar. Die Motivation der Unterbrechung des Briefkontaktes ist nicht klar erkennbar – die Lücke kontrastiert jedenfalls stark mit dem im selben Zeitraum beibehaltenen Kontakt Manteuffels zu den beiden Gottscheds in Leipzig.[46] Der letzte Abschnitt zwischen 1746 und 1748 stellte dann indessen mit der beeindruckenden Zahl von insgesamt 283 Schreiben unbestreitbar den Höhepunkt des Briefwechsels dar. Fast 50 % der gesamten feststellbaren Korrespondenz fand in diesem Zeitraum von zweieinhalb Jahren statt. Im Jahr 1747 tauschten Manteuffel und Wolff durchschnittlich alle drei Tage Briefe aus! Im Jahr 1748, das gegen Ende bereits durch Manteuffels Krankheit und Unfähigkeit, selbst an Wolff zu schreiben, geprägt war, lag dieser Wert immer noch bei einem sehr geringen Abstand von durchschnittlich vier Tagen. In solchen Phasen scheint die Korrespondenz in der Tat kontinuierlichen Gesprächen vergleichbar. Der endgültige Abbruch des

---

[46] Vgl. zuerst: UBL, Ms 0342, Bd. X, 159r–v, Manteuffel an Gottsched, Dresden, 1. 10. 1745; und zuletzt: ebd., Bd. XI, 149r–150v, Manteuffel an Frau Gottsched, Dresden, 16. 4. 1746. Belegt wird der Aufenthalt Manteuffels auch durch die Erwähnung seiner Anwesenheit in Dresden beim Geburtstag des Königs am 7. 10. 1745, und beim Namenstag der Königin am 19. 3. 1746. Vgl. Königl. Poln. und Churfürstl. Sächsischer Hof- und Staats-Kalender... o. O. 1747, hier A3r und D2v. Damit wird die oft wiederholte Meinung, Manteuffel habe seine politischen Ambitionen nach 1740 weitestgehend aufgegeben, fragwürdig. SEYDEWITZ, Manteuffel, wie Anm. 21, 105ff., nimmt ein Ende der politischen Aktivitäten spätestens 1744/45 an, jedoch liegt der Aufenthalt des Grafen am Dresdner Hof später und noch 1747 hält sich Manteuffel während zwei Wochen in der Nähe Augusts III. auf, vgl. UBL, Ms 0347, 349r–350r, Manteuffel an Wolff, Leipzig, 26. 11. 1747.

Briefwechsels erfolgte erst mit der Krankheit Manteuffels und seinem Tod am 30. Januar 1749 in Leipzig.

* * *

Man kann vermuten, dass ein solcher, insgesamt sehr intensiver und lang anhaltender schriftlicher Kontakt eines wirksamen Ausgleichs zwischen beiden Korrespondenten bedurfte. Neuere Forschungen zu Korrespondenzen und Korrespondenznetzen in der Aufklärungsepoche haben oftmals nach der beiderseitig befriedigenden „Übereinkunft" gefragt, die einer kontinuierlichen Korrespondenz explizit oder implizit zu Grunde lag. Eine solche Übereinkunft über den gegenseitigen Ausgleich regelte das Verhältnis von Erwartungen und eigenen „Investitionen" beider Korrespondenten und sorgte für die Kontinuität des Kontaktes.[47] Auf welcher Basis beruhte nun also die fragliche Korrespondenz zwischen Ernst Christoph Graf von Manteuffel und Christian Wolff? Und vor allem: Welches Interesse, welche Motive konnten für einen Adligen, wie jenen Grafen hierbei ausschlaggebend sein? War es rein intellektueller Wissensdurst nach der Philosophie Wolffs, die Manteuffel meist mit der „vérité" gleichsetzte? Eher wohl nicht – im Hinblick auf Wolffs Schriften stellte Manteuffel vielmehr ausdrücklich fest, dass es nicht seine Aufgabe sei, sich zu stiller philosophischer Lektüre zurückzuziehen, sondern in der „societé", also nach außen zu wirken. Zwar verwende er ebenfalls viel Energie auf das Studium der Werke Wolffs, noch wichtiger sei es ihm aber, für die Anerkennung derselben bei seinen „concitoiens", seinen Zeitgenossen, Sorge zu tragen: „J'ai au moins la satisfaction de m'imaginer que c'est remplir ma tache, que de faire dans la societé, ce que fait un courtier dans le commerce. N'aiant pas assez de fond, pour trafiquer luy mème, il tache de connoitre les magasins le [sic] mieux fournis de marchandises; et il en facilite le debit, en tachant d'y conduire le plus de chalans qu'il peut. Tout de mème je tache de m'instruire de ce qu'il y a d'excellent dans vòtre doctrine, et je fais de mon mieux pour le faire gouter a mes concitoiens."[48]

---

[47] Vgl. DULAC, Le projet, wie Anm. 40, 227: „Qu'elles soient officielles ou privées, les correspondances reposent en effet bien souvent sur un contrat particulier, plus ou moins clairement stipulé pour répondre à une situation donnée..." Vgl. Holger JACOB-FRIESEN, (Hg.), Profile der Aufklärung. Friedrich Nicolai – Isaak Iselin. Briefwechsel 1767–1782. Edition, Analyse, Kommentar. Bern/Stuttgart/Wien 1997, 18, der an einem diesem Beispiel das Vorhandensein eines „gewisse[n] Grad[es]" an Gleichheit der Grundanschauungen und der sozialen Stellung" als Voraussetzung für den aufgeklärten Briefaustausch festgestellt hat.

[48] UBL, Ms 0345, 124r–127r, Manteuffel an Wolff, Berlin, 19. 10. 1739, hier 126v.

Manteuffel verstand sich selbst nicht als passiver philosophischer Betrachter, sondern als Zwischenhändler, als „Makler" (courtier) von Philosophie. So konnte er Briefe an Wolff gelegentlich mit „votre Courtier Philosophique" unterzeichnen,[49] oder gegenüber dem Philosophen mit metaphorischem Einfallsreichtum betonen: „[le] plaisir qu'il y en a toujours beaucoup à servir, avec quelque succès de trompete à la verité, et au merite de ceux, qui la professent d'une maniere distinguée."[50] Nicht zurückgezogenes Philosophieren, sondern die Präsentation, die öffentliche Propagierung von Wissenschaft und Philosophie und die praktische Unterstützung seines Protegés waren also die Aufgaben des sich als Mäzen verstehenden Adligen.

So war die erste Phase des Kontaktes 1738–1740 von den intensiven Verhandlungen um die sich anbahnende Rückkehr Wolffs nach Preußen bestimmt, in denen Manteuffel und die „Alethophilen" eine entscheidende Rolle spielten. Zudem entwarf der Graf in seinen Briefen verschiedene Veröffentlichungsprojekte, die der Verbreitung des Wolffianismus dienen sollten. Mit der Herausgabe des „Philosophe-Roi"[51] 1740 wandte er sich direkt an den neuen preußischen König Friedrich II. und mit einer gemeinsam mit Wolff zu verfassenden „Philosophie des Dames" wollte er das weibliche Publikum für dessen Ideen gewinnen.[52] In den Leipziger Jahren ab 1741 engagierte sich Manteuffel dann intensiv in der Leipziger akade-

---

[49] UBL, Ms 0345, 124r–127r, Manteuffel an Wolff, Berlin, 19. 10. 1739, hier 127r.

[50] UBL, Ms 0346, 325r–326v, Manteuffel an Wolff, Leipzig, 23. 10. 1746, hier 326r. Vgl. auch Manteuffels Erläuterung des Zwecks der auf seine Gesellschaft der Alethophilen geprägten Medaille, UBL Ms 0345, 240r–241r, Manteuffel an Wolff, Berlin, 20. 9. 1740, hier 240r: „...pour inspirer d'autant plus de curiosité et d'attention à ceux de nos contemporains, qu'une fausse Prèvention, fomentèe par des Pedans ignorans, empeche de mettre le nez dans vos ècrits, et qui sont souvent plus sensibles à ces sortes de petits Phenomènes, qu'au besoin d'ètre instruit. Persuadè, comme je suis, que tout bon Citoien est principalement obligè, de contribuer tout ce qui depend de luy, au bonheur de la societè; et, par consequent, à la propagation de la Veritè; il y a longtemps que j'ai pris à tache de remplir ce devoir en vous procurant de plus en plus de Proselytes, et j'ose me flater de n'y avoir pas tant mal rèussi; au moins en ces quartiers-cy..."

[51] Le Philosophe-Roi, et Le Roi-Philosophe. La Théorie des Affaires-publiques. Pièces tirées des Œuvres de Monsieur Chr. WOLFF ..., traduites du Latin par J. Des-Champs... Berlin 1740 (ND Paris 1985). Es handelt sich um eine Übersetzung von Texten Wolffs zur politischen Philosophie, mit der Manteuffel, von dem die vorangestellte ausführliche Widmung an Friedrich II. stammt, sich als ehemaliger „philosophischer Mentor" des früheren Kronprinzen in Erinnerung zu rufen versuchte.

[52] Vgl. Jean ÉCOLE, À propos du projet de Wolff d'écrire une „Philosophie des Dames". In: DERS., Études et documents photographiques sur Wolff. In: Christian WOLFF, Gesammelte Werke, III. Abt. Materialien und Dokumente 11. Hildesheim/New York 1988, 217–228. Jedoch greifen alle späteren Veröffentlichungen hierzu nicht auf die Quellen, sondern auf die Auszüge bei OSTERTAG, Gehalt, wie Anm. 44, 15ff., zurück.

mischen Sphäre. Seine Förderung von naturwissenschaftlichen Experimenten, die Betreuung von adligen Studenten oder auch die pompöse Feier seines akademischen Jubiläums 1743 dienten dem Mäzen zur Propaganda für den Hallenser Philosophen.[53]

In den letzten Jahren seines Lebens, ab 1746, überschlug sich der Graf nahezu selbst mit Aktionen, Projekten und Plänen: Manteuffel wurde zum entscheidenden Vermittler der Positionen des Wolffianismus. Dass die gelehrte Presse Leipzigs so vehement pro-wolffisch auftrat, war zumindest in der zweiten Hälfte der 1740er Jahre im wesentlichen das Verdienst der Umtriebigkeit des Grafen. In wichtigen philosophischen Debatten dieser Jahre, besonders im „Monadenstreit" der Berliner Akademie mit Leonhard Euler und Johann Heinrich Gottlieb Justi ab 1747, aber auch in den virulenten Auseinandersetzungen um die Thesen des Freidenkers Johann Conrad von Hatzfeld 1746 und um die materialistischen Schriften Julian Offray de La Mettries war er es, der die Publikation von Streitschriften und Pamphleten organisierte, und der, wo er nur konnte, Artikel und Rezensionen gegen die Kritiker Wolffs lancierte. Viele der dezidiert pro-wolffischen Stellungnahmen gehen dabei direkt, manchmal fast wörtlich auf Stellungnahmen des Philosophen in Briefen an Manteuffel zurück, die Leipziger Professoren, Dozenten und Journalisten aus dem Umfeld des Grafen bei der Redaktion ihrer Artikel und Besprechungen vorgelegen haben.

Dem Philosoph Wolff kam dies insofern entgegen, da er dadurch keine persönliche Verwicklung in öffentliche Debatten fürchten musste und sich im Hintergrund ungestört der Ausarbeitung seines Œuvres widmen konnte.[54] Hinzu kam, dass Wolff gegenüber seinem Mäzen schon bald nach seiner Rückkehr in die preußische Universitätsstadt bedauerte: „Es ist hier schlimm, dass man keinen Umgang mit Liebhabern der Wahrheit haben kann ..."[55] Wolff war demnach auf die kontinuierliche Korrespondenz mit seinem Mäzen auch angewiesen, um in die intensiveren und schnelleren Kommunikationswege in Leipzig eingebunden zu sein und Hallenser Informationsdefizite ausgleichen zu können. Zusammen mit Manteuffels Briefen fand ein umfangreicher Transport von Druckschriften – Artikeln,

---

[53] Vgl. Beschreibung der akademischen Jubelfeyer Sr. Excellenz des Erlauchten und Hochgebohrnen Herrn Hrn. Ernst Christophs, des H. R. R. Grafen von Manteufel..., nebst allen bey dieser Gelegenheit verfertigten Schriften, Reden und Gedichten. Leipzig 1743.

[54] So bspw. in UBL, Ms 0347, 194r–195v, Manteuffel an Wolff, Leipzig, 4. 7. 1747, hier 194v–195r: „Bien que j'approuve fort, que vous ne preniez aucune part directe à la guerre qu'on fait à Berl. [= Berlin, J. B.] ... je vous donne à juger, s'il ne conviendroit pas, que vous me fournissiez confidemment les argumens, que vous croiez les plus terrassans, pour confondre les Antimonadiers."

[55] UBL, Ms 0346, 205r–206v, Wolff an Manteuffel, Halle, 10. 1. 1745, hier 206r.

Rezensionen, Reden, neu erschienenen Büchern – statt, zu denen Wolff in Halle keinen Zugang hatte oder die von ihm noch nicht beachtet worden waren. Somit konnte Manteuffel bisher als der alleinige „Geber" im gegenseitigen Verhältnis missverstanden werden. Thea von Seydewitz, von der der bisher einzige Versuch einer biographischen Studie über Manteuffel stammt, beschrieb das gegenseitige Verhältnis folgendermaßen: „Wolff tritt uns hier als der Bittende, der Klagende, der Dankende entgegen, Manteuffel als der uneigennützige Freund und Beschützer."[56]

Natürlich lag zwischen dem adligem Mäzen und seinem Protegé, dem in Halle zunehmend isolierten Universitätsgelehrten, ein ungleiches Verhältnis vor. „Hochwohlgebohrner Reichs-Graffe, Gnädiger Herr, Hoher Patron", so lautete die Anrede, mit der Wolff jedes seiner Schreiben an Manteuffel einleitete. Der Protegé blickte zu seinen Mäzen als „größten Beschützer meiner Philosophie"[57] empor. Diese Ungleichheit im mäzenatischen Verhältnis war ständisch disponiert und begründet – ungeachtet der Nobilitierung Wolffs zum Freiherrn 1745.[58] Gerade in der sozialen Überordnung des adligen Mäzens lagen ja auch seine interessanten, zu einem effektiven Mäzenatentum befähigenden Ressourcen begründet: Graf Manteuffels philosophisches Interesse, mehr aber noch sein Stand, seine Autorität und seine persönlichen Beziehungen und Einflussmöglichkeiten flossen als „Investition" in seinen Kontakt mit Christian Wolff ein. Wäre es deshalb nicht naheliegend, es bei diesen Feststellungen zu belassen? Manteuffels Bedeutung als adliger Mäzen Wolffs und dessen Philosophie liegt klar zutage. Der Graf, ein selbstloser Verteidiger und Gönner, ein uneigennütziger Informant und persönlicher Beraters des berühmten Philosophen? – Sicher auch, aber beileibe nicht nur! Nimmt man nämlich die entgegengesetzte Perspektive ein und fragt nach der Bedeutung des Philosophen Wolff und des gemeinsamen Briefwechsels für Manteuffel, gelangt man zu unerwarteten Einsichten.

So war es nämlich gar nicht der „Bittsteller" Wolff, sondern der Mäzen Manteuffel, der in der Korrespondenz überwiegend die Initiative ergriff.

---

[56] SEYDEWITZ, Manteuffel, wie Anm. 21, 133.
[57] UBL, Ms 0345, 1r–2v, Wolff an Manteuffel, Marburg, 11. 5. 1738, hier 1r. Dies bezeichnenderweise im ersten Satz des ersten Briefes, den Wolff an Manteuffel richtet.
[58] Wolffs respektvolle Anrede bleibt im gesamten Briefwechsel konstant. Erst nach Manteuffels Tod – nicht dem Grafen persönlich gegenüber – wechselte Wolff etwas den Ton, wenn er in einem zur Veröffentlichung bestimmten Brief an Gottsched, sagt: „...so kan niemahlen ohne Betrübniß an dessen Tod gedencken; indem Ihnen zur Gnüge bekannt, dass ich an dem seligen Herrn Grafen einen wahren und aufrichtigen Freund verlohren." Wolff an Gottsched, Halle, 10. 2. 1749. In: GOTTSCHED, Ehrenmaal, wie Anm. 21, X–XI, hier X.

Dies zeigte schon der Beginn des Engagement Manteuffels für den Wolffianismus: Manteuffel wurde nicht erst zum Wolffianer, weil Wolff als schutzbedürftiger Philosoph um seine Protektion bat, sondern er hatte sich in Berlin bereits seit 1735/36 Jahren als raffinierter und polemischer Verteidiger Wolffs und des Wolffianismus profiliert und damit durchaus eigene Interessen verfolgt. So kam der Philosoph 1738 schließlich nicht mehr umhin, ihm für diese unerwartete Propaganda persönlich mit einem Brief zu danken. Die anhaltende Initiative Manteuffels blieb auch während des gesamten Verhältnisses markant. Manteuffel entwickelte nicht nur aktiv die Projekte der Verbreitung der Philosophie seines Protegés, er wies Wolff auch auf gegnerische Angriffe zuerst hin, schlug mögliche Reaktionen vor und brachte unablässig neue Ideen auf die Tagesordnung der gemeinsamen Korrespondenz – soweit, dass der Protegé mehrfach den Eifer seines Mäzens bremsen musste.[59] Manteuffel war es schließlich auch, der gelegentlich über das Ausbleiben von Briefen Wolffs klagte, nach Unterbrechungen den Kontakt wieder aufnahm und Wolff zu Besuchen in Leipzig drängte.[60] Die Tätigkeiten des Mäzens gingen also ganz deutlich über das hinaus, was der Protegé jemals explizit von ihm erbat.

Bezeichnend auch der Umgang Graf Manteuffels mit den Briefen Wolffs selbst: Innerhalb des den Grafen umgebenden Personenkreises wurden sie verlesen und weitergegeben, als Kopien wurden sie an verschiedenste Korrespondenten Manteuffels verschickt und, wo es nur ging, dazu verwendet, die Bedeutung des gräflichen Engagements für Christian Wolff zu unterstreichen. In Leipzig selbst konnte beispielsweise Gottsched besonders intensiv vom Briefwechsel Manteuffels mit dem berühmten Wolff profitieren: „In der ganzen Zeit, die der hochsel. Graf sich hier aufhielt und dieß hat in die acht Jahre gedauert; haben diese beyden großen Männer wöchentlich Briefe mit einander gewechselt. Ich bekam sie fast allezeit zu le-

---

[59] So z. B. UBL, Ms 0347, 152r–v, Manteuffel an Wolff, Leipzig, 6. 6. 1747, als Manteuffel seine Kampagne gegen die Berliner Akademie ausdehnen und polemisch verschärfen wollte, oder auch ebd., Ms 0346, 129r–130v, Wolff an Manteuffel, Halle, 14. 6. 1744, als Manteuffel Wolff mit einer für „Elektrizitätsexperimente" angefertigten Maschine versorgte und ihn – der hingegen völlig in die Arbeit an seinem Naturrecht vertieft war – wiederholt zu eigenen Experimenten aufforderte, für deren Aufschub sich Wolff mehrmals entschuldigen musste.
[60] Vgl. so bspw. Wolffs Schreiben, UBL, Ms 0347, 282r–283r, an Manteuffel, Halle, 10. 9. 1747, hier 283r, der beinahe gereizt auf Manteuffels Briefflut und die beständigen Einladungen reagiert: „ Ich habe aber schon neulich geschrieben, dass meine gegenwärtige Umstände mir nicht erlauben eine Reise nach Leipzig vorzunehmen, wie sehr ich es auch wünschte, indem vor der Messe noch auf allen Seiten soviel zuthun habe, dass ich mir gerne Zeit kauffen wollte, wenn ich dazu gelangen könnte. Ich wil mich aber mit besonderer Erzehlung dieses allen nicht aufhalten..."

sen, sowohl die der Hr. Cabinetsminister an ihn, als die der Hr. geh. Rath zurück schrieb."[61] Oft unfreiwillig versorgte Wolff Manteuffel durch seine Briefe mit Material, welches dem Grafen zur publicity-wirksamen Vervielfältigung und Weitervermittlung zur Verfügung stand.[62]

So sollte festgehalten werden: Der Ausgleich, der die Korrespondenz zwischen Manteuffel und Wolff stabilisierte, ist ein beiderseitiges Geben und Nehmen. Wir haben hier eine Art ausgeglichenen „Handel" auf verschiedenen Ebenen vorliegen: Das Protektions- und Propagandabedürfnis des Philosophen wurde durch die mäzenatischen Aktivitäten des Grafen befriedigt. Manteuffels „Gewinn" an der Sache war subtiler Weise die Korrespondenz selbst. Über Wolff erhielt er nicht nur Einsichten in philosophische und wissenschaftliche Zusammenhänge, die ihm allein nicht oder nur unter Schwierigkeiten zugänglich geworden wären. Jeden Brief Wolffs konnte Manteuffel vor allem als ein Beleg der eigenen mäzenatischen Verdienste betrachten und zur Schau stellen. Sein dauerhafter Kontakt mit der philosophischen Autorität in Halle und die „Weiterverwendung" der Wolffschen Aussagen eröffneten im akademischen und universitären Kontext Leipzigs die Möglichkeit einer deutlichen Prestigesteigerung und verliehen seiner selbst gewählten Rolle als aufgeklärter Wissenschaftsmäzen erst die notwendige Autorität – eine Art Kompensation der 1730 abgebrochenen politischen Karriere des Grafen, deren Wiederbelebungsversuche 1740 in Berlin und 1745/46 in Dresden scheiterten.

Das anscheinende Ungleichheitsverhältnis zwischen höherstehendem adligen Mäzen und protektionsbedürftigem Protegé wendet sich deshalb auf erstaunliche Weise um: War es nicht vielmehr die Autorität des berühmten Gelehrten, die sich nun auf den Adligen übertrug? Floß dem Vermittler Manteuffel hier nicht sogar ein neues, nicht mehr ständisch gebundenes Prestige zu? Manteuffel – sozusagen der Stellvertreter Christian Wolffs vor der akademischen Welt Leipzigs – konservierte behutsam die Briefe Wolffs. Sie galten ihm gleichsam als Nachweis seiner neuen „Nobilitierung" durch Philosophie und Wahrheit. Zusammen mit Kopien seiner eigenen Schreiben errichtete der Graf aus dem alltäglichen, privaten Informationsdokument „Brief" das exzeptionelle Monument „Korrespondenz", wie es uns heute entgegentritt: Gemäß seinem ausdrücklichen Wunsch wurden – und werden – die in drei voluminösen, in Pergament geschlagenen Bän-

---

[61] GOTTSCHED, Lobschrift, wie Anm. 15, 145, 129.
[62] Vgl. UBL, Ms 0347, 76r–77v, Wolff an Manteuffel, Halle, 26. 3. 1747, hier 76r: Wolff zeigte sich verärgert über die handschriftliche Weiterreichung von Kopien seiner Briefe an den Theologen Jerusalem: „Wenn ich gewusst hätte, dass meine Gedancken über den Tractat sur la necessité de Revelation dem Hn Jerusalem sollten communiciret werden; so würde einiges weggelassen, und andres dagegen hinzu gesetzt haben."

den vereinigten Briefe zusammen mit einem großformatigen Portrait des Grafen in der Leipziger Universitätsbibliothek verwahrt, um so den exklusiven Kontakt dieses Adligen zu Christian Wolff, gleichsam zur „Wahrheit" selbst, gegenüber Mit- und Nachwelt zu bezeugen.[63] Das Engagement des Mäzens sollte also ganz wesentlich auch zu einer sichtbaren Auf- und Neubewertung der eigenen Person und der ehrenvollen Memorialisierung seiner Verdienste führen. Deshalb wohl sah Manteuffel seine letzte Ruhestätte auch nicht in der Erbgrablege seines Hauses, sondern in der Leipziger Universitätskirche vor. Philosophie und „Wahrheit" schienen das Leben Graf Manteuffels mehr zu adeln als Herkunft und Familie.

---

[63] Schon die Zeitgenossen sahen sich so gezwungen, der Außergewöhnlichkeit und dem Verdienst des Mäzens Manteuffel Ausdruck zu verleihen: Vgl. JÖCHER, wie Anm. 21, 121: „Er war ein großer Freund, wie aller Wissenschafften, also besonders der Philosophie, und unterhielt sonderlich mit dem Freyherrn von Wolf einen beständigen und starcken Briefwechsel." GOTTSCHED, Lobschrift, wie Anm. 15, 145: Die Briefe Manteuffels und Wolffs „...befinden sich alle auf der hiesigen Paulinerbibliothek, als ein Kleinod der Vertraulichkeit und offenherzigen Wahrheitsliebe." DERS., Ehrenmaal, wie Anm. 21, 14: „Das kostbarste aber, wird wohl mit der Zeit, der eigene Briefwechsel Sr. Excell. mit dem Herrn Kanzler von Wolf ausmachen, den derselbe im Originale auf dieselbe [= Bibliotheca Paulina, J. B.] geschenket; und darinnen die Nachwelt noch manches Zeugniß der Wahrheit antreffen wird." Zur Schenkung seiner und Wolffs Briefe vgl. auch Leben und Thaten, wie Anm. 22, 155. Vgl. zudem die überaus zahlreich vorliegenden Gelegenheitsgedichte auf Graf Manteuffel. Allein in UBH, Geneal. 2° 8, Jubelfeyer, vgl. Anm. 63, und GOTTSCHED, Ehrenmaal, wie Anm. 21, sind an die 50 Gedichte aus dem Leipziger Zeitraum vorhanden.

Windischgrätz et Condorcet :
Une collaboration et une correspondance sur les projets des Lumières

MARTINA GREČENKOVÁ

En 1798, à l'occasion du Congrès de Rastadt, les différents hommes de politique – le général Bonaparte, l'ambassadeur de la France, les ministres de la France, de la Prusse et de l'Autriche au Congrès de Rastadt, l'empereur et son ministre des affaires étrangères – ont reçu un mémoire, conçu comme un programme de recherches, contenant un projet promettant à l'humanité une solution des problèmes politiques de l'époque, voire la « paix perpétuelle ». Ce projet comptait sur « les savans les plus célèbres en France et en Allemagne tels que Messieurs de la Grange, de la Place, de Borda, de Rochon, s'ils existent encore en France; de Carmer ministre de la justice en Prusse, de Kant professeur à Königsberg... », donc sur les représentants de la République des sciences, telle qu'elle existait à l'époque des Lumières.[1]

L'auteur de ce mémoire, Joseph Nicolas comte de Windischgrätz, pouvait bien s'imaginer de mettre en place un tel réseau des savants, car, une dizaine d'années auparavant, il était, lui-même, au cœur d'un pareille réseau qu'il a réussi de construire autour d'un autre projet.[2] Dans ce réseau jouait un rôle important encore un autre savant – le marquis de Condorcet. C'est en particulier sur sa correspondance avec Windischgrätz que porte cet article, en souhaitant en même temps montrer l'engagement des élites de la monarchie des Habsbourg dans la communauté intellectuelle européenne.

---

[1] « Mémoire de Joseph Nicolas Comte de Windisch-Grätz, Etat de l'Empire, pour être présenté au Congrès rassemblé à Rastadt sur les Questions... », SOA Plzeň – pobočka Klatovy [Archives de la région de Plzen, à Klatovy], rodinný archiv Windischgrätz [Archives de la famille des Windischgrätz (l'abréviation AFW)], n° inv. 959/4.
[2] Martina GREČENKOVÁ, Les formules générales de tous les contrats imaginables. Un débat dans la République des Lettres sur la réforme de la société. in : Studies on Voltaire and the Eighteenth Century. Oxford 2003, 1, p. 271–289 ; EADEM, Le réseau épistolaire scientifique européen de Joseph Nicolas de Windischgrätz. La plume et la toile. Pouvoirs et réseaux de correspondance dans l'Europe des Lumières, études réunies par Pierre-Yves Beaurepaire. Arras : Artois Presse Université 2002, p. 289–305.

Comment perfectionner l'humanité ? Le comte de Windischgrätz et ses projets

Joseph Nicolas comte de Windischgrätz (1744–1802) a presque échappé à l'attention des historiens. C'était apparemment parce qu'il ne jouait pas, à la différence de son fils, duc Alfréd de Windischgrätz, un grand rôle à la cour, ni dans la politique de l'époque. Même l'histoire de sa vie ne présente au premier abord rien de spéciale. Il provient d'une ancienne famille noble autrichienne, installée depuis le XVIe siècle aussi en Bohême. Juriste de formation, il entre, comme c'est habituel chez la noblesse, tout d'abord au service d'État, où il assume l'emploi de conseiller aulique de l'Empire. En qualité de chambellan impérial il accompagne aussi Marie-Antoinette en France lors de son mariage avec le future Louis XVI. L'ami de Joseph II et l'habitué de sa société dans sa jeunesse, il s'éloigne plus tard de l'empereur, quitte le service d'État et se retire du monde de la cour et de la politique pour vivre en particulier. C'est paradoxalement à ce moment-là où commence la partie la plus intéressante de sa vie.[3]

Windischgrätz alors partage son temps entre l'administration de ses biens, ses recherches scientifiques et ses travaux politiques et philosophiques. Chose typique pour la noblesse de la monarchie des Habsbourgs de cette époque, son personnage comporte, pour ainsi dire, un double « moi »: le « moi » d'un grand propriétaire des terres et des privilèges féodaux, et le « moi » d'un homme des Lumières. Comme le premier, il met une grande importance à l'unité des biens et aux traditions familiales, et s'engage dans les maints procès juridiques concernant les questions des héritages et des possessions. Il semble que cette activité n'est pas pour lui seulement une nécessité ou question du droit, mais également un certain « jeu ». Il y consacre non seulement les traités manuscrits, ainsi qu'imprimés, mais « collectionne » les matériaux concernant aussi d'autres procès que les siens, et cela de diverses époques et des pays différents. Cependant, cette activité n'est pas si éloignée de l'autre, car comme l'homme des Lumières, Windischgrätz s'intéresse aux questions du perfectionnement de la société, voire surtout aux problèmes de la décision juridique et politique. Les procès qu'il mène lui servent de l'inspiration, sa passion dans le jeu lui montre

---

[3] Une véritable biographie intellectuelle du comte n'existe pas encore. On en trouve des éléments dans Constantin Ritter VON WURZBACH, Biographisches Lexikon des Kaiserthums Oesterreich, vol. 57. Wien 1889, p. 60–63, et Josef HANZAL, Josef Mikuláš Windischgrätz, osvícenský vědec a kritik Velké francouzské revoluce [J. N. Windischgrätz, un scientifique des Lumières et un critique de la Grande Révolution Française]. in : Právněhistorické studie 31 (1990), p. 176–192. Un document intéressant présente la biographie manuscrite du comte dans: AFW, n° inv. 1591/65 – « Notice sur le defunt Comte de Windischgrätz » due à son ami, comte de Zinzendorf.

les possibilités des combinaisons, ses lectures des mathématiciens, des juristes et des philosophes de l'époque lui offrent des idées et des méthodes, son expérience personnelle avec les réformes d'État faites par Joseph II lui fourni un sujet de réflexion et un motif pour agir.

Lui-même mathématicien amateur, il commence ainsi à s'intéresser à la mathématique de la décision et à l'application du raisonnement probabiliste aux sciences morales et politiques, ce qui est un sujet « à la mode » qui présente un paradigme de l'époque. Windischgrätz s'en intéresse au moment, où de pareilles questions préoccupent vivement les intellectuels occidentaux, surtout les géomètres et les philosophes français. Il s'agit des personnes regroupées autour Condorcet, alors secrétaire de l'Académie des sciences de Paris, qui travaille dans ces années sur la possibilité d'utiliser les méthodes mathématiques dans les affaires de l'État, par exemple dans la justice, lors du recensement de la population ou lors de la préparation du cadastre.[4] Indépendamment de lui, Windischgrätz réfléchi sur des choses semblantes et se donne pour le but de trouver une méthode permettant de découvrir les vérités morales mécaniquement et exactement comme celle des sciences exactes et faire ainsi gérer la société et la politique d'une manière correspondante à la raison. A en croire son ami et son premier « biographe » Karl von Zinzendorf, le comte était persuadé « que la pluspart des résultats de l'activité humaine étoient soumises au calcul, ... il croyoit, que par le moyen de certaines formules précises et évidentes on parviendroit à rendre les hommes bons et justes ... à l'instar des machines forcées par leur organisation à être vertueuses ».[5]

Déçu de la politique réformatrice de l'empereur Joseph II, Windischgrätz met au centre de son intérêt les questions de la décision, des crimes et de la peine de mort, de la conduite humaine, qui lui permettent de lier ses intérêts juridiques et politiques avec les méthodes mathématiques, notamment la science des combinaisons et le calcul de probabilité. Outre de nombreux écrits qu'il consacre à ces problématiques,[6] Windischgrätz également initie

---

[4] Keith Michael BAKER, Condorcet. From natural philosophy to social mathematics. Chicago : University of Chicago Press 1975 (trad. française: Condorcet. Raison et politique. Paris: Hermann 1988, p. 296–298) ; Éric BRIAN (dir.), La mesure de l'Etat. Administrateurs et géomètres au XVIIIe siècle. Paris 1994, p. 305–306, Lorraine DASTON, Classical probability in the Enlightenment. Princeton 1988, p. 347.

[5] AFW, n° inv. 1591/65 (Notice sur le defunt Comte de Windischgrätz), f. 1.

[6] « Betrachtungen über verschiedene Gegenstände, worüber man heut sehr viel schreibt». Nürenberg 1787 (en particulier le chapitre VIII « Peinliche Gesetzgebung », p. 158 sq.; « Mémoire sur la difficulté et la possibilité d'élever la morale et la législation au rang des sciences exactes. Seconde partie: De la peine de mort et de la torture », s. l., 1801; « Démonstration de quatre propositions relatives au droit Criminel », AFW, ms.

plusieurs projets visant le perfectionnement de la société et invite ses lecteurs à participer à leurs solution. En s'attaquant, par exemple, aux pratiques d'un monarque éclairé, il suggère aux lecteurs de trouver, avec l'évidence mathématique, les conditions qui détermineraient la meilleure législation possible, faite non plus par un monarque, mais par la nation.[7] Il lance aussi au public les questions cherchant à écarter l'obscurité du langage politique et à analyser les ressorts de l'action humaine.[8] Toutes ces trois choses qui sont étroitement liées les unes aux autres – les besoins et la conduite humaine, la clarté du langage, le perfectionnement de la législation – se rencontrent dans un véritable programme de recherches que Windischgrätz initie en 1784–1785.

Ce Programme voit le jour à la même époque où Condorcet prépare l'Essai sur l'application de l'analyse à la probabilité des décisions rendues à la pluralité des voix.[9] Windischgrätz qui ne connaît pas encore l'idée de l'œuvre de Condorcet, offre dans son Programme des prix considérables pour la solution de la question qui consiste à : « trouver pour toutes les espèces possibles d'écrits, par lesquels on peut transférer, à telles conditions qui peuvent passer par l'esprit humain, sa propriété..., des Formulaires construits de manière, qu'il suffise, pour exprimer chaque cas particulier possible, de remplir les espaces vides du Formulaire, de nombre et de noms propres de personnes ou de choses: des Formulaires, dont ... tout l'énoncé soit aussi peu susceptible de doutes et d'interprétations que la Géométrie. » Ainsi défini, le problème relevait plus de la science que du droit, et il semblait le plus approprié de le résoudre au moyen de méthodes mathémati-

---

n° inv. 938; « Mémoire sur diverses questions de la justice... », et « Projet d'un tribunal de Révision en cas de Haut-Justice », AFW, ms. n° inv. 959/III, VI.

[7] « Discours dans lequl on examine les deux questions suivantes: I° Un Monarque a-t-il le droit de changer de son chef une Constitution évidemment vicieuse? 2° Est-il prudent à lui, est-il de son intérêt de l'entreprendre? Suivi De réflexions pratiques », s. l., 1788.

[8] « Mémoire sur la perfectibilité et les bornes des facultés humaines », AFW, ms. n° inv. 959/I; Joseph Nicolas WINDISCHGRÄTZ, De l'âme, de l'intelligence et de la liberté de la volonté. Strasbourg 1790. Le comte est auteur d'une question, pour la solution de laquelle il propose un prix, qui est de savoir « qu'elle est la cause de nos plaisirs et de nos peines internes? d'où vient, en supposant que toutes nos idées nous viennent immédiatement par les sens, que les plaisir et les peines de l'ame ont plus de pouvoir sur nous que les plaisir et les peines des sens? d'où vient qu'il faut chercher le bonheur de chaque homme, non dans ses sens, mais dans son ame ? ». Voir IDEM, Solution provisoire d'un problème, ou Histoire métaphysique de l'organisation animale; pour servir d'introduction à un Essai Sur la possibilité d'une Méthode générale de démontrer et de découvrir la vérité dans toutes les Sciences. Nuremberg 1789, p. 3–9, 19.

[9] Joseph Nicolas WINDISCHGRÄTZ, Programme par lequel on propose aux savans de toutes les nations le problème suivant..., Paris : Mérigot le jeune 1785 (ce « Programme » est paru en allemand et en latin en 1784).

ques, de classement et des combinaisons. Mais Windischgrätz souhaitait que le résultat de cette recherche particulière soit applicable plus généralement à la politique et à « la fabrique des loix », et qu'il contribue à l'amélioration des rapports et de la communication entre les hommes, non seulement dans son pays d'origine – dans la monarchie des Habsbourg, mais universellement, dans l'Europe, au monde entier. C'est pourquoi il confie sa solution aux personnes cosmopolites et aux représentants des diverses spécialités, aussi bien aux mathématiciens, qu'aux juristes et administrateurs, qu'aux philosophes, voire, selon ses paroles, aux « Savans de toutes les Nations ».

Construire un réseau épistolaire scientifique européen

L'organisation de ces projets de recherches, surtout de celui lancé en 1784–1785, accompagne une grande activité épistolaire de Windischgrätz, qui souhaite leur donner une publicité et une dimension vraiment internationales, et ensuite entretient une grande correspondance, à laquelle ces projets ont donné lieu. En fait, Windischgrätz a seulement dans les années 1772–1792 autour de deux cent cinquante correspondants de l'Europe entière.[10] Presque un tiers en présentent les administrateurs de ses biens, les banquiers et en particulier les avocats et les juristes de l'Autriche, de l'Allemagne, de la Bohême et des Pays-Bas Autrichiens. Ils l'assistent non seulement dans ses maints procès, mais souvent discutent avec lui également les questions d'économie et de jurisprudence qui l'intéressent par rapport à l'objet de ses études. Plus qu'un tiers appartient aux hommes d'État, aux ministres, aux militaires, qui sont souvent les amis de jeunesse de Windischgrätz, et également aux membres de sa famille avec qui le comte échange non seulement les nouvelles de la vie quotidienne, mais également les informations de l'ordre politique portant, par exemple, sur la Révolution française. Presque trente pour-cent de ses correspondants présentent les hommes des lettres, des sciences, les académiciens, les imprimeurs. C'est avec eux que Windischgrätz entretient les correspondances les plus suivies, les plus riches, concernant les échanges des œuvres, des idées et les débats sur ses projets.

Le Programme lancé en 1784–1785 donne, par exemple, lieu à un large échange intellectuel entre les hommes de science et d'État des différents pays. Dans les années 1785–1789, ce projet concerne une cinquantaine des

---

[10] La correspondance de J. N. comte de Windischgrätz se trouve dans les Archives de la famille de Windischgrätz (l'abréviation AFW), qui sont déposées aux Archives d'État de de la région de Plzeň.

discutants, et compte autour de deux cents lettres, mémoires et matériaux. La construction de ce réseau, en 1784–1785, met en place tout un jeu des références et des recommandations entamé pour chercher les participants au projet, et résultant dans de longues correspondances, souvent amicales, largement dépassant la raison d'origine de leur commencement.[11]

Pour former ce réseau, Windischgrätz profite tout d'abord de ses anciennes relations politiques, voire des représentants autrichiens dans les pays étrangers (la Prusse, l'Angleterre) et leur demande d'y soutenir son projet et de lui faciliter les contacts avec les personnalités des pays, où ils sont en mission. Il profite également des connaissances faites personnellement lors de ses voyages. En dehors de son voyage en France de l'année 1770, il visite l'Angleterre et la Hollande, dans les années suivantes il parcourt l'Italie. Partout il entre en contact avec les hommes de la politique. A partir des années 1780 Windischgrätz s'installe dans son château Tachov en Bohême, mais ses déplacements ne se finissent pas avec sa « retraite ». Ses séjours réguliers à Bruxelles, où il tient dans son palais une sorte de la « cour », ainsi que ses liens familiaux avec le comte de la Marc, l'amènent entre les années 1784–1788 plusieurs fois à Paris.

C'est donc lors de ses voyages qu'il entre en contacte avec les savants européens, comme, par exemple, à Pise avec Lampredi, ou à Paris avec Condorcet. Il rencontre personnellement ce dernier pour la première fois en 1785, au moment, où les deux hommes sont depuis un certain temps en correspondance concernant le prix. Ils se revoient encore dans les années suivantes, 1786 et 1788, et restent dans des relations épistolères amicales suivies jusqu'à l'année 1789. C'est grâce aux conseils de ses nouvelles connaissances dans le monde des sciences, d'avant tout Condorcet, que Windischgrätz s'oriente mieux dans le choix des personnes intéressantes par rapport à son projet.

Il entre ainsi en contacte épistolaire avec Richard Price et avec le chevalier Banks, de la Société Royale de Londres. Il écrit également à la Société Royale d'Édimbourg et entretient, dans les années 1785 et 1788, une correspondance sur son Programme avec Adam Smith. Il s'adresse à Formey et à La Grange pour gagner l'Académie de Berlin pour son projet. Il a ensuite un échange sur le même sujet avec le baron de Carmer, à l'époque le grand chancelier du roi de Prusse, qui devient par la suite un de ses correspondants les plus assidus en matière de la réforme de la législation et de l'administration. Au cours des années 1787–1790, il a une autre correspondance suivie concernant le Programme avec d'Annone, professeur du droit de l'Université de Bâle. Pendant l'année 1785, Windischgrätz échange les lettres sur ce sujet avec son correspondant italien Jean Marie Lampredi,

---

[11] Ces correspondaces se trouvent dans: AFW, n° inv. 931, 1462, 1463, 1464, 1564.

professeur à Pise. Il entre dans cette affaire également au contact avec Benjamin Franclin afin de faire passer son Programme en Amérique. Windischgrätz profite également de ses autres correspondants pour les rallier à son nouveau réseau formé autour du Programme. Il s'agit des savants comme, par exemple, de Frédéric-Henri Jacobi, le philosophe allemand, grâce à qui Windischgrätz entre en contacte avec I. Kant, de l'abbé de Rochon, de l'Académie des sciences de Paris, et de Joseph Mader, future professeur de la statistique de l'Université de Prague.[12] D'autres correspondants anciens de Windischgrätz, le mathématicien belge, comte de Nieuport, ou bien les ministres de Joseph II, Cobenzel et Karl von Zinzendorf, sont également au courrant de son Programme. Il y a enfin les personnes qui entrent d'elle-même en contacte avec le comte après avoir été informées du Programme.

Sur le projet de Windischgrätz discutent les institutions scientifiques européennes: l'Académie des Sciences de Paris, la Société Royale d'Édimbourg, l'Université de Bâle, l'Académie de Berlin, la Société Royale de Londres, dont les premières trois deviennent les juges du prix. Grâce au Programme de Windischgrätz, se forme ainsi un vaste réseau des correspondants qui croise toute l'Europe en ralliant Paris, Bruxelles, Prague, Tachov en Bohême, Vienne, Londres, Édimbourg, Bâle, Berlin, Düsseldorf, Magdebourg, Pise, St Nicolas en Hongrie, et concerne les spécialistes des différents domaines et des diverses fonctions.

Condorcet et Windischgrätz. L'ampleur d'une correspondance

Windischgrätz a construit une grande bibliothèque comptant à la fin de sa vie presque 5000 livres, dont de 3000 il a fait l'acquisition par lui-même.[13] Les ouvrages de Condorcet, Turgot, d'Alembert, Smith, Guibert, Lampredi, De Nieuport, Jacobi etc. appartiennent parmi ceux qu'il a utilisés le plus souvent, au moins suivant ses notes manuscrites en marges des pages des livres. En fait, une partie de ces livres il a reçu de ses correspondants. Car, la correspondance entamée grâce à ses projets, en particulier grâce au Programme de l'année 1784/1785, a permis non seulement l'échange des opinions sur leurs idées, mais aussi une circulation intellectuelle plus large, comme en témoignent par exemple les riches échanges entre Condorcet et Windischgrätz. Les trente-cinq lettres conservées que Condorcet a adres-

---

[12] Martina GREČENKOVÁ, L'itinéraire professionnel et l'univers intellectuel des bureaucrates éclairés. La formation de l'identité des fonctionnaires d'Etat dans la monarchie des Habsbourg des Lumières. in : Historie, Economie, Société, n. 4, 2004, p. 503–524.
[13] Petr MAŠEK, Knihovna rodu Windischgrätzů [La bibliothèque de la famille des Windischgrätz]. in : Sborník archivních prací 43 (1993), p. 553–566.

sées à Windischgrätz dans les années 1785–1789, ainsi que quelques copies des lettres de Windischgrätz à Condorcet et aux autres personnes, illustrent l'ampleur de cette relation.[14]

Au départ, il y a des échanges tout à fait officiels concernant uniquement le Programme de Windischgrätz.

> « Monsieur, j'ai reçu, il y a un mois environ, deux exemplaires d'un programme. ...je me suis contenté de me réjouir en silence des progrès que la philosophie faisait dans les états héréditaires [Monarchie des Habsbourg], et qui allaient jusqu'à proposer des questions auxquelles les gens éclairés des nations les plus orgueilleuses de leurs lumières étaient fort loin de penser. L'idée de ce programme me paraissait digne de Leibnitz ou de M. Turgot. ... Vous me parlez dans votre lettre de l'université de Paris comme pouvant être juge de votre prix. ... Le seul corps en France qui put juger un prix de ce genre serait l'académie des sciences de Paris. Je ne négligerais rien, si vous me l'ordonniez, pour l'engager, »[15]

écrit Condorcet dans une de ses premières lettres à Windisgrätz, qui lui répond plus tard, après l'avoir rencontré à Paris et après avoir préparé avec lui les premières démarches concernant le projet en question:

> « Je ne veux pas abuser de vos bontés et de vos loisirs, Monsieur le Marquis, ainsi j'ai attendu à vous écrire ... pour vous répéter combien vos bontés et les peines que vous vous donnez pour mon programme m'ont pénétré de reconnoissance... J'ai écrit de Paris à M. Price et d'ici [de Bruxelles] au Chevalier Banks et à M. Smith à Edimbourg... Dès que j'auroi des nouvelles d'Angleterre, j'auroi l'honneur de vous en informer... ».[16]

Condorcet devient le collaborateur le plus important de Windischgrätz dans l'organisation de son projet. Il le fait connaître à l'Académie des Sciences de Paris en obtenant le consentement de ce corps d'être un des juges des mémoires concourant pour le prix et gagnant pour le projet ses collègues, Duséjour, Borda et Laplace. Il plaide pour le projet dans le Journal de Paris,[17] assiste Windischgrätz lors de la préparation de l'édition fran-

---

[14] Ces lettres inédites se trouvent à AFW, sous le numéro d'inventaire 1562, certaines aussi sous le numéro 1564.

[15] AFW, n° inv. 1562, f.1–2 (Condorcet à Windischgrätz, 26. 3. 1785).

[16] AFW, n° inv. 1564 (Windischgrätz à Condorcet, 9. 5. 1785).

[17] Condorcet. Arithmétique politique. Textes rares ou inédits (1767–1789), édition critique commentée par Bernard BRU et Pierre CREPEL. Paris : INED 1994, p. 530–535. On y trouve transcrits le texte de Condorcet, concernant le « Programme », publié dans le

çaise du Programme et l'aide à persuader d'autres sociétés savantes et d'autres hommes des sciences pour y prendre part. Mais, avant tout, il s'intéresse vivement de lui-même à la question soulevée par le Programme, qui entre bien dans ses vues et dans ses recherches du moment:

> « Quant au fond de la question: je crois que l'objet du programme peut être rempli d'une manière très suffisante, dans le sens abstrait, c'est-à-dire en supposant un corps de droit civil conforme à la raison et aux principes de droit naturel. Mais je n'oserais répondre qu'il en fut de même pour un droit civil tel que celui qui existe chez toutes les nations de l'Europe... Cette formule pour être générale doit être rigoureusement traduisible dans toutes les langues... »[18]

> « Il me semble qu'on peut chercher deux espèces de solutions qu'on pourrait regarder comme complètes. L'une serait ... celle, où l'on donnerait des formules toutes construites applicables à tous les actes. L'autre serait celle où vu l'impossibilité de la première on donnerait une méthode rigoureuse et générale par laquelle on parviendrait à trouver toutes ces formules à mesure qu'on en aurait besoin. Cette méthode serait la seule possible si par la nature des choses le nombre des formules était infini. ... Pour éviter l'équivoque ce n'est pas une formule qu'il faut donner mais une méthode générale de désigner ces ordres [de substitution] d'une manière claire. »[19]

A la différence de beaucoup d'autres correspondants de Windischgrätz, qui marquent une attitude plus ou moins prudente envers la possibilité de la solution de son projet, Condorcet s'y montre plutôt optimiste. Du point de vue générale, le débat international sur ce projet porte sur la possibilité de traiter les affaires humaines, la législation et l'économie, sur le modèle, et avec la certitude, des sciences exactes. Les objections concrètes à l'encontre du Programme tirent argument de la diversité des lois et des facteurs qui influent sur la confection des conventions dans les pays particuliers, et de la difficulté de classer tous les cas des contrats, en doutant de la possibilité d'abstraire à partir de cas concrets. Un autre argument est de l'ordre du langage. En supposant qu'une formule était finalement dressée, les doutes portent sur la possibilité de sa traduction exacte dans les langues

---

Journal de Paris, du 9. octobre 1785, n° 282, p. 1162–1163, ainsi que son rapport à l'Académie des Sciences à Paris.
[18] AFW, n° inv. 1562, f. 1–2 (Condorcet à Windischgrätz, 26. 3. 1785).
[19] AFW, n° inv. 1562, f. 51 (Condorcet à Windischgrätz, 15. 10. 1788).

étrangères, sur la possibilité de rendre partout ses expressions sans équivoques, généralement parlant, sur la possibilité de la compréhension parfaite entre les hommes.

Condorcet s'appuie sur son savoir-faire mathématicien pour essayer de répondre à ces objections. Le Programme de Windischgrätz lui permet de mettre à l'épreuve les approches mathématiques de l'époque et de leurs applications aux réformes de la société. Il s'occupe donc d'un esquisse de l'exemple de la solution par la « décomposition de toute convention possible en propositions simples », afin de trouver un procédé permettant de réduire la volonté de l'homme formant une convention « à cette forme toujours claire, toujours évidente ». Il cherche un moyen d'assurer la clarté de cette forme en prévenant l'obscurité des actes due aux « expressions vagues » de leurs conditions.[20] Une méthode générale pour construire une formule particulière lui semble être une meilleure solution, car elle relèverait de la manière universelle de raisonner, et diminuerait ainsi les problèmes des différences juridiques et culturelles. Elle offrirait la clef pour la communication et la compréhension entre les hommes des différents coins du monde et faciliterait également le perfectionnement de la société.

Cela entre bien dans les vues de Windischgrätz. Son projet se rallie aux pensées de Condorcet également dans d'autres choses, par exemple dans l'idée de créer un langage universel qui procurerait aux sciences morales et politiques la possibilité d'expression aussi précise que celle dont bénéficient les sciences exactes. C'est donc en parlant à Windischgrätz de son « Problème » que Condorcet évoque cette question: « Il serait bien utile qu'il n'y ait qu'une langue pour les savans, une langue vivante eut été préférable à une langue morte... ».[21] Ce genre des débats concernant la communication entre les hommes, les questions mathématiques et la perfection de la société inspirent évidemment d'autres objets d'échanges entre les deux correspondants, en premier lieu facilitent la circulation des ouvrages de l'arithmétique politique, de l'économie, de la philosophie et de la politique entre la France et les pays de la monarchie des Habsbourg.

> « Je voudrais ... vous faire parvenir un exemplaire d'un ouvrage que je vais publier sous le titre d'Essai sur l'application de l'analyse à la probabilité des décisions rendues à la pluralité des voix. D'après les vues et les idées que j'ai trouvées dans le programme [de Windischgrätz] j'ose croire qu'il pourra vous intéresser », peut-on lire dans la première lettre de Condorcet à son

---

[20] AFW, n° inv. 1562, f. 49 (Condorcet à Windischgrätz, septembre 1788). Pour les méthodes mathématiques chez Condorcet voir E. Brian, La mesure de l'Etat.
[21] AFW, n° inv. 1562, f. 52 (Condorcet à Windischgrätz, 15. 10. 1788).

correspondent autrichien. « J'espère, que vous me permettrez de vous parler quelquefois, Monsieur le Marquis, de cet ouvrage, qui fait mon bonheur dans plus d'un rapport... », lui répond Windischgrätz.[22]

Ainsi, par l'envoie de l'un de plus importants livre de Condorcet sur l'arithmétique politique, se commence l'échange des œuvres entre Windischgrätz et Condorcet. Windischgrätz reçoit de Condorcet non seulement l'Essai sur l'application de l'analyse..., mais au cours de leur correspondance également d'autres ouvrages l'Essai sur les assemblées provinciales, Vie de M. Turgot, et d'autres écrits, même les manuscrits de ceux qui n'ont pas paru. Condorcet l'informe sur les livres qu'ils paraissent à Paris et sur les ouvrages qu'on y prépare, par exemple sur l'édition des œuvres de Voltaire, à laquelle Condorcet participe. En revanche, Windischgrätz lui envoie sa propre production soit imprimée (Discours dans lequel on examine les deux questions...), soit en manuscrit ou bien même encore en cours de l'écriture (Mémoire sur la perfectibilité et les bornes des facultés humaines, De l'âme, de l'intelligence et de la liberté de la volonté, Essai Sur la possibilité d'une Méthode générale de démontrer et de découvrir la vérité dans toutes les Sciences), et demande Condorcet de lui en donner son avis. Windischgrätz fait également beaucoup pour la propagation des livres et des pensées de Condorcet dans la monarchie des Habsbourg: il tâche à assurer la traduction de l'Essai sur l'application de l'analyse ... en allemand, et joue, en même temps le rôle d'un certain médiateur entre le géomètre français et les hommes des sciences et d'État de la monarchie autrichienne.

« Vous ne trouvez point à Paris le livre que vous y avez demandé, mais j'ai prié Madame la duchesse d'Aremberg de se charger pour vous d'un paquet qui en contient deux exemplaires dont un destiné pour vous, l'autre pour M. de Zinzendorf », « Vous êtes trop bon de vous occuper de la traduction de mon ouvrage. Il est un peu sérieux pour des Français, et je ne serais pas étonné que dans les universités d'Allemagne il n'eut plus de succès que chez nous et que vos jurisconsultes ne prissent la fantaisie d'apprendre l'arithmétique », « L'empereur a eu la bonté de m'écrire une lettre très honnête [concernant l'Essai sur l'application de l'analyse] »,[23] écrit Condorcet dans ses lettres à Windischgrätz.

---

[22] AFW, n° inv. 1562, f. 1–2 (Condorcet à Windischgrätz, 26. 3. 1785) ; AFW, n° inv. 1564 (Windischgrätz à Condorcet, 9. 5. 1785).
[23] AFW, n° inv. 1562, f. 19, 34, 52 (Condorcet à Windischgrätz, 1787–1788).

Les livres de Condorcet pénètrent ainsi, grâce à la médiation de Windischgrätz, jusqu'à l'empereur Joseph II et son entourage. Windischgrätz transmet les ouvrages de la part de Condorcet aussi à d'autres personnes, et il le fait tout à fait régulièrement. Parmi ces personnes appartiennent, par exemple, mathématicien belge, le comte de Nieuport, ou bien le comte Karl von Zinzendorf, un haut administrateur de la monarchie autrichienne, président de la chambre des finances de l'empereur. « Excellent ouvrage dont vous m'avez confié un exemplaire pour M. de Nieuport est entre ses mains... »,[24] écrit Windischgrätz à Condorcet en lui annonçant qu'il a rempli sa mission d'intermédiaire; de l'autre côté il informe Zinzendorf de l'envoie de livre de la part de Condorcet: « Je vous joins aujourd'hui l'ouvrage de M. de Condorcet sur la liberté de commerce de grains, il m'a envoyé un exemplaire pour votre excellence et un pour moi... ».[25] Avec ce dernier, le comte de Zinzendorf, Windischgrätz entretient une correspondance personnelles depuis longtemps. C'est donc naturel qu'il l'a informé sur ses relations avec Condorcet, à qui Zinzendorf s'intéressait vivement. C'est finalement via Windischgrätz, que Zinzendorf, un économe éclairé,[26] chargé de la préparation du cadastre dans la monarchie des Habsbourg, échange avec Condorcet non seulement les livres, mais surtout les idées et les expériences concernant les réformes de l'État, notamment du cadastre, dont Condorcet s'occupe en même temps en France.

« Vous me ferrez un grand plaisir de me procurer la collection des loix de l'empereur. C'est le seul moyen d'avoir une opinion arrêtée sur une administration qui par la vaste étendue des États de l'empereur, et surtout pour l'exemple qu'elle peut donner, et les leçons qu'elle peut fournir mérite d'occuper tous les hommes qui pensent... »,[27] peut-on lire dans une des lettres de Condorcet. Les échanges des idées scientifiques et des livres entre Condorcet et Windischgrätz accompagnent, bien sûr, aussi les échanges de riches informations sur les événements et les nouvelles de la France et de l'Autriche, et également une collaboration sur les projets éclairés concernant les affaires concrètes de l'époque. Ils témoignent souvent de la difficulté qu'avaient les gens de l'époque d'être bien informés sur l'autre pays, et des idées qu'ils se faisaient de l'étranger.

---

[24] AFW, n° inv. 1564 (Windischgrätz à Condorcet, 9. 5. 1785).
[25] M. GREČENKOVÁ, Le réseau, p. 299–304. La correspondance inédite entre Windischgrätz et Zinzendorf des années 1770–1790 se trouve dans AFW, n° inv. 1464, 1564. Pour la citation: AFW, n° inv. 1464/947–948.
[26] Sur Zinzendorf voir: Christine LEBEAU, Aristocrates et grands commis à la Cour de Vienne (1748–1791). Paris : CNRS éditions 1996.
[27] AFW, n°1562, f. 17 (Condorcet à Windischgrätz, 30. 1. 1787).

« Je ne crois plus que vous qu'il puisse exister un droit réel de faire aux hommes du bien malgré eux. Mais je crois que dans un pays où par le fait il existe une puissance différente de la nation, non seulement elle peut mais elle doit faire le bien malgré l'opinion commune, et rétablir les hommes dans leurs droits quoiqu'ils les méconnaissent... », « On dit dans ce pays-ci que vos prêtres auront la permission d'avoir des femmes... », « Je ne suis pas à portée d'avoir une opinion sur la loi relative aux francs maçons de Vienne, mais je crois toutes les associations de ce genre au moins inutiles... Cependant je n'avais pas voulu de loi ni pour ni contre... », « Si je puis juger de l'Allemagne par ce que j'ai vu en France sous le ministère de M. Turgot, il me paraît impossible que la crainte des réformes que l'empereur peut faire n'ait pas inspiré à tous les intrigans et à tous les sots de ses États une telle panique pour toute espèce de nouveautés... ».[28]

Condorcet réagit ainsi aux informations et aux avis de Windischgrätz concernant le règne de Joseph II dans la monarchie des Habsbourg. Il traite le modèle du gouvernement d'un roi éclairé, les réformes de l'État en général de Joseph II, ses édits concrets portant sur l'église, sur la franc-maçonnerie et d'autres choses, ses problèmes de faire accepter sa politique innovatrice en Hongrie ou aux Pays-Bas Autrichiens. En retour, Condorcet informe son correspondant autrichien sur ce qui se passe en France, sur sa collaboration aux projets d'État et sur son activité à la veille de la Révolution. Il lui écrit, par exemple, sur son amitié avec le ministre Turgot, sur son travail concernant les canaux ou bien le cadastre, sur les affaires de l'époque comme l'étaient l'assemblée des notables, les états généraux, les préparatifs pour la fondation d'une société réalisée ensuite dans la Société de 1789.

Cependant, ce qui lie Condorcet et Windischgrätz le plus, c'est le débat sur les procédés du jugement des tribunaux français et autrichiens, et sur les affaires actuelles de la justice, comme celle des « trois roués » ou bien celle du « collier de la reine ». Lorsque Condorcet s'engage, en 1786, dans l'affaire des « trois roués », il n'hésite pas à profiter des services de son correspondant autrichien pour soutenir son combat visant éclairer la justice française, ainsi que la politique. C'est finalement Windischgrätz, qui fait publier a Bruxelles l'écrit critique de Condorcet sur cette affaire, et sur les vices de la justice française, les *Réflexions d'un citoyen non-gradué sur un*

---

[28] AFW, n° inv. 1562, f. 19, 30, 34, 43 (Condorcet à Windischgrätz, lettres des années 1787–1788).

procès très connu,[29] qui ne pouvait pas paraître en France. Il assure également sa distribution aux personnes concernées à Paris. Ainsi Windischgrätz s'engage directement et concrètement dans une affaire célèbre des intellectuels français pour la cause des Lumières ayant un écho européen. Mais, la collaboration sur les affaires sérieuses politiques et intellectuelles touche également à la vie privée des deux protagonistes de cette correspondance, comme en témoigne la lettre suivante de Condorcet sur son mariage avec Sophie de Grouchy:

> « Monsieur le comte, j'étais garçon quand vous m'avez vu, et vous me retrouverez marié. ... Vous même y avez contribué, ces Réflexions d'un citoyen non-gradué que vous avez fait imprimer à Bruxelles ont resserré mon ancienne liaison avec M. du Paty, et m'ont procuré l'occasion de connoitre une de ses nièces, belle, n'ayant que vingt trois ans... Elle a bien voulu s'unir à moi pour partager mes sentimens, mes travaux et pour m'en récompenser... »[30]

Par ce genre d'informations, les deux correspondants deviennent bientôt les amis, et « Monsieur le comte » du début des lettres de Condorcet change en « Mon cher ami ». De même, les lettres se terminent de manière plus familiale par « Adieu, mon cher ami, je vous embrasse », alors, qu'au début de la correspondance, elles se finissaient par les phrases pleines de la politesse obligatoire. Les échanges entre les deux amis ne restent non plus sur la base uniquement professionnelles. Intellectuels qu'ils fussent, Condorcet et Windischgrätz, n'hésitent pas à s'intéresser aussi aux choses plutôt ordinaires, par rapport aux grandes idées dont ils se préoccupent d'habitude, et montrent bien qu'un Philosophe sait également d'être un homme comme chacun d'autre:

> « Quant à la bière de Bruxelles dont vous avez la bonté de vous occuper, deux cent cinquante bouteilles me suffisent... Mais je vous prie de ne dire à personne que je veuille boire de la bière étrangère. La communauté des brasseurs de Paris, et les juges du Châtelet qui la protègent, m'en sauraient mauvais gré. On a besoin de se cacher même pour boire des choses indifférentes ou salutaires », « Le paquet de biscottes est arrivé très heureuse-

---

[29] AFW, n° inv. 1562, f. 11 (Condorcet demande à Windischgrätz de faire imprimer et distribuer ses « Réflexions d'un citoyen non-gradué », mars 1786), [Condorcet], « sur un procès très connu », 1786. in : Œuvres de Condorcet, ed. de François ARAGO et Arthur CONDORCET O'CONNOR. Paris : F. Didot 1847–1849, vol. 12 (réed. 1968, F. Frommann Verlag. Stuttgart-Bad Cannstatt), t. VIII, p. 143–166.
[30] AFW, n° inv. 1562, f. 17 (Condorcet à Windischgrätz, 20. 1. 1787).

ment, et je vous prie d'en recevoir tous mes remerciemens », « J'ai reçu vos lettres et le paquet. Ce qu'il contenait doit donner une bonne idée des manufactures d'Allemagne, l'étoffe est forte et solide, et les couleurs sont vraies ».[31]

De la fin d'une amitié à l'idée de la paix perpétuelle

En feuilletant les livres que Windischgrätz a reçu de Condorcet, nous y trouvons beaucoup de notes inscrites en marge des pages. Ces notes de Windischgrätz paraissent être dues à une lecture postérieure à l'époque de sa correspondance avec Condorcet. Elles étonnent souvent par leur ton, qui révèle une déception amère de la relation de Windischgrätz avec son ami français. Dans la Vie de Monsieur Turgot, à l'endroit, où Condorcet décrit les qualités d'un hommes des Lumières jugeant de tout d'après la raison et d'après l'expérience, et, où il dit que Turgot « seul a été cet homme ... dégagé de toute opinion reçue sans examen », Windischgrätz marque en marge de la page:

« Je crois être cet homme autant que l'étoit Turgot. M. de Condorcet ne l'ignoroit pas, mais il n'a eu garde de le dire, car tous mes principes ne lui plaisoient pas; il est difficile de concevoir pourquoi, connoissant mes ouvrages, il n'en a cité aucun dans sa Bibliothèque de l'homme publique dans laquelle il a extrait tant de plats ouvrages... ».[32]

Nous trouvons de pareilles remarques également sur les autres pages. « Mes idées sur l'âme sont, j'ose le dire, bien plus développées »,[33] marque Windischgrätz sur un endroit du livre, où Condorcet écrit sur les sentiments et la formation des idées, et sur le regard de Turgot à ces choses. « M. de Condorcet paraisse ne pas vouloir que mes écrits soient lus... »,[34] peut-on lire dans une lettre de Windischgrätz à un autre correspondant. « Les sectes qui ont à leur solde les imprimeurs, libraires, journalistes, gens de lettres ne laissent pas paroître les ouvrages contraires à leurs vues et cette gêne est pire que celle que peuvent imposer les gouvernemens », marque le comte à

---

[31] AFW, n° inv. 1562, f. 23, 39, 43 (Condorcet à Windischgrätz, lettres des années 1787/1788).
[32] Musée National, Bibliothèques des châteaux, Kladruby, 6. a 257, exemplaire de livre: Jean-Antoine de CONDORCET, Vie de Monsieur Turgot. Londres 1786, p. 209–210.
[33] Ibid., p. 219.
[34] AFW, n° inv. 1463 (lettre de Windischgrätz à un correspondant français non-identifié).

l'endroit, où on parle de la liberté de la presse dans la « Vie de Monsieur Turgot ».[35] Sous la notion des « sectes » Windischgrätz comprend les anciens hommes des Lumières français devenu, après 1789, les révolutionnaires, en tête avec Condorcet.

En fait, Windischgrätz se sent méconnu par Condorcet, qui dans ses lettres ne s'identifiait pas toujours avec les idées de ses travaux, et ne les a pas reccomandé pour la publication...[36] Mais, il y a encore une chose plus importante. Windischgrätz est persuadé que Condorcet refuse citer ses travaux par la jalousie de ses idées, et surtout par la peur de la justesse des opinions que Windischgrätz porte à l'adresse des avis « extrêmes », voire révolutionnaires, de son ancien ami français. C'est à ce moment là, que se manifeste la différence non seulement des vues et des caractères des deux hommes, mais également d'un contexte culturel dont ils sont originaires, comme en témoignent les notes de Windischgrätz dans le livre de Condorcet:

> « Sans doute il faut quelques innovations, mais la pluspart de celles que les philosophes ont proposés ne valoient pas le diable », « Dans les monarchies héréditaires il faut une noblesse héréditaire et par conséquent l'inégalité de richesses. Le peuple en sera plus heureux, que si les courtisans et les gens en places sont des gens de lettres ou des marchands. L'aristocratie héréditaire doit subsister, mais il ne faut pas qu'elle puisse opprimer les autres classes. »[37]

Windischgrätz, provenant d'une famille noble ancienne et traditionnelle de centre de l'Europe, ne peut plus prêter l'oreille aux appelles des dernières lettres de Condorcet qui l'incitent à donner l'appui à ses premiers projets pré-révolutionnaires et révolutionnaires, et lui semblent parler résolument contre l'ordre social existant, contre l'aristocratie et l'église.[38] Selon Windischgrätz, Condorcet a trahi les idées des Lumières. Ses vues révolutionnaires s'opposent entièrement au programme du perfectionnement de l'humanité par la raison, la loi et la science, qu'avait Windischgrätz en vue, et également à ses idées sur le rôle directeur de la noblesse héréditaire dans le procès de la modernisation et du perfectionnement de la société. Cependant Windischgrätz ne cherche pas à défendre gratuitement l'aristocratie;

---

[35] Musée National, Bibliothèques des châteaux, Kladruby, 6. a 257, exemplaire de livre: CONDORCET, Vie de Monsieur Turgot, p. 261.

[36] AFW, n° inv. 1562, f. 53 (Condorcet à Windischgrätz, lettres du toutnant des années 1788/1789).

[37] Musée National, Bibliothèques des châteaux, Kladruby, 6. a 257, exemplaire de livre: CONDORCET, Vie de Monsieur Turgot, p. 192, 248–249, 261.

[38] AFW, n° inv. 1562, f. 55, 57 (Condorcet à Windischgrätz, lettres de l'année 1789).

ce qui compte pour lui, c'est le bonheur des gens, qui ne peut pas être, selon lui, assuré par le désordre et la révolution.[39]

> « Mr. de Condorcet s'est intéressé à cette affaire [au Programme de Windischgrätz de 1784/1785] avec d'autant d'ardeur, qu'il alloit publier précisément alors son grand ouvrage [Essai de l'application de l'analyse], et qu'il lui a paru qu'il y avoit beaucoup de rapport entre mes idées et les siennes. ... Nous avons été sur cela pendant quelques temps dans une correspondance assez suivie. Cependant nous nous sommes aperçus bientôt que nous différions totalement de principes. ... La dernière fois que je l'ai vu c'étoit en 1788, et alors ses discours révolutionnaires et vagues, joints aux tentatives qu'ils faisoit pour me faire donner dans son sens, m'ont tellement déplu, que toute correspondance a cessé entre nous... Mr. de Condorcet étoit certainement de la secte des novateurs, ennemi du clergé et de la noblesse (quoique noble lui-même), mais non ennemi de la Royauté... Comment a-t-il changé depuis? Dieu le sait. La pluspart des personnages qui ont figuré dans cette Révolution, ont été si fort masqués, se sont fait si peu de scrupules de jouer des rôles hypocrites, qu'il n'est presque pas possible de deviner quelles étoient leurs véritables vues ».[40]

Windischgrätz résume ainsi sa relation avec Condorcet dans un écrit de la fin du XVIIIe siècle, dans lequel il revient sur la problématique de l'arithmétique politique, qu'il a jadis traité avec son correspondant français. Il y reprend l'Essai de l'application de l'analyse..., le soumet à sa critique en réfléchissant en même temps sur le destin de son projet de 1784/1785. Ce projet n'a pas abouti, la Révolution a mis la fin à son achèvement.

Cependant, instruit par les événements révolutionnaires auxquels, selon son avis, ont mené les idées des hommes des Lumières, Windischgrätz repense son Programme de jadis. Il le fait finalement publier à nouveau en 1801 dans la version allemande. Mais avant cette date, il fait connaître son Programme encore une foi, en le rajoutant, en 1798, dans son mémoire envoyé au Congrès de Rastadt. Parce qu' il renouvelle cet appelle aux hommes des sciences, lancé pour la première fois quatorze ans auparavant, dans de nouvelles circonstances politiques et sociales, il l'accompagne par un

---

[39] Voir aussi [Windischgrätz], « Dissertation sur l'opinion que l'on doit avoir des auteurs de la révolution française et des sectes intrigants de nos jours », s. d., AFW, ms. n° inv. 961.
[40] AFW, ms. n° inv. 959/III (note 22 du manuscrit de l'ouvrage « Mémoire sur diverses questions de la justice », écrit apparamment entre les années 1799–1801).

nouveau projet, par un projet beaucoup plus directement lié aux événements de l'époque et aux besoins de l'humanité entière. Il s'agit du projet visant « la paix perpétuelle ».[41]

La solution du problème, que Windischgrätz a soulevé dans ce projet et qui se basait sur les mêmes postulats moraux et idéologiques comme son « prédécesseur », devait être apportée par les mêmes méthodes comme celle du Programme de 1784. Cependant, au lieu de la diversité des conditions de transfert des propriétés, le nouveau programme demande de prendre en considération les diverses formes des gouvernements existant, et au lieu de prévenir les procès, il se donne pour but de prévenir les bouleversements de l'ordre, voire les révolutions. Ce qu'il cherche, c'est donc perfectionner la société et la législation sans cependant changer ou bouleverser l'ordre social existant.[42] Windischgrätz résume dans l'idée de ce nouveau projet toutes ses expériences des échanges avec Condorcet, ainsi que celles de l'époque révolutionnaires qui a mis la fin à leur collaboration et leur correspondance.

* * *

Joseph Nicolas comte de Windischgrätz, un noble de la monarchie des Habsbourg, s'était engagé de manière importante dans des activités cosmopolites des hommes des Lumières. L'auteur d'un projet du perfectionnement de l'humanité, apprécié sur le niveau international par les hommes des sciences célèbres de l'époque, il construit un réseau de correspondance, jusqu'ici inédites, qui obtient une dimension quasi mondiale. Son dossier présente une source unique documentant un débat interdisciplinaire entre les savants et les politiques français, anglais, autrichiens, suisses, allemands, tchèques, italiens et hongrois sur les questions de jurisprudence et de la possibilité de l'amélioration de la société. Les échanges que ce projet entraîne aident ainsi à faire connaître réciproquement les hommes des Lumières des différents coins de l'Europe, et rendent possible une meilleure circulation de leurs œuvres, de leurs idées et de leurs expériences.

La riche correspondance entre Windischgrätz et Condorcet en donne le meilleur exemple. En dehors d'un débat entre ces deux correspondants

---

[41] « Mémoire de Joseph Nicolas Comte de Windisch-Grätz, Etat de l'Empire, pour être présenté au Congrès rassemblé à Rastadt sur les Questions... », AFW, n° inv. 959/4.

[42] Copie de la lettre au baron de Thugutt du 9 fevrier 1798, AFW, n° inv. 959/IV. Dans les papiers du comte on trouve également le manuscrit d'un de ses écrits intitulé: « Dissertation pour prouver: Qu'on peut, sans changer les anciennes formes régulières des gouvernements, rendre les hommes aussi heureux, qu'ils le peuvent être par les loix et l'association civile », AFW, n° inv. 959/II, IV.

concernant l'économie politique, la langue universelle, la réforme de l'État et celle de la société en général, et la possibilité d'introduire la certitude mathématique dans la science du gouvernement, elle contribue à diffuser les idées du géomètre français et des autres hommes des Lumières français dans le centre de l'Europe, jusqu'à l'entourage de l'empereur-réformateur Joseph II. En retour, elle aide également à mieux informer les Français sur le milieu intellectuel et politique de la monarchie des Habsbourg et sur l'activité réformatrice de son gouvernement. Elle montre aussi bien les ressemblances, que les différences des attitudes et des vues des deux protagonistes, autrichien et français, qui illustrent les similitudes et les contrastes des deux milieux culturels et politiques, de la monarchie autrichienne et de la France.

A part le fait, que le dossier révèle les correspondances jusqu'ici inconnues et rend possible d'étudier le fonctionnement d'un large réseau épistolaire internationale, il a l'intérêt aussi bien pour l'histoire des sciences et de l'administration, que pour celle des pratiques sociales et du regard sur l'autre, voire la représentation de l'étranger. Il est aussi important pour l'étude des élites de la monarchie des Habsbourg, en démontrant leur engagement dans la communauté intellectuelle européenne.

Autorenverzeichnis

Mag. Zdeněk *Bezecný*, PhD., Historisches Institut der Südböhmischen Universität, Budweis.
Postanschrift: Historický ústav, Jihočeská univerzita, Jeronýmova 10, 371 15 České Budějovice.
e-mail: ekbe@centrum.cz

Mag. Johannes *Bronisch*, Postanschrift: Historisches Seminar der Universität Leipzig, Beethovenstr. 15, 04107 Leipzig.
e-mail: johannes.bronisch@gmx.net

Mag. Ivo *Cerman*, Graduierten-Kolleg „Ars und scientia", Eberhard-Karls Universität Tübingen.
Postanschrift: Ústav českých dějin, Filozofická fakulta, Univerzita Karlova v Praze, Nám. J. Palacha 2, 116 38 Praha 1.
e-mail: ivo.cerman@uni-tuebingen.de

Mag. Tereza *Diewoková*, promoviert im Rahmen eines französisch-tschechischen Studienprogramms, in Tschechien unter der Leitung von M. Lenderová (Südböhmische Universität Budweis), in Frankreich unter der Leitung von Arlette Farge, E. H. S. S.
Postanschrift: Fakulta humanitních studií, Studentská 84, 532 10 Pardubice.
e-mail: d.tereza@email.cz

Dr. Veit *Elm*, Postanschrift: Forschungszentrum europäische Aufklärung, Am Neuen Markt 9d, 14467 Potsdam.
e-mail: veit.elm@rz.uni-potsdam.de

PhDr. Martina *Grečenková*, Historisches Institut der Akademie der Wissenschaften der Tschechischen Republik, Prag.
Postanschrift: Akademie věd České republiky, Prosecká 76, 190 00 Praha 9.
e-mail: grecenkova@hiu.cas.cz

Doc. PhDr. Milan *Hlavačka*, CSc., Institut für Geschichte Tschechiens, Karls-Universität in Prag.
Postanschrift: Ústav českých dějin, Filozofická fakulta, Univerzita Karlova v Praze, Nám. J. Palacha 2, 116 38 Praha 1.
e-mail: milan.hlavacka@ff.cuni.cz

Mag. Jan *Kahuda*, Nationalarchiv der Tschechischen Republik, Prag.
Postanschrift: Národní archiv, Archivní 4, 149 01 Praha 4.
e-mail: j.kahuda@seznam.cz

Dr. Olga *Khavanova*, Institut für Slawistik, Russische Akademie der Wissenschaften, Moskau.
Postanschrift: Institute of Slavonic Studies, Leninsky Pr. 32-A, 119 334 Moscow.
e-mail: khavanova@mtu-net.ru

Mag. Alena *Kiehlborn*, Lehrstuhl für fremde Sprachen, Universität Pardubitz.
Postanschrift: Katedra cizích jazyků, Fakulta humanitních studií, Studentská 84, 532 10 Pardubice.
e-mail: alena.kiehlborn@upce.cz

Prof. PhDr. Milena *Lenderová*, CSc., Lehrstuhl für historische Wissenschaften, Universität Pardubitz und Historisches Institut, Südböhmische Universität Budweis.
Postanschrift: Katedra historických věd, Fakulta humanitních studií, Studentská 84, 532 10 Pardubice.
e-mail: milena.lenderova@upce.cz

Jakub *Machačka*, Student der Geschichte an der Karls-Universität in Prag.
e-mail: jakub.machacka@centrum.cz

Claire *Madl*, Postanschrift: Centre français de recherche en sciences sociales (Cefres), Vyšehradská 49 – Kloster Emauzy, 128 00 Praha 2.
e-mail: claire@cefres.cz

PD Dr. Josef Matzerath, Postanschrift: Technische Universität Dresden, Institut für Geschichte – Lehrstuhl für Sächsische Landesgeschichte, Mommsenstr. 13, 01062 Dresden.
e-mail: josef.matzerath@mailbox.tu-dresden.de

Dr. Miloš *Řezník*, Postanschrift: Technische Universität Chemnitz, Reichenhainer Str. 39, 09107 Chemnitz.
e-mail: milos_reznik@yahoo.com

Mag. Stefan *Seiler*, Absolvent der Geschichte, Eberhard-Karls Universität Tübingen.
e-mail: seiler.st@web.de

Mag. Ingrid *Štibraná*, wissenschaftliche Assistentin am Lehrstuhl für Geschichte der Kunst und Kultur, Universität Tyrnau.
Postanschrift: Dejiny umenia a kultury, Trnavská univerzita, Hornopotočná 23, 918 43 Trnava.
e-mail: ingrid.stibrana@zoznam.sk

PhDr. Luboš *Velek*, PhD., Institut für Geschichte Tschechiens, Karls-Universität in Prag.
Postanschrift: Ústav českých dějin, Filozofická fakulta, Univerzita Karlova v Praze, Nám. J. Palacha 2, 116 38 Praha 1.
e-mail: velek.lubos@volny.cz

Abkürzungsverzeichnis/Übersetzungen

AFW	Archives de la famille des Windischgrätz
AJJR	Annales de la Societé Jean Jacques Rousseau
bzw.	beziehungsweise
család	család levéltára (Familienarchiv)
d. h.	das heißt
ders.	derselbe
dies.	dieselbe
ebd.	ebenda
FA	Familienarchiv
fol.	Folio
HHStA	Haus-, Hof- und Staatsarchiv
HKA	Hofkammerarchiv
K.	Karton
KČSN	Královská česká společnost nauk (Königliche Gesellschaft der Wissenschaften)
MOL	Magyar Országos Levéltár (Ungarisches Staatsarchiv)
NA	Národní archiv (Nationalarchiv)
NK ČR	Národní knihovna České republiky (Nationalbibliothek der Tschechischen Republik)
o. J.	ohne Jahr
o. O.	ohne Ort
ÖNB	Österreichische Nationalbibliothek
OSZK	Országos Széchenyi Könyvtár (Ungarische Nationalbibliothek [„Széchenyis Landesbibliothek"])
RA	Rodinný archiv (Familienarchiv; fonds de la famille)
s.	Siehe
s. f.	sine folio
Sächs. StA	Sächsisches Hauptstaatsarchiv
SOA	Státní oblastní archiv (Staatliches Gebietsarchiv; Archives d'Etat de la région de...)
UBL	Universitätsbibliothek Leipzig
UBH	Universitäts- und Landesbibliothek Halle
vgl.	vergleiche
z. B.	zum Beispiel
ZHF	Zeitschrift für Historische Forschung

Personenregister

Auersperg Alois Graf von, 168
Augustus II. der Starke, Kurfürst von Sachsen, König von Polen, 86, 264
Baumeister Friedrich Christian, 154, 262
Baumgarten Alexander Gottlieb, 262
Beck Christian August, 157, 158
Berchtold Wilhelmine Gräfin von, 135
Berzelius Jöns Jacob, 245
Bibliothek, 14, 19, 40, 45–48, 53, 55, 59, 60, 64, 67, 71, 156, 161, 178, 180–184, 190, 227, 228, 230–239, 268–270, 278, 285, 293, 294
Boll Antonius, 11, 154
Buquoy Adelheide Marie Theresia, 51
Buquoy Georg Graf von, 14, 65, 241, 243, 244, 246, 248, 250, 251, 253, 255
Buquoy Karl Graf von, 246
Buquoy Leopold Graf von, 51, 52, 246
Carlowitz (Familie), 85
Castiglione Baldassare, 177, 232
Colloredo Anton, 110
Conrads Norbert, 96, 144, 145
Cronstein Theodor, 155
Darrell William, 154
Dembowska Marie Anna, 127–129, 138
Descartes René, 24, 37, 154, 182
Deschamp Jean, 266
Deym Franz, 169
Deym Friedrich, 172
Diemel Christa, 199, 208
Draskovics József, 105
Elias Norbert, 177, 234
Engelschall Josef Heinrich, 155, 160, 162
Erber Bernardinus, 161
Erdődy József, 112
Euler Leonhard, 274
Faludi Ferenc, 154
Fénelon abbé, 59, 67
Festetics Theresia, 126, 129, 131–133, 136
Formey Jean Henri Samuel, 266, 269, 270
Frege (Familie), 88, 89, 91
Friedrich II. von Preußen, 268, 273
Fries (Familie), 85, 88, 90, 92
Fux Franz, 129, 138
Genlis Stéphanie Félicité comtesse de, 64
Gindely Anton, 171

Goethe Johann Wolfgang, 244, 245, 252, 253
Gold Josef, 105
Gottsched Johann Christoph, 262, 264, 268, 269, 275, 277, 278
Gracian Baltasar, 178, 185, 190
Guth-Jarkovský Jiří, 172
Hadick Franziska, 136
Hadick Marie Anna, 136
Hahnemann Samuel Friedrich Christian, 245
Haller von Hallerstein Elisabeth, 130, 133
Hartig Franz de Paula Anton, 47, 56, 231
Hecquet Philippe, 60
Helvétius Claude Adrien, 9, 153, 182
Hinske Norbert, 260, 263
Hirsching Friedrich Karl Gottlob, 227, 228, 230, 232
Chotek Johann Karl, 156
Chotek Rudolf, 148
Justi Johann Heinrich Gottlob, 95, 155, 162, 163, 274
Kadletz-Schöffel Hedwig, 193, 194
Kageneck Maria Aloisie von (manchmal ‚Kagenegg'), 195
Kant Immanuel, 145, 260, 279, 285
Karg Amelia, 126, 132
Karl Eugen Herzog von Württemberg, 71, 72, 74, 76
Károlyi Antal, 104, 110–112
Károlyi Sándor, 97, 104
Kinsky Franz Josef, 10, 55, 168, 204, 230, 239
Kinsky Josef Graf von, 168, 239
Klobusiczky József, 111
Koch Gottfried, 167
Koch Christoph Wilhelm, 196
Könneritz Karl Heinrich Ehrenreich, 91
Legipont Olivier, 11, 227, 232, 235
Leprince de Beaumont Jeanne Marie, 47
Lindenau Bernhard von, 84
Lobkowicz Georg Christian Fürst von, 13, 199, 213, 214, 222, 223
Lobkowicz Joseph Franz Maximilian Fürst von, 13, 61
Mably Jean Bonnot, 20, 21

MacHardy Karin, 96
Manteuffel Ernst Christoph von, 14, 257–259, 263–278
Martini von Wasserberg Karl Anton, 147, 157, 158, 163
Mascov Johann Jakob, 157, 158, 160
Metternich Clemens Wenzel Lothar Fürst von, 13, 193–198
Mettrie Julian Offray de, 274
Mickiewicz Adam, 253, 254
Mittrowsky Friedrich Anton Graf von, 167
Motley Mark, 96, 99
Naudé Gabriel, 227, 230, 232–235, 238
Newton Isaac, 24, 37, 164, 182, 252–254
Nicole Pierre, 178, 190
Nollet Jean Antoine, 164, 165
Pálffy Charlotte, 129, 137
Pascal Blaise, 178, 185, 190
Pekař Josef, 172
Picker Johann Baptist, 155–157, 160
Pölitz Karl Heinrich Ludwig, 88
Post Josefine, 129, 131, 132
Pott Degenhard, 83, 87, 90, 91
Raab Franz Anton, 170
Rabiosus Anselmus, 72
Radetzky Wenzel, 168
Reinbeck Johann Gustav, 266, 269
Riegger Josef Anton, 147, 159
Riegger Paul Josef, 156, 157, 159
Römer Karl Heinrich, 83, 84
Roštapil Václav, 169
Rousseau Jean-Jacques, 11, 17–22, 24–26, 28, 29, 32, 34, 35, 37–43, 45, 47, 48, 52, 53, 55–57, 59, 60, 64, 144, 145, 148, 149, 157, 163, 182
Runk Ferdinand, 66
Salm-Salm Wilhelm Fürst von, 168
Seibt Karl Heinrich, 46
Schaffgotsch Prokop von, 168
Schlik Elise, 61, 63
Schlik Tekla, 64–67
Schmiddeli Daniel, 122, 128–135, 137
Schönberg (Familie), 85, 88, 90
Schwarzenberg Eleonore Sophie, 61, 210

Schwarzenberg Friedrich Fürst von, 200–211
Schwarzenberg Gabrielle, 60, 62, 63, 65
Schwarzenberg Johann Nepomuk, 147
Schwarzenberg Karl I., 13, 200, 202, 204–208
Schwarzenberg Karl II., 201–204, 209–211
Schwarzenberg Marie Anna, 200–202, 204, 206, 207
Schwarzenberg Pauline, 53, 54, 60–63, 65, 67, 210
Simon Johann Friedrich, 194, 195
Skrbensky Maximiliane, 137
Sonnenfels Josef, 11, 107, 152, 159, 162
Splényi Gábor Antal, 104
Stekl Hannes, 13, 199, 201, 203–207, 210
Straka von Nedabylicz Johann Peter, 170, 171
Sussics Jacab, 110
Swieten Gerard van, 101
Swieten Gottfried van, 167
Thomasius Christian, 259, 260
Trakal Josef, 169, 172
Tranx abbé de, 13, 181–191
Truchsess-Waldburg-Zeil Marie Walburg, 56
Ugarte Alois Graf von, 167
Valentiani Angelika, 134
Voltaire François Marie Arouet, 18, 22, 29, 46, 153, 259, 267, 279, 289
Walderode Johanna Nepomuk, 126, 136
Waldstein Marie Josefine Gräfin von, 130
Wallis Oliver Graf von, 168
Welck Curt von, 88–93
Werböczy István, 100
Wilczek Johann Josef Graf von, 168
Windischgrätz Josef Nikolaus, 14, 279, 280, 282, 283, 296
Wolff Christian, 14, 153, 154, 157, 159, 162, 163, 257–263, 265–278

Sachregister

Akademie in Szenc, 108
Akademie, adelige, *s. auch Akademie in Szenc, Theresianum*
Akademie in Wien, savoysche, 12, 147, 159, 163, 167
Akademie in Wien, theresianische, *s. Theresianum*
Aufklärung, 9, 17, 18, 29, 57, 84, 85, 92, 93, 100, 143, 146, 150, 151, 153, 162, 164, 177, 179, 182–184, 189, 190, 191, 202, 243, 244, 246, 252, 254, 255, 257–263, 266–269, 272, 279, 280, 285, 286, 292–297
Benediktiner, 11
bibliothèque, *s. Bibliothek*
gouverneur, *s. Hauserziehung*
Grand Tour, *s. Kavalierstour*
Hauserziehung, 21, 23, 26, 33, 35–37, 47, 84, 87, 144, 146–148, 194, 195
Hofmeister, *s. Hauserziehung*
Hohe Karlsschule, 12, 71, 72, 75–82, 145
honnêtes gens, *s. honnêteté*
honnêteté, 21, 24, 178
Jesuiten, 11, 152–155, 157, 160, 164, 165, 174, 178, 190
Jura, 85, 91, 146, 151, 153–156, 172, 194, 246
jus naturae, 147, 150, 152, 155, 157
jus publicum, 150, 155, 157–159
Kameralwissenschaften, 107, 108, 112, 161
Kavalierstour, 96, 143, 166, 264

lumières, *s. Aufklärung*
Mathematik, 14, 24, 36, 151, 156, 164, 165, 188, 197, 211, 218, 246, 248, 249
Militärakademie in Wiener Neustadt, 12, 150, 167
Militärschule in Paris (École royale militaire), 76
perfectibilité, *s. Perfektibilität*
Perfektibilität, 261, 282, 289
Physik, 24, 35, 151, 152, 156, 164, 197, 200, 210, 261
Piaristen, 11, 102, 153, 155
Polizeywissenschaft, 162, 163
Ritterakademie, 12, 77, 79–81, 96, 98, 144, 145, 152, 155, 156, 161, 162, 174, 246
Theresianum, 12, 95, 101–106, 108, 109, 113, 143–149, 151, 152, 154–157, 159, 161–164, 166–168
tour de cavaliere, *s. Kavalierstour*
Universität Leipzig, 12, 84, 86, 88, 91, 158, 257, 258, 268
Universität Prag, 222
Universität Strassburg, 80, 167, 196
Universität Tübingen, 12, 71–74, 76, 78, 80, 145
Universität Tyrnau (Trnava), 100, 102, 105
Universität Wien, 8, 146, 147, 161, 162

Milena Lenderová: Instruction d'une fille noble

**Abbildung 1: Zeichnung aus dem Skizzenheft von Gabriela
von Schwarzenberg (1825–1843)**
Nachweis: SOA Třeboň (Wittingau) – FA Schwarzenberg

Milena Lenderová: Instruction d´une fille noble

Abbildung 2: Der schwarzenbergsche „Hofmaler" Ferdinand Runk beim Zeichenunterricht
Nachweis: SOA Třeboň (Wittingau) – FA Schwarzenberg

Abbildung 3: Curt Robert Freiherr v. Welck (1798–1866) gezeichnet von Carl Lutherer 1833/34
(Sächsische Landesbibliothek Dresden)

Johannes Bronisch: "La trompette de la verité"

Abbildung 4: David Matthieu (1697–1755): Bildnis Ernst Christoph von Manteuffel, 1676–1749.
(1736, Öl auf Leinwand, 142 × 110 cm, signiert und datiert)
Kunstbesitz der Universität Leipzig, Inv.-Nr. 1951: 183

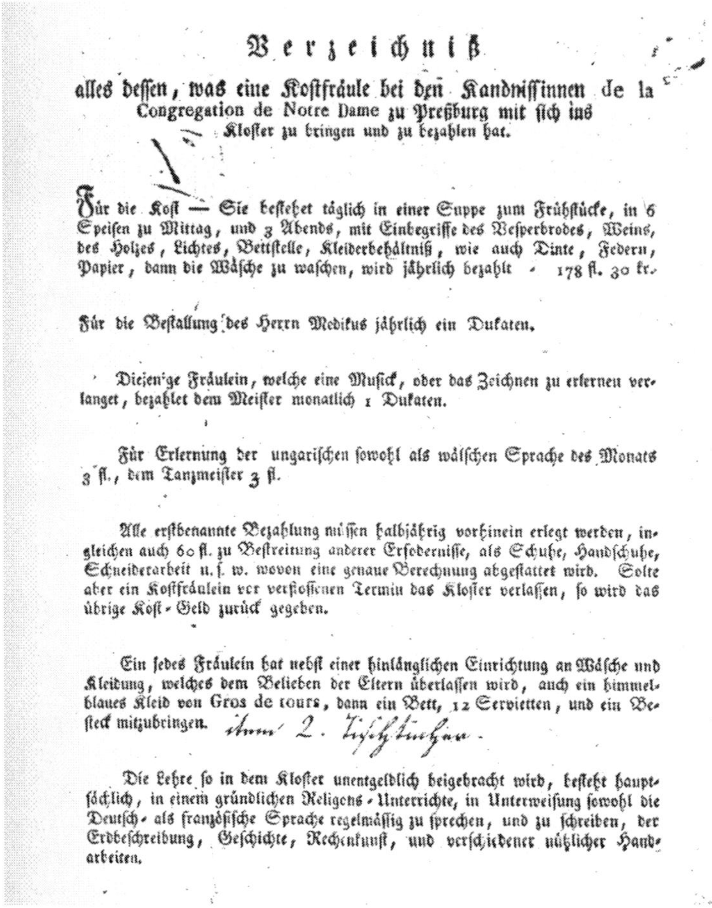

Verzeichniß

alles dessen, was eine Kostfräule bei den Kandissinnen de la Congregation de Notre Dame zu Preßburg mit sich ins Kloster zu bringen und zu bezahlen hat.

Für die Kost — Sie bestehet täglich in einer Suppe zum Frühstücke, in 6 Speisen zu Mittag, und 3 Abends, mit Einbegriffe des Vesperbrodes, Weins, des Holzes, Lichtes, Bettstelle, Kleiderbehältniß, wie auch Tinte, Federn, Papier, dann die Wäsche zu waschen, wird jährlich bezahlt - 178 fl. 30 kr.

Für die Bestallung des Herrn Medikus jährlich ein Dukaten.

Diejenige Fräulein, welche eine Musick, oder das Zeichnen zu erlernen verlanget, bezahlet dem Meister monatlich 1 Dukaten.

Für Erlernung der ungarischen sowohl als wälschen Sprache des Monats 3 fl., dem Tanzmeister 3 fl.

Alle erstbenannte Bezahlung müssen halbjährig vorhinein erlegt werden, ingleichen auch 60 fl. zu Bestreitung anderer Erfodernisse, als Schuhe, Handschuhe, Schneiderarbeit u. f. w. wovon eine genaue Berechnung abgestattet wird. Solte aber ein Kostfräulein vor verflossenen Termin das Kloster verlassen, so wird das übrige Kost-Geld zurück gegeben.

Ein jedes Fräulein hat nebst einer hinlänglichen Einrichtung an Wäsche und Kleidung, welches dem Belieben der Eltern überlassen wird, auch ein himmelblaues Kleid von Gros de tours, dann ein Bett, 12 Servietten, und ein Besteck mitzubringen. *dann 2 Tischtücher*

Die Lehre so in dem Kloster unentgeldlich beigebracht wird, bestehet hauptsächlich, in einem gründlichen Religions-Unterrichte, in Unterweisung sowohl die Deutsch- als französische Sprache regelmäßig zu sprechen, und zu schreiben, der Erdbeschreibung, Geschichte, Rechenkunst, und verschiedener nützlicher Handarbeiten.

Abbildung 5: Verzeichnis der Sachen, die die weiblichen Zöglinge des Konvikts Notre Dame in Bratislava zu bezahlen hatten.

Ingrid Štibraná: Die blauen Damen

Abbildung 6: Charlotte Pálffy (1741–1799)
Museum Červený Kameň (Slowakei), beschlagnahmt vom Kloster Notre Dame in Bratislava 1957,
Öl auf Leinwand, 90,5 × 74 cm, Inv. Nr. O-57, auf der Rückseite: Daniel Schmiddeli / pinxit 1756,
Inschrift: Char / lotte Palffÿ / de Erdöd

Ingrid Štibraná: Die blauen Damen

Abbildung 7 Elisabeth Haller von Hallerstein
Magyar Nemzeti Galerie Budapest (Ungarische Nationalgalerie, Budapest), 1993
vom privaten Besitzer eingekauft
Öl auf Leinwand, 95 × 76 cm, Inv. Nr.-367
unsigniert, undatiert
Inschrift: BARO LISETTE / HALLER de HALLER / STEIN

Ingrid Štibraná: Die blauen Damen

**Abbildung 8: Konvikt Notre Dame in Bratislava – Doppelporträt
von Maria Anna und Franziska Hadick**
ursprünglich im Kloster Notre Dame in Bratislava, verloren beim Transport
ins Museum Červený Kameň 1957
Öl auf Leinwand, 94 × 118 cm

Ingrid Štibraná: Die blauen Damen

Abbildung 9: Theresia Festetics
Museum Červený Kameň (Slowakei), beschlagnahmt vom Kloster Notre Dame
Bratislava 1957
Öl auf Leinwand, 94 × 70,5 cm, Inv. Nr. O-273
signiert auf der Rückseite, ohne Datum: Dan: Sch / pinxit
Inschrift: THERES / de FESTETICS

Ingrid Štibraná: Die blauen Damen

Abbildung 10: Josefine Baronness von Post
Museum Červený Kameň (Slowakei), beschlagnahmt vom Kloster Notre Dame
in Bratislava 1957
Öl auf Leinwand, 93,5 × 76,5 cm, Inv. Nr. O-1045
signiert auf der Rückseite: Schmiddely, 1757
Inschrift: IOSEPHE / BARONE / POST / ANO: 1757

Ingrid Štibraná: Die blauen Damen

Abbildung 11: Amalia Baronness von Karg
Museum Červený Kameň (Slowakei), beschlagnahmt vom Kloster Notre Dame in Bratislava 1957
Öl auf Leinwand, 94 × 76 cm, Inv. Nr. O-140
signiert, datiert: 1757
Inschrift: AMELIE/ BARONE/ KARG./ A. 1757

Ingrid Štibraná: Die blauen Damen

Abbildung 12: Antoine Haller von Hallerstein
Museum Červený Kameň (Slowakei), beschlagnahmt vom Kloster Notre Dame
in Bratislava 1957
Öl auf Leinwand, 93 × 70cm, Inv. Nr. O - 273
unsigniert, undatiert
Inschrift: ANTOINE / BARON: HALLER / DE HALLERSTEIN

Ingrid Štibraná: Die blauen Damen

Abbildung 13: Angelika Gräfin von Valentiani
Museum der Stadt Bratislava (Slowakei), vom Nationalen Bezirksauschuss
1977 angeschafft, vorher vom privaten Besitzer beschlagnahmt
Öl auf Leinwand, 94 × 76 cm, Inv. Nr. U – 7094
unsigniert, undatiert
Inschrift: Angelique comtesse WALENTIAN

Ingrid Štibraná: Die blauen Damen

Abbildung 15: Maximiliana Baroness von Skrbensky
Museum Červený Kameň (Slowakei), 1957 vom Kloster Notre Dame
in Bratislava beschlagnahmt
Öl auf Leinwand, 94,5 × 79 cm, Inv. Nr. O – 134
unsigniert, undatiert
Inschrift: MAXIMILIENNE / BARONE DE / SKRBENSKY

Ingrid Štibraná: Die blauen Damen

Abbildung 16: Maria Anna Dembowska
Museum Červený Kameň (Slowakei), 1957 vom Kloster Notre Dame
in Bratislava beschlagnahmt
Öl auf Leinwand, 93,5 × 75,5 cm, Inv. Nr. O – 13
signiert, datiert: „Franz Fux pinxit Posonii", 1774
Inschrift: Comtesse Marie Anne Dembowska 1774

Ingrid Štibraná: Die blauen Damen

**Abbildung 17: Speisesaal des Konvikts Notre Dame in Bratislava –
Eine unbekannte Dame**
**Das Porträt ist heute verschollen (das erste Porträt an der linken Seite).
Die Komposition bildet die Porträts von Martin van Meytens nach.**

Kost-Zedel /
Der Kost-Fräulen und Jungfrauen
des Religieuses der Congregation
B. M. V. in Aychstätt.

Wir haben vor solche zweyerley Taflen/ die sich an der ersten befinden geben jährlich vor Speiß und Trunck ohne Wein 104. fl. sie haben zu einer Mahlzeit für Ordinari 5. Speißen / welche an Gemüß und anderen Speißen etwas delicateres seynd / als an der anderen Tafel / zu höcheren Festen und Zeiten aber / auch noch mehr.

Die an der anderen Tafel geben jährlich vor Kost und Trunck 78. fl. haben zu einer Mahlzeit für Ordinari 4. Speißen / und gleich denen an der ersten Tafel / deß Morgens eine Suppen / auch Abends zur Vesper-Zeit / niemal das trockne Brod allein / wie anderer Orthen gebräuchig.

Vor die Wäsch gibt jede jährlich   5. fl.
Welche aber zarte Spitzen und Leinwat / wie die Standts-Persohnen ordinari zu haben pflegen / geben jährlich   7. fl.
Für das Schlaff-Zimmer zu heitzen jährlich   2. fl.
Für Bethstat / Vorhäng / und Schreinwerck jährlich 4. fl.

Sie sollen jhr eigenes Beth mit sich bringen / wo aber diß nicht seyn kan / und jhnen solches vom Closter auß gelehnet wird / gibt man jährlich hierver nebst dem Schreinwerck   8. fl.

Deßgleichen auch vor die Tisch-Salvet / so sie selbe nit selbst bringen jährlich   4. fl.

Sie sollen mit Leinwat wol versehen seyn / auch das Beth zweymal zu überziehen / und neben jhrem eigenen Halß-Gewand mitbringen Tisch-Salvet und Hand-Tücher / Item Trünck-Geschirr / Leffel / Messer und Biron.

Die Music wird von uns nicht instruirt, und auch wegen der Clausur nicht ohne erhöbliche Ursach von absonderlichen Musicis zuerlehrnen erlaubet / so aber hierüber Dispensation gegeben: wird solches à parte bezahlt / was aber von Sprachen / schöner Arbeit / oder anders jhnen von uns gelehrnet wird / brauchet keinen anderen Unkosten / als was sir von Materialien darzu vonnöthen haben.

Auch ist bey uns nicht zuläßig / daß unsere Kost-Fräulein in die Gesellschafft gehen / noch vil weniger / daß sie bey einem Balet über Nacht außbleiben.

Das Kost-Gelt soll Quartaliter bezahlt / und denen Kost-Geherimen etwas Gelt in Handen gegeben werden vor dero tägliche kleine Nothwendigkeiten / wovor hingegen richtige Rechnung gehalten / und geliffert wird.

Abbildung 18: „Kost-Zedel" der Kost-Fräulein und Jungfrauen des Konvikts Notre Dame in Bratislava